suhrkamp taschenbuch
wissenschaft 2454

Gefühle gelten nach herrschender Auffassung als mentale Zustände, die in einer verborgenen Innenwelt des Subjekts beziehungsweise in dessen Gehirn zu lokalisieren sind. Dem steht eine Konzeption der Verkörperung gegenüber, die Gefühle als Phänomene begreift, welche Selbst und Welt in leiblicher Resonanz miteinander verbinden. Auch Intersubjektivität beginnt aus dieser Perspektive nicht mit einem isolierten Ich, das den Weg zu anderen erst finden muss, sondern mit Interaffektivität. Diese stiftet die primären, zwischenleiblichen Beziehungen ebenso wie die dauerhaften Bindungen zu anderen Menschen. Am Beispiel zahlreicher Gefühle wie Empathie, Vertrauen, Scham, Hass und Trauer entwickelt Thomas Fuchs in seinem Buch eine neue Sicht auf unsere affektive Verbindung mit der Welt.

Thomas Fuchs ist Karl-Jaspers-Professor für Philosophische Grundlagen der Psychiatrie und Psychotherapie an der Ruprecht-Karls-Universität Heidelberg. Im Suhrkamp Verlag sind erschienen: *Die Mechanisierung des Herzens* (1992), *Das überforderte Subjekt. Zeitdiagnosen einer beschleunigten Gesellschaft* (hg. zus. mit Lukas Iwer und Stefano Micali, stw 2252) und *Verteidigung des Menschen. Grundfragen einer verkörperten Anthropologie* (stw 2311).

Thomas Fuchs
Verkörperte Gefühle

Zur Phänomenologie von Affektivität und Interaffektivität

Suhrkamp

3. Auflage 2026

Erste Auflage 2024
suhrkamp taschenbuch wissenschaft 2454
Originalausgabe

Umschlag nach Entwürfen von Willy Fleckhaus und Rolf Staudt
Druck und Bindung: C. H. Beck, Nördlingen
Printed in Germany
ISBN 978-3-518-30054-1

Suhrkamp Verlag GmbH
Torstraße 44, 10119 Berlin
info@suhrkamp.de
www.suhrkamp.de

Inhalt

Einführung: Verkörperte Affektivität

> Wir sagen sowohl, daß wir etwas für schrecklich, lieblich und anderes hielten, und betonen damit, daß die Gefühle von der Person abhängen, als wir auch sagen, daß etwas schrecklich, lieblich oder anderes sei [...], womit wir betonen, daß der Ursprung unserer Gefühle wie eine Eigenschaft in den Dingen und Geschehnissen wurzle. Diese Zweiseitigkeit, ja amphibische Zweideutigkeit der Gefühle unterstützt den Gedanken, daß sie nicht nur im Innern, sondern auch in der äußeren Welt zu beobachten sind.
>
> Robert Musil[1]

Gefühle scheinen in unserer gegenwärtigen Kultur etwas zutiefst Persönliches, Privates und Innerliches zu sein. Das gilt besonders in Zeiten, in denen man sich zur eigenen Legitimation gerne auf sein Gefühl beruft, als unmittelbar »gefühlte Wahrheit«, die sich der intersubjektiven Überprüfung und dem Abgleich verschiedener Perspektiven entziehen zu können glaubt. Wer sich nur auf seine eigenen Gefühlsbezeugungen stützt, der untergräbt, so bereits Hegels Kritik, das Fundament der Gemeinschaft:

> Indem jener sich auf das Gefühl, sein inwendiges Orakel, beruft, ist er gegen den, der nicht übereinstimmt, fertig; er muss erklären, dass er dem weiter nichts zu sagen habe, der nicht dasselbe in sich finde und fühle. (Hegel 1970: 64f.)

Man kann nun eine solche Verabsolutierung der Gefühle auch als die Konsequenz einer *Verinnerlichung* ansehen, die die Verkörperung und Intersubjektivität der Gefühle ausblendet und übergreifende räumliche Gefühlsphänomene wie Stimmungen und Atmosphären gänzlich aus dem Blick verloren hat. So ordnen auch die

1 Der Mann ohne Eigenschaften, Bd. II (Musil 2000: 1162).

herrschenden Emotionstheorien in Philosophie und Psychologie die Gefühle einer inneren »Psyche« zu, die sowohl vom Körper als auch von der Welt getrennt ist. Dazu passt die dominierende Auffassung der gegenwärtigen Sozial- und Kognitionspsychologie, wonach die subjektive Innenwelt der Gefühle für andere grundsätzlich unzugänglich sei. Was andere empfinden oder fühlen, das können wir demzufolge nur indirekt erschließen, nämlich aus ihrem äußeren Verhalten oder körperlichen Signalen – etwa nach dem Muster: »Er lächelt, also freut er sich«. Dazu dienen uns kognitive Strategien wie die *»Theory of Mind«*, das *»Mind Reading«* oder »Mentalisieren«, die die behauptete Kluft zum anderen nicht aufheben, aber notdürftig überbrücken.[2]

Die Verinnerlichung, Privatisierung und Subjektivierung der Gefühle ist allerdings kein neues Phänomen. Sie geht letztlich zurück auf die neuzeitliche »Entzauberung des Kosmos«: Die naturwissenschaftliche Umdeutung der Welt verlagerte nach und nach alle qualitativen und affektiven Erfahrungen in das Innere des Subjekts und ließ nur eine rein physikalische, quantifizierbare Außenwelt zurück. Besonders seit der cartesianischen Trennung von *res cogitans* und *res extensa* wurde alles Gefühlshafte, also alles, was Menschen affiziert, bewegt, begeistert oder erschüttert, der seelischen Innenwelt zugerechnet, wo das Subjekt nun mit seinen *»passions de l'âme«* zurechtkommen musste.[3] Die physikalische Welt war frei von allen affektiven Qualitäten, und wenn Menschen etwas für attraktiv, schön, hässlich oder bedrohlich hielten, konnte es sich fortan nur um Projektionen ihrer Gefühle handeln.

Nachdem sich allerdings der Begriff der Seele im letzten Jahrhundert zunehmend verflüchtigte, blieb für die Gefühle im Grunde kein Ort mehr übrig. Die Emotionspsychologie fasste sie konsequenterweise als Formen der Kognition auf, nämlich als Bewertungen *(appraisals)* äußerer Reize im Geist eines Individuums, allenfalls

2 Vgl. zur sozialen Kognition und *Theory of Mind* u.a. Premack & Woodruff (1978), Baron-Cohen et al. (1985), Carruthers & Smith (1996) sowie meine Kritik im Kapitel »Stufen der Empathie« in diesem Band.

3 Vgl. René Descartes, *Les passions de l'âme* (1649).

zusätzlich begleitet von physiologischen Körpersensationen.[4] Damit geriet freilich die leibräumliche ebenso wie die interpersonale Dimension der Gefühle aus dem Blick. Die Neurobiologie der Emotionen[5] trug zusätzlich dazu bei, Gefühle als rein mentale, im Gehirn lokalisierte Prozesse zu begreifen, auf die sich nur anhand bestimmter körperlicher Ausdruckszeichen schließen lasse.

Demgegenüber entwickelt der vorliegende Band eine grundsätzlich andere Konzeption der Gefühle. Sie stützt sich auf die Leibphänomenologie und das Paradigma der Verkörperung, das in den letzten zwei bis drei Jahrzehnten weitreichende Bedeutung in verschiedenen Disziplinen erlangt hat.[6] Diese Konzeption lässt sich unter drei Gesichtspunkten zusammenfassen:

(a) affektives In-der-Welt-Sein,
(b) affektive Verkörperung und
(c) Interaffektivität.

(a) Affektives In-der-Welt-Sein

Gegen die dualistische Trennung von affektiver Innenwelt und gefühlsneutraler Außenwelt setzt die Phänomenologie die Erfahrung, dass unser In-der-Welt-Sein immer affektiv getönt und gestimmt ist. Stimmungen und Gefühle »erschließen« in Heideggers Terminologie die Welt (Heidegger 1986: 136), d. h., nur durch Gefühle wird sie für uns überhaupt zu einer *sinnvollen und bedeutsamen* Umwelt. Dabei kommt die Welt unseren Gefühlen entgegen, denn sie weist ihrerseits affektive oder Wertqualitäten, »Valenzen« (Lewin 1969) oder »Affordanzen« (Gibson 1979) auf: Dinge und Situationen wirken anziehend, behaglich, vertraut oder abstoßend, unheimlich, bedrohlich usw. Stimmungen und Atmosphären brei-

4 Vgl. etwa Solomon (1976), Lyons (1980), Lazarus (1982) oder Nussbaum (2001).
5 Etwa LeDoux (1998), Roth (2001).
6 Vgl. u. a. Fingerhut et al. (2013), Colombetti (2013), Etzelmüller et al. (2017), Fuchs (2020, 2021).

ten sich über Situationen, Räume und ganze Landschaften aus. Zu unserer Situiertheit, unserem Sein-in-Situationen gehört also immer eine affektive Bedeutsamkeit, die keineswegs einer Innenwelt zuzuteilen ist.

Mehr noch: Gefühle *affizieren* uns, d. h., sie »tun uns etwas an«, nämlich als Betroffenheiten oder Erschütterungen, die von der Situation ausgehen, in der wir uns befinden. Sie stellen, mit einem Begriff von Bernhard Waldenfels (2002), *Widerfahrnisse* dar, die uns geschehen und die wir erleiden, entsprechend den »Leidenschaften« (griech. *páthos*, lat. *passio*) der klassischen Affektenlehre. Zum *Pathos* gehört aber auch die *Response*, wie Waldenfels (ebd.) es nennt, also die Antwort des Subjekts auf seine Betroffenheit, sei es im Ausdruck oder in einer spontanen Handlungstendenz. Damit stellen Gefühle eine übergreifende, zugleich nach innen und nach außen gerichtete Beziehung zur Situation her, die sich weder als objektiver Vorgang noch als eine bloß subjektive Bewertung angemessen begreifen lässt. Das Subjekt bleibt mit seinen Gefühlen nicht bei sich, sondern es wird in eine weiterreichende Dynamik involviert.

(b) Affektive Verkörperung

Pathos und *Response*, das affektive Widerfahrnis ebenso wie die Antwort darauf, sind vermittelt durch das Medium des Leibes, nämlich als leibliche *Resonanz* und als leiblicher *Ausdruck*. Gefühle sind Affektionen, die wir an leiblichen Empfindungen, Regungen und Bewegungstendenzen spüren und die sich zugleich in Mimik, Gestik und Handlungstendenzen Ausdruck verschaffen. Angst oder Wut lassen sich nicht trennen von der gespürten Enge, den Spannungen und Erregungen des Leibes, der Tendenz zu fliehen oder anzugreifen; Freude nicht von der gespürten Weite und der Tendenz, sich zu erheben oder zu springen. Der Leib ist buchstäblich der »Resonanzkörper« der Gefühle.[7]

7 Vgl. dazu die reichhaltige Phänomenologie leiblicher Regungen bei Hermann Schmitz (1969) sowie das Kapitel »Verkörperte Emotionen« in diesem Band.

Doch dem Resonanz- und Ausdrucksgeschehen der intentionalen Gefühle liegt noch eine tiefer im Leib verankerte Schicht zugrunde, die ich als »Gefühl des Lebendigseins« oder auch als *Vitalität* bezeichne.[8] Es handelt sich um ein basales leibliches Befinden, das uns im Hintergrund ständig begleitet, mit den Polen von Wohlbefinden und Missbefinden, Entspannung oder Anspannung, Frische oder Müdigkeit, des Elans oder der Erschöpfung. Im Lebensgefühl spiegelt sich der momentane Zustand des gesamten Organismus, nämlich im Hinblick auf sein inneres Gleichgewicht oder seine Homöostase. In ihrer Aufrechterhaltung können wir mit Damasio (2021) die grundlegende Funktion des bewussten Erlebens sehen, wie es sich zunächst in den Lebensgefühlen, dann auch in Hunger, Durst, Lust oder Schmerz manifestiert: Alles Erleben ist eine Form des Lebens.[9] Das Lebensgefühl entsteht auch nicht allein im Gehirn, sondern es integriert vielmehr die kontinuierliche Interaktion von Gehirn und peripherem Organismus, entsprechend seiner Ausbreitung über den gespürten Leib als ganzen.[10]

Das Lebensgefühl ist zugleich ein basales, präreflexives Selbstgefühl, wie es sich bereits beim ersten Erwachen einstellt, ehe wir uns reflexiv unserer selbst vergewissern können. Bewusstsein beginnt mit einem Sich-Spüren, einer Selbstaffektion des Leibes; es gibt kein »reines Bewusstsein« oder »reines Denken«, zu dem die Affektivität nur akzidentell oder vorübergehend hinzuträte. Das Lebensgefühl liegt damit auch dem Selbstbewusstsein oder der Selbstreflexion zugrunde, die in der platonisch-cartesischen Tradition als Seele oder *res cogitans* angeblich ein autonomes Regime über den Körper und seine Leidenschaften führen sollten. Es verhält sich jedoch umgekehrt: »Nicht das Denken gibt uns den Zugang zum Leben; es ist das Leben, welches dem Denken den Zugang zu sich erlaubt« (Henry 2002: 145).

8 Vgl. das Kapitel »Das Gefühl des Lebendigseins« in diesem Band.

9 Im Paradigma der *»embodied and enactive cognition«* wird dieser Zusammenhang auch als *»life-mind continuity«* bezeichnet, ein Gedanke, der wesentlich auf Hans Jonas (1973) zurückgeht; vgl. u. a. Di Paolo (2005) und Thompson (2007).

10 Vgl. dazu ausführlich Fuchs (2021: 142 ff.) sowie das Kapitel »Das Gefühl des Lebendigseins« in diesem Band.

In den *Stimmungen* und *Existenzgefühlen* (Ratcliffe 2008) breitet sich das basale Befinden in den Umraum aus und tönt das situative Erleben von Selbst und Welt insgesamt. Aber auch Stimmungen wie Lebensfreude, Heiterkeit oder Melancholie und existenzielle Gefühle wie Vertrautheit oder Fremdheit, Geborgenheit oder Unheimlichkeit, Enge oder Weite sind doch immer im Leib zentriert und bleiben an seine Resonanz gebunden. Noch spezifischer richten sich die *intentionalen Gefühle* oder *Emotionen* – Freude, Stolz, Ärger, Scham u. a. – auf bestimmte Situationen und Anlässe, so dass die leibliche Resonanz dabei oft ganz in den Hintergrund tritt. Dennoch prägen leibliche Regungen und Haltungen vielfach unbemerkt unsere emotionalen Reaktionen auf Situationen; dies hat besonders die Embodiment-Forschung gezeigt.[11]

Die Polarität von leiblicher Selbst- und zugleich Fremdaffektion, die alle Gefühle charakterisiert, illustriert auch der *Tastsinn*, der, an der Grenze des Leibes angesiedelt, nicht umsonst als *Fühlen* (engl. *feeling*) bezeichnet wird: Gefühle bedeuten sowohl leibliches Sich-Spüren als auch Berührt- oder Affiziertwerden von der Situation in übergreifender Einheit. Aber auch das aktive Tasten oder *Berühren* entspricht der Handlungstendenz der Gefühle: Im Paradigma der Verkörperung wird der Leib gleichsam zur Schaltstelle zwischen *Pathos* und *Response*, Affektion und Antwort in Ausdruck und Handlung.

(c) Interaffektivität

Die Verinnerlichung und Subjektivierung der Gefühle wird erst ganz überwunden, wenn wir ihre intersubjektive Dynamik miteinbeziehen. Während Konzepte wie »*Theory of Mind*«, Mentalisierung oder »*Mind-Reading*« den sozialen anderen als eine Art Black Box betrachten, so dass sich sein Gefühlsleben vermeintlich nur indirekt erschließen lässt, geht die Phänomenologie mit Merleau-

11 Vgl. das Kapitel »Verkörperte Emotionen« in diesem Band.

Ponty (2003: 256) von einer ursprünglichen *Zwischenleiblichkeit* aus: Unser Leib wird vom Ausdruck, von den Gesten und Blicken anderer affiziert; dieser leibliche Eindruck ruft in uns einen Ausdruck hervor, der wiederum auf die anderen zurückwirkt usf. In diesem kreisförmig rückgekoppelten Prozess entsteht eine primäre Empathie, ein unmittelbares Gefühls- und Intentionsverstehen durch *zwischenleibliche Resonanz.*

Wir nehmen den anderen somit intuitiv und selbstverständlich in seinem leiblichen Auftreten und Ausdruck wahr, lange bevor sich Zweifel hinsichtlich seiner Offenheit oder verborgenen Intentionen einstellen mögen – Zweifel, die dann philosophisch zum »Problem des Fremdpsychischen« hypostasiert werden. Im lebensweltlichen Umgang mit anderen sehen wir uns keinem Körperobjekt gegenüber, dessen Zeichen und Bewegungen auf einen »Bewohner« schließen lassen, der im Gehirn wie in einer Kapsel verborgen ist, sondern einer lebendigen, verkörperten Person. Das Problem des Fremdpsychischen erweist sich als Scheinproblem.

Bereits in den grundlegenden existenziellen Gefühlen von Wirklichkeit, Zugehörigkeit und Vertrautheit mit der Welt, erst recht in Stimmungen und Emotionen sind wir immer in einem gemeinsamen affektiven Raum auf andere bezogen. Die Säuglingsforschung hat gezeigt, wie die wechselseitige Resonanz von mimischem, gestischem und stimmlichem Ausdruck die primäre affektive Einstimmung mit anderen hervorruft. Von Geburt an ist der Leib in die Zwischenleiblichkeit eingebettet und wird so zum Medium der Interaffektivität. Gefühle sind nicht in einen mentalen Innenraum eingeschlossen, um von außen entschlüsselt zu werden, sondern sie entstehen, verändern sich und zirkulieren zwischen Selbst und anderen im zwischenleiblichen Dialog. Dies gilt besonders für die sozialen und moralischen Emotionen wie Scham, Stolz, Neid oder Schuldgefühle, die ein reflexives Bewusstsein in der Beziehung zu den anderen implizieren und sich daher erst im Zuge sozialer Interaktionen im 2. und 3. Lebensjahr entwickeln.[12] Gefühle sind somit

12 Vgl. das Kapitel »Scham, Schuld und Leiblichkeit« in diesem Band.

weder rein individuelle noch unidirektionale Phänomene; sie wirken in Kreisprozessen wechselseitiger Beeinflussung und Bindung, die verschiedene Personen in ihre übergreifende Dynamik einbeziehen können.

Fassen wir die drei Aspekte der damit skizzierten Konzeption der Gefühle noch einmal zusammen: affektives In-der-Welt-Sein, affektive Verkörperung und Interaffektivität.

Im Gegensatz zur kognitivistischen Sicht, die unsere mentalen Zustände einschließlich Stimmungen und Emotionen in unserem Kopf verortet, begreift die Phänomenologie Gefühle als umfassende Phänomene, die Selbst, Leib und Welt miteinander verbinden. Sie entstehen auf der Grundlage einer präreflexiven Einstimmung auf die aktuelle Situation, zeigen den aktuellen Stand unserer Beziehungen, Interessen und Konflikte an und manifestieren sich als Regungen, Bewegungen und Ausdrucksformen des Leibes. Als affektives In-der-Welt-Sein antworten sie auf die Wert- und Gefühlsqualitäten, die Anmutungen und Atmosphären, die die Umwelt für Lebewesen bereithält. Die objektiv bestehende Komplementarität von Gefühlen und affektiven Qualitäten bzw. Werten der Umwelt erweist die Vorstellung einer neutralen, gefühlsfreien Welt als ein reduktionistisches Konstrukt. Nur Stimmungen und Gefühle erschließen uns auch die Relevanzen, die lohnenden Ziele und damit die sinnvollen Möglichkeiten, die die Welt unserem Handeln bietet.

Im Paradigma der Verkörperung wird die Affektivität aber auch zur Grundlage des *Bewusstseins* und *Selbsterlebens*. Das Gefühl des Lebendigseins entspringt aus unserer physischen Körperlichkeit; alles Erleben ist primär eine Manifestation des Lebensprozesses, nämlich ein »Sich-Spüren« des Leibes in Lust und Unlust. Die leibliche Selbstaffektion liegt auch der Möglichkeit von Selbstbewusstsein und Selbstreflexion notwendig zugrunde. Damit wird das *Pathos* zum Kern der *Subjektivität*: Nicht das souveräne cartesianische Ich steht am Anfang, sondern das betroffene, erleidende und verletzliche Selbst. Namentlich im Erleiden von Widerständen, im Schmerz, der *mir* widerfährt, werde ich meiner als Subjekt, d. h. als

»Unterworfenes«, gewahr. Das »Mir« taucht auf aus dem Pathos, aus der Affektion durch das Fremde oder andere, und erst aus dem »Mir« kann das reflexiv gewendete »Ich« entstehen.[13]

Die Vorgängigkeit des Mir gilt schließlich auch für die Intersubjektivität. Sie beginnt nicht mit einem in sich abgeschlossenen Ich, das den Weg zu einem anderen erst finden müsste, da dieser sich in einem fremden Körper verbirgt. Vielmehr bin ich in jeder Begegnung von vorneherein berührt und affiziert vom Ausdruck, vom Blick, von der leibhaftigen Gegenwart des anderen. Die Resonanz meines Leibes hat seine Präsenz bereits bezeugt, ehe ich mir über sein »mentales Inneres« Gedanken machen kann. Die Interaffektivität stiftet zugleich eine dynamische Beziehung, die die Beteiligten in Prozesse involviert, die sie nicht vollständig vorherzusehen und zu kontrollieren vermögen. Und sie stiftet im weiteren Verlauf auch die Bindungen, die Menschen dauerhaft miteinander verknüpfen, sei es in Vertrauen, Treue oder Liebe, sei es in Misstrauen, Feindschaft oder Hass.

Als solche verleiht die Affektivität unserem Leben Sinn: Nur durch Gefühle, in affektiver Betroffenheit erfahren wir uns selbst; nur durch Gefühle leben wir in einer Welt, in der Personen und Dinge von Bedeutung sind, in der wir spüren, was es wert ist, uns zu engagieren. Ohne Gefühle wäre die Welt ein Ort ohne Sinn, Wert oder Bedeutsamkeit. Es gibt daher keine klare Trennung zwischen Affekt und *Kognition*, denn wir können letztlich nur erkennen, was für uns relevant ist, d. h., was für unser Leben in irgendeiner Weise Bedeutsamkeit besitzt. Alles Erkennen beruht auf unserer affektiven Teilhabe an der Welt. Es gibt auch keine klare Trennung zwischen Affekt und *Volition*, denn wir können nur auf das antworten und einwirken, was uns bereits affiziert hat und uns zum Handeln motiviert. Alles Handeln ist nur möglich in einer Welt affektiver Qualitäten, die dem Feld der Handlungsmöglich-

13 Die hat vor allem Gernot Böhme hervorgehoben: »Tiefer und ursprünglicher als das Ich erweist sich das ›Mir‹. […] Das Mir ist im Unterschied zum Ich relational: mir fällt etwas ein, mir ist kalt. Im Mir erfahren wir uns im Ursprung schon in Zusammenhang mit anderem« (Böhme 1986: 236 f.).

keiten eine sinnvolle Struktur verleihen. In unserem Engagement in der Welt, das von Gefühlen motiviert und getragen wird, erfüllt sich der eigentliche Sinn der verkörperten Affektivität und Interaffektivität.

Zum vorliegenden Band

Die damit im Überblick skizzierte Konzeption einer verkörperten Affektivität wird im Band in zwei Abschnitten zunächst grundsätzlich entwickelt, in einem dritten Abschnitt anhand spezifischer Gefühle und Stimmungen exemplarisch untersucht.

Der *erste Abschnitt*, »Gefühl und Verkörperung«, analysiert die Zusammenhänge von Gefühl und Verkörperung in mehreren Stufen:

(1) Das erste Kapitel, »Das Gefühl des Lebendigseins«, beschreibt zunächst die basale Schicht des affektiven Erlebens, die sich in *Vitalität* und *Konativität*, d.h. im Lebensgefühl und im Antriebsgeschehen, manifestiert. Als biologische Grundlage für diese Phänomene lässt sich die homöostatische Selbstregulation des Organismus identifizieren, ermöglicht durch die fortlaufende Interaktion von Gehirn und peripherem Organismus.

(2) Daran schließt eine *Phänomenologie der Stimmungen* an, die zunächst die Grundstrukturen des affektiven Raums, nämlich affektive Qualitäten und leibliche Resonanz, darstellt, dann die spezifischen Merkmale der Stimmungen herausarbeitet und sie schließlich gemäß ihren Lust-/Unlust-Qualitäten und ihrem Aktivierungsgrad in einem »Stimmungskreis« anordnet.

(3) Das dritte Kapitel wendet sich den *intentionalen Emotionen* zu. Nach einer Diskussion der wichtigsten Emotionstheorien entwirft es ein Kreismodell verkörperter Gefühle, basierend auf der Verknüpfung einer zentripetal gerichteten »Affektion« und einer zentrifugal gerichteten Handlungstendenz oder »Emotion«. Dieses Modell wird durch psychopathologische Phänomene zusätzlich illustriert.

(4) Das vierte Kapitel, »Wert und Wertfühlen«, gilt gewissermaßen der Umweltseite der Affektivität; es untersucht die Frage, welcher Status den *Werten* in einer naturalisierten Welt zukommen kann. Dazu entwickelt es eine Theorie der Werte als Formen affektiver Bedeutsamkeit, die aus der verkörperten Interaktion zwischen Lebewesen und ihrer Umwelt resultieren. Werte lassen sich demnach als *relationale Phänomene* und in diesem Sinn als objektive Qualitäten der Beziehung von Subjekt und Welt begreifen.

Der *zweite Abschnitt* behandelt die Interaffektivität bzw. die Intersubjektivität der Gefühle unter mehreren Aspekten:

(5) Das Kapitel »Vertrautheit und Vertrauen« untersucht die Zusammenhänge zwischen einer ursprünglichen Beheimatung in der Welt, die sich über das Medium des Leibes herstellt, und den vertrauensvollen Beziehungen zu anderen. Es zeigt, dass die existenziellen Grundgefühle von Vertrautheit und Vertrauen gleichursprüngliche Grundlagen der gemeinsamen Lebenswelt darstellen. Psychopathologische Analysen der Vertrauensstörungen in posttraumatischen und schizophrenen Erkrankungen können diese Grundlagen zusätzlich erhellen.

(6) Im sechsten Kapitel, »Stufen der Empathie«, wird die Konzeption des Gefühlskreises (Kap. 3) auf die intersubjektive Begegnung übertragen: Die zwischenleibliche Resonanz von Ausdruck und Eindruck ermöglicht eine *primäre Empathie*, d. h. ein intuitives Verständnis der Gefühle und Intentionen anderer, das nicht an indirekte, kognitive Strategien (»*Theory of Mind*«, »*Mind Reading*«) gebunden ist. Davon abzugrenzen ist eine *sekundäre*, kognitive und schließlich eine *iterierte* Empathie, in der das Subjekt die Empathie des anderen erfährt, so dass sich dabei primäre und sekundäre Empathie miteinander verknüpfen.

(7) Das Kapitel »Grenzen der Empathie« untersucht die menschliche Tendenz, Empathie und Sympathie bevorzugt für Angehörige der eigenen Gruppe zu empfinden, während empathische

Regungen gegenüber Fremden häufig abnehmen, im Extremfall auch völlig abgespalten werden können. Anhand der von Christopher Browning geschilderten Exekutionen des Polizeibataillons 101 im Rahmen der nationalsozialistischen »Endlösung« lassen sich die gruppen- und individualspezifischen Voraussetzungen einer Abspaltung der primären und sekundären Empathie analysieren.

Der *dritte Abschnitt* gilt schließlich einer weit gespannten Phänomenologie spezifischer Gefühle und Stimmungen, die auf der Grundlage der entworfenen Konzepte untersucht werden. Dazu gehören die Kapitel (8) Ekel, (9) Scham und Schuldgefühl, (10) Angst, (11) das Unheimliche, (12) Trauer, (13) Hass, (14) Verzweiflung und (15) Glück. Das Übergewicht negativer Gefühle in dieser Zusammenstellung mag irritieren; es ist zum einen auf den psychopathologischen Forschungsschwerpunkt des Autors zurückzuführen, zum anderen aber auf die Tatsache, dass gerade negative Gefühle die Konflikthaftigkeit und – etwa in Hass oder Verzweiflung – auch die Zerrissenheit des Individuums in einer Weise manifestieren, die der Phänomenologie besonders fruchtbare Möglichkeiten der Analyse eröffnet.

Zusammengenommen erschließt die Abfolge der Kapitel eine reichhaltige Phänomenologie der Verkörperung und Intersubjektivität von Gefühlen, die dazu beitragen kann, sie aus einer mentalen Innenwelt zu befreien und damit unser affektives In-der-Welt-Sein neu zu begründen.

*

Die im Band versammelten Texte wurden für die Veröffentlichung grundlegend überarbeitet und miteinander verknüpft, so dass sie einen einheitlichen Zusammenhang ergeben. Ich danke den zahlreichen Mitarbeiterinnen und Mitarbeitern, Kolleginnen und Kollegen, nicht zuletzt den Patientinnen und Patienten, die durch ihre Erfahrungen und Anregungen zu diesen Texten beigetragen haben.

Ebenso danke ich Philipp Hölzing und Jan-Erik Strasser vom Suhrkamp Verlag für die nun schon gewohnt angenehme Zusammenarbeit bei der Planung und Erstellung des Bandes.

Heidelberg, im Juni 2024
Thomas Fuchs

Literatur

Böhme, G. 1986. »Über eine notwendige Veränderung im europäischen Denken«. In: ders., *Philosophieren mit Kant*. Frankfurt/M.: Suhrkamp, S. 229-249.

Colombetti, G. 2013. *The Feeling Body. Affective Science meets the Enactive Mind*. Cambridge/Mass.: MIT Press.

Damasio, A. 2021. *Wie wir denken, wie wir fühlen. Die Ursprünge unseres Bewusstseins*. München: Hanser.

Di Paolo, E. A. 2005. »Autopoiesis, Adaptivity, Teleology, Agency«. In: *Phenomenology and the Cognitive Sciences* 4: S. 429-452.

Etzelmüller, G., T. Fuchs, C. Tewes (Hrsg.) 2017. *Verkörperung. Eine neue interdisziplinäre Anthropologie*. Berlin: De Gruyter, Berlin.

Fingerhut, J., R. Hufendiek, M. Wild (Hrsg.) 2013. *Philosophie der Verkörperung. Grundlagentexte zu einer aktuellen Debatte*. Frankfurt/M.: Suhrkamp.

Fuchs, T. 2020. *Verteidigung des Menschen. Grundfragen einer verkörperten Anthropologie*. Berlin: Suhrkamp.

Fuchs, T. 2021. *Das Gehirn – ein Beziehungsorgan. Eine phänomenologisch-ökologische Konzeption*. 6. Aufl. Stuttgart: Kohlhammer.

Gibson, J. J. 1979. *The Ecological Approach to Visual Perception*. Boston: Houghton Mifflin.

Hegel, G. F. W. 1970. *Phänomenologie des Geistes*. Frankfurt/M.: Suhrkamp.

Heidegger, M. 1986. *Sein und Zeit*. 16. Aufl. Tübingen: Niemeyer.

Henry, M. 2002. *Inkarnation. Eine Philosophie des Fleisches*. Freiburg: Alber.

Husserl, E. 1988. *Vorlesungen über Ethik und Wertlehre (1908-1914)*. Hrsg. U. Melle. Husserliana Bd. 28. Dordrecht: Kluwer.

Jonas, H. 1973. *Organismus und Freiheit. Ansätze zu einer philosophischen Biologie*. Göttingen: Vandenhoeck & Ruprecht.

Lazarus, R. S. 1982. »Thoughts on the Relations between Emotion and Cognition«. In: *American Psychologist* 37: S. 1019-1024.
LeDoux, J. 1998. *Das Netz der Gefühle.* Übers. von F. Griese. München: dtv.
Lewin, K. 1969. *Grundzüge der Topologischen Psychologie.* Bern, Stuttgart: Huber.
Lyons, W. 1980. *Emotion.* Cambridge: Cambridge University Press.
Merleau-Ponty, M. 2003. »Der Philosoph und sein Schatten«. In: ders., *Das Auge und der Geist. Philosophische Essays.* Hamburg: Meiner, S. 243-274.
Musil, R. 2000. *Der Mann ohne Eigenschaften. II. Aus dem Nachlaß.* Reinbek: Rowohlt.
Nussbaum, M. C. 2001. *Upheavals of Thought. The Intelligence of Emotions.* Cambrige: Cambridge University Press.
Ratcliffe, M. 2008. *Feelings of Being. Phenomenology, Psychiatry and the Sense of Reality.* Oxford: Oxford University Press.
Roth, G. 2001. *Fühlen, Denken, Handeln. Wie das Gehirn unser Verhalten steuert.* Frankfurt/M.: Suhrkamp.
Schmitz, H. 1969. *System der Philosophie. Bd. III/2: Der Gefühlsraum.* Bonn: Bouvier.
Solomon, R. 1976. *The Passions.* New York: Anchor/Doubleday.
Thompson, E. 2007. *Mind in Life. Biology, Phenomenology, and the Sciences of Mind.* Cambridge, MA: Harvard University Press.
Waldenfels, B. 2002. *Bruchlinien der Erfahrung. Phänomenologie – Psychoanalyse – Phänomenotechnik.* Frankfurt/M.: Suhrkamp.

I. Gefühl und Verkörperung

1. Das Gefühl des Lebendigseins

Einleitung

In einer berühmten Passage zu Beginn der *Suche nach der verlorenen Zeit* beschreibt Proust das Erwachen aus tiefem Schlaf:

> Doch es genügte, dass ich in meinem eigenen Bett tief schlief und mein Geist sich dabei völlig entspannte, damit ihm der Lageplan des Ortes entglitt, an dem ich eingeschlafen war; und wenn ich mitten in der Nacht erwachte, wusste ich nicht, wo ich mich befand und deshalb im ersten Augenblick nicht einmal, wer ich war; *ich verspürte nur, ursprünglich, elementar, jenes Daseinsgefühl, wie es in einem Tier beben mag.* (Proust 2011: 10; Hervorh. T. F.)

Noch ohne Ich-Bewusstsein bleibt der Erwachende für einige Augenblicke in einem bloßen Gefühl des Existierens, vor jedem Wissen um sich selbst, ohne Orientierung oder Gedächtnis. »Doch dann kam mir die Erinnerung«, fährt Proust fort, »gleichsam als Hilfe von oben her, um mich aus dem Nichts zu ziehen«, und die auftauchenden Erinnerungen »[…] fügten nach und nach die originären Züge meines Ich wieder zusammen« (ebd.: 10 f.).

Wenn wir also nach einem elementaren, gleichsam noch namenlosen Erleben suchen, das unserem wachen Tagesbewusstsein zugrunde liegt, so können wir es am ehesten im Moment des Erwachens ausfindig machen – oder besser gesagt, es wie Proust im weiteren Bewusstwerden noch vage erinnern. Erwachen bedeutet eine allmähliche Rückkehr zu sich selbst, doch diese Rückkehr des Bewusstseins muss schon auf ein elementares Selbstgefühl treffen, denn sonst fänden die auftauchenden Erinnerungen keinen Anhalt in einem Selbst, dem sie zugehören, so dass sie eben *meine* Erinnerungen werden. Dieses Selbstgefühl, das wir Proust zufolge wohl mit den Tieren teilen, ist das *Gefühl des Lebendigseins.*

Offenbar ist dieses basale Gefühl auch die Grundlage der *Konti-*

nuität unseres Erlebens, die sich selbst nach Unterbrechungen des Bewusstseins wie beispielsweise im Schlaf spontan wiederherstellt:

> Der Augenblick des Erwachens zeigt somit, dass es zwei Arten von Selbsterfahrung gibt […] – die leibliche Selbsterfahrung des Lebendigseins und Empfindens im gegenwärtigen Moment, und die autobiographische Selbsterfahrung, eine Person mit einer Geschichte zu sein […]. Obwohl wir im ersten Erwachen vieles von uns vergessen haben – wo wir sind, wie wir dorthin kamen, vielleicht sogar unseren Namen –, *müssen wir uns doch niemals umwenden, um zu sehen, wer gerade schlafend und unwissend war*, wenn wir mit ›wer‹ das Subjekt der gegenwärtigen Erfahrung meinen, im Gegensatz zu dem Selbst als dem mental repräsentierten Objekt des autobiographischen Gedächtnisses. (Thompson 2015: 236; Übers. T. F.)

Aus dem Tiefschlaf erwachend komme ich »zu mir«, aber noch *bevor* die autobiographische Erinnerung einsetzt und mir meine persönliche Identität, meinen augenblicklichen Ort oder die Umstände meines Einschlafens am Abend zuvor ins Gedächtnis ruft. Wir nehmen diese Kontinuität ganz selbstverständlich; und doch stellt sie eines der tiefsten Rätsel des Bewusstseins dar, das bereits William James beschäftigt hat:

> Auch wenn eine zeitliche Lücke entsteht, fühlt sich das Bewusstsein danach so an, als gehörte es mit dem Bewusstsein davor zusammen, als ein anderer Teil des gleichen Selbst. (James 1950: 237; Übers. T. F.)

Dieses »Sich-Anfühlen« beschreibt James mit den affektiven Qualitäten der »Wärme und Vertrautheit« *(warmth and intimacy)* und fährt fort:

> Welche vergangenen Gefühle auch immer mit diesen Qualitäten auftauchen, sie müssen zugelassen, vom jetzigen psychischen Zustand empfangen, in Besitz genommen und als mit ihm zu einem gemeinsamen Selbst gehörend akzeptiert werden. Diese Gemeinsamkeit des Selbst *(community of self)* kann auch die zeitliche Lücke nicht zerbrechen. (Ebd.: 239)

Die Empfindungen von Wärme und Vertrautheit stellen demnach die primäre Kontinuität des Selbsterlebens her, und aus leibphänomenologischer Sicht liegt es nahe, diese Qualitäten als sinnlich oder eben leiblich zu beschreiben.

Nun hat die Verknüpfung des Selbsterlebens mit einem inneren, leiblich empfundenen Sinn eine lange Tradition, die wir mindestens bis zu dem französischen Philosophen Maine de Biran (1766-1824) zurückverfolgen können. Er sprach von einem »absoluten Gefühl der Existenz« *(sentiment de l'existence absolu)* und wandte bereits gegen Descartes' entkörpertes *cogito* ein:

Die Hypothese eines Wesens, das sein Dasein fühlt und weiß, ohne sich selbst als Körper oder in einem Körper zu fühlen, ist unzulässig.[1]

Der ausgedehnte »innere Raum eines vagen und dunklen Gefühls, das an jegliches animalische oder organische Leben gebunden ist«, unterscheidet sich, so Maine de Biran, »beim menschlichen Tier nicht vom Gefühl seines Daseins oder der ausgedehnten Gegenwart seines Körpers; es ist der Hintergrund, auf den alle Eindrücke bezogen werden«.[2] – Im 19. Jahrhundert wurde das Lebensgefühl dann zu einem bedeutsamen Konzept deutscher und französischer Physiologen und Psychologen: »innerer Sinn«, »Gemeingefühl«, »sensus communis« oder »Coenästhesie« dienten als wechselnde Termini für das allgemeine leibliche Hintergrundgefühl, durch das Lebewesen ihre Lebendigkeit spüren.[3]

Wenn wir uns nun der Philosophie des 20. Jahrhunderts zuwenden, können wir eine Verbindung zur Konzeption einer *primären Selbstvertrautheit* des Bewusstseins herstellen, die insbesondere von der »Heidelberger Schule« (Henrich 1967, Frank 2002) den weit verbreiteten höherstufigen oder reflexiven Theorien des Selbstbewusstseins gegenübergestellt wurde. Auch wenn diese Konzeption nicht direkt auf eine leibliche Affektivität abhebt, nimmt sie jeden-

1 Maine de Biran, »Notes sur L'Ideologie de Destutt de Tracy«, In: ders., *Œuvres*. Hrsg. F. Azouvi. Bd. 11.3. Paris: Vrin 1987-2001, S. 2. Zitiert nach Heller-Rozaen (2012: 442, Übers. T. F.).

2 Maine de Biran, *Œuvres*. Hrsg. F. Azouvi. Bd. 4: *De l'aperception immédiate*. Paris: Vrin 1987-2001, S. 125. Zitiert nach Heller-Rozaen (2012: 444, Übers. T. F.).

3 So etwa bei Johann Christoph Reil, Karl Friedrich Burdach, Jean Baptiste Lamarck, Théodule Ribot u. a.; vgl. Starobinski (1991), Fuchs (1995) sowie Heller-Rozaen (2012).

falls ein präreflexives Selbstgefühl als Basis aller bewussten Erfahrung an. In der Phänomenologie finden wir die wohl elaborierteste Theorie eines primär affektiven Selbstgefühls bei Michel Henry: Sein zentraler Begriff ist die *Autoaffektio*n des Lebens, das sich fortwährend selbst erfährt *(s'éprouve)*, sich genießt *(jouit de soi)* und erleidet *(se souffre soi-même)*.[4] Autoaffektion bezeichnet somit ein nichtobjektiviertes Selbstempfinden, das Henry auch *ipséité* nennt.[5] Selbstempfinden ist das Wesen aller Erfahrung, insofern sie von einem Gefühl der Lebendigkeit getragen ist, sei es in der objektgerichteten Intentionalität, sei es in höheren Formen des Selbstbewusstseins wie der Selbstreflexion und der autobiographischen Selbstzuschreibung. Dabei sieht Henry interessanterweise in der *Musik* eine besondere Manifestation der primären Freude ebenso wie des Leidens am Dasein, da sie uns vor allem objektgerichteten Bewusstsein in unserem Selbstgefühl affiziert.

Im Folgenden werde ich das Gefühl des Lebendigseins in seinen Erscheinungsformen näher untersuchen. Dabei geht es mir einerseits um seine Phänomenologie, andererseits – im Sinne eines verkörperungstheoretischen Ansatzes – um die Frage nach seinen organismischen Grundlagen. Ich beginne mit einigen Überlegungen zur allgemeinen Beziehung von Leben und Erleben (1). Dann unterscheide ich zwei Komponenten des Lebensgefühls, nämlich *Vitalität* und *Konation*, und frage jeweils nach ihrer Basis in den Selbsterhaltungsprozessen des Organismus (2). Schließlich untersuche ich die Frage, ob wir das Lebensgefühl als die grundlegende Form des Bewusstseins und der Selbsterfahrung auffassen können, sowohl aus phänomenologischer wie aus biologischer Sicht (3).

4 Vgl. Henry (2002: 296 f.) sowie ebd. (2019: 545 ff.).

5 Ebd. (2019: 551).

1. Leben und Erleben

Das Gefühl des Lebendigseins liegt an der Schwelle zwischen *Leben* und *Erleben*; oder mit anderen Worten, am Übergang zwischen den *vitalen* Prozessen der Selbsterhaltung des Organismus und den *subjektiven* Prozessen der basalen leiblichen Empfindung und Selbstbewegung. Der eine Aspekt, die autopoietische, sich selbst erhaltende und reproduzierende Struktur des Organismus, wird von der philosophischen Biologie[6] und neuerdings vom Enaktivismus[7] beschrieben, der andere Aspekt, die leibliche Selbsterfahrung, von der Phänomenologie der Leiblichkeit.[8] Leben und Erleben sind nicht nur etymologisch, sondern auch ontologisch miteinander verknüpft, nämlich als zwei Aspekte ein und desselben Lebensprozesses: Das Erleben steht in einer Kontinuität mit dem Leben, es ist gleichsam seine *Steigerungsform*, ein Zu-sich-selbst-Kommen der basalen vitalen Prozesse. Kommt das Erleben seinerseits zu sich, tritt es also in ein Verhältnis zu sich selbst, dann entsteht Selbstbewusstsein: Wir werden unseres Erlebens bewusst. Der Mensch, so Plessner, »[...] lebt und erlebt nicht nur, sondern er erlebt sein Erleben«.[9]

Der Begriff des Lebens ist damit wesentlich doppelsinnig; er impliziert Äußerlichkeit und Innerlichkeit gleichermaßen. Dies spiegelt sich im Doppelaspekt von *Körper* und *Leib*: Als Lebewesen bin ich einerseits ein organischer Körper, wahrgenommen oder beschrieben aus einer 3.-Person-Perspektive; ebenso aber bin ich, in der 1.-Person-Perspektive, ein spürender, wahrnehmender, sich

6 Jonas (1973).

7 Varela (1991, 1997), Thompson (2007), Di Paolo (2009), Di Paolo et al. (2017).

8 Merleau-Ponty (1966), Schmitz (1965), Fuchs (2000) u. a.

9 Plessner (1975: 292). – Hans Jonas hat den Gedanken einer Kontinuität von Leben und Geist in der These formuliert, »[...] daß das Organische schon in seinen niedersten Gebilden das Geistige vorbildet, und daß der Geist noch in seiner höchsten Reichweite Teil des Organischen bleibt« (Jonas 1973: 11). Dies wird heute im Enaktivismus als »life-mind continuity thesis« wieder aufgenommen (Di Paolo 2005, Thompson 2007: 128 ff.).

bewegender Leib.[10] Eine integrative Konzeption des Lebens muss daher beiden Aspekten gerecht werden und zugleich ihre »chiasmatische« Verflechtung analysieren.[11] In gewissem Sinn stellt Aristoteles' Begriff der *Psyche* als »primäre Verwirklichung eines natürlichen Körpers, der potenziell Leben hat«,[12] bereits eine solche Integration dar: *Psyche* ist weder eine substanzielle Seele noch ein körperloses Bewusstsein, sondern die *Lebendigkeit* oder *lebendige Form des Organismus.* Der Begriff bezeichnet also die Ordnung und Dynamik des Lebensprozesses selbst, der sich in unterschiedliche psychophysische Funktionen wie Ernährung, Wachstum, Empfindung, Selbstbewegung oder Denken differenziert. Die aristotelische *Psyche* ist nicht etwas jenseits oder über den physiologischen Prozessen, sondern vielmehr ihr »Integral«.

Im Gefolge des cartesianischen Dualismus jedoch haben die moderne Biologie ebenso wie die Psychologie ein solches integrales Konzept des Lebens verabschiedet. Leben wurde nun auf einen Komplex von biochemischen Prozessen reduziert, in der Annahme, dass es sich aus einer 3.-Person-Perspektive zureichend erfassen ließe. Doch wenn die Lebenswissenschaften Lebendiges untersuchen, setzen sie immer schon das implizite Vorverständnis des Lebens, nämlich unser eigenes leibliches Erleben voraus. Darauf hat besonders Viktor von Weizsäcker hingewiesen:

> Um Lebendes zu erforschen, muss man sich am Leben beteiligen. Man kann zwar den Versuch machen, Lebendes aus Nichtlebendem abzuleiten, aber dieses Unternehmen ist bisher misslungen. Man kann auch anstreben, das eigene Leben in der Wissenschaft zu verleugnen, aber dabei läuft eine Selbsttäuschung unter. Leben finden wir als Lebende vor […] die Wissenschaft hat mit dem Erwachen des Fragens mitten im Leben angefangen. (von Weizsäcker 1986: S. V)

10 Vgl. zu diesem Doppelaspekt meine ausführliche Darstellung in Fuchs (2017: 99-110).

11 Die Begriffe »Chiasma« bzw. »chiasmatisch« gebrauchte Merleau-Ponty (1986), um die Verschränkung von wahrnehmendem Leib und wahrgenommenem Körper oder Leibsubjekt und Körperobjekt zu beschreiben.

12 Aristoteles, *De Anima* II 1, 412 a 25.

Die Voraussetzung der Erforschung des Lebens ist, mit anderen Worten, unsere Koexistenz oder *Konvivialität* mit allem Lebendigen.[13] Denn nur insofern wir selbst leiblich und lebendig sind, nehmen wir auch Tiere als Wesen wahr, die sich selbst bewegen, die empfinden, Hunger oder Durst haben, also nach etwas streben und auf etwas aus sind. »Leben kann nur von Leben erkannt werden«, wie Hans Jonas schreibt (1973: 142). Insofern die Biologie von unserer Selbsterfahrung des Lebens abstrahiert, begreift sie Lebewesen nur noch als Mechanismen, Maschinen oder Algorithmen – das heißt, gerade nicht mehr als lebendig oder beseelt im aristotelischen Sinn.

Dennoch haben die Lebenswissenschaften die Subjektivität der Lebensvollzüge systematisch von ihren Untersuchungen abgetrennt und in eine mentale Innenwelt verschoben, wo sie nun in die Zuständigkeit der Bewusstseinsphilosophie fielen. Diese Kompetenz wird heute zunehmend von den Neurowissenschaften übernommen, die Subjektivität im Gehirn lokalisieren und damit den Körper erneut zu einem äußerlichen Mechanismus herabsetzen. Weder die Kognitions- und Neurowissenschaften noch die Philosophie des Geistes operieren mit einem genuinen Konzept des Lebens. Subjektives Erleben wird nicht als die »Verwirklichung« oder der Lebensvollzug eines Organismus angesehen, sondern als mentale Innenwelt: als »Kino-im-Kopf« (Damasio 2002), als virtueller »Phenospace« (Metzinger 1999: 243) oder »Ego-Tunnel« (Metzinger 2009), in jedem Fall getrennt vom lebendigen Körper als ganzem.

Ich werde im Folgenden eine Gegenposition zu diesen Konzeptionen eines isolierten Zerebralbewusstseins vertreten. Bewusstes Erleben, so argumentiere ich, ist kein mentaler Innenraum oder Tunnel, der irgendwo im Organismus zu lokalisieren wäre, sondern

13 Der Begriff »Konvivialiät« wurde von Ivan Illich in seinem Buch *Tools for Conviviality* (Illich 1973) mit einer gesellschaftskritischen Bedeutung eingeführt, nämlich zur Bezeichnung von Formen des solidarischen Zusammenlebens. Ich verwende den Begriff, um die primäre Verwandtschaft auszudrücken, die wir mit Lebewesen und anderen Menschen aufgrund gemeinsamer Körperstrukturen, Lebensprozesse und Lebensinteressen empfinden (vgl. Fuchs 2023a).

unser leibliches In-der-Welt-Sein. Nicht neuronale Prozesse im Gehirn sind die hinreichende Grundlage des phänomenalen Bewusstseins, sondern die Selbstorganisation und der Lebensprozess des Organismus als ganzem, oder mit anderen Worten: Es besteht eine *grundlegende Kontinuität von Leben und Erleben.* Diese Kontinuität lässt sich gerade am Gefühl des Lebendigseins aufzeigen.

2. Das Lebensgefühl als Integral der Lebensprozesse

Erleben in seiner grundlegenden Form lässt sich in zwei Momente differenzieren, die gemeinsam das Gefühl des Lebendigseins ausmachen:

(1) ein kontinuierliches leibliches Hintergrunderleben, das sich als *basales Selbstgewahrsein* oder auch als *Befinden* bezeichnen lässt, mit den hedonischen Polen von Wohlbefinden und Missbefinden. Es entspricht zunächst dem vagen Daseinsgefühl, von dem bei Proust die Rede war; wenn es sich jedoch auf die gegenwärtige Lebenssituation als ganze ausbreitet, geht es über in die Phänomene der *Stimmung* oder der *Existenzgefühle* (Ratcliffe 2008). Ich werde für dieses elementare, präreflexive Selbstempfinden den Begriff der *Vitalität* gebrauchen.

(2) ein elementares »Aussein-auf-etwas«, das sich in Antrieb, Trieb, Bedürfnis, Begehren und Affekt manifestiert und das die grundlegende Triebkraft für die Bewegung des Lebewesens darstellt. Ich werde es mit dem zusammenfassenden Begriff der *Konation* (von lat. *conatus* = Impuls, Drang, Streben) bezeichnen.

Ich unterscheide am basalen Erleben demnach ein *empfindendes, spürendes* und ein *dynamisches, motivierendes* Moment. Diese Grundformen des Erlebens gehen aus entsprechenden Lebensprozessen hervor, die sich, wie wir sehen werden, nicht auf Gehirnprozesse beschränken lassen, sondern auf einer Integration des gesamten Organismus beruhen. Es handelt sich dabei vor allem um

Prozesse der homöodynamischen Selbstregulation, die sich in den Zyklen von Mangel, Bedürfnis und Ausgleich durch den aktiven Austausch mit der Umwelt vollziehen. In diesen vitalen Prozessen der Selbsterhaltung liegen, wie wir sehen werden, die Wurzeln des Lebensgefühls und damit des Bewusstseins. Ich werde im Folgenden die beiden Momente des Lebendigseins, Vitalität und Konation, näher untersuchen, wobei ich jeweils zunächst die Phänomenologie des Erlebens und dann seine biologischen Grundlagen beschreibe.[14]

(a) Vitalität

Die grundlegende Schicht des Erlebens, die den Hintergrund alles intentional gerichteten Wahrnehmens, Fühlens oder Handelns darstellt, ist eine noch ungerichtete Unmittelbarkeit des Daseins, die an der Grenze des propositional Aussagbaren liegt und sich am ehesten mit dem Wort »Befinden« umschreiben lässt. Das Befinden ist an den gespürten Leib gebunden, als einer Sphäre vager, räumlich ausgedehnter Gefühle des Behagens oder Unbehagens, der Entspannung oder Anspannung, Enge oder Weite, Frische oder der Müdigkeit, des Elans oder der Erschöpfung. Es schließt auch das Hintergrundgefühl von innerer Wärme ein, obgleich wir es nur in Abweichungen bemerken wie beim Frieren oder im Fieber. Spezifischer lokalisiert und gerichtet sind Regungen wie Hunger und Durst, die wir als Triebe bereits zur Konation rechnen können (s. u.). All diese Leibempfindungen lassen sich unter dem Begriff der *Vitalgefühle* zusammenfassen. Sie weisen eine grundlegende

14 Die hier entwickelte Konzeption entspricht in gewisser Hinsicht dem Circumplex-Modell der Affektivität, das Jim Russel entwickelt hat (Russell 1980, 2003), bestehend aus einer Polarität von Lust–Unlust einerseits und Aktivierung–Desaktivierung andererseits. Die beiden Pole charakterisieren nach Russel den Kernaffekt *(core affect)* als die variable, aber kontinuierliche Basis des Erlebens, nämlich »[...] as a simple, nonreflective feeling that is an integral blend of hedonic (pleasure–displeasure) and arousal (sleepy–activated) values« (Russell 2003: 147). Der Kernaffekt ähnelt damit dem hier beschriebenen Lebensgefühl mit seinen beiden Komponenten der Vitalität (Wohl- oder Missbefinden) und der Konation (Antriebszustand bzw. *arousal*).

Polarität von *Wohl-* und *Missbefinden* oder *Lust* und *Unlust* auf und zeigen damit den jeweiligen Lebenszustand des Organismus an. Sie motivieren das Lebewesen, nach Wohlbefinden zu streben oder es aufrechtzuerhalten bzw. einen Zustand des Missbefindens durch geeignetes Verhalten zu verändern.

Der Leib ist der Verdichtungsort des Befindens, das aber doch unabgegrenzt in den Umraum hineinreicht und den Bezug zur Welt färbt oder tönt. Missbefinden, etwa bei Wetterfühligkeit, Müdigkeit oder Erschöpfung taucht auch die Umgebung in eine mattere, eintönigere Färbung. Die Dinge verlieren an Reichtum und Interessantheit, werden langweilig oder lästig, ohne dass der leibliche Ursprung dieser Veränderung zunächst bewusst würde. Vitalgefühle können daher immer auch als *Medien* der Wahrnehmung der Welt verstanden werden, die alles Erleben tönen und durchdringen. Als solche sind sie den *Stimmungen* verwandt, die jedoch weniger leibnah empfunden und eher als Qualitäten der jeweiligen Situation insgesamt erlebt werden. Dazu gehören etwa Heiterkeit, Euphorie, Missmut, Wehmut, Schwermut oder Langeweile. Sie lassen sich, analog zu Wohl- und Missbefinden, einer vertikalen Grundpolarität von eher *gehobenen* oder eher *gedrückten* Stimmungen zuordnen.[15]

Bereits Vitalität, Frische oder Müdigkeit bleiben nicht nur innerleibliche Zustände, sondern sie qualifizieren auch das Verhältnis von leiblicher Schwere und räumlicher Entfernung und damit die Erreichbarkeit der Dinge.[16] Auch Hunger oder Durst verändern bereits unterschwellig die Wahrnehmung der jeweiligen Situation.[17] Ebenso verbindet sich in den Stimmungen das leibliche Hinter-

15 Siehe dazu das folgende Kapitel in diesem Band.

16 Studien haben beispielsweise gezeigt, dass Berganstiege subjektiv steiler wirken, wenn die Probanden einen schweren Rucksack tragen oder erschöpft sind (Bhalla & Proffitt 1999).

17 Bekannt wurde eine israelische Studie, der zufolge Richter in Abhängigkeit von ihrem Hunger- oder Sättigungsgefühl sehr unterschiedliche Entscheidungen treffen: Vor dem Mittagessen wurden die meisten Anträge von Häftlingen auf Bewährungsentlassung abgelehnt, nach dem Mittagessen hingegen in 2/3 der Fälle positiv beschieden (Danziger et al. 2011).

grunderleben mit den Lebensmöglichkeiten der Situation. »Die Stimmung hat je schon das In-der-Welt-Sein als Ganzes erschlossen und macht ein Sichrichten auf ... allererst möglich«, wie Heidegger formuliert (1986: 137). Stimmungen erschließen also auch Möglichkeitsräume des Subjekts und ihre jeweilige Qualität, doch auf eine Weise, die noch vor der Trennung von Subjekt und Welt liegt, in ungeschiedener Einheit des Erlebens.

Betrachten wir nun die *biologischen Grundlagen* dieser basalen Gefühlszustände. Den Erkenntnissen der affektiven Neurowissenschaften zufolge (Damasio 1995/2000; Panksepp 1998, de Catanzaro 1999) stehen sie in enger Verbindung mit vitalen Regulationsprozessen, die der Erhaltung des inneren Milieus oder der *Homöostase* dienen und den gesamten Körperzustand mit einbeziehen: Atmung, Kreislauf, Nahrungs- und Wasserhaushalt, Körpertemperatur, Schlaf- und Wachzustand und eine Reihe weiterer autonomer Körpervorgänge. Dazu verarbeiten verschiedene Zentren im Hirnstamm, im Hypothalamus, im insulären und im medialen parietalen Kortex die neuronalen und humoralen Signale aus dem Körper und integrieren sie zu einer »Körperlandschaft«, die sich ständig modifiziert. Zu ihr gehören der aktuelle Zustand des inneren Milieus (Hormonkonzentration, Glukose, Sauerstoff, Kohlendioxid, pH-Wert des Blutes u.a.), interozeptive Signale aus den Gedärmen, propriozeptive Signale aus dem gesamten Bewegungsapparat einschließlich des Herzens, aus den Blutgefäßen, der Haut sowie dem Gleichgewichtsorgan. Umgekehrt beeinflussen die zentralen Prozesse im Gehirn fortwährend die Peripherie, etwa über den Vagusnerv oder neuroendokrine Signale aus Hypothalamus und Hypophyse, was in einer kreisförmigen Interaktion von Gehirn und übrigem Organismus resultiert. Eine Vielzahl von Forschungsergebnissen belegt diesen untrennbaren Zusammenhang zwischen Interozeption und homöostatischer Regulation.[18]

18 Vgl. ausführlich Fuchs (2021: 142 ff.) sowie Cameron (2001), Craig (2002, 2009), Damasio (2017), Carvalho & Damasio (2021), Damasio & Damasio (2022). – Von besonderer Bedeutung ist Carvalhos und Damasios Hinweis, dass das interozeptive Nervensystem nicht nur eine Verknüpfung von peripherem und

Die Interaktion von Gehirn und Körper ist nun Damasio zufolge die Basis für das elementare Lebensgefühl, ein »Empfinden des Lebens selbst« (Damasio 1995: 207). Die damit auftauchenden Vitalgefühle vermitteln dem Lebewesen ein basales Empfinden davon, wie es um seinen inneren Zustand und seine Selbsterhaltung steht. Gelingen oder Gefährdung der Homöostase spiegeln sich in der grundlegenden Polarität von Wohl- und Missbefinden, Lust und Unlust, die das Lebewesen zur entsprechenden Aktivität veranlassen – das eine erstreben, das andere vermeiden. An der Wurzel des Bewusstseins finden wir somit die homöodynamischen Regulationsprozesse, die zwischen Gehirn und Peripherie ablaufen und den gegenwärtigen Gesamtzustand des Organismus integrieren: Lebens- und Erlebensprozesse sind untrennbar miteinander verknüpft.

Besonders deutlich wird die organismische Basis der Vitalgefühle im Fall ihrer Störungen, sei es bei einer einfachen Magenverstim-

zentralem neuronalen System darstellt, sondern auch durch eine besondere Signalweitergabe charakterisiert ist: Die Neuronen sind hier zum Großteil nicht myelinisiert, d. h. nicht wie sonst von Nervenscheiden umgeben, so dass sie für die direkte (nicht synaptisch vermittelte) Einwirkung von Molekülen aus dem Extrazellulärraum zugänglich bleiben. Sie sind damit in der Lage, auf analoge (nicht »digitale«) Weise das organismische Milieu zu registrieren. Eine solche nicht synaptische, verlangsamte Signalweitergabe findet sich auch in den zugehörigen Hirnarealen, die wesentlich für die homöostatische Regulation zuständig sind (wie etwa die Area postrema). Die dabei eingesetzten körpereigenen Opioide (Endorphine, Enkephaline u. a.) und Neurotransmitter (Dopamin, Serotonin, Acetylcholin u. a.) tragen wesentlich zur hedonischen Modulation der Stimmungen bei.
Diese Befunde sind für die biologische Verkörperung des Geistes von hoher Bedeutung: Basale Vitalgefühle und Stimmungen beruhen demnach wesentlich auf *biochemischen, analogen Prozessen*, die sich in digitalen Systemen wie Computern grundsätzlich nicht simulieren lassen. Dies widerspricht der klassischen kognitionswissenschaftlichen Vorstellung, wonach mentale Prozesse ausschließlich aus der synaptischen Übertragung resultieren. »Diese Vorstellung, die in einem digitalen Modell des Geistes zum Ausdruck kommt, das der konventionellen künstlichen Intelligenz und Robotik zugrunde liegt, verkennt die analogen und hybriden Prozesse, die von der Interozeption genutzt werden« (Carvalho/Damasio 2021: 7).

mung, die bekanntlich rasch das ganze Befinden erfasst, oder in besonderem Maß bei den affektiven psychischen Krankheiten. Die Beeinträchtigung der *Vitalgefühle* hat bereits Kurt Schneider (1920) als eines der charakteristischen Merkmale der schweren Depression hervorgehoben: leibliche Enge- und Angstgefühle, bleierne Schwere, Bedrückung, Erschöpfung lassen sich im Begriff der generalisierten *leiblichen Konstriktion* zusammenfassen (Fuchs 2020: 51 ff.). Der allgemeine vitale Niedergang taucht auch den Umraum in eine leere, matte oder öde Stimmung; Gefühle der Entfernung und Unwirklichkeit der Welt stellen sich ein. Dabei handelt es sich jedoch keineswegs nur um Projektionen eines veränderten Hirnzustandes nach außen. Vielmehr geht die Depression mit einer gesamtorganismischen Stressreaktion einher, die zu Störungen des Metabolismus, der Biorhythmik und zahlreicher Organsysteme führt (Fuchs 2023b: 44, 71). In den veränderten Vital- und Existenzialgefühlen der Depression manifestiert sich also die faktische Störung des übergreifenden Lebensprozesses, nämlich das Unvermögen des Organismus, sich der Umwelt zu öffnen und ihre Lebensmöglichkeiten und Ressourcen zur Erhaltung seiner Homöostase zu erschließen.

(b) Konation

Damit habe ich das Vitalitätsempfinden und seine organischen Voraussetzungen beschrieben. Die zweite Komponente des basalen Erlebens ist die grundlegende »energetische« Dynamik des Lebens, die sich mit Begriffen wie Lebensdrang, Antrieb und Trieb umschreiben lässt und die ich als *Konation* bezeichne. Sie begründet die Spontaneität, Aktivität, affektive Gerichtetheit und Zielverfolgung, die Lebewesen allgemein kennzeichnen.[19]

19 Der Begriff »conatus« geht auf die stoische Philosophie zurück und wurde später insbesondere von Hobbes und Spinoza gebraucht, um das Streben des Lebewesens nach Selbsterhaltung zu bezeichnen. Spinoza definiert den *conatus* allgemein als das »Bestreben, womit jedes Ding in seinem Sein zu verharren strebt« (Spinoza, *Ethik*, III, 5; Spinoza 1977: 273). Im Menschen erscheint der *conatus* als Wille *(voluntas)*, Trieb *(appetitus)* und Begierde *(cupiditas)* (III, 9; ebd.: 277). Das erste

Als unspezifisch gerichtete Quelle von Energie ist der Antrieb in allen leiblichen Aktivitäten gegenwärtig und erhält darin jeweils seine spezifische Ausrichtung. Er manifestiert sich als Drang und Begehren in den einzelnen Trieben und Strebungen, als Dynamik und Intensität der Affekte, als Spontaneität der Initiative, als Energie und Spannung im motorischen Handeln, als Beharrlichkeit im Willen, aber auch als Zuwendung, Aufmerksamkeit und Interesse in der Wahrnehmung. Diese energetisch-vitale Dynamik – in der französischen Lebensphilosophie auch als »Élan vital« bezeichnet (Bergson 1907, Minkowski 1971) – verlässt uns nicht, solange wir bei Bewusstsein sind; denn das Tagesbewusstsein ist an eine stetige, aber latente *leibliche Spannung* gebunden, die bei Müdigkeit spürbar nachlässt und im Einschlafen ganz entgleitet.[20] Diese Grundspannung ist eine Manifestation des Antriebs. In Antrieb, Spannung und Drang erfahren wir einen nicht weiter ableitbaren Ursprung unserer Existenz.[21]

Die vitale Dynamik ist nicht im Leib eingeschlossen, sondern treibt über ihn hinaus, als ein elementares »Aussein-auf-etwas«, das sich an die Umwelt richtet. An der Wurzel von Trieb und Begeh-

Bestreben unseres Geistes ist demnach, »die Existenz unseres Körpers zu bejahen« (III, 10; ebd.: 279). Oder mit anderen Worten, das Streben des Organismus nach Selbsterhaltung ist die primäre Funktion von Bewusstsein.

20 In Hermann Schmitz' Terminologie kann man das Einschlafen auch als eine »privative Weitung« des Leibes beschreiben (Schmitz 2011: 15 ff.): Dabei wird die Konkurrenz von »Engungs-« und »Weitungstendenz«, aus der die stetige leibliche Spannung resultiert, gleichsam entkoppelt (daher »privativ«), und das leibliche Empfinden entgleitet in leere Weite. Auch die Ohnmacht lässt sich als ein plötzlicher Spannungsverlust auffassen, bei dem einem »die Knie weich werden«, die Grenzen zur Umwelt verschwimmen und man kurz darauf in Bewusstlosigkeit sinkt.

21 Dass der Antrieb bzw. die Konation neben der Vitalität eine eigene Komponente des Lebensgefühls darstellt, wird an Zuständen des vitalen Missbefindens erkennbar, die bei fehlendem Antrieb gleichwohl zu keinem geeigneten, gegenregulierenden Verhalten führen. So reichen in der Depression Gefühle der Angst oder Beklemmung, ja selbst Hunger oder Durst oft nicht aus, um die Patienten zur aktiven Veränderung der Situation zu veranlassen, da sie ihre quälende Antriebshemmung nicht überwinden können.

ren finden wir den *Mangel* als unspezifisches Empfinden leiblicher Spannung, Unruhe, Unausgeglichenheit oder des Umgetrieben-Seins. Der Mangel bedeutet zunächst das Erleben einer unbestimmten *Negativität* oder Unlust, die nach Aufhebung drängt, aber noch nichts von ihr weiß. Der hungernde Säugling wühlt in den Decken, streckt seinen Körper und sucht, bis sich im Saugen an der Brust die unangenehme leibliche Spannung löst. Auf diese Weise lernt er sein Triebobjekt kennen. So wird der an sich noch unspezifisch gerichtete Trieb im Verlauf der Ontogenese – über Prägung, Konditionierung, Gewohnheit etc. – zum spezifisch gerichteten Begehren oder Bedürfnis. Der Hunger erschließt dann die Nahrung in der Umwelt, der Sexualtrieb den Partner, der Schutztrieb das Bergende, der Explorationstrieb das Unbekannte usw.

Mit der triebhaften Gerichtetheit auf das Ermangelte erwacht zugleich das gespürte »Noch-Nicht« der möglichen Erfüllung. Der Mangel eröffnet damit ein Zeitdifferenzial oder eine Zeitspanne, die als Triebspannung erlebt wird und sich in der gerichteten Bewegung entlädt. Der Trieb ist »sich selbst vorweg«: In der Spannung und Gerichtetheit auf die vorweggenommene Befriedigung liegt somit eine zentrale Wurzel des *Zeiterlebens*.[22] Hans Jonas hat gezeigt, wie die *Affekte* gleichsam die spezifisch objektgerichteten Spannungsbögen bilden, die den Triebaufschub im Erleben überbrücken und die Bewegung auf das Triebobjekt zu motivieren (»E-motion«). Damit das Ziel trotz des Aufschubs gegenwärtig bleibt, muss es gefühlsmäßig »besetzt« sein, und das Gleiche gilt auch für ein negatives, also ein Vermeidungsziel: »Gier liegt an der Wurzel der Jagd, Furcht an der Wurzel der Flucht« (Jonas 1973: 155). Durch Emotionen erhalten die Umweltobjekte zugleich Valenzen oder Wertbedeutungen, d. h., sie erscheinen als begehrenswert, anziehend oder aber als aversiv, bedrohlich usw. Die triebhafte, affektive, wahrnehmende und tätige Beziehung zur Umwelt überspannt also die Lücke, die sich im tierischen Leben zwischen Bedürfnis

22 So auch bei Sartre: »Hier ahnen wir den Ursprung der Zeitlichkeit, da der Durst seine Möglichkeit ist zur gleichen Zeit, da er *sie* nicht *ist*« (Sartre 1962: 158). Vgl. zum Zusammenhang von Konation und Zeitlichkeit auch Fuchs (2013b).

und Befriedigung oder aber zwischen Bedrohung und Flucht schiebt.

Wenden wir uns nun den *biologischen Grundlagen* der konativen Dynamik zu, so finden wir sie in der dialektischen Beziehung zwischen dem Lebewesen und seiner Umwelt. Nach Jonas entsteht Leben durch einen »Urakt der Absonderung« aus dem Naturganzen (Jonas 1973: 15): Es konstituiert sich selbst durch eine Abgrenzung von den ständigen Zerfallsprozessen, der Entropie der materiellen Natur. Leben errichtet eine Differenz von Innen und Außen, die aber prekär bleibt, weil sie zu ihrer Erhaltung auf den metabolischen Austausch mit der Umwelt angewiesen ist. Damit übersetzt sich die Innen-Außen-Differenz des Lebendigen in die Negativität des Mangels, in die »Spannung von ›Sein‹ oder ›Nicht-Sein‹« (ebd.). In ihr besteht der Preis, den das Leben für seine gegenüber der physikalischen Welt errungene Autonomie entrichtet.

Leben bedeutet daher immer auch »Überleben«, nämlich Selbsterhaltung gegen die konstante Bedrohung von Verfall und Tod.[23] Doch es ist das Charakteristikum des tierischen Lebens im Unterschied zum pflanzlichen, dass seine Abhängigkeit von der Umwelt ihm innerlich wird in Form des Mangels und des Triebes, ihn durch Einverleibung auszugleichen. Die Dynamik von Mangel, Trieb, Begehren, Erwartung, Erfüllung und Lust ist die subjektive Seite und zugleich die Triebfeder der Selbsterhaltungs- und Austauschprozesse, die das tierische Leben charakterisieren.

An der Wurzel des Lebens liegt somit eine Negativität, ein Seinsmangel, der sich geradezu in Sartres Begriffen ausdrücken ließe: Das Lebewesen *ist, was es nicht ist, und es ist nicht, was es ist.*[24] Schwankend zwischen Sein und Nicht-Sein muss es den Weg des Werdens einschlagen, sich selbst ständig vorweg sein. Um seine

23 »[…] zuinnerst qualifiziert durch die Drohung seiner Negation muss Sein sich hier behaupten […]. So ist Sein selbst statt eines gegebenen Zustandes eine ständig aufgegebene Möglichkeit geworden, stets von neuem abzugewinnen seinem stets anwesenden Gegenteil, dem Nichtsein.« (Jonas 1973: 15)

24 So Sartres bekannte Formel für die Dialektik des Bewusstseins bzw. Für-sich-Seins (Sartre 1962: 33, 121).

Identität zu erhalten, bedarf es des Nicht-Selbst, des Anderen; es muss sich in seine Zukunft überschreiten, und so ist es wesentlich *Begehren*. Die Zeitlichkeit des Lebens ist eine dynamische, denn ihre Grundlage besteht in Spannung, Negativität und Begehren. Die Weise, in der sich diese Spannungen manifestieren, ist letztlich die des *Rhythmus*: die wiederkehrende Folge von Bedürfnis und Befriedigung, Bewegung und Ruhe, Verausgabung und Regeneration, katabolem und anabolem Stoffwechsel. Rhythmisches Werden ist der Ausdruck ebenso wie die ständige Aufhebung der Negativität des Lebendigen.

Konation ist daher kein Innenzustand des lebendigen Systems oder eines seiner Subsysteme, also des Gehirns. Sie bedeutet vielmehr eine fortwährende Transzendenz des Organismus auf die Umwelt hin, um in ihr Ressourcen zu seiner Selbstreproduktion zu finden. Damit erteilt er bestimmten Umweltmerkmalen spezifische, für sein Fortbestehen relevante Bedeutungen, die sich auf einfachster Stufe in basalen Tendenzen wie »hin-zu« oder »weg-von« manifestieren. Die Welt wird ein Raum von Valenzen, von Anziehung oder Abstoßung, Annäherung oder Flucht. Dies gilt bereits für einfachste, einzellige Organismen: Bakterien unterscheiden zwischen nützlichen und schädlichen Stoffen in ihrer Umwelt und bewegen sich mit Hilfe ihrer Geißeln zu den nützlichen Stoffen hin (etwa in Richtung zunehmender Glukosekonzentration) und von den schädlichen weg (Chemotaxis; Wadhams & Armitage 2004). Auch Damasio greift auf diese unbewusste Teleologie zurück, um dann die Rolle des in der Evolution später auftretenden Gehirns zu beschreiben:

> Der dumpfe und unbewusste Trieb, am Leben zu bleiben, drückt sich im Inneren einer einfachen Zelle in einer komplizierten Operation aus: Das chemische Profil innerhalb der Grenze wird ›erspürt‹, und das verlangt ein ›unbewusstes Wissen‹ dessen, was, chemisch gesehen, zu tun ist, wenn sich zeigt, dass irgendwo in der Zelle [...] zu wenig oder zu viel von einem Bestandteil vorhanden ist. (Damasio 2000: 169)

Freilich ist dieses »Erspüren« oder »Wissen« noch kein Erleben; es ist nicht *für* das Bakterium, dass es einem Mangel unterliegt. Doch der Übergang zum Trieberleben, wie ihn die Evolution eines zentralen Nervensystems in höheren Organismen ermöglicht, ist nur das Zu-sich-Kommen dieser basalen Tendenzen des Lebendigen:

> Leben und Lebenstrieb innerhalb der Grenze, die einen Organismus umschreibt, gehen dem Auftreten von Nervensystemen und Gehirnen voraus. Aber als dann schließlich Gehirne auf der Bühne erscheinen, sind sie immer noch mit dem Leben befasst. Sie erhalten und erweitern die Fähigkeit, den inneren Zustand zu registrieren, Know-how in Form von Dispositionen verfügbar zu halten, und auf der Grundlage dieser Dispositionen zu handeln [...]. Gehirne ermöglichen eine wirksamere – und ab einem bestimmten Punkt in der Evolution auch wissentliche – Regulierung des Lebenstriebs. (ebd.: 170)

Die Konation, der Lebenstrieb, bleibt auch auf höherer, durch zentralnervöse Strukturen erweiterter Stufe ein Ausdruck der Selbstregulation des Gesamtorganismus. Ein entstehender Mangel von Nahrung, Wasser, Erholung oder Fortpflanzung wird dann als Trieb gespürt und in zielgerichtete, von Emotionen unterstützte Aktivitäten umgesetzt. Triebe sind somit integrale Lebensäußerungen, in denen der Organismus auf spezifische Umweltsituationen wertend und zugleich sich selbst motivierend gerichtet ist. Dazu ist erneut die ständige Rückmeldung von Signalen aus dem inneren Milieu und den Vollzugsorganen an das Gehirn erforderlich, insbesondere an den Hypothalamus, das basale Vorderhirn und verschiedene Hirnstammkerne (Damasio 2000: 187 ff.).[25] Die affektive Neurowissenschaft begreift gespürte Bedürfnisse als Homöostase-Anforderungen und verknüpft so periphere Körperzustände und zentrale Regulationsvorgänge. Sie zeigt, dass für eine adäquate Biologie höherer Organismen eine »Neuropsychosomatik« von Homöostase, Vitalgefühl, Antrieb und Affektivität erforderlich ist, die Gehirn, Körper und Umwelt in ihrer systemischen Einheit begreift.

25 Eine besondere Rolle spielt dabei das mesolimbische System im Mittel- und Zwischenhirn, das sogenannte »seeking system«, das die appetitive und motivationale Ausrichtung des Organismus auf die Umwelt herstellt und mit Belohnungserlebnissen verbindet (Alcaro et al. 2007).

3. Das Lebensgefühl als Selbstgefühl

Ich habe das basale Empfinden des Lebendigseins als Vitalität und Konation beschrieben und auf integrale Zustände des Organismus in Beziehung zu seiner Umwelt zurückgeführt. Nun stellt sich die Frage: Ist dieses elementare Erleben bloß anonymer Natur, oder kann es bereits als *Selbsterleben* aufgefasst werden? Nur dann wäre es auch die Grundlage unseres Selbstseins als Personen. Ich werde auch diese Frage erst unter phänomenologischem und dann unter biologischem Aspekt beantworten.

Zunächst erinnere ich noch einmal an die Situation des Erwachens, die wir uns zu Beginn vergegenwärtigt haben: Erwachen bedeutet eine »Rückkehr zu sich selbst«, aber diese Rückkehr beruht auf einer Selbstvertrautheit, auf der »Wärme und Intimität« (James) selbst des ersten Gewahrwerdens. Wäre das primär auftauchende Bewusstsein vollständig anonym, dann hätten die sich bald einstellenden Erinnerungen niemanden, dem sie zugehören – sie wären nicht *meine* Erinnerungen.

Das Gleiche gilt aber für präreflexive Lebensgefühle generell: Sie sind Zustände des Selbstseins vor dem Selbstbewusstsein. Hungern ist nicht Bewusstsein des Hungerns, Müdigkeit nicht Bewusstsein der Müdigkeit. Denn um dessen gewahr zu werden, dass wir hungern, dürsten, müde sind, müssen wir schon hungrig, durstig, müde *geworden* sein, und was der Hunger, der Durst, die Müdigkeit vor dem Bewusstwerden war, lässt sich nicht genauer sagen. Leben ist somit, was uns widerfährt und uns bereits affiziert hat, bevor wir es bemerken und darauf reagieren können. Erst ab einem bestimmten Intensitätsgrad wird Erleben bewusst; und dennoch war es nicht ein anonymes, sondern bereits *mein* Erleben. »Denn indem ich mir des Hungers bewusst werde, entdecke ich ja nicht irgendeinen Hunger und mache ihn zu meinem, [...] sondern ich entdecke, dass ich es bin, der Hunger hatte, schon ehe ich mir dessen bewusst war.« (Spaemann 1996: 64)

Der Hunger kann gewissermaßen nur »mitgelebt« sein, etwa als ein vages Hintergrundgefühl des Unwohlseins, der Gereiztheit, oder auch dadurch, dass appetitliche Düfte oder Anblicke in der Umwelt auf einmal im Erleben hervortreten. Sartre erwähnt das Beispiel eines noch latenten Augenschmerzes, der sich zunächst nur in einer gewissen Mühe beim Lesen eines Buches äußert (Sartre 1962: 432). Doch wenn mir der Hunger oder der Schmerz als solcher bewusst wird, dann kann ich ihn mir nur selbst zuschreiben, weil bereits der vorbewussten Leibempfindung eine elementare »Meinhaftigkeit« eignete, die ich in ihrem Gewahrwerden nur aufnehme.[26] Somit entsteht Selbsterleben nicht an einem bestimmten Punkt *de novo*, sondern es setzt die präreflexive Meinhaftigkeit des Lebensgefühls fort. Der Leib wird nicht erst dadurch der meine, dass ich ihn mir reflektierend aneigne – vielmehr ist umgekehrt Selbstbewusstsein nur möglich, weil es aus dem leiblichen Selbsterleben entspringt.

Aus dem bisher Gesagten folgt, dass sich Leben weder dem Bewusstseinssubjekt noch der bloßen Objektivität des Körpers zurechnen lässt; es gehört im Gegenteil der leiblichen, konstituierenden Subjektivität an. Ja es ist letztlich das *transzendentale Leben des Subjekts selbst* und insofern Grund und Prinzip, nicht Gegenstand der Erfahrung. Es verleiht aller Erfahrung Meinhaftigkeit; es ist die Voraussetzung für die objektgerichtete Intentionalität, die Zuwendung zur Welt, die immer in die basale Selbstaffektion eingebettet ist. Und es ist schließlich die konative Quelle aller Spontaneität und Initiative des Subjekts. In der Selbstaffektion der Leiblichkeit, im Erleben des Lebens liegt somit die Ur-Subjektivität, aus der wir ständig hervorgehen. »Nicht das Denken gibt uns den Zugang zum Leben; es ist das Leben, welches dem Denken den Zugang zu sich erlaubt«, wie Michel Henry schreibt (2002: 145). Ein reines, leibloses Bewusstsein ist eine dualistische Abstraktion. Es ist ein undeutliches, dunkles Werden, dem das *cogito* sich verdankt,

26 Das leibliche Grundbefinden ist auch das, wonach man alltäglich gefragt wird: »Wie geht es dir?« Oder: »Wie fühlst du dich?« Wenn ich darauf nach einem kurzen Nachspüren antworte: »Ganz gut, danke«, dann wäre es sehr kontraintuitiv anzunehmen, dass mein Befinden erst auf die Nachfrage hin entsteht oder aus einem anonymen Zustand zu meinem Befinden wird.

nicht einer »klaren und distinkten Perzeption«, wie Descartes meinte.[27]

Wenden wir uns nun wieder dem *biologischen Aspekt* zu, so sehen wir, dass Leben ebenfalls durch ein grundlegendes *Selbstsein* charakterisiert ist. Jonas sah dies in der *Identität der Form* oder *Organisation* des Lebewesens, die sich selbst gegenüber dem Wechsel des Stoffs behauptet und erhält.

> Die Einführung des Begriffes ›selbst‹, unvermeidlich in der Beschreibung selbst des elementarsten Falles von Leben, zeigt an, dass mit dem Leben als solchem innere Identität in die Welt kam. (Jonas 1973: 130) – Die Herausforderung des ›Selbstseins‹ qualifiziert alles jenseits der Grenzen des Organismus als fremd und in gewissem Sinn als Gegenüber: als ›Welt‹, in der, durch die, und gegen die er sich erhalten muss. Ohne dieses universelle Gegenüber des ›Anderen‹ gäbe es kein ›Selbst‹. (Jonas 1968: 242f.; Übers. T. F.)

Die Selbstorganisation des Lebendigen, bereits von Kant in der *Kritik der Urteilskraft* als wechselseitiges Hervorbringen von Ganzem und Teilen charakterisiert (Kant 1974: 236), haben die Biologen Maturana und Varela (1987) mit dem Konzept der *Autopoiese* neu gefasst und präzisiert. Das lebendige, autopoietische System konstituiert sich durch eine semipermeable Membran, die es von der Umwelt abgrenzt, zugleich aber den metabolischen Austausch mit ihr ermöglicht, durch den sich das System ständig selbst reproduziert:

> Ein autopoietisches System – die minimale lebendige Organisation – ist ein System, das fortwährend die Komponenten produziert, welche es definieren und zugleich als eine konkrete Einheit in Raum und Zeit realisieren, die das Netzwerk der Produktion der Komponenten ermöglicht. (Varela 1997: 75; Übers. T. F.)

Diese durchaus zirkuläre Definition macht deutlich, dass Selbstsein auch auf der organischen Ebene nicht nur eine diachrone Formkonstanz und damit *Identität,* sondern auch eine *Rekursivi-*

27 *Mediationes de prima philosophia*, III, § 2 (Descartes 1959: 60).

tät, einen Selbstbezug einschließt. Darin können wir die organische Entsprechung zum subjektiven Aspekt des Lebendigen erkennen, unter dem sich Selbstsein als Selbstaffektion oder Meinhaftigkeit des Erlebens darstellt.

Wie weit nun die Formen von Subjektivität, die wir von unserer Selbsterfahrung her kennen und die wir an höheren Säugetieren aufgrund der Verwandtschaft ihrer Organisation und ihres Verhaltens wahrnehmen können, in der Reihe der Organismen hinabreichen – diese Frage lässt sich wohl nicht schlüssig beantworten. Als minimale Form von Subjektivität auf elementarer Lebensstufe lässt sich am ehesten die *Verknüpfung des eigenen Zustands mit relevanten Reizen der Umwelt* auffassen – ein noch stummes Reagieren, das dem Lebewesen erlaubt, seine Interaktion mit der Umwelt zu regulieren, also *sich in ein Verhältnis zum Nicht-Selbst zu setzen*. Durch Reizempfindlichkeit, Selbstbewegung und Stoffwechsel erzeugen und erhalten Lebewesen ihre Innen/Außen- oder Selbst/Nicht-Selbst-Unterscheidung.[28]

Dieses elementare Selbstsein ist freilich noch kein bewusstes Erleben. Die Voraussetzung dafür dürfte zum einen in der Ausbildung getrennter sensorischer und motorischer Organe und ihnen entsprechender *Sinnes- und Bewegungsvermögen* bestehen; zum anderen in der Entwicklung eines *nervösen Zentralorgans*, das die Rezeptor- und Effektor-Organe miteinander koppelt und die Einheit des Organismus noch einmal in gesonderter Form repräsentiert.[29] Ein

28 Diese aktive Erzeugung und Erhaltung der Innen-Außen-Differenz veranlasst auch Jonas dazu, selbst einfachen Organismen eine Art Gewahrsein zuzuschreiben: »Ob wir diese Innerlichkeit Fühlen, Reizempfindlichkeit und -erwiderung, Streben oder Nisus nennen – in irgendeinem (selbst infinitesimalen) Grad von ›Gewahrsein‹ beherbergt sie das absolute Interesse des Organismus an seinem eigenen Dasein und dessen Fortgang.« (Jonas 1973: 134)

29 Jonas (1968) zufolge ist »die Trennung von Bewegung und Empfindung, mit einer neuronalen Vermittlung zwischen beiden«, wie sie in vielzelligen Stadien des Lebens erreicht wird, der entscheidende Schritt zu einer zentralisierten Organisation und damit zu Empfindungs- und Handlungsvermögen. »Das Nervensystem, als System der Kommunikation über den Körper verteilt, konstituiert die ›höhere Stufe‹, die wir angedeutet haben, und gibt in dieser Rolle eine erste

solches Lebewesen nimmt nicht nur wahr und reagiert aus seinem Zentrum heraus, sondern es unterscheidet auch zwischen den Veränderungen in der Umwelt und den Veränderungen, die durch seine Selbstbewegungen verursacht werden (Fuchs 2017: 117 ff.) – eine Rekursivität der eigenen Aktionen, in der sich der Selbstbezug der Subjektivität manifestiert.

Die Subjektivität, die damit im Reich des Lebendigen auftaucht, ist jedoch keine mentale Innenwelt. Sie ist vielmehr stets verkörpert und auf die Umwelt gerichtet, in ihr anwesend und wirksam. Subjektivität ist der integrale Aspekt eines Organismus, der eine differenzierte Selbstorganisation ebenso aufweist wie eine selbst regulierte Beziehung zur Umwelt. Das Gefühl des Lebendigseins als elementare Subjektivität beruht nicht auf einem im Gehirn erzeugten Selbstmodell (Metzinger 1999), sondern es integriert den gesamten Zustand des Organismus in seiner Umwelt.

Dies steht, wie wir gesehen haben, in Einklang mit den Konzeptionen der affektiven Neurowissenschaften. Aus ihrer Sicht erscheint das Gehirn primär als ein *Regulations- und Wahrnehmungsorgan für den Gesamtorganismus*. Der Körper ist der eigentliche »Spieler im Feld«, auf dessen Homöostase und Verhältnis zur Umwelt es ankommt und dessen innere Zustände dem Organismus am besten die geeigneten Reaktions- und Verhaltensweisen anzeigen können. Gehirn und übriger Körper stehen daher in engster Verbindung und beeinflussen einander in fortwährender zirkulärer Rückkoppelung. Das Hintergrunderleben des Leibes und damit das elementare Lebensgefühl ist das Resultat dieser kontinuierlichen Interaktion. Durch sie wird der lebendige, physische Körper zum gelebten und erlebten Leib, der zugleich die Ursubjektivität darstellt, das primäre Selbsterleben. Damasio spricht auch vom »Protoselbst«, auf dem das sensomotorisch erweiterte »Kernselbst« und schließlich das autobiographische oder personale Bewusstsein beruhen:

Antwort auf die Frage, wer oder was die Quelle der Kontrolle ist: Es wäre *der Organismus als ganzer,* funktionell integriert durch sein nervöses System.« (Jonas 1968: 246 f.; Übers. und Hvhb. T. F.)

> Die frühesten Ursprünge des Selbst […] sind in der Gesamtheit jener Hirnmechanismen zu finden, die fortwährend und unbewusst dafür sorgen, dass sich die Körperzustände in jenem schmalen Bereich relativer Stabilität bewegen, der zum Überleben erforderlich ist. (Damasio 2000: 36)[30]

In *Self Comes to Mind* (2010) spricht Damasio diesem Protoselbst auch das elementare Lebensgefühl zu, das er nun »primordial feeling« (ursprüngliches Gefühl) nennt:

> Es ist das Gefühl, dass mein eigener Körper existiert; es […] bestätigt mir wortlos und unmittelbar, dass ich am Leben bin. […] Ich bezeichne es als ursprüngliches Gefühl und stelle fest, dass es irgendwo im Bereich zwischen Lust und Schmerz eine eindeutige Qualität hat, eine Valenz. Es ist der Urgrund hinter allen […] Emotionen und damit auch die Grundlage aller Gefühle, die durch Wechselbeziehungen zwischen Objekten und Organismus verursacht werden. (Damasio 2011: 198)

Die Kontinuität von Leben und Erleben bedeutet somit zugleich die Kontinuität von Leben und affektivem Selbsterleben: Sie reicht von den leiblichen Vitalgefühlen über die in den Umraum ausgedehnten Stimmungen bis hin zu den intentionalen Gefühlen oder Emotionen, die durch die spezifischen Bedingungen und Lebenslagen des Menschen motiviert und auf sie gerichtet sind. In zunehmender Differenzierung und Verfeinerung trägt das Gefühlsleben zur Erhaltung der inneren Balance des Organismus bei und bildet zugleich die Basis für alle weiteren Bewusstseinsprozesse.

Resümee

Ziel meiner Überlegungen war es, die grundlegende Verbindung von Leben und Erleben aufzuzeigen, die auf höheren Stufen tierischen Lebens in voll entfaltetes Bewusstsein übergeht. Erleben, in welchem Grad von Bewusstsein auch immer, ist immer das Selbst-

30 Für die Integration interozeptiver bzw. viszeraler Afferenzen zum Lebensgefühl und Selbsterleben ist dabei insbesondere die vordere Inselrinde maßgeblich; vgl. Craig (2009).

erleben des Organismus in seiner aktuellen Beziehung zur Umwelt. Es ist daher kein mentaler Innenraum, der vom Gehirn erzeugt würde, sondern es ist eine Form *der Lebendigkeit des Organismus insgesamt.* Vitalität und Konation als die beiden basalen Komponenten des Erlebens leiten sich von autopoietischen Prozessen des Lebens ab, die sich nicht auf Gehirnaktivitäten beschränken lassen. Lebensvorgänge sind nicht nur eine äußere, ermöglichende Bedingung, sondern sie spielen eine *konstitutive Rolle* für das Auftauchen von Subjektivität und Selbsterleben in der Welt.

Ich habe weiter dargestellt, inwiefern das Gefühl des Lebendigseins als primäre Selbstaffektion des Leibes die grundlegende Schicht der Subjektivität bildet. Als solche durchdringt es alles bewusste Leben:

- es bildet als leibliche *Selbstaffektion und Spannung* die Basis von Bewusstsein;
- es verleiht jeder Erfahrung ein Gefühl der *Meinhaftigkeit*;
- es wird transparent für die objektgerichtete Intentionalität, d. h., es ist das *Medium des Erscheinens der Welt*;
- es vermittelt mein *absolutes Hier* und damit die perspektivische Gegebenheit der äußeren Objekte *für mich*;
- es impliziert schließlich, in den Worten von William James, die »Wärme und Intimität«, die bewusste Zustände im diachronen Verlauf verknüpft und so eine *Kontinuität der Erfahrung* auch über zeitliche Lücken wie den Tiefschlaf hinweg herstellt.

Der lebendige Körper ist so organisiert und durch das Nervensystem zentralisiert, dass er *insgesamt* die geeignete Struktur und Dynamik aufweist, um bewusste Lebensäußerungen hervorzubringen. Wir können auch sagen: *So wie Subjektivität notwendig verkörpert ist, so ist ein geeignet organisierter, lebendiger Körper notwendig auch subjektiv.* Subjektivität ist, aristotelisch gesprochen, seine *Verwirklichung* oder seine Steigerung.

Der lebendige Organismus ist ein Selbst, insofern er sich zentralisiert, nach außen abgrenzt und ein unteilbares Funktionsganzes darstellt; und er ist ein Selbst, insofern er sich durch semipermeable Grenzflächen hindurch fortwährend überschreitet und mit der Umwelt in Austausch tritt, so dass sie für ihn Bedeutsamkeit erlangt. Zentralisiert durch das Gehirn integriert sich der Lebensprozess zum Lebensgefühl. Ein solcher Organismus verfügt über zumindest basale Subjektivität: Empfinden, Fühlen, Streben, Gewahrsein. Subjektivität ist zuallererst Leben, Lebendigkeit, und alles Erleben ist eine Form des Lebens. Mehr als alle anderen Formen der Erfahrung zeigen uns leibliches Befinden, Vitalität und Konation, dass wir keine reinen Geister, sondern inkarnierte Geschöpfe sind – Wesen aus Fleisch und Blut.

Literatur

Alcaro, A., R. Huber, J. Panksepp 2007. »Behavioral Functions of the Mesolimbic Dopaminergic System. An Affective Neuroethological Perspective«. In: *Brain Research Reviews* 56: S. 283-321.

Bhalla, M., D. R. Proffitt 1999. »Visual–motor Recalibration in Geographical Slant Perception«. In: *Journal of Experimental Psychology. Human Perception and Performance* 25: S. 1076-1096.

Bergson, H. 1907. *L'Évolution créatrice*. Paris: PUF.

Cameron, O. G. 2001. »Interoception. The Inside Story – A Model for Psychosomatic Processes«. In: *Psychosomatic Medicine* 63: S. 697-710.

Carvalho, G. B., A. Damasio 2021. »Interoception and the Origin of Feelings. A New Synthesis«. In: *BioEssays* 43: S. 200-261.

Craig, A. D. 2002. »How do You Feel? Interoception: The Sense of the Physiological Condition of the Body«. In: *Nature Reviews Neuroscience* 3: S. 655-666.

Craig, A. D. 2009. »How do You Feel – Now? The Anterior Insula and Human Awareness«. In: *Nature Reviews Neuroscience* 10: S. 59-70.

Damasio, A. 1995. *Descartes' Irrtum. Fühlen, Denken und das menschliche Gehirn*. München: List.

Damasio, A. 2000. *Ich fühle, also bin ich. Die Entschlüsselung des Bewusstseins*. List: München.

Damasio, A. 2002. »Wie das Gehirn Geist erzeugt«. In: *Spektrum der Wissenschaft*, Dossier 2: *Grenzen des Wissens*: S. 36-41.

Damasio, A. 2011. *Selbst ist der Mensch. Körper, Geist und die Entstehung des menschlichen Bewusstseins*. München: Siedler.

Damasio, A. 2017. *Im Anfang war das Gefühl: Der biologische Ursprung menschlicher Kultur*. München: Siedler.

Damasio, A., Damasio, H. 2022. »Homeostatic Feelings and the Biology of Consciousness«. In: *Brain* 145: S. 2231-2235.

Danziger, S., J. Levav, L. Avnaim-Pesso 2011. »Extraneous Factors in Judicial Decisions«. In: *Proceedings of the National Academy of Sciences* 108: S. 6889-6892.

De Catanzaro, D. A. 1999. *Motivation and emotion*, Upper Saddle River, NJ: Prentice Hall.

Descartes, R. 1959. *Meditationes de prima philosophia*. Hg. von L. Gäbe. Hamburg: Meiner.

Di Paolo, E. A. 2005. »Autopoiesis, Adaptivity, Teleology, Agency«. In: *Phenomenology and the cognitive sciences* 4: S. 429-452.

Di Paolo, E. A. 2009. »Extended life«. In: *Topoi* 28: 9-21.

Di Paolo, E., T. Buhrmann, X. Barandiaran 2017. *Sensorimotor Life. An Enactive Proposal*. Oxford: Oxford University Press.

Frank, M. 2002. *Selbstgefühl*. Frankfurt/M.: Suhrkamp.

Fuchs, T. 1995. »Coenästhesie. Zur Geschichte des Gemeingefühls«. In: *Zeitschrift für Klinische Psychologie, Psychopathologie und Psychotherapie* 43: S. 103-112.

Fuchs, T. 2000. *Leib, Raum, Person. Entwurf einer phänomenologischen Anthropologie*. Stuttgart: Klett-Cotta.

Fuchs, T. 2017. *Das Gehirn – ein Beziehungsorgan. Eine phänomenologisch-ökologische Konzeption*. 5. Aufl. Stuttgart: Kohlhammer.

Fuchs, T. 2013a. »The Phenomenology of Affectivity«. In: *Oxford Handbook of the Philosophy of Psychiatry*. Hg. von B. Fulford. Oxford: Oxford University Press, S. 612-631.

Fuchs, T. 2013b. »Temporality and Psychopathology«. In: *Phenomenology and the Cognitive Sciences* 12: S. 75-104.

Fuchs, T. 2020. *Randzonen der Erfahrung. Beiträge zur phänomenologischen Psychopathologie*. Freiburg: Alber.

Fuchs, T. 2021. *Das Gehirn – ein Beziehungsorgan. Eine phänomenologisch-ökologische Konzeption*. 6. Aufl. Stuttgart: Kohlhammer

Fuchs, T. 2023a. »Understanding Sophia? On Human Interaction with Artificial Agents«. In: *Phenomenology and the Cognitive Sciences* 23: S. 21-42.

Fuchs, T. 2023b. *Psychiatrie als Beziehungsmedizin. Eine ökologische Konzeption*. Stuttgart: Kohlhammer.

Heidegger, M. 1986. *Sein und Zeit*. 16. Aufl. Niemeyer: Tübingen.

Heller-Roazen, D. 2012. *Der innere Sinn. Archäologie eines Gefühls*. Frankfurt/M.: S. Fischer.

Henrich, D. 1967. *Fichtes ursprüngliche Einsicht*. Frankfurt/M.: Klostermann.

Henry, M. 2002. *Inkarnation. Eine Philosophie des Fleisches*. Freiburg: Alber (Original: *Incarnation. Une philosophie de la chair*, Paris: Seuil, 2000).

Henry, M. 2019. *Das Wesen des In-Erscheinung-Tretens*. Freiburg: Alber (Original: *L'essence de la manifestation*. Paris: Presses Universitaires de France, 2011).

Illich, I. 1973. *Tools for Conviviality*. London: Calder and Boyars.

James, W. 1950. *The Principles of Psychology*. Vol. 1. New York: Dover Publications.

Jonas, H. 1973. *Organismus und Freiheit. Ansätze zu einer philosophischen Biologie*. Göttingen: Vandenhoeck & Ruprecht.

Jonas, Hans 1968. »Biological Foundations of Individuality«. In: *International Philosophical Quarterly* 8: S. 231-151.

Kant, I. 1974. *Kritik der Urteilskraft*. Hamburg: Meiner.

Maine de Biran 1987-2001. *Œuvres*. Bd. 1-13. Hg. von F. Azouvi. Paris: Vrin.

Maturana, H. R., F. J. Varela 1987. *Der Baum der Erkenntnis. Die biologischen Wurzeln menschlichen Erkennens*. Bern, München: Scherz.

Merleau-Ponty, M. 1966. *Phänomenologie der Wahrnehmung*. Berlin: De Gruyter.

Merleau-Ponty, M. 1986. *Das Sichtbare und das Unsichtbare*. München: Fink.

Metzinger, T. 1999. *Subjekt und Selbstmodell*. 2. Aufl. Paderborn: Mentis.

Metzinger, T. 2009. *Der Ego-Tunnel. Eine neue Philosophie des Selbst. Von der Hirnforschung zur Bewusstseinsethik*. Berlin: Berlin Verlag.

Minkowski, E. 1971. *Die gelebte Zeit I. Über den zeitlichen Aspekt des Lebens*. Salzburg: Müller.

Panksepp, J. 1998. *Affective Neuroscience. The Foundations of Human and Animal Emotions*. Oxford, New York: Oxford University Press.

Plessner, H. 1975. *Die Stufen des Organischen und der Mensch*. Berlin: De Gruyter.

Proust, M. 2011. *Auf der Suche nach der verlorenen Zeit*. Bd. 1: *Unterwegs zu Swann*. Frankfurt/M.: Suhrkamp.

Ratcliffe, M. 2008. *Feelings of Being. Phenomenology, Psychiatry and the Sense of Reality.* Oxford: Oxford University Press.

Russell, J. A. 1980. »A Circumplex Model of Affect«. In: *Journal of Personality and Social Psychology* 39: S. 1161-1178.

Russell, J. A. 2003. »Core Affect and the Psychological Construction of Emotion«. In: *Psychological Review* 110: S. 145-172.

Sartre, J.-P. 1962. *Das Sein und das Nichts.* Reinbek: Rowohlt.

Schneider, K. 1920. »Die Schichtung des emotionalen Lebens und der Aufbau der Depressionszustände«. In: *Zeitschrift für die gesamte Neurologie und Psychiatrie* 59: S. 281-286.

Schmitz, H. 1965. *System der Philosophie.* Bd. II/1: *Der Leib.* Bonn: Bouvier.

Schmitz, H. 2011. *Der Leib.* Berlin: De Gruyter.

Spaemann, R. 1996. *Personen. Versuche über den Unterschied zwischen »etwas« und »jemand«,* Stuttgart: Klett-Cotta.

Spinoza, B. de 1977. *Die Ethik.* Stuttgart: Reclam.

Starobinski, J. 1991. *Kleine Geschichte des Körpergefühls.* Frankfurt/M.: S. Fischer.

Thompson, E. 2007. *Mind in Life. Biology, Phenomenology, and the Sciences of the Mind.* Cambridge, MA: Harvard University Press.

Thompson, E. 2015. *Waking, Dreaming, Being.* New York: Columbia University Press.

Varela, F. J. 1991. »Organism. A Meshwork of Selfless Selves«. In: *Organism and the Origin of Self.* Hg. von A. Tauber. Dordrecht: Kluwer, S. 77-107.

Varela, F. J. 1997. »Patterns of Life. Intertwining Identity and Cognition«. In: *Brain and Cognition* 34: S. 72-87.

Wadhams, G. H., J. P. Armitage 2004. »Making Sense of It All. Bacterial Chemotaxis«. In: *Nature Reviews Molecular Cell Biology* 5: S. 1024-1037.

Weizsäcker, V. von 1986. *Der Gestaltkreis. Theorie der Einheit von Wahrnehmen und Bewegen.* 5. Aufl. Stuttgart: Thieme.

2.
Phänomenologie der Stimmungen

Einleitung

Die Phänomenologie der Stimmungen und Gefühle sieht sich einer Gemengelage von Phänomenen gegenüber, die eher diffus, oft flüchtig und schwer zu beschreiben, geschweige denn voneinander abzugrenzen sind. Dies spiegelt sich im Begriffsfeld der Affektivität wider, in dem verschiedene Bezeichnungen miteinander konkurrieren oder sich in ihren Bedeutungen überschneiden: Befinden, Affekt, Gefühl, Laune, Stimmung, Ausstrahlung, Klima und Atmosphäre.

Diese Anordnung von Begriffen gibt aber bereits eine erste Orientierung: Sie führt von eher subjektzentrierten, leibnahen Phänomenen (Befinden, Gefühl) zu umgebenden oder übergreifenden Phänomenen, die dem Umraum oder der Situation als ganzer zugehören (Atmosphäre, Klima). Stimmungen scheinen in dieser Anordnung eine Mittelposition einzunehmen, da wir sowohl von der Gewitterstimmung über einer Landschaft, von der ausgelassenen Stimmung auf einer Feier als auch von der ganz persönlichen Stimmung oder Laune sprechen, in der sich jemand befindet (z. B. »Dazu bin ich nicht in der Stimmung«). Das Phänomen, mit dem wir es zu tun haben, changiert offensichtlich zwischen dem umgreifenden Charakter einer Räumlichkeit oder Situation einerseits und der persönlichen Befindlichkeit andererseits. Im einen Fall werden wir von einer äußeren Stimmung erfasst, im anderen geht die Stimmung von uns selbst aus und tönt die erlebte Umwelt.

Dies verweist auf ein tieferes Problem der neuzeitlichen Konzeption der Affekte: Mit der cartesianischen Trennung von Bewusstsein und Ausdehnung, seelischer Innenwelt und räumlicher Außenwelt, wird alles Gefühlshafte und Affektive der psychischen Innenwelt zugerechnet, also ins Innere der Person verschoben, statt dem Leib, dem Raum und der Welt anzugehören. Stimmungen und Gefühle gelten dann als private, »mentale« Phänomene, die aus einer Bewertung äußerer Reize im Geist oder Gehirn eines Individuums resultieren, während die objektive, physikalische Welt bar jeder affektiven Qualitäten ist.

Stimmungen widersetzen sich jedoch dieser Aufteilung der Welt in Innen und Außen. »Das Gestimmtsein«, so Heidegger, »bezieht sich nicht zunächst auf Seelisches, ist selbst kein Zustand drinnen, der dann auf rätselhafte Weise hinausgelangt und auf die Dinge und Personen abfärbt.« (Heidegger 1986: 137) Es kommt »weder von ›Außen‹ noch von ›Innen‹, sondern steigt als Weise des In-der-Welt-Seins aus diesem selbst auf« (ebd.: 136). In unserem primären Erleben sind wir nicht in einer physikalischen Welt, sondern in einer Welt, die erfüllt ist von Anmutungen, Ausstrahlungen, Atmosphären, Stimmungen und Gefühlsschwingungen – kurz, von affektiven Qualitäten aller Art. Wir leben nicht in einem physikalischen, sondern in einem *affektiven Gefühls- oder Stimmungsraum.*[1]

Diese Räumlichkeit haben wir bis zu einem gewissen Grad mit anderen Lebewesen gemein. Zu erinnern ist hier an den biologischen Umweltbegriff Jakob von Uexkülls (2023): Die Bedeutsamkeits- und Wertstruktur der Umwelt, ihre »Tönung« ist nach Uexküll bestimmt von den jeweiligen Sinnen, Trieben und Bedürfnissen eines Lebewesens. So kann z. B. dieselbe Seerose für einen Krebs einen »Schutzton«, »Wohnton« oder »Fresston« annehmen, so dass er sie als Wohnung oder als Nahrung nutzt, und zwar je nach der Stimmung, in der er sich aufgrund seiner eigenen Verfassung befindet (v. Uexküll 2023: 74). In den Stimmungen treten bestimmte Grundbedürfnisse des Lebewesens in den Vordergrund, denen jeweils ein passender Aspekt der Umwelt mit seinen Relevanzen oder Valenzen entgegenkommt: Denken wir etwa an die Jagd- oder die Paarungsstimmung, die Angst- oder die Geborgen-

1 Für die Gesamtheit räumlich erfahrener affektiver Phänomene sind in der Phänomenologie verschiedene Begriffe gebraucht worden. Ludwig Binswanger (1933) spricht vom »gestimmten Raum«, Hermann Schmitz (1981) vom »Gefühlsraum«; ich habe selbst den Begriff des »Stimmungsraums« verwendet (Fuchs 2000), ziehe aber inzwischen den Begriff des »affektiven Raums« vor, da er der Affektivität als einem geeigneten Sammelbegriff für alle emotionalen Phänomene entspricht.

heitsstimmung usw., in denen ganz unterschiedliche Valenzen der Umwelt hervortreten. »Stimmung« und »Ton« verweisen dabei auf eine »Musikalität« des Umweltverhältnisses, die für den Stimmungsbegriff charakteristisch ist (Haas 2018); ich komme noch darauf zurück.

Aus den Grundbedürfnissen des Lebewesens nach Einverleiben einerseits, nach Schutz oder Abwehr andererseits ergibt sich bereits eine Grundpolarität von *attraktiven* und *aversiven* Umweltvalenzen und den entsprechenden Stimmungen. Freilich geht die Differenziertheit menschlicher Stimmungen weit über entsprechende Zustände der Tiere hinaus, so dass sich in Stimmungen wie Glück oder Traurigkeit, Seligkeit oder Verzweiflung die existenzielle Verfassung der Person manifestieren kann.

Ich werde im Folgenden zunächst die Grundstrukturen und -phänomene des affektiven Raumes darstellen, um mich dann der Phänomenologie der Stimmungen im engeren Sinne zuzuwenden. Schließlich werde ich eine Möglichkeit der Klassifikation der Stimmungen in Form eines Stimmungskreises vorstellen.

1) Der affektive Raum

Die Grundstruktur des affektiven Raums lässt sich folgendermaßen beschreiben: Atmosphären, Stimmungen und Gefühle stellen übergreifende Erlebnisformen dar, in denen affektive Valenzen oder Qualitäten einer Situation oder Umgebung in leiblicher Resonanz erfahren werden (vgl. Fuchs 2000). Diese Struktur erläutere ich im Folgenden näher.

(a) Affektive Qualitäten

Beginnen wir mit der affektiv getönten Umwelt. Der von uns erlebte Raum ist immer erfüllt von Anmutungen, Aufforderungscharakteren (Lewin 1926/1969), Ausdrucks- und Wertqualitäten. Solche Anmutungen können von einzelnen Gegenständen ausgehen – die mächtige Eiche macht einen ›erhabenen‹, das Dorf einen ›verschlafenen‹ Eindruck –, aber auch vom Umraum insgesamt, so dass wir von einer Stimmung oder Atmosphäre sprechen, die uns in dem Raum erfasst: Eine Wohnung wirkt gemütlich oder kühl, der finstere Wald unheimlich oder furchteinflößend usw. Ich fasse diese verschiedenen Phänomene unter dem Begriff der *affektiven Qualitäten* zusammen. Folgende Formen lassen sich dabei unterscheiden:

(1) *Aufforderungscharaktere* entsprechen den *Valenzen* in der Feldpsychologie Lewins oder den *»Affordanzen«* in der Wahrnehmungspsychologie Gibsons (1979): Dinge oder Situationen bieten uns Möglichkeiten oder regen zu einer bestimmten Tätigkeit an. So verlockt der sonnige Weg zum Spazierengehen, das klare Quellwasser zum Trinken, das warme Bett zum behaglichen Dösen usw. Man kann auch von *affektiven Affordanzen* sprechen (Fuchs/Koch 2014).

(2) *Ausdruckscharaktere* sind physiognomische Qualitäten, die sich an einer gegebenen Gestalt zeigen; Metzger (1954) bezeichnete sie als »Wesenseigenschaften« und nannte als Beispiele das »friedlich daliegende Dorf«, die »stolz emporragende Burg« oder den »finster dreinblickenden Mann«. Das Paradigma allen Ausdrucks ist freilich die *menschliche* Physiognomie: Im sichtbaren Leiblichen zeigt sich Seelisches, insbesondere im Gesichtsausdruck, aber auch in Gestik und Haltung, und wir können diesen Ausdruck z. B. als fröhlich, offen, verschmitzt, verschlagen, weich oder hart charakterisieren.

(3) Als *Gestaltverläufe* bezeichnet Schmitz (1989: 40 ff.) visuell oder akustisch erfasste Konturen oder Verläufe, die als leibliche Bewegungssuggestionen wirken und entsprechende Gefühle induzieren. So empfinden schon 2- bis 3-jährige Kinder eine ansteigende Schnörkellinie als »fröhlich«, eine gezackte Linie als »ärgerlich«, einen aufsteigenden Bogen als »stolz«, einen abfallenden als »traurig« usw. (Werner 1959), in Analogie zur »Trauerweide«. Besonders geeignet zur Induktion von Gefühlen und Stimmungen sind die Gestaltverläufe, Rhythmen und dynami-

schen Muster der Musik: Fallende, steigende oder ondulierende Melodien, die verschiedenen Rhythmen, die Dynamiken von »crescendo«, »descrescendo«, »adagio« oder »sforzato« vermögen bekanntlich intensive leibliche Mitempfindungen und Affekte auszulösen.

(4) Schließlich vermitteln auch *synästhetische* oder *intermodale Wahrnehmungen* affektive Qualitäten: Ein Gelb wirkt »giftig« oder »schreiend«, ein Rot »warm«, ein Blau »tief«. Wir sprechen von »rauem Klima«, »weichen Konturen«, »warmem Empfang«, »bitterer Not« oder »süßlicher Melodie« und verknüpfen damit nicht nur zwei Sinnesmodalitäten, sondern bringen eine Gefühls- und Wertqualität zum Ausdruck.

(b) Leibliche Resonanz

Affektive Charaktere sind also Anmutungen, in denen die Personen, Dinge oder Situationen uns affizieren, an uns appellieren, Gefühle oder Stimmungen auslösen und uns zu bestimmten Handlungen veranlassen. Wie geschieht nun diese Affektion? – Affektive Charaktere, Atmosphären, Stimmungen und Gefühle erfahren wir durch Veränderungen unserer Leiblichkeit. Sie lösen entweder Bewegungsanmutungen aus – wir fühlen uns z.B. gehoben oder niedergedrückt, angezogen oder abgestoßen – oder sie modifizieren das leibräumliche Befinden, so dass wir uns etwa beengt, beklommen, gehemmt, befreit oder offen erleben. Wir geraten in Erregung, also in eine gespannt-expansive Dynamik des Leibes; wir empfinden Bitterkeit und Schmerz, Wärme oder Kühle, Schaudern oder Beben; es ist uns zum Lachen oder zum Weinen usw. Ich bezeichne diese verschiedenen Formen der Wahrnehmung stimmungsräumlicher Phänomene als *leibliche Resonanz*. Der Leib ist also der »Resonanzkörper« des Gefühlsraums.[2]

Aufschlussreich ist hier ein Blick in die Psychopathologie: In depressiven oder schizophrenen Psychosen kommt es zu Störungen

2 Vgl. dazu auch das Kapitel »Verkörperte Emotionen« in diesem Band.

der leiblichen Resonanz, oft verbunden mit einer rigiden leiblichen Spannung, die dann auch als »Verlust der Schwingungsfähigkeit« oder als »Verflachung des Affekts« beschrieben wird. Die Patienten können die affektiven Qualitäten ihrer Umgebung nicht mehr empfinden, die Welt erscheint ihnen leer, abgestorben oder sogar unwirklich, und sie klagen über generelle Gefühllosigkeit, innere Leere und Entfremdung. Dies zeigt, dass die Phänomene des Gefühlsraums nicht ohne weiteres erfahren werden: Wir müssen auf sie »eingestimmt« sein, also uns in einer geeigneten leiblich-affektiven Disposition befinden.

Als zwei Pole des Gefühlsraums habe ich nun die *affektiven Charaktere* der Umwelt und die *leibliche Resonanz* bestimmt. *Atmosphären, Stimmungen* und *Gefühle* stellen dann die übergreifenden Erlebnisformen dar, in denen affektive Charaktere einer jeweiligen Situation oder Umgebung in leiblicher Resonanz erfahren werden. Dabei stehen Atmosphären eher dem äußeren Pol nahe, Gefühle eher dem inneren, während Stimmungen sich am ehesten in der Mitte halten. Bevor ich zu ihrer genaueren Analyse übergehe, möchte ich zur Abgrenzung einen kurzen Blick auf die Atmosphären werfen; die Gefühle sind Gegenstand des folgenden Kapitels.

2) Atmosphären

Atmosphären lassen sich als *holistische affektive Qualitäten* von räumlichen oder sozialen Umgebungen auffassen, die deren physiognomische, synästhetische und dynamische Merkmale in eine einheitliche Gestalt integrieren. Beispiele sind die ehrfurchtgebietende Aura einer Kathedrale oder die Unheimlichkeit des nächtlichen Waldes, die ausgelassene Atmosphäre einer Party oder die bedrückende Atmosphäre eines Begräbnisses. Wie alle affektiven Phänomene werden auch die Atmosphären durch leibliche Resonanz gespürt: Die ausgelassene Partystimmung wirkt anregend und beschwingend, die unheimliche Atmosphäre lässt einen erschauern oder »die Haare zu Berge stehen«, die spannungsgeladene Atmosphäre einer Konferenz wirkt beklemmend usw.

Atmosphären begegnet man somit als mehr oder minder prägnanten Auren, die von der Umgebung her ausstrahlen. Daher können sie auch in einem *Kontrast zur eigenen Stimmung* stehen, etwa wenn man in der Trauer um einen Verlust in eine fröhliche Gesellschaft gerät: Man nimmt die einem entgegenschlagende ausgelassene Atmosphäre durchaus wahr, empfindet sie jedoch als fremd oder unangenehm; sie kann die eigene Traurigkeit sogar noch verstärken. Der Kontrast lässt sich auch als *atmosphärische Diskrepanz* oder *Dissonanz* bezeichnen (Böhme 2001: 46 f.). Umgekehrt wird die *Konsonanz* von eigener Stimmung und äußerer Atmosphäre meist als wohltuend erfahren; der Trauernde wird eher eine melancholische Umgebung aufsuchen, weil er seinen Kummer in sie einbetten und ihm dadurch entlastenden Raum geben kann, wenigstens solange die Atmosphäre nicht ihrerseits durch ihren drückenden oder morbiden Charakter sein Leid vermehrt. Dann nämlich kommt es gewissermaßen zu einer »Resonanzverstärkung« von Stimmung und Umraum, für die Thomas Manns *Tod in Venedig* ein bekanntes literarisches Beispiel darstellt.

Das Kontrastphänomen gibt Gelegenheit, nach dem ontologischen Status von Atmosphären zu fragen: Handelt es sich bei ihnen nur um Projektionen subjektiver Gefühle in eine an sich neutrale Umgebung oder kommt ihnen eine Form von Objektivität zu? Schon die Kontrasterfahrung spricht freilich gegen die Projektionsthese. Ebenso stützt die Tatsache, dass Atmosphären von Landschaften, Architekturen oder Innenräumen von Menschen meist in ähnlicher Weise erfahren werden, die Annahme ihrer Objektivität – schließlich ist es auch möglich, sie durch ein geschicktes Arrangement, entsprechende Beleuchtung und Raumgestaltung gezielt zu erzeugen (Böhme 2013: 99 ff.). Andererseits ist das Phänomen der Atmosphäre offensichtlich gebunden an das Dasein von lebendigen und fühlenden Wesen. Diese These einer Daseins- und Soseinsrelativität der Atmosphären verlegt sie nicht etwa in eine psychische Innenwelt. Vielmehr begreift sie Atmosphären und

Stimmungen als *relationale Phänomene*, nämlich als das umgreifende Ganze einer wechselseitigen Bezogenheit von Subjekt und Umwelt, die in affektiver Betroffenheit erfahren wird. In diesem Sinn können wir Atmosphären durchaus ein reales Sein in der Welt zusprechen, ohne sie von der Existenz lebendiger Wesen abgekoppelt zu denken.

3) Stimmungen

Gehen wir nun über zur Phänomenologie der Stimmungen. In einer ersten Annäherung können wir sie definieren als *globale, elementar bewertende (z. B. angenehme oder unangenehme) affektive Zustände, die das Erleben von Selbst und Welt in bestimmter Weise tönen und entsprechende Verhaltensweisen nahelegen.* Typische Beispiele sind etwa Gehobenheit, Heiterkeit, Langeweile, Traurigkeit, Ängstlichkeit oder Reizbarkeit. Stimmungen sind somit basale Zustände des In-der-Welt-Seins, die anzeigen, wie es um unser Leben im Moment steht, wie wir die gegenwärtige Situation erleben und bewerten und wie wir uns in ihr verhalten sollen.

Heidegger geht in seiner Analyse der Befindlichkeit und Gestimmtheit so weit, ihr den primären Zugang zur Welt zuzuschreiben: »Wir müssen in der Tat *ontologisch* grundsätzlich die primäre Entdeckung der Welt der ›bloßen Stimmung‹ überlassen« (Heidegger 1986: 138). Die Bedeutsamkeit, die die Dinge und Situationen für uns haben, gründet, so Heidegger, »[...] in der Befindlichkeit, als welche sie die Welt zum Beispiel auf Bedrohbarkeit hin erschlossen hat. Nur was in der Befindlichkeit des Fürchtens bzw. der Furchtlosigkeit ist, kann umweltlich Zuhandenes als Bedrohliches entdecken« (ebd.: 137 f.). Somit gilt: »*Die Stimmung hat je schon das In-der-Welt-Sein als Ganzes erschlossen und macht ein Sichrichten auf... allererst möglich*« (ebd.: 137).

In seiner an Heidegger anknüpfenden Phänomenologie der Stimmungen hat Bollnow diese fundierende Funktion im Begriff der »Grundstimmung« zum Ausdruck gebracht:

Diese Schicht der immer vorhandenen Stimmungen bildet den tragenden Untergrund, aus dem sich das gesamte sonstige Seelenleben entwickelt und von dem es in seinem Wesen durchgehend bestimmt bleibt. Durch eine bestimmte Grundstimmung werden gewisse Erlebnisse möglich gemacht und gewisse andre wieder von vornherein ausgeschlossen, weil sie sich mit dem Rahmen dieser Stimmung nicht vertragen. Durch diese Grundstimmung werden alle einzelnen Erlebnisse in eine ganz bestimmten Richtung geleitet. (Bollnow 1995: 54)

An dieser Stelle sei der den Stimmungen verwandte Begriff der *Existenzgefühle* genannt, den Matthew Ratcliffe in Anlehnung an Heidegger eingeführt hat: Sie stellen ihm zufolge »sowohl Gefühle des Leibes wie Formen des Sich-Befindens in einer Welt« dar (Ratcliffe 2008: 2; Übers. T. F.). Auch hier spielt also das leibliche Hintergrundempfinden bzw. die leibliche Resonanz eine zentrale Rolle. Zu den Existenzgefühlen gehören über die üblichen Stimmungen hinaus beispielsweise Gefühle der Freiheit, der Weite und Offenheit oder aber Gefühle der Enge, des Erstickens, des Gefangenseins; ferner Gefühle der Verletzlichkeit oder Sicherheit, der Unheimlichkeit oder Geborgenheit, der Vertrautheit oder Fremdheit, der Wirklichkeit oder Unwirklichkeit. Insbesondere die Psychopathologie bietet ein reiches Feld von besonderen, freilich oft entfremdeten Existenzgefühlen (Fuchs 2013a).[3]

Im Folgenden will ich die bisher genannten Definitionen der Stimmungen weiter entwickeln, indem ich ihre charakteristischen Züge beschreibe, und zwar im Unterschied zu Gefühlen.

(a) Dauer und Intensität. – Stimmungen sind anhaltende Zustände, die gewöhnlich Stunden oder Tage dauern und meist langsam zu- oder abnehmen. Häufig dauert es einige Zeit, bis wir überhaupt merken, dass wir in einer Stimmung sind, und wir können nicht genau sagen, wann sie begonnen oder aufgehört hat. Während Stimmungen also eher eine Hintergrundtönung des Erlebens darstellen, sind Gefühle kurzlebigere, episodische und dynamische

3 Vgl. zum Existenzgefühl der Vertrautheit das Kapitel »Vertrautheit und Vertrauen« in diesem Band.

Phänomene: Sie steigen rasch zu einem Gipfelpunkt an und können dabei höchste affektive Intensität erreichen, um sich dann rasch wieder zu verlieren.

(b) Ubiquität. – Stimmungen durchdringen und färben das gesamte Erlebnisfeld; sie lassen sich nicht lokalisieren oder abgrenzen, weder räumlich noch zeitlich. Stimmungen liegen insofern vor jeder Trennung von Subjekt und Welt, sie entsprechen einer noch ungeschiedenen Einheit des Erlebens. Auf der einen Seite stehen sie dem leiblichen Befinden nahe, auf der anderen Seite den Atmosphären, indem sie über die Umgebung ausstrahlen wie Wärme oder Kälte. Nicht zufällig gebrauchen wir häufig klimabezogene Worte, um Stimmungen zu bezeichnen, wie »heiter«, »düster«, »drückend«, »frostig« oder »hitzig«. Stimmungen wie Langeweile oder Depressivität verleihen allen Dingen eine blasse oder leere Qualität, während sie in der Heiterkeit oder Euphorie einen farbigen und attraktiven Ausdruck annehmen.

(c) Fehlende Intentionalität. – Stimmungen sind globale Zustände des In-der-Welt-Seins, die sich nicht auf bestimmte Ziele, Objekte oder ursächliche Ereignisse beziehen. Hingegen sind Emotionen intentionaler Natur, d. h. inhärent motiviert durch bestimmte Gegenstände oder Ereignisse und spürbar auf sie gerichtet. Man empfindet Freude über …, Wut gegen … Hoffnung auf … usw., und wenn dieser Gegenstand nicht mehr im Bewusstsein ist, verschwindet auch das Gefühl. Stimmungen hingegen mögen zwar durch Ereignisse oder Emotionen ausgelöst oder sogar durch bestimmte psychotrope Substanzen wie Alkohol oder Kaffee hervorgerufen sein, sie enthalten dennoch ihre Ursache nicht in sich selbst als inhärentes Motiv. Man wird durch Alkoholgenuss lustig, aber dann ist man nicht lustig über den Alkohol; nur sekundär kann die entstehende Lustigkeit sich dann auch ihren intentionalen Gegenstand suchen, der aber meist zufällig bleibt und ebenso gut wechseln kann. Ebenso tendiert eine Stimmung wie die Depressivität dazu, beliebige Gegenstände des Versagens oder der Schuld in Erinnerung zu rufen. Nicht zuletzt dieser unspezifische Charakter der Stimmungen hat die existenzialistische Philosophie dazu veran-

lasst, sie als grundlegende Bestimmungen des Daseins aufzufassen: Angst, Langeweile oder auch Schwermut gelten Kierkegaard oder Heidegger zufolge nicht einzelnen Gegenständen oder Situationen, sondern sie können die Unheimlichkeit, die Leere oder die Last der Existenz als solcher erschließen.

(d) Dispositionaler Charakter. – Als basale Träger der Beziehung von Selbst und Welt wirken Stimmungen auch als Dispositionen, d.h., sie machen zu etwas geneigt, und zwar in mehrfacher Hinsicht:

- sie induzieren eine bestimmte Wahrnehmung und Bewertung einer Situation, ja häufig eine ganze Weltsicht;
- sie begünstigen stimmungskongruente Gefühle, Erinnerungen und Gedanken;
- sie legen eine bestimmte leibliche Haltung nahe (z.B. eine gedrückte Haltung in der Niedergeschlagenheit, eine freudige Aufrichtung in der Euphorie);
- sie regen zu einem gewissen Spektrum des Verhaltens an, während sie inkongruentes Denken oder Verhalten eher verhindern.

Stimmungen erschließen also bestimmte Möglichkeitsräume und verschließen andere. Sie beeinflussen nicht nur, was wir von der Vergangenheit erinnern und in der Gegenwart wahrnehmen, sondern auch, was wir an Möglichkeiten der Zukunft antizipieren. So gehen Euphorie und Manie mit einem beschleunigten, einfallsreichen, sprühenden Denken einher bis hin zur sogenannten Ideenflucht, ebenso mit expansivem Tatendrang und der Tendenz zur Selbstüberschätzung. Depression hingegen lähmt das Handeln, induziert Gefühle von Insuffizienz, Scham und Schuld, wie wir schon sahen, und zwingt das Denken in Grübelschleifen, die sich immer tiefer in tatsächliche oder vermeintliche Versäumnisse der Vergangenheit hineinbohren. So wirkt die Stimmung gleichsam wie ein unsichtbares Magnetfeld, das die Gefühle, Bewertungen, Gedanken und Handlungen in eine bestimmte Richtung lenkt, der sich das Subjekt nur mühsam entziehen kann. Allerdings bleibt es bei einer unspezifischen Gerichtetheit, während Emotionen bestimmte Handlungen oder Impulse nahelegen.[4]

e) Entstehung und Entwicklung. – Stimmungen und Gefühle beeinflussen einander wechselseitig, weshalb man ihr Verhältnis häufig mit dem von Klima und Wetter verglichen hat: das eine länger anhaltend, das andere kurzlebig. Stimmungen haben eine Tendenz, sich zu konkretisieren, d.h. entsprechende Gefühle hervorzurufen und sich auf dazugehörige Objekte zu richten. Eine reizbar-dysphorische Grundstimmung wird leicht Anlässe für spezifischen Ärger oder Angriff auf andere finden. Ähnlich tendiert eine vage Ängstlichkeit dazu, sich auf spezifische, bedrohliche Objekte zu richten und so zur Furcht zu werden. Umgekehrt kann ein Gefühl, z.B. die Trauer über einen Verlust, in eine unbestimmte traurige oder wehmütige Stimmung übergehen, wenn der Verlust selbst in den Hintergrund tritt und kein inhärentes Motiv für die Traurigkeit mehr erkennbar ist.

Damit ist bereits eine Form der Entstehung von Stimmungen benannt: Gefühle, deren Anlass vorüber ist und deren Intensität abflaut, können in Stimmungen übergehen. Aber auch aus unterschwelligen emotionalen Erlebnissen können sich unmerklich Stimmungen entwickeln, etwa wenn ein Angestellter nach einer Reihe von jeweils unscheinbaren Misserfolgen oder Zurücksetzungen in der Arbeit schließlich missmutig und gereizt nach Hause kommt. Des Weiteren werden Stimmungen häufig von den Atmosphären einer Umgebung induziert,[5] nicht selten auch von kollektiven

4 Bei Tieren legen Stimmungen instinktives Verhalten spezifischer fest und stellen damit, wie oben bereits erwähnt, umschriebene Phasen für Jagd, Brunft, Füttern, Spielen oder Erholen her. – Auf der neurobiologischen Ebene lassen sich Stimmungen als allgemein motivierende Bereitschaften auffassen, die auf neuromodulären und endokrinen Funktionen beruhen, mit den hauptsächlichen Transmittern Noradrenalin (Aufmerksamkeit, Impulsivität), Serotonin (Aktivierung), Acetylcholin (Aufmerksamkeit) und Dopamin (Lust, Belohnung). Allerdings umfasst die biologische Grundlage der Stimmungen immer den gesamten Organismus; vgl. das Kapitel »Das Gefühl des Lebendigseins« in diesem Band.

5 Über induzierte Stimmungen können Atmosphären auch die subjektive Bewertung von Situationen oder Personen unterschwellig beeinflussen. So fanden Clore

Atmosphären, von denen man angesteckt oder mitgerissen wird, wie etwa in einem Fußballstadion. Schließlich rufen Alkohol oder Drogen Stimmungen bekanntlich auch auf physiologischem Weg hervor.

f) Einstimmung. – Für eine Zusammenfassung der nun genannten Merkmale bietet sich der musikalische Begriff der *Einstimmung* an, im Sinn der Resonanz und der Stimmung von Instrumenten. Stimmungen erzeugen gleichsam eine Konsonanz von Leib, Selbst und Welt auf einen gemeinsamen Klang oder eine Tonalität ähnlich Dur und Moll. Sie verbinden die affektiven und Ausdrucksqualitäten einer Situation mit der eigenen leiblichen Resonanz (z. B. Leichtigkeit oder Schwere, Frische oder Trägheit, Anregung oder Dämpfung usw.) zu einem übergreifenden Erleben. Ich habe bereits darauf hingewiesen, dass die Musik mit ihren melodischen Gestaltverläufen, ihren Rhythmen und Dynamiken einen besonderen Träger von Stimmungen darstellt (Fuchs 2022). Musik hat wie diese keinen Gegenstand, und doch oder gerade daher versetzt sie uns in intensive Stimmungen. Musik ist gewissermaßen der hörbar gewordene affektive Raum.

4) Klassifikation der Stimmungen

Traditionell werden Stimmungen gemäß dem vertikalen Gegensatz von gedrückten und gehobenen Zuständen klassifiziert: Im einen Fall empfindet man den Leib und die Last der Situation als schwer und bedrückend, im anderen Fall tritt der gespürte Leib eher in den Hintergrund und ein Gefühl von Leichtigkeit und Beschwingtheit überwiegt. Gehobene Stimmungen empfinden wir auch als weitend und ausdehnend, sie öffnen uns zur Welt und zu den anderen, während gedrückte Stimmungen eher Introversion, Rückzug oder Verschlossenheit nahelegen. Helligkeit und Düsternis sind die entsprechenden Metaphern aus der visuellen Sphäre.

& Schnall (2018) in einer Studie heraus, dass Personalchefs Stellenbewerber an regnerischen Tagen im Durchschnitt negativer bewerteten als an sonnigen.

Diese bipolare Einteilung scheint allerdings dem Reichtum an verschiedenen Stimmungen im Seelenleben nicht ganz angemessen. Besonders die mit Unruhe und Getriebenheit verbundenen Stimmungen haben keinen geeigneten Platz in dem vertikalen Schema – etwa die Gereiztheit oder die Ängstlichkeit. Ich werde daher ein differenzierteres, nämlich ein Circumplex-Modell der Stimmungen vorstellen; es orientiert sich an dem »*circumplex model of affect*«, das James Russell (1980) für basale Gefühlszustände vorgeschlagen hat. Das Modell ordnet die Stimmungen nach den beiden leiblichen Polaritäten von *Lust/Unlust* einerseits und *Aktivierung/Deaktivierung* andererseits. Sie entsprechen den Komponenten der globalen Bewertung der Lebenssituation (als positiv oder negativ) und der leiblichen Antriebsdynamik (gesteigert oder gedämpft). Die beiden Komponenten lassen sich auch den Begriffen von *Vitalität* (Wohl-/Missbefinden) und *Konation* (Antrieb) zuordnen, die ich im vorigen Kapitel als die zwei Momente des Gefühls des Lebendigseins beschrieben habe.[6]

Die doppelte Polarität ergibt nun einen *Stimmungskreis* mit zwei Koordinatenachsen (vgl. Abb. 1). Den entstehenden Quadranten I-IV lassen sich die folgenden leiblichen Grundverfassungen zuordnen: Lustvolle Aktivierung ergibt *Leichtigkeit* (I); unlustvolle Deaktivierung *Schwere* (III); lustvolle Deaktivierung entspricht der *Entspannung* und – in der Terminologie von Schmitz (1981) – einer leiblichen Weitung (II); unangenehme Aktivierung hingegen bedeutet *Anspannung* und empfundene Beengung oder Bedrängnis (IV).

6 Darin zeigt sich erneut die enge Verbindung der Stimmungen mit den basalen, im Organismus verankerten Vitalgefühlen: Beide weisen die gleiche Grundpolarität auf.

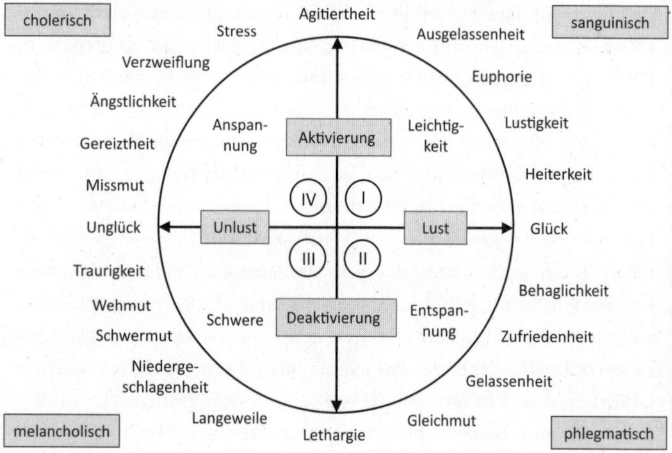

Abb. 1: Stimmungskreis

Dem Kreis ordnen sich nun die einzelnen Stimmungen zu. Auf der *vertikalen* Achse finden wir oben die reinen oder hedonisch neutralen Erregungen (Agitiertheit), die meist primär physiologisch hervorgerufen werden, etwa durch Stimulantien (Koffein) oder delirante Syndrome. Der entgegengesetzte Pol bezeichnet Zustände reiner, neutraler Lethargie, in der sich kein Ziel des Interesses oder der Aktivität aus dem monotonen Erlebnisfeld abhebt. Man kann sie in einfacher Müdigkeit finden, psychopathologisch aber auch in Residualsyndromen der Schizophrenie oder in Apathien nach Frontalhirnläsionen. Auf der *horizontalen* Achse finden wir Glück und Unglück als reine lustvolle oder unlustvolle Stimmungen mit einem mittleren Aktivierungsgrad.

Zum I. Quadranten gehören die gehobenen Stimmungen wie Heiterkeit, Euphorie oder Ausgelassenheit, die einen psychopathologischen Gipfel in der Manie finden. Im II. Quadranten liegen die überwiegend gelassenen oder ausgeglichenen Stimmungen (Zufriedenheit, Gleichmut), im III. Quadranten die eher gedrückten oder schweren Stimmungen (Traurigkeit, Schwermut, Niedergeschlagenheit), die psychopathologisch in der Depression kulminieren. Der IV. Quadrant schließlich enthält eine Reihe von »angespannten« Stimmungen unterschiedlicher Art und Genese wie etwa Reizbarkeit, Ängstlichkeit und Verzweiflung.[7] Auch die Wahnstimmung der beginnenden Schizophrenie mit einer Mischung aus Ängstlichkeit, Unheimlichkeit, Ratlosigkeit und Anspannung lässt sich hier einordnen. Diese Stimmungen sind meist durch einen Konflikt von gegenläufigen Tendenzen gekennzeichnet, wie etwa Flucht *versus* Lähmung in der Angst, gehemmte Aggressivität in der Gereiztheit, Aufbegehren *versus* Resignation in der Verzweiflung. Aufgrund ihres konflikthaften Charakters sind diese Stimmungen auch im Vergleich zu anderen instabiler, wechselhafter und äußern sich nicht selten in eruptiver Weise.

Die Quadranten-Anordnung legt schließlich auch eine Zuordnung zu den klassischen *Temperamenten* nahe, die man auch als persönliche Dispositionen zu bevorzugten Stimmungen ansehen kann, auch wenn ihre humoralpathologische Grundlage längst überholt ist. Das cholerische Temperament tendiert zur Anspannung und den entsprechenden gereizten oder gemischten Stimmungen, während ihm die Gelassenheit eher schwerfällt. Der Melancholiker neigt den schwermütigen, der Sanguiniker den heiter-euphorischen Stimmungen zu. Beim Phlegmatiker schließlich überwiegen die entspannten oder matt-lethargischen Stimmungen, während z. B. die Gereiztheit oder auch die Dynamik der Verzweiflung ihm ungleich ferner liegen als etwa dem Choleriker. Diese individuelle Neigung zu bevorzugten Grundstimmungen bedeutet, dass auch an sich unlustvolle Stimmungen durchaus mit einer gewissen Lust erlebt werden können: Dies gilt für den Melancholiker, der trotz des Leidens unter seiner Schwermütigkeit doch melancholische At-

7 Die Verzweiflung wird hier als agitierte Stimmung eingeordnet, was dem Sich-Aufbäumen des Verzweifelnden gegen eine immer aussichtsloser erscheinende Lebenslage entspricht. Die vollständige Verzweiflung oder Hoffnungslosigkeit schlägt jedoch häufig in eine resignativ-apathische oder leere Stimmung um, die dann eher dem Pol der Desaktivierung zuzuordnen ist. Vgl. dazu das Kapitel »Phänomenologie der Verzweiflung« in diesem Band.

mosphären und Stimmungen suchen und bis zu einem gewissen Grad auch genießen kann. Ebenso vermag der Choleriker der Gereiztheit oder Missgelauntheit durchaus etwas abzugewinnen, gibt sie ihm doch Anlass zu lustvoll nach außen gelenkter Aggressivität.

Ausblick

So weit meine Darstellung der Phänomenologie und Klassifizierung der Stimmungen. Ich schließe mit einigen Hinweisen auf einen möglichen Umgang mit ihnen.

Da sie einerseits die Selbst- und Weltsicht stark beeinflussen, sich andererseits gerade darin oft als flüchtig und trügerisch erweisen, gilt die Beherrschung der Stimmungen seit der Stoa als ein bevorzugtes Ideal der Lebensführung, und ein seinen Stimmungen oder Launen ausgelieferter Mensch wird in der Regel mit Vorsicht und Abneigung betrachtet. Das gilt erst recht für die *Verstimmungen,* seien es die manischen oder die depressiven, bei denen die Diagnose der psychischen Krankheit rasch zur Hand ist – ganz anders als etwa noch in der Antike, wo Platon im *Phaidros* von der »göttlichen Manie« der Künstler oder der Liebenden sprach, oder die Melancholie in den pseudoaristotelischen *Problemata Physica* als Merkmal großer Geister galt:

> Warum erweisen sich alle außergewöhnlichen Männer in Philosophie oder Politik oder Dichtung oder in den Künsten als Melancholiker?[8]

Heute gelten neben Psychopharmaka die kognitiven Verhaltenstherapien oder entsprechende Selbstmanagement-Strategien als die probatesten Mittel, um der widerspenstigen Stimmungen Herr zu werden. Da diese sich bekanntlich nicht willentlich beeinflussen lassen, bedienen sich solche Strategien indirekter Methoden, nämlich der Situationskontrolle und der Aufmerksamkeitslenkung. Man begebe sich also möglichst in Situationen, die der gewünschten Stimmung zuträglich sind, und vermeide die gegenteiligen; oder man

8 Aristoteles, *Problemata Physica* 953a (Aristoteles 1962).

arbeite daran, die Situation durch eigene Aktivität umzugestalten. Man richte die Aufmerksamkeit gezielt auf Aspekte der eigenen Lage, die unter dem Einfluss einer negativen Stimmung ausgeblendet bleiben, um durch diese kognitive Neubewertung die Grundlage für eine nach und nach veränderte Stimmung zu schaffen.

So hilfreich solche Verfahren sein können, ich möchte doch auf eine andere Form des Umgangs mit Stimmungen hinweisen, die sie nicht in erster Linie zu verändern oder zu beseitigen versucht, sondern sie eher in das eigene Leben einbezieht, ohne sich ihnen einfach auszuliefern. Sie ergibt sich aus der Haltung, die wir als Personen zu unseren affektiven Zuständen einnehmen können. In ironischer Weise finden wir das illustriert in einem Cartoon von Charles Schultz: Charlie Brown als Melancholiker kultiviert seine Niedergeschlagenheit (Abb. 2).

Abb. 2: Charlie Brown

Das mag nun kein sehr empfehlenswertes Verfahren sein, doch es bieten sich andere Möglichkeiten, zur eigenen Stimmung Stellung zu nehmen:

- Man kann sie als eine der gegebenen Weisen annehmen, mit der Welt in Kontakt zu sein, ohne sich dabei doch ganz mit ihr zu identifizieren. Damit wandelt sich die Stimmung häufig bereits und verliert zumindest ihren drängenden oder beengenden Charakter.
- Man kann die Stimmungen aber auch *gestalten*, nämlich mittels geschickten Einsatzes von affektiven Qualitäten so zum Ausdruck bringen, dass sie auch für andere zugänglich werden. Dies ist der künstlerische, sei es der musikalische, tänzerische, bildnerische oder lyrische Umgang mit Stimmungen. Er beruht darauf, dass sie dem gemeinsamen affektiven Raum angehören und so in dessen vielfältigen Charakteren einen Ausdruck finden, der auch für andere empathisch nachvollziehbar wird.

Gelingt dieser akzeptierende und produktive Umgang mit Stimmungen, so können wir in ihnen, seien sie gehoben oder gedrückt, leicht oder schwer, doch letztlich den Reichtum unserer Erfahrung der Welt erkennen.

Literatur

Aristoteles 1962. »Problemata Physica«. In: *Werke in deutscher Übersetzung.* Bd. 19. Hg. von E. Grumach. Berlin: Akademie-Verlag.

Binswanger, L. 1933. »Das Raumproblem in der Psychopathologie«. In: *Zeitschrift für die gesamte Neurologie und Psychiatrie* 145: S. 598-647.

Böhme, G. 2001. *Aisthetik. Vorlesungen über Ästhetik als allgemeine Wahrnehmungslehre.* München: Wilhelm Fink.

Böhme, G. 2013. *Atmosphären. Essays zur neuen Ästhetik.* Frankfurt/M.: Suhrkamp.

Bollnow, O. F. 1995. *Das Wesen der Stimmungen.* 8. Aufl. Frankfurt/M.: Klostermann.

Clore, G. L., S. Schnall 2018. »The Influence of Affect on Attitude«. In: *The Handbook of Attitudes* 1: *Basic Principles.* New York: Routledge, S. 259-290.

Fuchs, T. 2000. *Leib, Raum, Person. Entwurf einer phänomenologischen Anthropologie.* Stuttgart: Klett-Cotta.

Fuchs, T., S. Koch 2014. »Embodied affectivity: on moving and being moved«. In: *Frontiers in Psychology. Psychology for Clinical Settings* 5: 508: 1-12.

Fuchs, T. 2022. »Leibliche Resonanz. Über den Zusammenhang von Musik und Gefühl«. In: *Musiktherapeutische Umschau* 43: S. 1-8.

Gibson, J. J. 1979. *The Ecological Approach to Visual Perception.* Boston: Houghton Mifflin.

Haas, M. 2018. »Ästhetische Ökologie. Jakob von Uexkülls *Musiktheorie des Lebens*«. In: *Tierstudien* 13: S. 100-111.

Heidegger, M. 1986. *Sein und Zeit.* 16. Aufl. Tübingen: Niemeyer.

Lewin, K. 1926. »Vorsatz, Wille und Bedürfnis«. In: *Psychologische Forschung* 7: 294–385.

Lewin, K. 1969. *Grundzüge der topologischen Psychologie.* Bern: Huber.

Metzger, W. 1954. *Psychologie. Die Entwicklung ihrer Grundannahmen seit der Einführung des Experimentes.* 2. Aufl. Darmstadt: Steinkopff.

Ratcliffe, M. 2008. *Feelings of Being. Phenomenology, Psychiatry and the Sense of Reality.* Oxford: Oxford University Press.

Russell, J. 1980. »A Circumplex Model of Affect«. In: *Journal of Personality and Social Psychology* 39: S. 1161-1178.

Schmitz, H. 1981. *System der Philosophie.* Bd. III/2*: Der Gefühlsraum.* 2. Aufl. Bonn: Bouvier.

Schmitz, H. 1989. *System der Philosophie.* Bd. III/5*: Die Wahrnehmung.* 2. Aufl. Bonn: Bouvier.

Uexküll, J. von 2023. *Streifzüge durch die Umwelten von Tieren und Menschen. Bedeutungslehre.* Berlin: Matthes & Seitz.

Werner, H. 1959. *Einführung in die Entwicklungspsychologie.* München: Barth.

3.
Verkörperte Emotionen

> Wenn wir uns eine starke Emotion vorstellen und dann versuchen, alle Gefühle ihrer charakteristischen körperlichen Symptome aus unserem Bewusstsein zu entfernen, dann stellen wir fest, […] dass ein kalter und neutraler Zustand der intellektuellen Wahrnehmung alles ist, was bleibt.
>
> William James[1]

Einleitung

Emotionen gehören zu den wohl komplexesten Phänomenen der menschlichen Psyche. Dies spiegelt sich in der Fülle von oft gegensätzlichen Emotionstheorien in der Philosophie ebenso wider wie in der Psychologie. Von den zahlreichen Versuchen, die Komplexität der Gefühle auf einfachere Modelle zurückzuführen, seien nur zwei erwähnt: Die erste Theorie fokussiert sich auf ihre *körperliche* Komponente. Nach der klassischen Theorie von William James (1884) und Carl Lange (1885) sind Gefühle Begleiterscheinungen physiologischer, insbesondere viszeraler Reaktionen. Vereinfacht gesagt: Wir zittern nicht, weil uns Furcht vor einem Tiger erfasst, sondern wir zittern oder spüren das Herz klopfen, und dies erleben wir als Furcht.[2] Diese Annahme erscheint allerdings kontraintuitiv – könnte man nicht auch vor Kälte zittern, ohne sich zu fürchten? Und lassen die gleichen körperlichen Reaktionen sich nicht ganz unterschiedlichen Gefühlen zuordnen – etwa das Herzklopfen der Angst ebenso wie der Verliebtheit? So wurde die Theorie auch

1 James (1884: 183; Übers. T. F.).

2 »Die vernünftigere Aussage ist, dass wir traurig sind, weil wir weinen, wütend, weil wir zuschlagen, ängstlich, weil wir zittern, und nicht, dass wir weinen, zuschlagen oder zittern, weil wir traurig, wütend oder ängstlich sind« (James 1884: 190; Übers. T. F.).

weithin kritisiert für ihre Vernachlässigung des intentionalen Gehalts der Emotionen, d. h. des Gegenstands und Kontexts, auf den sich Gefühle richten.

Doch die konträre Theorie erscheint nicht weniger einseitig: Nach den dominierenden *kognitiven* Ansätzen bestehen Emotionen vor allem in einer Einschätzung oder Bewertung *(appraisal)* einer gegebenen Situation, verknüpft mit einer Überzeugung *(belief)* und einem Wunsch *(desire)*.[3] Wiederum vereinfacht: Wir glauben oder urteilen, dass der Tiger gefährlich sei *(appraisal* oder *belief)*, wollen vor ihm flüchten *(desire)*, und darin besteht unsere Furcht. Die leibliche Erfahrung der Gefühle wird dann nur noch als eine zusätzliche Empfindungsqualität ohne besondere Relevanz betrachtet. Nun stimmen allerdings unsere Bewertungsurteile *(appraisals)* oder Überzeugungen keineswegs immer mit unseren Gefühlen überein. Jemand kann auch dann noch Wut empfinden, wenn er die Entschuldigung der Person annimmt, die ihn beleidigt hat. Oder denken wir an eine Person mit Flugangst, die sich von dem vergleichsweise geringen Risiko der Reise überzeugt hat und doch wieder von Panik überflutet wird, sobald sie in das Flugzeug steigt. Gefühle sind eben keine Urteile.

Zudem sind *Belief-desire*-Modelle von Emotionen kaum in der Lage, ihre besondere phänomenale Qualität wiederzugeben. Ein rein kognitiver Ansatz verfehlt die *affektive Betroffenheit*, die unser Erleben von Gefühlen charakterisiert (Schmitz 1981): Ihre Dringlichkeit resultiert nicht aus einem Urteil über die Situation, sondern wir spüren sie vor allem am eigenen Leib. Ohne diese leibliche Resonanz lässt sich auch eine Intensitätssteigerung von Gefühlen kaum erklären – reine Kognitionen haben keine Intensität. Soll sich die Furcht vor dem Tiger bis zur schieren Panik steigern können, so muss die Spannung, die Erregung, die Fluchttendenz den Leib regelrecht überfluten.

Die klassischen, einseitig physiologisch oder kognitiv orientier-

3 Kognitive Theorien der Gefühle werden v. a. von Solomon (1976), Lyons (1980), Lazarus (1982) oder Nussbaum (2001) vertreten; zur »belief-desire«-Theorie vgl. insbesondere Marks (1982) und Green (1992).

ten Theorien der Emotionen spiegeln, so könnte man sagen, den Dualismus des westlichen Denkens wider, indem sie Gefühle entweder dem »Körper« oder aber dem »Geist« zuordnen. In beiden Fällen bleiben Gefühle aber eine interne, private Erfahrung des Subjekts, der keine affektiven Qualitäten in der Welt entsprechen. Eine ganz andere Position vertreten phänomenologische und enaktive Ansätze: Für sie sind Gefühle holistische Phänomene, die das verkörperte Subjekt ebenso wie die Situation mit ihren affektiven Qualitäten übergreifen (Fuchs 2000, Colombetti 2013, Fuchs & Koch 2014). Dies stimmt auch mit neueren Ergebnissen der Embodiment-Forschung überein, die, wie wir noch sehen werden, eine konstitutive Wirkung der leiblichen Verfassung auf Emotionen und auf die entsprechenden Bewertungen von Situationen belegen. Im Folgenden untersuche ich Emotionen zunächst unter verschiedenen phänomenologischen Aspekten, um diese Aspekte anschließend in ein verkörpertes und enaktives Konzept der Gefühle zu integrieren, den »Gefühlskreis«. Auf dieser Grundlage betrachte ich einige psychopathologische und psychotherapeutische Anwendungen des Konzepts.

Phänomenologie der Gefühle

In einer ersten Annäherung können wir Gefühle als affektive Antworten auf Ereignisse und Situationen ansehen, die für eine Person von Bedeutung sind – Antworten, die auffällige körperliche Veränderungen hervorrufen und zudem ein spezifisches Verhalten motivieren (De Sousa 2010). Sie lassen sich dementsprechend unter den Aspekten von (a) affektiver Intentionalität, (b) leiblicher Resonanz, (c) Handlungstendenz und (d) Funktion betrachten.

a) Affektive Intentionalität

Es besteht weitgehende Übereinstimmung unter Philosophen und Psychologen darüber, dass Gefühle durch Intentionalität charakterisiert sind – sie richten sich auf Personen, Objekte, Ereignisse und Situationen in der Welt.[4] In gewissem Sinn sind Gefühle Formen der *Wahrnehmung*, nämlich der Erfassung qualitativer und für das Subjekt bedeutsamer Merkmale einer Situation. Hier können wir auf Lewins (1935) Konzept der »Valenzen« oder auf Gibsons (1979) »Affordanzen« Bezug nehmen: Damit sind die »Angebote« oder Relevanzen gemeint, die sich einem Lebewesen in der Umgebung präsentieren. Ein klarer Bach reizt zum Trinken, ein sonniger Weg zum Spaziergang, ein Berg lockt zum Ersteigen oder er wirkt schroff und abweisend usw. Gefühle verbinden sich nun mit den affektiven Qualitäten, Relevanzen oder auch *Werten* einer Situation: Dinge oder Personen erscheinen als »interessant« oder »langweilig«, »attraktiv« oder »abstoßend«, »warm« oder »kühl«, »freundlich« oder »bedrohlich« usw. Dieses Profil von Relevanzen präsentiert sich in der *affektiven Intentionalität.*

Zweifellos schließt diese Wahrnehmung damit auch eine evaluative oder bewertende Komponente ein, die allerdings nicht als *»belief«* im Sinne propositionaler Überzeugungen aufzufassen ist (d. h. als Annahme, *dass p der Fall ist*, z. B. dass eine Spinne gefährlich ist). Anderenfalls könnten kleine Kinder oder höhere Tiere, die über keine Sprache verfügen, keine Emotionen erleben. Ebenso wenig darf diese Evaluation als eine rein kognitive Beurteilung angesehen werden, denn von Gefühlen sind wir immer in einer *pathischen* Weise betroffen. Sie erfassen, ergreifen und erschüttern uns, bevor wir ihre Quelle, ihren Anlass oder ihren Gegenstand deutlich erfassen können; das Bewusstsein des Gefühls kommt gewissermaßen immer »zu spät«. Bernhard Waldenfels (2002) hat dies treffend als eine »Diastase«, einen zeitlichen Hiatus beschrieben, der sich zwischen »Pathos« und »Response« öffnet. Gefühle sind so gesehen Widerfahrnisse, die mich treffen, aus dem Gleichgewicht bringen und zu einer Antwort auffordern, die aber immer nur eine nachträgliche sein kann.[5]

4 Vgl. u. a. Husserl (1988: 59 f.), Solomon (1976), de Sousa (1997).

5 Die Sprache kennt zahllose Bezeichnungen für diesen pathischen Charakter der Gefühle: bewegen, betreffen, bestürzen, beflügeln, rühren, ergreifen, erfassen,

Die Betroffenheit durch das Widerfahrnis bildet damit auch den Kern von Subjektivität, d. h. von unvertretbarer erstpersonaler Erfahrung. Durch Gefühle erfahre ich, wie es *für mich* ist, mich in dieser Situation zu befinden; *ich selbst* bin es und kein anderer, der überrascht, verletzt, freudig oder zornig ist. Affektive Intentionalität ist damit zweifacher Natur (Slaby & Stephan 2008): Sie erschließt eine affektive oder Wertqualität einer gegebenen Situation (Weltbezug) ebenso wie die eigene Verfassung des affizierten Subjekts angesichts dieser Situation (Selbstbezug). Sich vor einem herankommenden Tiger zu fürchten, bedeutet gleichzeitig, um sich selbst Angst zu haben. Gegenüber einer anderen Person Neid zu empfinden, bedeutet ebenso, ihr einen Vorteil zu missgönnen, wie sich selbst unzufrieden oder minderwertig zu fühlen. Jede Emotion beinhaltet insofern zwei Pole, die untrennbar verknüpft sind, nämlich *etwas* zu fühlen ebenso wie *sich selbst* zu fühlen.

b) Leibliche Resonanz

Wie erfahren wir nun die affektiven Qualitäten oder Relevanzen einer gegebenen Situation? – Emotionen erleben wir immer in leiblicher Resonanz. Diese schließt alle Formen von lokalen oder generalisierten Leibempfindungen ein: Kitzeln oder Zittern, Schmerz, Spannung oder Entspannung, Beengung oder Weitung, Wärme oder Kälte, Schwanken, Sinken oder Sich-Aufrichten usw. Diesen Empfindungen entsprechen auf der einen Seite Aktivierungen des autonomen Nervensystems (etwa erhöhte Herzfrequenz, beschleunigte Atmung, Schwitzen, Zittern, viszerale Reaktionen), andererseits auch Muskelspannungen, körperliche Haltungen, Bewegungen und entsprechende kinästhetische Empfindungen (z. B. Anspannen der Faust oder des Kiefers, Vor- oder Rückwärtsbewegungen, Beugung oder Streckung usw.). Besonders reiche Felder

durchfahren, erregen, erfüllen, erschüttern, aufrütteln, aufwühlen, überwältigen, übermannen, hinreißen, anwandeln, antreiben, anstacheln u. v. a. – Bereits diese Aufzählung lässt ein primär kognitives Verständnis von Gefühlen wenig plausibel erscheinen.

leiblicher Resonanz bilden das Gesicht, der Brust- und der Bauchraum. So kann man Trauer als eine Spannung um die Augen empfinden, als Tendenz zu weinen, als einen Kloß in der Kehle, eine Beengung in der Brust, einen Krampf im Bauch oder auch generalisiert als eine sinkende Tendenz oder eine schmerzliche Welle, die sich über den ganzen Körper ausbreitet.[6]

Der Leib ist somit das Medium des Gefühlsausdrucks, oder wie William James (1884: 191) es ausdrückte, ein »Resonanzkörper«, in dem jede Emotion widerklingt. Dabei haben die Leibempfindungen eine unmittelbare Rückwirkung auf die Emotion insgesamt: Das eigene Herz in der Angst klopfen zu spüren, erhöht die Angst, das Brennen der Scham im Gesicht verstärkt die peinliche Erfahrung der Ausgesetztheit und Demütigung. Leibliche Resonanz ist jedoch nicht nur eine Begleiterscheinung von Emotionen, sondern das *Medium der affektiven Intentionalität* selbst. Sich zu ängstigen, ist nicht möglich ohne das zumindest latente Gefühl einer leiblichen Spannung, das Klopfen des Herzens, die Beengung der Atmung und die spürbare Tendenz, sich zurückzuziehen. *Durch* diese Empfindungen ist der Sich-Ängstigende auf eine bedrohliche Situation gerichtet – wobei die leibliche Resonanz dabei ein vages Hintergrundgefühl bleiben oder aber intensiv hervortreten kann.

Den *appraisal*-Theorien zufolge stellt die kognitive Bewertung einer gegebenen Situation die primäre Komponente der Emotion dar, die allen körperlichen Reaktionen vorangeht. Aus einer verkörperten Perspektive jedoch ist es der Leib selbst mit seinen Empfindungen, der diese Bewertung vermittelt, so dass man besser von *»embodied appraisal«* sprechen sollte (Prinz 2004).[7] Fühlt man sich etwa müde oder erschöpft, so erscheint ein vertrauter Berganstieg mühsamer und steiler als sonst (Bhalla & Proffitt 1999). Diese Be-

6 Nummenmaa et al. (2014) konnten mit Hilfe eines topografischen Selbstauskunftsinstruments (Zeichnen der aktivierten oder deaktivierten Körperregionen) zeigen, dass verschiedene Emotionen wie Ärger, Furcht, Freude, Trauer usw. mit spezifischen und kulturinvarianten Leibempfindungen verbunden sind.

7 Eine ausführliche Diskussion und Kritik der *appraisal*-Theorien aus enaktivistischer Sicht findet sich bei Colombetti (2013: 94-112).

wertung resultiert nicht aus einer unabhängigen Beurteilung, sondern aus der gespürten Diskrepanz zwischen dem eigenen leiblichen Vermögen und der Aufgabe, der man sich gegenübersieht. Der fühlende und bewegliche Leib ist somit das Medium, durch das wir emotional auf die Welt bezogen sind, oder mit anderen Worten, Gefühle sind *leibliche Gerichtetheiten auf wahrgenommene affektive Valenzen.*

c) Handlungstendenz

Die leibliche Resonanz der Gefühle ist nicht beschränkt auf viszerale Empfindungen oder Ausdruckshaltungen, sondern schließt auch Bewegungstendenzen ein. So gehören zur Furcht nicht nur eine erhöhte Herzfrequenz und geweitete Augen, sondern auch der Drang, zu fliehen oder sich zu verstecken. Der Begriff der Emotion leitet sich bekanntlich vom lateinischen *emovere* (herausbewegen) ab; d. h., jeder Emotion wohnt ein Bewegungspotenzial und eine Gerichtetheit auf ein Ziel inne: »In emotions, we are moved to move« (Sheets-Johnstone 1999: 267). Entsprechend hat Frijda (1986) sie als *Aktionsbereitschaften* charakterisiert und nach den verschiedenen Handlungsmustern klassifiziert, die sie induzieren: Annäherung (z. B. Begehren), Vermeidung (z. B. Furcht), Zusammensein (z. B. Freude, Vertrauen), Zurückweisung (z. B. Ekel), Dominanz (z. B. Arroganz) oder Unterwerfung (z. B. Demut, Resignation). Auch Kafka (1950) und De Rivera (1977) haben vier basale Emotionsbewegungen unterschieden:

1. Bewegung des Selbst zum Objekt hin (z. B. Zuneigung, Trauer),
2. Bewegung des Selbst vom Objekt weg (z. B. Furcht),
3. Bewegung des Objekts zum Selbst (z. B. Begehren, Gier),
4. Bewegung des Objekts weg vom Selbst (z. B. Ekel, Wut).

Diese vier Grundbewegungen sind verknüpft mit leiblichen Empfindungen von Ausdehnung oder Zusammenziehung, Entspannung oder Spannung, Offenheit oder Beengung usw. So spürt man in der Wut eine Tendenz zur Expansion oder zum Vordringen auf ein Objekt oder eine Person, die man von sich selbst wegstoßen möchte, in der Zuneigung hingegen eine Öffnung oder ein Ausströmen gegenüber dem anderen. Emotionen lassen sich somit auch als *Bewegungsrichtungen* auffassen, auch wenn diese Bewegungen nicht tatsächlich physisch realisiert werden müssen. Sie werden vielmehr in einem leiblich gefühlten, *affektiven Raum* erlebt (Schmitz 1981, Fuchs 2013).

Da sie sich vor allem auf die Willkürmuskulatur stützt, unterliegt die motorische oder Handlungskomponente der Gefühle – anders als die autonomen Körperreaktionen – grundsätzlich der Selbstkontrolle der Person, wenn auch in unterschiedlichem Ausmaß. Damit ist diese Komponente auch den Einflüssen der Kultur und Sozialisation besonders unterworfen; die sehr verschiedenartigen Ausdrucksformen von Gefühlen (man denke etwa an die japanische im Vergleich zur brasilianischen Kultur) sind darin begründet. Auch die Emotionskontrolle, also die sekundäre Reaktion der Person auf ein sie ergreifendes Gefühl, setzt häufig hier an (s. u.).

d) Funktion

Nach den bisherigen Überlegungen lässt sich nun auch die Funktion von Gefühlen näher bestimmen: Gefühle betreffen und ergreifen uns, um anzuzeigen, was für uns bedeutsam ist und worauf wir reagieren sollen. Sie enthalten eine gewisse Dringlichkeit, entsprechend ihrer Intensität, und fordern uns zu einem Ausdruck oder Handeln auf. Das Feld von Relevanzen verändert sich, und unsere Ziele und Prioritäten müssen neu justiert werden. Gleichzeitig zeichnen Gefühle ein bestimmtes Spektrum und Richtungen möglicher Antworten auf die Situation vor. Leibliche Resonanz, autonome nervöse Aktivität und muskuläre Aktivierungen bereiten uns auf Handlungen vor: in der Wut auf eine Attacke, in der Furcht auf die Flucht; in der Scham würden wir uns am liebsten verstecken oder »im Boden versinken«, in der Liebe uns dem geliebten Objekt annähern usw. Gefühle lassen sich somit als *leib-*

lich empfundene Wahrnehmungen der Bedeutsamkeit von Situationen auffassen, die uns zu entsprechenden Handlungen motivieren.[8] Ohne Gefühle hingegen wären Situationen für uns leer und bedeutungslos; nichts würde uns dazu veranlassen, auf sie zu reagieren oder sie zu verändern.

Ein verkörpertes Konzept der Emotionen

Die damit dargestellten Komponenten können wir nun zu einem verkörperten Konzept der Emotionen integrieren:

(1) Emotionen stellen spezifische Formen leiblicher Gerichtetheit eines Subjekts auf affektive Qualitäten und Valenzen einer gegebenen Situation dar. Sie umfassen Subjekt *und* Situation und lassen sich daher nicht im Inneren der Person lokalisieren, weder in ihrer Psyche noch in ihrem Gehirn. Vielmehr ist das vom Gefühl affizierte Subjekt in einer Umwelt engagiert, die selbst affektive Qualitäten aufweist. In der Scham beispielsweise erlebt man eine peinliche Verfehlung und die abwertenden Blicke der anderen als eine schmerzliche leibliche Affektion. Die Scham umgreift somit die empfindende Person, ihren Leib ebenso wie die peinliche Situation als ganze.[9]

8 Es kann sich dabei durchaus um eine nur vorgestellte, erinnerte oder fiktive Situation handeln. So können ferne oder frühere Ereignisse, ja selbst Schilderungen in einem Roman Empörung hervorrufen, ohne wahrgenommen zu werden. Die vorgestellte Situation hat gleichwohl affektive Qualitäten, und sie wird im Als-ob-Modus so erlebt, als wäre man tatsächlich in sie einbezogen, z. B. als Zeuge der empörenden Ungerechtigkeit.

9 Insoweit folge ich Hermann Schmitz' Konzept der Räumlichkeit von Gefühlen (Schmitz 1981). Seiner These hingegen, wonach Gefühle letztlich den überpersönlichen Atmosphären gleichzustellen und von der »leiblich-affektiven Betroffenheit« zu unterscheiden seien, schließe ich mich nicht an. Die subjektive Betroffenheit ist als leibliche Resonanz nicht vom Gefühl trennbar; sie macht seine inhärente Subjektivität aus. Zweifellos können wir auch Gefühle anderer in deren Ausdruck empathisch wahrnehmen oder überpersönliche Atmosphären des Umraums spüren. Doch von beiden Erfahrungen bleiben unsere eigenen Gefühle

(2) Emotionen schließen zwei Komponenten leiblicher Resonanz ein:
- eine *zentripetale* oder »affektive« Komponente, durch die man von einem Ereignis affiziert, »bewegt« oder »berührt« wird (etwa im Erröten und Brennen der Scham);
- eine *zentrifugale* oder »emotive« Komponente, d.h. spezifische Bewegungstendenzen und -richtungen (z.B. in der Scham die Tendenz, dem Blick der anderen zu entgehen, »in den Boden zu versinken«).

(3) Auf dieser Grundlage lassen sich Gefühle als zirkuläre Interaktionen zwischen der zentripetal-affektiven Komponente und der zentrifugal-emotiven Komponente begreifen, oder zwischen »Affektion« und »Emotion« (vgl. Abb. 1). Von den affektiven Qualitäten, Valenzen oder Werten einer Situation affiziert zu werden, impliziert eine spezifische leibliche Resonanz (»Affektion«), die umgekehrt die emotionale Wahrnehmung der Situation beeinflusst und eine entsprechende Handlungsbereitschaft motiviert (»E-motion«).[10] Die leibliche Resonanz wirkt somit als Medium affektiver Betroffenheit. Sie durchdringt oder tönt die Wahrnehmung der jeweiligen Situation, ohne unbedingt selbst in den Vordergrund zu treten. In den Begriffen von Polanyi (1985) lässt sich die Resonanz auch als die »proximale«, die wahrgenommene Situation hingegen als die »distale« Komponente des Gefühls auffassen. Dabei tritt die proximale Komponente zugunsten der distalen in den Hintergrund; erst bei intensiven Emotionen macht sich die leibliche Resonanz deutlicher bemerkbar. Gleichwohl besteht das Gefühl bzw. die affektive Intentionalität immer *im gesamten interaktiven Kreisgeschehen*, das durch die Resonanz des Leibes vermittelt wird.

wohl unterschieden; sie werden damit nicht zu Atmosphären. Vgl. auch meine ausführliche Diskussion in Fuchs (2000: 225ff.) sowie meinen Briefwechsel mit Schmitz in Schmitz (2003: 175-204).

10 Die Unterscheidung der beiden Pole entspricht in gewissem Sinn der von Vitalität und Konation auf der Ebene des Lebensgefühls (vgl. Kapitel 1). Sie verweist auf die grundlegende Polarität der Verkörperung, nämlich die von Rezeptivität und Spontaneität oder pathischem und aktivem Geschehen.

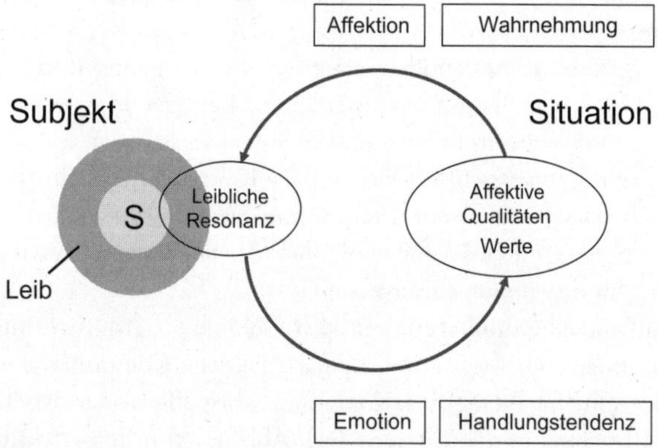

Abb. 1: Gefühlskreis (nach Fuchs 2013)

Aus diesem Modell folgen nun regelhafte Zusammenhänge zwischen Leib und Gefühl: Wird die Resonanz oder die Ansprechbarkeit des Leibes in bestimmter Weise modifiziert, so beeinflusst dies die Gefühle ebenso wie die affektive Wahrnehmung einer Situation. Dies ist von der sozialpsychologischen Embodiment-Forschung wiederholt gezeigt worden; dazu einige Beispiele:[11]

– Shafir et al. (2013) konnten zeigen, dass sich die Gefühle von Freude, Trauer oder Furcht durch jeweils spezifische Muster von Haltung, Ausdruck und Bewegung induzieren lassen, welche Probanden körperlich einnehmen bzw. ausführen. So

11 Hier ist vorauszuschicken, dass die sog. Replikationskrise der psychologischen Forschung seit 2011 (Nosek et al. 2022) auch in der Sozialpsychologie Zweifel an der Reliabilität einiger Resultate zum *Embodiment* hervorgerufen hat, insbesondere zur sog. *Facial-Feedback*-Hypothese (d. h., der angenommene Ausdruck des Lächelns führt zu freudiger Stimmung u. Ä.). Die bislang vorliegende Evidenz zur Rückwirkung körperlicher Haltungen und Bewegungen auf Gefühle und Stimmungen ist gleichwohl eindrucksvoll; im Folgenden werden einige weitgehend konsensfähige Resultate präsentiert.

führten mit Freude assoziierte Bewegungen signifikant häufiger zu freudigen, mit Traurigkeit verbundene Bewegungen zu gedrückten Gefühlen.

- Nehmen Versuchspersonen eine zusammengesunkene Haltung ein, so erinnern sie sich spontan mehr an negative Erlebnisse, während in einer aufrechten Haltung mehr positive Erinnerungen auftauchen (Riskin 1984, Michalak et al. 2014).
- Die Kontraktion der Lächelmuskeln, hervorgerufen durch einen zwischen den Zähnen gehaltenen Stift, führte dazu, dass die Versuchspersonen in dieser Haltung Cartoons als lustiger beurteilten als dann, wenn das Lächeln gehemmt wurde, nämlich wenn sie den Stift stattdessen zwischen ihren Lippen halten (*Facial-Feedback;* Strack et al. 1988). Dieser Zusammenhang ließ sich in neueren Replikationsstudien allerdings nur teilweise bestätigen (Coles et al. 2022).
- Gibt man Versuchspersonen eine heiße Tasse Kaffee in die Hand, so empfinden sie Bilder von unbekannten Personen als wärmer und sympathischer, als wenn sie eine eisgekühlte Tasse halten (Williams & Bargh 2008, Bargh & Melnikoff 2019); d. h., physische Wärme setzt sich in interpersonale Wärme um.
- Umgekehrt schätzten Testpersonen die Temperatur in einem Raum als signifikant kälter ein, wenn sie zuvor einen Ausschluss aus einer Gruppe erlebt hatten (Zhong & Leonardelli 2008); d. h., interpersonale Kälte wird auch als physische Kälte empfunden (IJzerman et al. 2012).
- Die kosmetische Injektion von Botulinum-Toxin in die Stirnmuskulatur verhindert das Stirnrunzeln, erschwert es den betreffenden Personen damit aber auch, beim Lesen von Texten negative Inhalte wie etwa Kritik zu verstehen, da dieses Verständnis sonst durch ein zumindest unterschwelliges Stirnrunzeln unterstützt wird (Havas et al. 2010). Dieser Zusammenhang lässt sich auch zur Behandlung der Depression nutzen: Die Injektion von Botox bei depressiven Patienten reduziert die Tendenz zur Selbstkritik und verringert nach einigen Wochen signifikant die depressive Symptomatik (Wollmer et al. 2012).

Diese und ähnliche Forschungsergebnisse lassen sich wie folgt zusammenfassen:

1. Wenn Menschen emotionsspezifische Haltungen einnehmen, entsprechenden mimischen Ausdruck zeigen oder Gesten ausführen, begünstigt dies zum einen die dazugehörigen Emotionen und beeinflusst zum anderen unterschwellig ihre Bewertungen und Einstellungen gegenüber Gegenständen oder Personen.
2. Werden umgekehrt die emotionalen Ausdrucksbewegungen *gehemmt*, beeinträchtigt dies das Erleben der entsprechenden Emotionen ebenso wie die Wahrnehmung der dazugehörigen affektiven Qualitäten der Umgebung.

Damit wird deutlich, wie die verschiedenen Komponenten des Gefühlskreises von Affektion, Intention und Emotion sich wechselseitig beeinflussen.[12]

Psychopathologische Implikationen

Das dargestellte Modell verkörperter Affektivität gewinnt zusätzliche Plausibilität, wenn es auf psychopathologische Phänomene angewandt wird. Dies sei an den Beispielen (1) der Angststörung, (2) der Depression, (3) der Parkinson-Erkrankung und (4) der Alexithymie illustriert.

(1) Patienten mit *Angststörungen* reagieren auf bedrohliche affektive Qualitäten der Umgebung mit intensiven Regungen von

12 Auch unterhalb der Bewusstseinsschwelle weist die leibliche Resonanz sehr subtile Effekte auf. So führt die Systole (Kontraktion) des Herzens zu einer kurzzeitigen Erhöhung des Blutdrucks, der von den Barorezeptoren der Gefäße an die Amygdala im Gehirn weitergeleitet wird. Garfinkel et al. (2014) konnten nun zeigen, dass bedrohliche Gesichter, die man Versuchspersonen präsentierte, während der *Systole* mehr Furchtgefühle bzw. entsprechende Amydala-Aktivierungen hervorriefen als während der *Diastole*.

Beengung, Zittern, Schwitzen, Herzklopfen oder Schwindel. Diese leibliche Resonanz führt ihrerseits zu einer überwachsamen Wahrnehmung der Umgebung, die schon im Vorfeld nach bedrohlichen Vorzeichen und lauernden Gefahren abgesucht wird: Das affektive Relief der Umwelt verändert sich. Die Resonanz der Angst impliziert auch entsprechende Handlungstendenzen, nämlich zur Flucht oder zur vorbeugenden Vermeidung gefahrvoller Situationen. Insbesondere die raumbezogenen Phobien wie Agoraphobie, Klaustrophobie oder Akrophobie (Höhenangst) laden sonst eher neutrale Qualitäten des erlebten Raums affektiv auf und belegen damit die räumliche Struktur der Angst als ein Leib und Umraum übergreifendes Gefühl.[13]

(2) Im Unterschied dazu ist die schwere *Depression* durch einen weitgehenden Verlust der leiblichen Resonanz und Reagibilität charakterisiert. Die Konstriktion und Rigidität des Körpers, sichtbar bereits in der reduzierten Mimik und Gestik, führt zu einer emotionalen Taubheit und quälenden Gefühllosigkeit bis hin zur Depersonalisation (Fuchs 2015). Aufgrund der fehlenden Resonanz sind die Patienten nicht mehr in der Lage, von Dingen, Situationen oder anderen Personen berührt zu werden, obgleich sie deren Werte rein kognitiv noch wahrnehmen. In seinem autobiographischen Bericht beschreibt Solomon seine Depression als »[...] einen Verlust des Fühlens, eine Taubheit, die alle meine menschlichen Beziehungen infiziert hatte. Liebe, Beziehungen, meine Arbeit, meine Familie, meine Freunde – all das bedeutete mir nichts mehr« (Solomon 2001: 45). Das Beispiel der Depression verdeutlicht somit, dass ein rein kognitives *appraisal* nicht genügt, um Gefühle im eigentlichen, nämlich verkörperten Sinn zu erleben.

(3) In gewisser Ähnlichkeit zur Depression führt die fortgeschrittene *Parkinson-Erkrankung* zu einer eingefrorenen Mimik und körperlichen Starre, die auch die emotionalen Ausdrucksmög-

13 Vgl. dazu das Kapitel »Phänomenologie der Angst« in diesem Band.

lichkeiten erheblich beeinträchtigt. Die Patienten erleben eine reduzierte Intensität ihrer Gefühle (z. B. dämpft das eingeschränkte Lachen auch ihre Heiterkeit oder Freude), und sie klagen darüber, am emotionalen Austausch mit anderen nicht mehr wie früher teilnehmen zu können. Studien zeigen bei Parkinson-Patienten auch eine verringerte Fähigkeit, ärgerliche, traurige oder mit Ekel verbundene Ausdruckssignale bei anderen Personen wahrzunehmen (im Überblick Mermillod et al. 2011); dies weist darauf hin, dass ihnen die für die empathische Wahrnehmung anderer erforderliche eigenleibliche Resonanz fehlt.[14]

(4) Patienten mit einer *Alexithymie* (Gefühlsblindheit) haben Schwierigkeiten, ihre eigenen Gefühle wahrzunehmen, zu differenzieren und zu beschreiben, während sie gleichzeitig die emotionale Bedeutung ihrer leiblichen Regungen nicht zu erkennen vermögen (Taylor & Taylor 1997). Besonders Patienten mit somatoformen Störungen sind häufig unfähig, ihre eigene leibliche Resonanz in diesem Sinne »zu lesen«. Dies führt zu verselbständigten Empfindungen von Spannung, Druck, Brennen oder Schmerz, für die sie vergeblich nach somatischen Ursachen suchen (Duddu et al. 2003). Was hier fehlt, ist offensichtlich die proximal-distale Struktur der affektiven Intentionalität: Während die leibliche Resonanz sonst als deren proximales Medium dient, tritt sie bei alexithymen Patienten isoliert und unverbunden mit erlebten Gefühlen auf, so dass der Gefühlskreis unterbrochen ist.

Abschließend sei noch auf die *psychotherapeutische Bedeutung* des dargestellten Konzepts hingewiesen. Offensichtlich sind Emotionen in der Therapie keineswegs nur auf kognitivem Weg beeinflussbar (d. h. indem die bewertende Komponente des Emotionskreises verändert wird), sondern auch durch *Modifizierung der leiblichen Resonanz*. So lässt sich das Erleben von vagen oder diffusen Emotio-

14 Vgl. das Kapitel »Stufen der Empathie« in diesem Band.

nen verstärken und differenzieren, nämlich indem man sorgfältig auf die Leibempfindungen und kinästhetischen Tendenzen achtet, die diese Emotionen enthalten, um sie auf diese Weise besser wahrzunehmen und zu verstehen. Dafür bieten sich insbesondere leibliche Sensitivitäts- und Achtsamkeitstechniken an.

Die leibliche Resonanz kann aber auch reduziert werden, wie dies etwa bei Entspannungstechniken der Fall ist: Sie erlauben gleichsam eine »Resonanzdämpfung« für zu heftige Emotionen wie Angst oder Wut. Bedeutsam ist schließlich die Möglichkeit der Emotionskontrolle durch *Körperabwehr*: Taucht eine unangenehme Emotion auf, so wird man nicht selten dazu neigen, sie durch eine leibliche Gegenspannung abzuwehren. Man unterdrückt beispielsweise ein Stöhnen oder Weinen, presst die Lippen aufeinander, spannt die Muskeln an, nimmt eine steife Haltung ein oder »reißt sich zusammen« usw. Solche Formen der Körperabwehr können auch zur Gewohnheit werden, etwa in Form früh erworbener leiblicher Haltungen, die in der Soziologie auch als *Habitus* bezeichnet werden (Bourdieu 1987, Fuchs 2012). Ein Beispiel sind gewohnheitsmäßige Bauch- und Rückenspannungen bei zwanghaften Persönlichkeiten, die der Abwehr unerwünschter, oft aggressiver Impulse dienen. Solche Formen von Körperabwehr lassen sich in körperorientierten Verfahren identifizieren, lockern oder auflösen (Geuter 2019). Insgesamt eröffnen sich mit dem dargestellten Konzept vielfältige Möglichkeiten der körperlichen Regulation von Gefühlen (Fuchs 2020).

Resümee

Während das gegenwärtig dominierende kognitive Paradigma Gefühle in einem mentalen Innenraum lokalisiert, betrachtet ein verkörperter Ansatz sie als Phänomene, die Leib, Selbst und Welt verknüpfen und umfassen. Gefühle lassen sich aus dieser Sicht als räumlich über den Leib und die Situation ausgedehnte Erlebnisse begreifen, die aus der zirkulären Interaktion von *Affektion* und

Emotion resultieren. Dem Modell des Gefühlskreises entsprechend verknüpfen sich die wahrgenommenen affektiven Qualitäten einer Situation mit der leiblichen Resonanz, durch die wir sie erleben, sei es in Form von Empfindungen, Haltungen, Ausdruck, Gesten oder Bewegungstendenzen. Durch seine Resonanz fungiert der Leib als Medium der Affektivität.

Durch Affektion und Emotion zeigen uns Gefühle, welche Bedeutung Personen oder Dinge für uns haben, was für uns wichtig ist und unserem Leben Sinn verleiht. Ohne Emotionen wäre die Welt ein Ort ohne Bedeutsamkeit; nichts würde uns ansprechen, interessieren, anziehen und zum Handeln motivieren. Umgekehrt ist alles Handeln nur sinnvoll in einer Welt affektiver Qualitäten, die das Feld möglicher Handlungen mit Richtungen und Zielen ausstatten. Psychopathologische Störungen des Gefühlskreises sind wie dargestellt in Verzerrungen oder Störungen der beteiligten Komponenten begründet, insbesondere der leiblichen Resonanz. Gerade solche psychopathologischen Phänomene machen deutlich, dass nur eine verkörperte und holistische Konzeption der Komplexität der Gefühle gerecht werden kann.

Literatur

Bargh, J. A., D. Melnikoff 2019. »Does Physical Warmth Prime Social Warmth?«. In: *Social Psychology* 50: S. 207-210.

Bhalla, M., D. R. Proffitt 1999. »Visual-Motor Recalibration in Geographical Slant Perception«. In: *Journal of Experimental Psychology. Human Perception and Performance* 25: S. 1076-1096.

Bourdieu, P. 1987. *Sozialer Sinn. Kritik der theoretischen Vernunft*. Frankfurt/M.: Suhrkamp.

Colombetti, G. 2013. *The Feeling Body. Affective Science Meets the Enactive Mind*. Cambridge/Mass.: MIT Press.

Damasio, A. 1995. *Descartes' Irrtum. Fühlen, Denken und das menschliche Gehirn*. München: List.

De Rivera, J. 1977. *A Structural Theory of the Emotions.* New York: International Universities Press.

De Sousa, R. 1997. *Die Rationalität des Gefühls*. Frankfurt/M.: Suhrkamp.

De Sousa, R. 2010. »Emotion«. In: *Stanford Encyclopedia of Philosophy.* ⟨http://plato.stanford.edu/archives/spr2010/entries/emotion⟩.

Duddu, V., M. K. Isaac, S. K. Chaturvedi 2003. »Alexithymia in Somatoform and Depressive Disorders«. In: *Journal of Psychosomatic Research* 54: S. 435-438.

Frijda, N. H. 1986. *The Emotions*. Cambridge: Cambridge University Press.

Fuchs, T. 2000. *Leib, Raum, Person. Entwurf einer phänomenologischen Anthropologie.* Stuttgart: Klett-Cotta.

Fuchs, T. 2012. »The Phenomenology of Body Memory«. In: *Body Memory, Metaphor and Movement.* Hg. von S. Koch et al.: Amsterdam: John Benjamins, S. 9-22.

Fuchs, T. 2013. »The Phenomenology of Affectivity«. In: *Oxford Handbook of the Philosophy of Psychiatry*. Hg. von B. Fulford et al. Oxford: Oxford University Press, S. 612-631.

Fuchs, T. 2015. »Depression als leibliche und zwischenleibliche Krankheit«. In: *Die vielen Gesichter der Depression*. Hg. von R. Holm-Hadulla, A. Draguhn. Heidelberg: Universitätsverlag Winter, S. 153-175.

Fuchs, T., S. Koch 2014. »Embodied Affectivity. On Moving and Being Moved«. In: *Frontiers in Psychology. Psychology for Clinical Settings* 5(508): S. 1-12.

Fuchs, T. 2020. »Verkörperte Emotionen und ihre Regulation«. In: *Handbuch Emotionsregulation*. Hg. von S. Barnow. Berlin, Heidelberg, New York: Springer, S. 19-28.

Garfinkel, S. N. et al. 2014. »Fear from the Heart. Sensitivity to Fear Stimuli Depends on Individual Heartbeats«. In: *Journal of Neuroscience* 34: S. 6573-6582.

Geuter, U. 2019. *Praxis Körperpsychotherapie*. Berlin: Springer.

Gibson, J. J. 1979. *The Ecological Approach to Visual Perception*. Boston: Houghton Mifflin.

Green, H. O. 1992. *The Emotions*. Dordrecht, Boston: Kluwer.

Havas, M., K. A. Gutowski, M. J. Lucarelli, R. J. Davidson, D. A. Havas, A. Glenberg 2010. »Cosmetic Use of Botulinum Toxin-A Affects Processing of Emotional Language«. In: *Psychological Science* 21: S. 95-900.

Husserl, E. 1988. *Vorlesungen über Ethik und Wertlehre (1908-1914)*. Hg. von U. Melle. Husserliana Bd. 28. Dordrecht: Kluwer.

IJzerman, H., M. Gallucci, W. T. Pouw, S. C. Weißgerber, N. J. Van Doesum, K. D. Williams 2012. »Cold-Blooded Loneliness. Social Exclusion Leads to Lower Skin Temperatures«. In: *Acta Psychologica* 140: S. 283-288.

James, W. 1884. »What is an Emotion?« In: *Mind* 9: S. 188-205.

Kafka, G. 1950. »Über Uraffekte«. In: *Acta Psychologica* 7: S. 256-278.

Lange, C. 1885. *Über Gemüthsbewegungen*. Leipzig: Theodor Thomas.

Lazarus, R. S. 1982. »Thoughts on the Relations Between Emotion and Cognition«. In: *American Psychologist* 37: S. 1019-1024.

Lewin, K. 1935. *A Dynamic Theory of Personality.* New York: McGraw-Hill.

Lyons, W. 1980. *Emotion.* Cambridge: Cambridge University Press.

Marks, J. 1982. »A Theory of Emotion«. In: *Philosophical Studies* 42: S. 227-242.

Mermillaud, M. et al. 2011. »Embodying Emotional Disorders: New Hypotheses about Possible Emotional Consequences of Motor Disorders in Parkinson's Disease and Tourette's Syndrome«. In: ISRN *Neurology* 2011: 306918-6.

Michalak, J., J. Mischnat, T. Teismann 2014. »Sitting Posture Makes a Difference – Embodiment Effects on Depressive Memory Bias«. In: *Clinical Psychology & Psychotherapy* 21: S. 519-524.

Nosek, B. A. et al. 2022. »Replicability, Robustness, and Reproducibility in Psychological Science«. In: *Annual Review of Psychology* 73: S. 719-748.

Nummenmaa, L., E. Glerean, R. Hari, J. K. Hietanen 2014. »Bodily maps of emotions«. In: *Proceedings of the National Academy of Sciences* 111: S. 646-651.

Nussbaum, M. C. 2001. *Upheavals of Thought. The Intelligence of Emotions.* Cambridge: Cambridge University Press.

Polanyi, M. 1985. *Implizites Wissen.* Frankfurt/M.: Suhrkamp.

Prinz, J. 2004. *Gut Reactions. A Perceptual Theory of Emotion.* Oxford: Oxford University Press.

Riskind, J. H. 1984. »They Stoop to Conquer: Guiding and Self-Regulatory Functions of Physical Posture after Success and Failure«. In: *Journal of Personality and Social Psychology* 47: S. 479-493.

Schmitz, H. 1981. *Der Gefühlsraum.* 2. Aufl. Bonn: Bouvier.

Schmitz, H. 2003. »Briefwechsel mit Dr. Dr. Fuchs über Gefühle«. In: ders., *Was ist Neue Phänomenologie?* Rostock: Ingo Koch Verlag.

Shafir, T., S. F. Taylor, A. P. Atkinson, S. A. Langenecker, J. K. Zubieta 2013. »Emotion Regulation through Execution, Observation, and Imagery of Emotional Movements«. In: *Brain and Cognition* 82: S. 219-227.

Sheets-Johnstone, M. 1999. »Emotion and Movement. A Beginning Empirical-Phenomenological Analysis of their Relationship«. In: *Journal of Consciousness Studies* 6: S. 259-277.

Slaby, J., A. Stephan 2008. »Affective Intentionality and Self-Consciousness«. In: *Consciousness and Cognition* 17: S. 506-513.

Solomon, R. 1976. *The Passions*. New York: Anchor/Doubleday.

Solomon, A. 2001. *The Noonday Demon. An Atlas of Depression*. London: Vintage Books.

Stephan, A., J. Slaby 2011. »Affektive Intentionalität, existenzielle Gefühle und Selbstbewusstsein«. In: *Affektive Intentionalität*. Hg. von J. Slaby et al. Paderborn: Mentis, S. 206-229.

Strack, F., L. Martin, S. Stepper 1988. »Inhibiting and Facilitating Conditions of the Human Smile: A Non-obtrusive Test of the Facial Feedback Hypothesis«. In: *Journal of Personality and Social Psychology* 54: S. 768-777.

Taylor, G. J., H. S. Taylor 1997. »Alexithymia«. In: *Psychological Mindedness. A Contemporary Understanding*. Hg. von M. McCallum, W. E. Piper. München: Lawrence Erlbaum Associates, S. 28-31.

Waldenfels, B. 2002. *Bruchlinien der Erfahrung*. Frankfurt/M.: Suhrkamp.

Williams, L. E., J. A. Bargh 2008. »Experiencing Physical Warmth Promotes Interpersonal Warmth«. In: *Science* 24: S. 606-607.

Wollmer, M. A., C. de Boer, N. Kalak, J. Beck, T. Götz, T. Schmidt, D. Sönmez 2012. »Facing Depression with Botulinum Toxin. A Randomized Controlled Trial«. In: *Journal of Psychiatric Research* 46: 574-581.

Zhong, C. B., G. J. Leonardelli 2008. »Cold and Lonely. Does Social Exclusion Feel Literally Cold?«. In: *Psychological Science* 19: S. 838-842.

4.
Wert und Wertfühlen
Skizze einer verkörperten Werttheorie

Einleitung

Der Aufstieg des Wertbegriffs im philosophischen Denken seit dem 19. Jahrhundert lässt sich nicht zuletzt als Reaktion auf den Verlust metaphysischer Gewissheiten begreifen, der zunehmend als beunruhigend und destabilisierend erfahren wurde. Vor allem Hermann Lotze entwickelte um 1850 aus dem von der Nationalökonomie übernommenen Begriff eine allgemeine und objektive Konzeption der Werte, die ihnen als besonderen Modus ihre *Geltung* oder universelle Gültigkeit zuschrieb. Auch Schelers spätere phänomenologische Werttheorie lässt sich als Auseinandersetzung mit Nietzsches relativistischer »Umwertung der Werte« verstehen, der Scheler das eigenständige Reich materialer Wertqualitäten und ihrer apriorischen Ethik entgegensetzte. Seither pendelt der Begriff des Wertes zwischen einem nur subjektiven Für-gut-Halten und einer objektiven, womöglich sogar kulturinvarianten oder überzeitlichen Geltung.

Die folgenden Überlegungen haben zum Ziel, gegenüber dieser Polarität einen eigenständigen Gesichtspunkt zu gewinnen, von dem aus sich der Status von Werten in neuer Weise bestimmen lässt. Sie greifen dazu die neueren Konzeptionen des *Enaktivismus*[1] auf, wonach die Prozesse der Wahrnehmung, Kognition und Emotion grundsätzlich als Interaktionen eines Lebewesens mit seiner Umwelt zu begreifen sind. Wie wir sehen werden, ergibt sich daraus eine einerseits *relationale*, andererseits *prozessuale* Wertkonzeption: Werte werden weder als rein subjektive Präferenzen noch als un-

1 Vgl. u. a. Varela et al. (1991), Di Paolo (2005), Thompson (2007) oder Stewart et al. (2011).

abhängige Entitäten betrachtet, sondern als *Formen von affektiver Bedeutsamkeit, die aus der wahrnehmenden und handelnden Beziehung von Lebewesen mit ihrer Umwelt resultieren*. Mit anderen Worten: Werte sind objektive Qualitäten von Interaktionen und Beziehungen zwischen einem verkörperten Subjekt und seiner Welt.

Ich werde im Folgenden zunächst drei hauptsächliche, gegenwärtig vertretene Positionen zum Status von Werten kurz skizzieren bzw. kritisieren, um dann vor diesem Hintergrund eine verkörperte, enaktivistische Konzeption von Werten zu entwickeln. Die Leitfragen der Untersuchung lauten:

(1) Wie erfahren wir Werte und wie nehmen wir sie wahr?
(2) Welchen ontologischen Status haben Werte, und wie lässt sich ihre Geltung begründen, zumal in einer naturwissenschaftlich reduzierten und damit neutralisierten Welt?

Diese Fragen sind an sich nicht neu, gewinnen aber angesichts einer globalisierten Welt mit interkulturellen Begegnungen und Auseinandersetzungen zunehmend an Brisanz und ziehen weitere nach sich: Worauf gründen sich unterschiedliche Wertvorstellungen? Gibt es universelle Werte oder sind Werte grundsätzlich kulturrelativ bzw. nur von individuellen Präferenzen abhängig? Antworten auf diese Fragen erfordern eine Untersuchung der spezifischen Werte, die mit der Entwicklung der menschlichen Intersubjektivität auftreten.

Grundtypen von Werttheorien

In den derzeitigen axiologischen und metaethischen Debatten lassen sich mit einer gewissen Vereinfachung drei hauptsächliche Positionen erkennen: (1) eine naturalistische, (2) eine realistische und (3) eine subjektivistische Position (Kutschera 1999). Sie sollen zunächst kurz vorgestellt werden, jeweils gefolgt von einer kritischen Beurteilung. Die Darstellung erhebt nicht den Anspruch auf Vollständigkeit, sondern dient in erster Linie zur Abgrenzung gegenüber der im Weiteren entwickelten enaktivistischen Position.

1) Naturalismus: Werte als biologisch funktionale Überlebensvorteile

Naturalistische Wert- und Moraltheorien, wie sie etwa Robert Boyd (Boyd/Richerson 1985), Phillip Kitcher (2011) oder Richard Dawkins (1983, 1989) vertreten, haben in den letzten Jahrzehnten zunehmend an Bedeutung gewonnen. Danach leiten sich menschliche Bedürfnisse, Interessen, aber auch moralische Orientierungen letztlich aus Überlebensvorteilen der biologischen Kerngruppe ab. So dient die Liebe zu Angehörigen dem Ziel der erfolgreichen Aufzucht von Kindern, Neffen und Nichten, also letztlich der Erhaltung der eigenen Stammlinie. Das Gleiche gilt auch für ethische Haltungen wie etwa den Altruismus: Er ist funktional für die Ausbreitung der Gene der eigenen Primärgruppe und daher genetisch in uns angelegt. Auch allgemeine sozialethische Wertorientierungen resultieren damit letztlich aus evolutionären Anpassungsvorteilen, also aus der biologischen Natur des Menschen.

Solche soziobiologischen Erklärungen von Moral sind freilich nicht in der Lage, moralisches Verhalten ethisch zu rechtfertigen. Anderenfalls unterlägen sie einem naturalistischen Fehlschluss, d. h., es würde von einem biologischen Sein auf ein ethisches Sollen geschlossen (Gräfrath 1997: 77 ff.). Biologisch lassen sich jedoch immer nur Überlebenswerte des Einzelnen oder der eigenen Gruppe begründen, nicht die höherstufigen moralischen Orientierungen, die über die primären Eigeninteressen hinausgehen (Illies 2006). Menschen nehmen aber qua Reflexivität und Freiheit zu ihren primären biologischen Bedürfnissen Stellung. Damit dienen ihre handlungsleitenden Werte nicht mehr nur dem bloßen Überleben, sondern dem *guten Leben*; sie bedürfen daher einer übergeordneten Rechtfertigung.[2] Diese Kritik formuliert etwa Charles Taylor:

2 Hier ist natürlich auf die aristotelische Tradition zu verweisen, wie sie etwa Nussbaum (1999) wieder aufgreift.

> Der Naturalismus […], der an der Allzuständigkeit der post-galileischen Wissenschaft festhält, glaubt, dass er mit den lebensbezogenen Werten zurechtkommt – Überleben und Gedeihen als Lebewesen, einschließlich der Gesundheit, Kraft, Energie und der Wünsche, die das Leben de facto begleiten, nach Sex, Nahrung und (in manchen Fällen) Dominanz. Ich werde sie L-Werte nennen. Doch ich vermag nicht zu sehen, wie Werte von unvergleichbar höherem Rang einen Platz in der post-galileischen Natur einnehmen könnten […] [Eine genetische Erklärung] ist offensichtlich nicht in der Lage, das zu erfassen, was wir unter Tugend verstehen. (Taylor 2000b: 245 f.; Übers. T. F.)

Die Einsicht in übergeordnete Werte wie den der Menschenwürde impliziert in der Regel universalistische moralische Einstellungen, die keinen primären Eigen- oder Gruppeninteressen mehr entsprechen, etwa die Ablehnung der Sklaverei. Eine funktionalistische Beschreibung von Werten vermag daher auch nicht zu erklären, warum Menschen bereit sind, ihre primären »L-Werte« zugunsten von höheren Werten zu opfern, etwa für das Ziel der Freiheit ihr Leben zu riskieren. Umgekehrt gibt es Einstellungen, die zumindest in hohem Maß aus der biologischen Natur des Menschen resultieren und dennoch im Allgemeinen als verwerflich gelten. Das gilt zum Beispiel für Xenophobie: Obgleich sie aus soziobiologischer Sicht eine evolutionär selektierte und vielfach anzutreffende Abwehrhaltung fremden Gruppen gegenüber darstellt, wird sie deshalb nicht *per se* als moralisch gut bewertet. Die Frage der Begründung und Geltung von Werten ist daher streng zu trennen von der nach ihrer Genese: Wir fällen moralische oder Werturteile aus einer übergeordneten Perspektive, aus der Sicht des »verallgemeinerten Anderen« (Mead 1934), und nicht, weil die biologische Selektion uns diese Werte als Anpassungsvorteile eingepflanzt hätte.[3]

3 Die Unterscheidung von Genese und Geltung geht besonders auf Kant zurück, der sie in der *Kritik der reinen Vernunft* als die Fragen nach dem »Quid facti?« und dem »Quid juris?« der Verstandesbegriffe fasst (KdrV A84; Kant 1974: 125). Zur Frage der Genese und Geltung von moralischen Normen und Werten vgl. u. a. Gethmann (1979).

2) Realismus: Werte als objektive Qualitäten in der Welt

Dem ethischen Realismus zufolge gibt es objektive Werttatsachen, die unabhängig von einem subjektiven Fürwahrhalten vom erkennenden Subjekt oder seinen naturgegebenen Vorprägungen Geltung beanspruchen. Nach Max Scheler (1913/1980), Nicolai Hartmann (1925) oder neuerdings Thomas Nagel (1978) und Charles Taylor (2000a, b/2003) haben Werte eine eigenständige ontologische Existenz und werden mit intuitiver Evidenz erkannt. Für Scheler sind sie »Urphänomene« (Scheler 1980: 258) und als solche nicht nur unabhängig von den sie intendierenden Akten in Husserls Sinn, sondern auch »von der psychophysischen Organisation der Subjekte, die die Werte erleben« (Henckmann 1998: 103). In der Regel postuliert die realistische Position auch die Universalität oder zumindest teilweise Kulturinvarianz von Werten. Sie weisen demnach eine objektive Rangordnung auf, die allenfalls in unterschiedlicher Weise erkannt und realisiert wird. Mit anderen Worten: *Es gibt* Werte, Normen oder Pflichten als an sich bestehende, allgemeingültige Sachverhalte, welche die von Individuen gefällten Urteile darüber, was ethisch gut oder schlecht ist, wahr oder falsch machen.

Der objektive Werterealismus betont damit zu Recht die *Gegebenheit* von Werten, also die Tatsache, dass wir im Erleben Werte an den Gütern (Dingen, Personen, Situationen) in der Welt vorfinden und nicht nur subjektive Vorlieben in sie hineinlegen. Werte sind nicht nur »Wünschbares«, sondern Qualitäten der wahrgenommenen Wirklichkeit, entsprechen also Gegenständen des Erkennens oder auch des »Wertnehmens«, wie Husserl und Scheler es ausdrückten. Allerdings bleibt der Realismus die Begründung der Werteordnung schuldig, da sich ihr unterschiedlicher Rang letztlich nur mit einer nicht weiter begründbaren Evidenz erkennen lässt. Bei entgegengesetzten Evidenzen gibt es dann jedoch keine übergeordnete Position mehr, um über den Vorrang moralischer Annahmen zu entscheiden. Zudem vermag der Realismus die historische oder kulturelle Varianz von Wertorientierungen nicht hinreichend zu erklären (man denke etwa an die unterschiedliche Stellung der Frau in verschiedenen Gesellschaften). Stattdessen impliziert er einen »view from nowhere«, d. h., er postuliert eine zeit- und kulturunabhängige Geltung von Werten, die sich nicht weiter begründen lässt.[4]

3) Subjektivismus: Werte als individuelle oder kollektive Präferenzen

Die gegenteilige, skeptische oder antirealistische Position lässt sich als Subjektivismus oder Relativismus bezeichnen – in der Gegenwart wird sie etwa von John Leslie Mackie (1977), Peter Singer (1993) oder Gilbert Harman (1996) vertreten. Danach leiten sich Werte nicht aus Eigenschaften der Dinge in der Welt ab, sondern aus individuellen Präferenzen und Interessen; sie sind also ausschließlich im Subjekt lokalisiert, nicht »in der Sache selbst«. Der Eindruck von Werthaftigkeit ergibt sich durch eine Projektion subjektiver Wertungen auf eine an sich neutrale, moralfreie Welt: *»There is nothing either good or bad, but thinking makes it so«* (Shakespeare, Hamlet II, 2).[5] Ebenso entsprechen kollektive Werte den jeweiligen Gruppenpräferenzen bzw. -konventionen und haben insofern keine übergeordnete oder objektive Gültigkeit. Deontologische oder Sollens-Sätze können nur aufgrund sozialer Konventionen Geltung beanspruchen. Man könnte auch von einer konstruktivistischen Position sprechen: Werte werden nicht »entdeckt«, sondern »hergestellt«. Notwendig impliziert dies auch einen ethischen Relativismus: Die normativen Maßstäbe menschlichen Handelns sind nicht universell gültig, sondern allenfalls innerhalb einer bestimmten Kultur oder Epoche.

Der Subjektivismus widerspricht allerdings unserer Intuition,

4 Vgl. Schelers Position, wonach die Geltung und Rangordnung der Wertqualitäten »vom Dasein einer *Güterwelt*, in der sie zur Erscheinung kommt, desgleichen von der Bewegung und Veränderung dieser Güterwelt in der Geschichte ganz unabhängig und für deren Erfahrung *›a priori‹* ist« (Scheler 1980, 37 f.).

5 »[...] denn an sich ist nichts weder gut noch böse, das Denken macht es erst dazu« (Shakespeare 2000: 303).

wonach wir in Werten etwas von unserem bloßen Für-gut-Halten Unabhängiges erfahren. Wertqualitäten haften phänomenal an Dingen und Situationen, sie haben Forderungscharakter und üben eine Wirkung auf das Subjekt aus. Wir können zu solchen Wertcharakteren zwar Stellung nehmen, also entscheiden, ob sie für uns handlungsleitend werden; wir können sie aber nicht beliebig setzen oder zurücknehmen. Der Subjektivismus tendiert hingegen zur Beliebigkeit und zum Kulturrelativismus – darin weist er Parallelen zum Rechtspositivismus auf: Recht ist, was in einer Gesellschaft für recht gehalten wird, und eine universelle Geltung der Menschenrechte lässt sich nicht begründen. Es existieren jedoch durchaus kulturübergreifende Wertorientierungen, die offensichtlich einer allgemeinen Struktur menschlicher Intersubjektivität und Sozialität entsprechen – man denke etwa an das Prinzip der Reziprozität oder der »goldenen Regel«, an den Wert der Gastfreundschaft, der Solidarität mit in Not Geratenen, o. Ä. Man kann daher die These vertreten, dass sich auch die Geltung der Menschenrechte bzw. die ihnen zugrundeliegenden Werte der Freiheit, der Autonomie, der körperlichen Unversehrtheit u. a. aus der Struktur menschlicher Personalität und Intersubjektivität ableiten lassen – ich komme darauf zurück.

Enaktivismus: Werte als Qualitäten von Beziehungen

Diese skizzenhafte Darstellung zentraler axiologischer Positionen macht deutlich, dass das Konzept des Wertes zum einen in einer Polarität von *realistischen* und *subjektivistischen* Positionen interpretiert wird und dass es sich zum anderen zwischen *naturalistischen* und *kulturalistischen* Deutungen bewegt. Es stellt sich die Frage, ob sich hier eine vermittelnde Position finden lässt, die einerseits die Realität und Wirksamkeit von Werten in Beziehungen verortet sieht, ihre Objektivität also *relational* auffasst, und die andererseits Wertorientierungen auch in der biologischen Sphäre verankert, ohne die Eigenständigkeit der spezifisch humanen Wertbildung zu übersehen.

Eine solche Position soll im Folgenden auf der Grundlage des

Enaktivismus entworfen werden. Sie betrachtet Werte primär als besondere *Formen der Wahrnehmung*, durch die Lebewesen für sie relevante Qualitäten (affektive Valenzen, Wertcharaktere) ihrer Umwelt entdecken – Qualitäten, die für ihre Selbsterhaltung objektiv vitale Bedeutung haben. Für die menschliche Wahrnehmung werden dann übergeordnete, insbesondere soziale Werte bedeutsam, die sich jedoch nicht mehr auf Selbst- und Arterhaltungsfunktionen reduzieren lassen.[6]

1) Das Verhältnis von Organismus und Umwelt

Die Konzeption des Enaktivismus entstammt zunächst den Kognitionswissenschaften, genauer der *Embodied and Enactive Cognitive Science*.[7] Vorläufer dieser Konzepte finden sich aber sowohl in der theoretischen Biologie, nämlich in der »Umweltlehre« Jakob von Uexkülls (1928), als auch in der philosophischen Biologie von Hans Jonas (1966). Der Kern enaktivistischer Theorien lässt sich folgendermaßen beschreiben:

Der lebendige Organismus bildet ein autopoietisches System, das zu seiner Erhaltung und Selbstreproduktion der fortlaufenden Interaktion und des Stoffaustauschs mit der Umwelt bedarf. Im Zuge dieser sensomotorischen Interaktionen bringt der lebendige Organismus seine Welt mit hervor und nimmt sie nicht nur passiv wahr. Er verleiht Umweltkomponenten *Bedeutsamkeit* für seine Erhaltung in einem Prozess, der auch als *sense-making*, d.h. Bedeutungserteilung oder Sinnbildung bezeichnet wird. Durch die wechselseitige Passung oder Komplementarität bilden Organismus und Umwelt ein gemeinsames System, ja sie ko-konstituieren einander: Ein Igel hat aufgrund seiner organischen Konstitution eine andere Umwelt als etwa eine Forelle, umgekehrt ist seine spezifische Umwelt konstitutiv für seine Selbsterhaltung.

6 Die Erweiterung des Blicks über die moralischen Werte hinaus folgt dabei dem englischen Sprachgebrauch, wo der Begriff *value* als Gattungsbegriff z.B. auch ästhetische Werte oder juridische Normen mitumfasst.

7 Vgl. oben Anm. 1.

Diese Konzeption ist dem klassischen Kognitivismus entgegengesetzt, der Bewusstsein als eine interne Repräsentation der Außenwelt durch ein informationsverarbeitendes Biosystem (d. h. das Gehirn) betrachtet. Dem enaktiven Paradigma zufolge *repräsentiert* der Organismus die Umwelt nicht in einer getrennten Innenwelt, sondern er *interagiert* mit ihr, und im Zuge dieser aktiven Koppelung von Organismus und Umwelt konstituiert sich die artspezifische erlebte Welt eines Lebewesens. Bewusstsein ist aus dieser Sicht die Funktion und Äußerung eines lebendigen Organismus in seiner Gesamtheit, so dass in der Konsequenz eine grundlegende Kontinuität von »Leben« und »Geist« anzunehmen ist, wie sie bereits Hans Jonas (1973) postuliert hat (*»life-mind continuity«*, Thompson 2007).

Die enaktive Konzeption kristallisiert sich vor allem in der kreisförmigen Verknüpfung von *Wahrnehmung und Bewegung*: Was ein Lebewesen wahrnimmt, ist abhängig von seiner Bewegung, und umgekehrt. Das gilt für die Bewegungen der Hand, die ein Objekt ertastet, ebenso wie für das Abtasten von Gegenständen mit dem Blick, der uns die Dinge konturiert und räumlich wahrnehmen lässt. Wahrnehmung bedeutet daher nicht die passive Abbildung sensorischer Reize auf ein inneres Modell der Welt, sondern eine aktive Erkundung und Erschließung der Umwelt, motiviert und geleitet durch die Bedürfnisse und Interessen eines Lebewesens. Wahrnehmend steht es nicht der Welt gegenüber, sondern ist immer schon in ihr tätig und in sie verstrickt. Das liegt schon im Sinn des Wortes wahr-*nehmen* oder per-*zipieren* (von lat. *capere* = ergreifen): Wahrnehmen kann nur ein Wesen, das sich auch zu bewegen und etwas zu ergreifen vermag.

2) *Sense-making* und Wertwahrnehmung

Der Enaktivismus erweitert nun die Theorie des Bewusstseins über perzeptive, kognitive und motorische Prozesse hinaus und schließt auch den appetitiven, affektiven und wertenden Umweltbezug mit ein. Vitale Werte sind ein zentraler Aspekt des *sense-making*, denn dabei geht es um die Bewertung der Konsequenzen von Interaktionen für die organismische Selbsterhaltung. Auf der primären Stufe bestehen solche Werte in den Valenzen, d.h. Aufforderungscharakteren oder affektiven Affordanzen (*affordances*, Gibson 1979), die die Umwelt und ihre Bestandteile für das Lebewesen erlangen: als schmackhaft oder eklig, vertraut oder bedrohlich, angenehm oder unangenehm usw. Ihnen entsprechen die Triebe und Affekte, die auf solche Valenzen gerichtet sind. Mit anderen Worten: Der Organismus stattet seine Umwelt mit Bedeutsamkeiten aus, die sie ohne ihn nicht hätte.[8]

Nun erlangen Tiere durch ihre Beweglichkeit und Distanzsinne auch eine Beziehung zu entfernten Objekten, sei es eine begehrende oder fliehende, so dass sich Objekte ihnen grundsätzlich als *attraktiv* oder *repulsiv* darstellen. Hier liegt nun die zentrale Rolle von Emotionen: Wie Hans Jonas ausführt, dienen sie dem Tier sowohl zur Erschließung von vitalen Valenzen der Umgebung als auch zur Überbrückung der Distanz und Zeitspanne zwischen Mangel und Befriedigung:

> Die bloße Spanne zwischen Start und Erfolg [...] muss durch ständige emotionale Intention überbrückt werden. Das Auftreten gerichteter Beweglichkeit über lange Strecken (wie die Wirbeltiere sie zeigen) bezeichnet daher den Aufgang emotionalen Lebens [...]. Ohne die Spannung des Abstands und den durch ihn erzwungenen Aufschub gäbe es keinen Anlass für Verlangen oder Emotion überhaupt. (Jonas 1973: 155f.)

Wenn die Welt also in unserem alltäglichen Erleben erfüllt ist von affektiven Qualitäten und Werten, so beruht dies primär auf der vitalen Bedeutsamkeit, die die Umwelt und ihre Bestandteile für uns als Lebewesen erhalten. Eine enaktive Konzeption von Werten orientiert sich daher zunächst an den genannten Qualitäten wie »attraktiv«, »angenehm«, »aversiv« oder »bedrohlich«, die mit der

8 Vgl. dazu auch Colombetti: »An adaptive autonomous system [...] brings forth a graded scale of values. [...]. This graded assessment or evalution – which, importantly, is not carried out by a separate homunculus within the system but takes place implicitly as a function of the organization of the system – is what in the enactive approach is called ›sense-making‹.« (Colombetti 2013: 16f.)

Existenz von Lebewesen in einer zuvor physikalisch neutralen Welt auftauchen. Diese Werte sind jedoch keineswegs nur subjektiv, sondern sie entsprechen *der strukturellen Koppelung von Organismus und Umwelt*. So ist es eine Tatsache, dass bestimmte Objekte für ein Lebewesen als Nahrung geeignet und damit attraktiv sind, andere Objekte aber nicht (Wasser ist »gut«, Verwestes ist »schlecht« usw.). Vitale Werte haben somit eine *relationale Realität* – ich komme noch darauf zurück.

3) Wertfühlen: Die Wahrnehmung von Werten

Wie nehmen nun Tiere und wie nehmen wir selbst solche Valenzen oder Werte wahr? Hier greife ich zurück auf die Konzeption des Gefühlskreises im letzten Kapitel: Emotionen lassen sich als spezifische Formen der Gerichtetheit eines Lebewesens auf affektive Qualitäten und Affordanzen einer gegebenen Situation begreifen. Sie implizieren eine unmittelbare *Bewertung* der Situation, ihrer Bedeutsamkeit und Relevanz und damit eine präkognitive Orientierung über die eigenen Prioritäten des Wahrnehmens und Handelns (Goldie 2004). Dies wird wesentlich vermittelt durch das, was ich die *»leibliche Resonanz«* von Emotionen nenne: *Durch* spezifische leibliche Empfindungen, Strebungen und Bewegungstendenzen sind wir auf die affektiven Qualitäten und damit auf die Werthaltigkeit der Situation gerichtet.[9] Generell dienen leibliche Lust- und Unlustempfindungen als Matrix von positiven oder negativen Bewertungen.

In der Scham beispielsweise erkennt man meist schlagartig die Peinlichkeit einer Situation – ein ungehöriges eigenes Tun wird für andere sichtbar und offenkundig. Doch diese Peinlichkeit ist keine

9 Vgl. Fuchs (2013a) sowie das Kapitel »Verkörperte Gefühle« in diesem Band. – Im Gegensatz zu den kognitiven *appraisal*-Theorien, wonach vorausgehende Bewertungen unseren Gefühlen zugrunde liegen, hat bereits Spinoza betont, »daß wir nichts erstreben, wollen, verlangen oder begehren, weil wir es für gut halten, sondern daß wir umgekehrt darum etwas für gut halten, weil wir es erstreben, wollen, verlangen oder begehren« (Ethik III: 9/Spinoza 1977: 277). Die leibliche Affektion und Konation ist also auch für Spinoza die Grundlage unserer Bewertungen.

rein kognitive Bewertung, sondern sie besteht in einer schmerzhaften leiblichen Affektion, einem empfundenen Stich (»peinlich« stammt von Pein, also Schmerz), unter dem man sich zusammenzieht (Beklemmung, Konstriktion) und der bei entsprechender Intensität vom Erröten der »brennenden Scham« gefolgt ist. Zugleich hat der sich Schämende die »emotive« Tendenz, den Blick der anderen zu vermeiden, sich zu verstecken, vor Scham »in den Boden zu versinken«. Affektion und Emotion gemeinsam sind die Weisen, in denen das Subjekt die *Entwertung* vor anderen, also den negativen Wert seiner Handlung, ja auch seiner selbst empfindet.[10] Andere Gefühle wie Freude oder Stolz richten sich analog auf positive Werte einer Situation oder Person.

Freilich sind solche personalen und moralischen Werte nicht mehr der biologischen Selbsterhaltung zugeordnet, sondern resultieren wesentlich aus symbolischen sozialen Interaktionen (s. u.). Dennoch entspricht die Phänomenologie moralischer Werte im Prinzip der Wahrnehmung von Werten auf der vitalen Stufe. Der Phänomenologe Maurice Mandelbaum (1955) hat den passenden Ausdruck der »gefühlten Forderungen« *(felt demands)* geprägt; man könnte auch von moralischen Aufforderungscharakteren oder *moral affordances* sprechen. Diese Forderungen »[...] werden immer als von ›außerhalb unserer selbst‹ ausgehend und auf uns gerichtet erlebt. Es sind Forderungen, die von uns unabhängig erscheinen und von denen wir fühlen, dass wir ihnen antworten sollten« (Mandelbaum 1955: 55; Übers. T. F.). Horgan und Timmons fassen die Merkmale der *felt demands* so zusammen:

> (1) ein Gefühl des Drucks, (2) das Empfinden einer vektorartigen Kraft, die auf einen selbst gerichtet ist und einen ›äußeren‹ Ursprung hat, und (3) eine motivationale Anziehung zur Ausführung oder Nicht-Ausführung der überlegten Handlung. (Horgan/Timmons 2010: 120; Übers. T. F.)

Nach der hier entwickelten Konzeption beruht die vektorartige Kraft moralischer Erfahrung, wie sie Mandelbaum betont, auf der

10 Vgl. den Beitrag zu Scham und Schuld in diesem Band.

leiblichen Resonanz und ihrer »emotiven« oder kinästhetischen Komponente. Sie macht die Wahrnehmung von Werten zu einer verkörperten und motivierenden Erfahrung.

Wenn nun die Resonanz oder die Ansprechbarkeit des Leibes modifiziert wird, dann wird dies auch die affektive Wahrnehmung und Bewertung der Umwelt beeinflussen; darauf weisen die im vorangehenden Kapitel dargestellten Ergebnisse der Embodiment-Forschung hin (s. o.). Ein weitgehender *Verlust* der leiblichen Resonanz ist charakteristisch für die schwere *Depression* (Fuchs 2013b): Hier führt die leibliche Rigidität zu einer emotionalen Taubheit, also einer Unfähigkeit, die affektiven Qualitäten einer Situation noch empfinden zu können. Die Patienten klagen über eine quälende Gleichgültigkeit und Gefühllosigkeit, in der sie nicht einmal mehr fähig seien, für ihre nächsten Angehörigen etwas zu empfinden. Man kann von einem »Werterlöschen bei erhaltenem Werturteil« sprechen (Kaestner 1947: 166): Werte werden nur noch kognitiv oder »kalt« wahrgenommen, nicht mehr empfunden. Werte nicht mehr zu fühlen, ist aber selbst ein Versagen gegenüber ihrer Forderung und kann schwere Schuldgefühle auslösen:

> Ein Patient Kaestners, von Beruf Konzertmeister, äußerte in einer schweren Depression, er müsse sich selbst anzeigen; alles sei unreell, was er getan habe. Er könne in Wirklichkeit gar nicht Geige spielen, habe gegen alle Gesetze verstoßen und fühle die zentnerschwere Schuld in seiner Brust drücken. Nach der Genesung berichtete er: »Ich wusste auch, dass ich eigentlich richtig spielte, aber es war gerade so, als sei es nichts mehr wert. Es war mir ja ganz gleichgültig, wie ich spielte, es ergriff mich nicht mehr. Alles ging wie automatisch.« (Kaestner 1947: 161 ff.)

Im Fühlen des Werts besteht seine eigentliche Realisierung, die durch die bloße handlungsmäßige Verwirklichung nicht ersetzt werden kann. Die Handlung ist dann zwar mechanisch vollzogen, aber nicht mitempfunden und erscheint damit als *wertlos*.

Damit habe ich das Konzept einer Werterfahrung durch verkörperte Affektivität in Grundzügen umrissen. Primäre, vitale Werte resultieren danach aus der biologischen Konstitution, der Bedürfnis- und Triebstruktur des Organismus als eines autopoietischen Systems; sie konstituieren sich in der fortwährenden Interaktion mit der Umwelt, nämlich durch Prozesse des *sense-making*, der affektiven Bedeutungszuweisung, die durch leibliche Resonanz vermittelt sind.

Die besonderen Sinn- und Wertbildungen in menschlichen Gemeinschaften sind demgegenüber als sozial-interaktive Prozesse aufzufassen, die sich nicht mehr aus der rein biologischen Konstitution des Menschen als Lebewesen ableiten lassen. Man kann diese Prozesse aus enaktiver Sicht auch als »gemeinsame Sinnbildung« beschreiben (*»participatory sense-making«*, De Jaegher & Di Paolo 2007). Sie beruhen wesentlich auf der menschlichen Fähigkeit zur geteilten Aufmerksamkeit (Tomasello 2002), zur geteilten Intentionalität und schließlich zur Perspektivenübernahme, die sich in der frühen Kindheit im Verlauf des 2. bis 4. Lebensjahres entwickelt (Fuchs 2013c). Die Verinnerlichung der Perspektive der anderen ermöglicht die Dezentrierung des primären Selbstbezugs und damit die Stellungnahme zu den eigenen Wünschen. Das resultiert in *Bewertungen zweiter Stufe*:[11] »Ethik beginnt in dem Moment, in dem diese Wünsche reflexiv gebrochen, d. h. ausdrücklich als Zwecke gefasst werden. Damit verlieren sie ihre unmittelbar verhaltensbestimmende Wirkung und zeigen sich im Licht von Alternativen, zwischen denen es abzuwägen gilt.« (Jung 2016, 417)

Die damit neu auftauchenden sozialethischen Werte treten jedoch nicht einfach zu den vitalen Werten hinzu. Vielmehr beruhen sie wesentlich auf einem erworbenen *Hemmungsvermögen*,

11 Dies entspricht Harry Frankfurts Begriff der »second-order volitions«, in denen Personen zu ihren primären Wünschen bewertend Stellung nehmen, also dem einfach Gewünschten das *Wünschenswerte* gegenüberstellen können (Frankfurt 1971).

das die vitalen, triebbedingten und primär egozentrischen Motive zu inhibieren und damit einer Abwägung zu unterwerfen vermag. Auf organischer Ebene ist dafür die Entwicklung des präfrontalen Kortex entscheidend, die erst etwa bis zum 25. Lebensjahr zum Abschluss kommt. In ihrem Verlauf bilden sich, als Grundlage der Impulskontrolle, hemmende Bahnen vom präfrontalen Kortex zum limbischen System heraus, ebenso wie kortikale Areale, die mit der Fähigkeit zu Perspektivenübernahme, Empathie und moralischem Verhalten verbunden sind (Sommer et al. 2014, Boccia et al. 2017). Diese Ausreifung bedarf freilich in besonderem Maß geeigneter Sozialisationserfahrungen – ohne die *Einübung* der Willensfunktionen, von Selbstkontrolle, Aufmerksamkeit und Rücksichtnahme in sozialen Kontexten kann der präfrontale Kortex seine Funktionen nicht ausbilden.[12] Die Selbsthemmung als Grundlage von Normbewusstsein und der Orientierung an Werten zweiter Stufe manifestiert sich am prägnantesten in der Entwicklung des Gewissens, das als ein moralisches Begleitbewusstsein, ein »Mitwissen« oder »inneres Gegenüber« erlebt wird.[13]

Über die Prozesse wechselseitiger Perspektivenübernahme und Verständigung gelangen Menschen somit zur Wahrnehmung von moralischen Wertqualitäten (also nicht nur »attraktiv« *versus* »repulsiv«, sondern auch »gut« *versus* »böse«). Solche Werte beruhen auf intersubjektiv geteilten Orientierungen, die subjektive Präferenzen im Lichte einer allgemeinen oder Außenperspektive bewerten und relativieren. Dem entsprechen zunehmend differenzierte und nur im sozialen Verband sich entwickelnde Gefühle – etwa die schon erwähnte Scham oder das Schuldgefühl. Dazu gehören aber auch

12 Harenski und Mitarbeiter (2012) konnten in fMRI-Studien belegen, dass die mit moralischen Entscheidungen und Perspektivenübernahme verknüpften Aktivierungen im präfrontalen und temporoparietalen Kortex im Verlauf der Adoleszenz bis zum Erwachsenenalter eine kontinuierliche Zunahme zeigen.

13 Eine schwere Störung dieser Entwicklung und dementsprechend eine mangelnde Ausreifung des präfrontalen Kortex findet sich bei *Psychopathen*, mit der Folge einer typischen Konstellation von Impulsivität, mangelndem Norm- und Schuldbewusstsein, Verantwortungslosigkeit, Empathiemangel sowie betrügerisch-manipulativem Verhalten (vgl. Hare & Neumann 2008, Decety et al. 2013).

Gefühle der Achtung und des Respekts gegenüber anderen, insofern wir sie als »Zentren einer eigenen Perspektive«, als mit Freiheit begabte Wesen oder mit einem Wort: als *Personen* erkennen.

Die mit diesen Einstellungen und Gefühlen verbundenen personalen Werte kommen Personen allerdings nicht einfach als solchen zu, wie es der Werterealismus (etwa Scheler) annimmt, sondern wiederum aufgrund ihrer *Relationen* zueinander. Das heißt, objektive personale Wertforderungen resultieren aus dem *interpersonalen Verhältnis*, insofern dieses grundsätzlich ein Verhältnis von freien, einander mit reziproken Ansprüchen begegnenden Wesen ist. Diese Wechselseitigkeit ist bereits vorgezeichnet in der fortlaufenden Vertauschung der Indexpronomina in der dialogischen Rede: Jeder kann »ich« sein, und jeder kann zum »du« werden.[14] Bereits im Gespräch liegt insofern eine Anerkennung prinzipieller Gleichwertigkeit – die freilich verweigert wird, wo das Gegenüber verächtlich als »er«[15] oder mit einer Gruppenbezeichnung (»Jude«, »Schwarzer«) angesprochen wird. Die Realisierung humaner Werte setzt insofern die Wahrnehmung und Anerkennung anderer als Personen voraus; das heißt, sie beruht darauf, dass das interpersonale Verhältnis von den Beteiligten auch als solches realisiert und nicht – wie etwa bei der Sklaverei oder Apartheid – schlechterdings ignoriert wird.

Die interpersonale Wahrnehmung lässt somit neue Werte und Wertordnungen emergieren, die nicht auf biologische Überlebens- oder Vorteilswerte reduzierbar sind. Es sind insbesondere solche, die auf reziproken Erwartungen und Verpflichtungen beruhen, wie die bereits erwähnte »goldene Regel«, die wechselseitige Anerkennung, Achtung und nicht zuletzt die Zuerkennung von Würde. Denn Würde ist Ausdruck der Achtung und des Verzichts auf Gewalt in

14 Vgl. dazu die linguistische Analyse von Émile Benveniste (1977: 291): »Ich benutze *ich* nur dann, wenn ich mich an jemanden wende, der in meiner Anrede ein *du* sein wird. Diese Bedingung des Dialogs ist es, welche die *Person* konstituiert, denn sie impliziert umgekehrt, dass ich zu einem *du* werde in der Anrede desjenigen, der sich seinerseits als *ich* bezeichnet.«

15 Zu diesem Gebrauch vgl. Benveniste (1977: 258).

jeder Form, den die realisierte Wahrnehmung des anderen als Person hervorrufen muss. Wir können hier, in Analogie zu den vitalen Aufforderungscharakteren der biologischen Ebene, auch von *ethischen Forderungscharakteren* der sozialen Situation sprechen. Dass sich solche übergeordneten Wertorientierungen im historischen wie interkulturellen Vergleich in unterschiedlichem Grad und in unterschiedlicher Weise entfalten, ist vor allem durch ihre Konkurrenz mit primären, vital-egozentrischen Interessen der Individuen begründet. Trotz der hohen Varianz ihrer konkreten Realisierung beruhen sie aber gleichwohl auf der objektiv gegebenen Struktur des interpersonalen Verhältnisses. Sie lassen sich damit ebenso wenig auf biologisch-vitale Bedürfnisse zurückführen wie auf bloß subjektive Präferenzen oder Konventionen.

Daher lösen sich solche Werte im Verlauf der Kulturentwicklung auch von ihrer Begrenzung auf die primäre Kerngruppe oder Gemeinschaft und verallgemeinern sich zu übergeordneten oder universellen Werten wie etwa dem der Gastfreundschaft, der Nächstenliebe oder der Menschenwürde.[16] Eine solche universalistische Dynamik erhalten Wertorientierungen vor allem deshalb, weil die menschliche Fähigkeit zur Transzendierung der egozentrischen Perspektive sich *per se* nicht auf die Primärgruppe, sei es Familie oder Sippe, begrenzen lässt, sondern in logischer Konsequenz letztlich auch diesen Gruppenstandpunkt relativieren muss, auch wenn dem starke affektive Bindungskräfte und Interessen innerhalb der Primärgruppe entgegenstehen. Daher bleibt etwa der übergeordnete Wert der Gastfreundschaft oder der Menschenliebe immer in einem gewissen Konflikt mit der Bevorzugung der Eigengruppe bzw. auch der Xenophobie.[17]

16 Die Idee der universellen Menschenwürde beruht zweifellos auf der besonderen Entwicklung der westlichen Kultur (mit Wurzeln im Christentum ebenso wie in der Aufklärung), hat aber ihre Grundlage in der ursprünglichen Erfahrung reziproker Achtung, die sich so auch in den meisten anderen Kulturen findet.

17 Vgl. das Kapitel »Grenzen der Empathie« in diesem Band.

5) Die relationale Realität von Werten

Wie verhält es sich nun nach dieser enaktivistischen Konzeption mit dem ontologischen Status von Werten? Handelt es sich dabei nur um subjektive Erlebnisse oder Projektionen auf eine an sich wertneutrale Welt? Keineswegs – Werte lassen sich vielmehr als *Beziehungsbegriffe* bestimmen, in denen sich objektiv bestehende Koppelungen zwischen Lebewesen und Umwelt bzw. Relationen zwischen Personen zugleich als subjektive »Wertnehmungen«[18] und Wertorientierungen darstellen. Auch wenn affektive Qualitäten, Valenzen und Werte nur von einem entsprechend disponierten Wesen wahrgenommen werden können, so bestehen *diese Korrelationen selbst* doch durchaus objektiv. Umweltobjekte haben für Lebewesen eine Bedeutsamkeit, weil zugleich mit ihrem Dasein als Lebewesen auch die Bedeutungen der Dinge gesetzt sind. Sobald es ein Tier gibt, das abstürzen oder von einem Steinschlag getötet werden kann, ist eine Steilwand nicht mehr, was sie »vorher« war: Sie ist zur Komponente in einer Beziehung zwischen Lebewesen und Umwelt geworden, in der sie objektiv eine Gefahr darstellt, also gewissermaßen »zu Recht« die Affordanz des Bedrohlichen erhält. Ebenso wirkt die Düsternis des Gewitterhimmels nicht zufällig bedrohlich und fordert zur Suche nach einem Schutz auf. Und für das kleine Kind hat der dunkle Wald den Ausdruck des Unheimlichen, weil es sich tatsächlich in ihm verlaufen und seine Eltern verlieren kann.

Zwar sind die Valenzen der Umwelt nicht unbedingt konstant gegeben – das zeigt schon die unterschiedliche Wertigkeit, die die gleiche Nahrung für ein Lebewesen in Abhängigkeit von seinem Hunger oder seiner Sättigung annimmt; erst recht, wenn diese Nahrung schon einmal zu Übelkeit geführt hat und beim erneuten Wahrnehmen Ekel statt Appetit auslöst. Diese Variabilität ändert jedoch nichts daran, dass sich in vitalen Werten grundsätzlich objektiv bestehende Verhältnisse des für ein Lebewesen Förderlichen oder

18 So Husserls Wortschöpfung (Husserl 1952: 9).

Schädlichen manifestieren. Solche Valenzen sind als Koppelungen eines Organismus mit seiner artspezifischen Umgebung beschreibbar. Das heißt Werte werden weder auf an sich neutrale Situationen projiziert (wie subjektivistische Positionen behaupten), noch sind sie Dingen oder Situationen als solchen inhärent (wie realistische Positionen annehmen). Werte sind vielmehr *relationale Realitäten.*[19]

Aus der Sicht des Pragmatismus, der sich in vieler Hinsicht als ein Vorläufer des Enaktivismus ansehen lässt (vgl. Madzia/Jung 2016), hat bereits G. H. Mead die Relationalität der Erfahrung von Natur überhaupt hervorgehoben und dies auf den Status von Werten übertragen:

> Dauerhafte Räume und Zeiten [...], Ruhe und Bewegung sind gegeben, aber sie sind nur in ihrer Beziehung zu Wahrnehmungsereignissen oder Organismen gegeben. Wir können darüber hinausgehend sagen, daß die sinnlichen Qualitäten der Natur in der Natur gegeben sind, jedoch nur in ihrer Beziehung zu tierischen Organismen. *Weiter können wir andere Werte, von denen bisher angenommen wurde, sie seien abhängig von Begierden, Wertschätzungen und Neigungen, und die Gesamtheit dessen, was die dualistische Doktrin dem Bewusstsein zugeschrieben hatte, der Natur zurückerstatten;* denn auch die raumzeitliche Struktur der Welt und der Bewegung, mit der sich die exakten Naturwissenschaften beschäftigen, ist in der Natur letztlich in ihrer Beziehung zu Wahrnehmungsereignissen oder Organismen gegeben. (Mead 1983: 220 f.; kursiv v.Vf., T. F.)

Wenn in diesem Sinn dem interaktiven Zusammenhang von Organismus und Umwelt das Primat für die Realitätskonstitution zukommt, dann erhalten auch die Werte einen Status jenseits der Disjunktion von Subjektivem und Objektivem: Sie werden zu Formen der Sinnbildung *(sense-making),* in denen Lebewesen in leiblicher Resonanz auf affektiv bedeutsame Qualitäten ihrer Umwelt reagie-

19 Zur Abgrenzung noch einmal die Position Schelers: »Wenn man also Werte überhaupt unter eine Kategorie subsumieren will, so muss man sie als Qualitäten bezeichnen, nicht aber als Beziehungen.« (Scheler 1980: 249) Aus enaktivistischer Sicht sind Werte gleichfalls an Gütern erfahrene und phänomenal gegebene Qualitäten, ihre Objektivität besteht jedoch nicht unabhängig von der Beziehung von Lebewesen und Umwelt.

ren. Wir können dann die Werte »der Natur zurückerstatten«, ohne in einen reduktionistischen Naturalismus zu geraten, der allein der Physik zu bestimmen erlaubt, was es in der Welt gibt und was nicht.

Beim Menschen kommt es nun, wie wir sahen, aufgrund seiner Fähigkeit zur Reflexion und Perspektivenübernahme zu einer *Emergenz übergeordneter Werte*, die nicht mehr einfach den primären biologischen Bedürfnissen entsprechen. Auch sie sind jedoch weder bloße Projektionen, Präferenzen noch Konventionen, sondern entsprechen der *Objektivität des interpersonalen Verhältnisses* ebenso wie der Bezogenheit menschlicher Subjekte auf die Gemeinschaft bzw. auf den »generalisierten Anderen« (Mead). So ist die Gastfreundschaft gegenüber Fremden ein Wert, der offensichtlich aus der Orientierung an einem für alle Menschen Guten emergiert (also kein Gruppenvorteil), der aber natürlich die menschliche Sozialität zur Voraussetzung hat. Ebenso ist der Wert der Solidarität mit Hilfsbedürftigen objektiv gegeben mit der menschlichen Fähigkeit zur Perspektivenübernahme und Empathie, kann jedoch nicht mehr naturalistisch als Überlebens- oder Genverbreitungsvorteil erklärt werden.

Trotz dieser Tendenz zur Universalisierung werden moralische Werte damit nicht zu »an sich« bestehenden oder abstrakten Wert-Entitäten im Sinn des Werterealismus, sondern sie bleiben gebunden an die intersubjektiven Beziehungen. Es geht dabei freilich nicht um die faktisch jeweils realisierten Formen von Intersubjektivität – diese können immer historisch variabel und ggf. defizient sein –, sondern um ihre grundlegenden oder *transzendentalen Gelingensbedingungen* (Apel 1988): Eine Kommunikationsgemeinschaft von Subjekten setzt bestimmte Werte wie Freiheit, Abwesenheit von Zwang, wechselseitige Anerkennung und Verantwortlichkeit notwendig voraus. Wer also den Wert der Anerkennung und der Würde des anderen bestreitet, hebt damit die Voraussetzungen des Dialogs und damit zugleich des eigenen Geltungsanspruchs auf. Er kann dann nur auf Dialog überhaupt verzichten und zu Verhältnissen der Manipulation, des Zwangs oder der Gewalt übergehen. Auch hier ist Genese von Geltung zu unterscheiden: Wie immer sich Formen menschlicher Sozialität jeweils herausgebildet haben – mit der Emergenz von Selbstbewusstheit, Perspektivenübernahme und Freiheit ist zugleich eine Sphäre von Werten entstanden, die der menschlichen Intersubjektivität objektiv, nämlich als ihre *Gelingensbedingungen*, zukommen.

Will man die Entstehung dieser Sphäre anthropologisch verankern, so lassen sich moralische Werte als emergente Resultate der »exzentrischen Positionalität« des Menschen verstehen, wie Plessner (1928/1975) sie konzipiert hat, also der menschlichen Fähigkeit zur Dezentrierung und Verallgemeinerung der eigenen Perspektive. Diese Fähigkeit wird nur im intersubjektiven Kontakt erworben und nur in Beziehung zu anderen realisiert (Fuchs 2013c). Mit der exzentrischen Position sind aber auch die interpersonalen Werte gegeben, als relationale Realitäten, die der Sphäre der Intersubjektivität als solcher zugehören. In ihnen realisieren Personen die Möglichkeit, die die interpersonale Situation eröffnet, nämlich nicht nur die primären eigenen Wünsche, sondern das *Wünschenswerte* zu realisieren – das übergeordnete Gute zweiter Stufe, das die Gemeinschaft der Personen miteinbezieht.

Resümee

Eine enaktivistische Theorie der Werte fasst sie primär als Valenzen und Aufforderungscharaktere der Umwelt auf, die sich einem Lebewesen aufgrund seiner Konstitution, seiner jeweiligen Bedürfnislage und seiner sensomotorischen Interaktion mit der Umgebung zeigen. Sie sind damit Formen der Bedeutungsgebung oder des *sense-making*, die durch affektive Gestimmtheiten und Emotionen erschlossen werden. Ihre Erfahrung ist gebunden an die leibliche Resonanz, die einerseits die *Affektion* des Subjekts durch Valenzen und Werte vermittelt, andererseits die *Emotion* oder Handlungsbereitschaft impliziert, die diesen Aufforderungscharakteren der Umwelt entspricht.

Auch wenn die Wahrnehmung von Valenzen oder Werten der

Umwelt damit an die geeignete Disposition und Gestimmtheit des Lebewesens gebunden sind, lassen sich Werte doch nicht als Projektionen subjektiver Verfassungen auf eine neutrale Situation auffassen. Die Situation besteht vielmehr in einer objektiven Bezogenheit zwischen dem Lebewesen und seiner Umwelt, die sich sowohl in seiner eigenen Affektion als auch in der Werthaltigkeit der begegnenden Objekte und Situationen manifestiert.

In gleicher Weise gilt für die übergeordneten, sozialethischen Werte menschlicher Gemeinschaften, dass sie an entsprechende Wahrnehmungsvermögen des Individuums gebunden sind, die sich erst im Zuge der Perspektivenübernahme, der wechselseitigen Anerkennung als Personen und der moralischen Sozialisation entwickeln. Die Wahrnehmung von Werten zweiter Ordnung erfordert insbesondere die Fähigkeit zur Selbstinhibition, die die biologisch vorgegebenen Motive oder Impulse einklammert oder aufhebt. Doch sind auch die damit auftretenden moralischen Werte keine bloß subjektiven Präferenzen oder sozialen Konventionen; sie entsprechen vielmehr der objektiven Intersubjektivitätsbezogenheit des Menschen, nämlich seiner dezentrierten oder »exzentrischen Position«, die schließlich auch eine universalistische Verallgemeinerung von Wertbegriffen zur inhärenten Konsequenz hat. Wie auf der primären Stufe implizieren auch diese Werte sowohl »Affektion« – die Betroffenheit von einem Anspruch anderer – als auch »Emotion«: die Handlungsbereitschaft und Verantwortlichkeit, diesem Anspruch auch zu folgen und gerecht zu werden.

Literatur

Apel, K.-O. 1988. *Diskurs und Verantwortung. Das Problem des Übergangs zur postkonventionellen Moral.* Frankfurt/M.: Suhrkamp.

Benveniste, E. 1977. *Probleme der allgemeinen Sprachwissenschaft.* Frankfurt/M.: Syndikat.

Boccia, M., C. Dacquino, L. Piccardi, P. Cordellieri, C. Guariglia, F. Ferlazzo, S. Ferracuti, A. M. Giannini 2017. »Neural Foundation of Human

Moral Reasoning. An ALE Meta-Analysis about the Role of Personal Perspective«. In: *Brain Imaging and Behavior* 11: S. 278-292.

Boyd, R., P. J. Richerson 1985. *Culture and the Evolutionary Process*. Chicago: University of Chicago Press.

Colombetti, G. 2013. *The Feeling Body. Affective Science Meets the Enactive Mind.* Cambridge/Mass.: MIT Press.

Dawkins, R. 1983. *The Extended Phenotype. The Gene as the Unit of Selection.* Oxford: WH Freeman.

Dawkins, R. 1989. *The Selfish Gene*. 2. Aufl. Oxford: Oxford University Press.

Decety, J., C. Chen, C. Harenski, K. A. Kiehl 2013. »An fMRI Study of Affective Perspective Taking in Individuals with Psychopathy. Imagining Another in Pain Does Not Evoke Empathy«. In: *Frontiers in Human Neuroscience* 7: S. 489.

De Jaegher, H., E. A. Di Paolo 2007. »Participatory Sense-Making. An Enactive Approach to Social Cognition«. In: *Phenomenology and the Cognitive Sciences* 6: S. 485-507.

Di Paolo, E. A. 2005. »Autopoiesis, Adaptivity, Teleology, Agency«. In: *Phenomenology and the Cognitive Sciences* 4: S. 429-452.

Frankfurt, H. G. 1971. »Freedom of the Will and the Concept of a Person«. In: *Journal of Philosophy* 68: S. 5-20.

Fuchs, T. 2000. *Leib, Raum, Person. Entwurf einer phänomenologischen Anthropologie*. Stuttgart: Klett-Cotta.

Fuchs, T. 2002. »The Phenomenology of Shame, Guilt and the Body in Body Dysmorphic Disorder and Depression«. In: *Journal of Phenomenological Psychology* 33: S. 223-243.

Fuchs, T. 2013a. »The Phenomenology of Affectivity«. In: *Oxford Handbook of the Philosophy of Psychiatry*. Hg. von B. Fulford et al. Oxford: Oxford University Press, S. 612-631.

Fuchs, T. 2013b. »Depression, Intercorporality and Interaffectivity«. In: *Journal of Consciousness Studies* 20: S. 219-238.

Fuchs, T. 2013c. »The Phenomenology and Development of Social Perspectives«. In: *Phenomenology and the Cognitive Sciences* 12: S. 655-683.

Fuchs, T. 2017. »Empathy, Group Identity, and the Mechanisms of Exclusion«. In: *Topoi*: S. 1-12 (online first).

Gallagher, S. 2005. *How the Body Shapes the Mind.* Oxford: Clarendon Press.

Gethmann, C. F. 1979. »Genesis und Geltung von Normen«. In: *Materialien zur Normendiskussion*. Bd. 3: *Normen und Geschichte*. Hg. von W. Oelmüller. Paderborn: Schöningh, S. 17-23.

Gibson, J. 1979. *The Ecological Approach to Visual Perception*. Boston: Houghton Mifflin.

Goldie, P. 2004. »Emotion, Feeling, and Knowledge of the World«. In: *Thinking about Feeling: Contemporary Philosophers on Emotions*. Hg. von R. C. Solomon. Oxford: Oxford University Press, S. 91-106.

Gräfrath, B. 1997. *Evolutionäre Ethik? Philosophische Programme, Probleme und Perspektiven der Soziobiologie*. Berlin: De Gruyter.

Hare, R. D., C. S. Neumann 2008. »Psychopathy as a Clinical and Empirical Construct«. In: *Annual Review of Clinical Psychology* 4: S. 217-246.

Harenski, C. L., K. A. Harenski, M. S. Shane, K. A. Kiehl 2012. »Neural Development of Mentalizing in Moral Judgment from Adolescence to Adulthood«. In: *Developmental Cognitive Neuroscience* 2: S. 162-173.

Harman, G. 1996. *Moral Relativism and Moral Objectivity*. London: Blackwell.

Hartmann, N. 1925. *Ethik*. Berlin, Leipzig: De Gruyter.

Henckmann, W. 1998. *Max Scheler*. München: Beck.

Horgan, T., M. Timmons 2010. »Mandelbaum on Moral Phenomenology and Moral Realism«. In: *Maurice Mandelbaum and American Critical Realism*. Hg. von I. Verstegen. London, New York: Routledge, S. 105-126.

Husserl, E. 1952. *Ideen zu einer reinen Phänomenologie und phänomenologischen Philosophie II*. Husserliana Bd. 4. Den Haag: Nijhoff.

Illies, C. 2006. *Philosophische Anthropologie im biologischen Zeitalter. Zur Konvergenz von Moral und Natur*. Frankfurt/M.: Suhrkamp.

James, W. 1884. »What is an emotion?«. In: *Mind* 9: S. 188-205.

Joas, H. 1999. *Die Entstehung der Werte*. Frankfurt/M.: Suhrkamp.

Jonas, H. 1973. *Organismus und Freiheit. Ansätze zu einer philosophischen Biologie*. Göttingen: Vandenhoeck & Ruprecht.

Jung, M. 2016. »Die Natur der Werte – eine pragmatistische Perspektive«. In: *Deutsche Zeitschrift für Philosophie* 64: S. 410-423.

Kaestner, G. 1947. »Das Wertverhalten der zyklothym Depressiven«. In: *Arbeiten zur Psychiatrie, Neurologie und ihren Grenzgebieten. Festschrift für Kurt Schneider*. Hg. von H. Kranz. Heidelberg: Scherer, S. 159-173.

Kant, I. 1974. *Kritik der reinen Vernunft*. Frankfurt/M.: Suhrkamp.

Kitcher, P. 2011. *The Ethical Project*. Cambridge, MA: Harvard University Press.

Kutschera, F. von 1999. *Grundlagen der Ethik*. Berlin: De Gruyter.

Mackie, J. L. 1977. *Ethics. Inventing Right and Wrong*. London: Harmondsworth.

Madzia, R., M. Jung 2016. *Pragmatism and Embodied Cognitive Science. From Bodily Intersubjectivity to Symbolic Articulation*. Berlin: De Gruyter.

Mandelbaum, M. 1955. *The Phenomenology of Moral Experience*. Glencoe: The Free Press.

Mead, G. H. 1927. »The Objective Reality of Perspectives«. In: *Proceedings of the Sixth International Congress of Philosophy*: S. 75-85.

Mead, G. H. 1934. *Mind, Self, and Society*. Chicago: University of Chicago Press.

Mead, G. H. 1983. »Die objektive Realität der Perspektiven«. In: ders., *Gesammelte Aufsätze*. Bd. 2. Frankfurt/M.: Suhrkamp, S. 211-224.

Nagel, T. 1978. *The Possibility of Altruism*. Princeton: Princeton University Press.

Nussbaum, M. C. 1999. *Gerechtigkeit oder das gute Leben*. Frankfurt/M.: Suhrkamp.

Plessner, H. 1928/1975. *Die Stufen des Organischen und der Mensch*. Berlin: De Gruyter.

Scheler, M. 1980. *Der Formalismus in der Ethik und die materiale Wertethik*. In: ders., *Gesammelte Werke*. Bd.2. Bern, München: Francke.

Shakespeare, W. 2000. *Hamlet*. In: ders., *Sämtliche Werke*. Bd. 4. Berlin: Aufbau Verlag, S. 263-387.

Singer, P. 1993. *Practical Ethics*. 2. Aufl. Cambridge: Cambridge University Press.

Solomon, A. 2001. *The Noonday Demon. An Atlas of Depression*. London: Vintage Books.

Sommer, M., J. Meinhardt, C. Rothmayr, K. Doehnel, G. Hajak, R. Rupprecht, B. Sodian 2014. »Me or You? Neural Correlates of Moral Reasoning in Everyday Conflict Situations in Adolescents and Adults«. In: *Social Neuroscience* 9: S. 452-470.

Spinoza, B. de 1977. *Die Ethik*. Stuttgart: Reclam.

Stewart, J., O. Gapenne, E. Di Paolo (Hrsg.) 2010. *Enaction. Towards a New Paradigm for Cognitive Science*. Cambridge, MA: MIT Press.

Taylor, C. 2000a. *Sources of the Self. The Making of the Modern Identity*. Cambridge: Cambridge University Press.

Taylor, C. 2000b. »McDowell on Value and Knowledge«. In: *Philosophical Quarterly* 50(199): S. 242-249.

Taylor, C. 2003. »Ethics and Ontology«. In: *The Journal of Philosophy* 100(6): S. 305-320.

Thompson, E. 2007. *Mind in Life: Biology, Phenomenology, and the Sciences of Mind.* Harvard: Harvard University Press.

Tomasello, M. 2002. *Die kulturelle Entwicklung des menschlichen Denkens. Zur Evolution der Kognition.* Frankfurt/M.: Suhrkamp.

Uexküll, J. von 1928. *Theoretische Biologie.* Berlin, Heidelberg: Springer.

Varela, F. J., E. Thompson, E. Rosch 1991. *The Embodied Mind. Cognitive Science and Human Experience.* 6. Aufl. Cambridge, MA: MIT Press.

II. Interaffektivität

5. Vertrautheit und Vertrauen Zur affektiven Grundlage gemeinsamer Realität

Einleitung

Unsere alltägliche Sicht der Wirklichkeit beruht nicht nur auf den sinnlichen und handelnden Erfahrungen, die wir mit den Dingen und anderen Menschen machen. Sie stützt sich auch auf Überzeugungen und Annahmen, die wir nicht persönlich überprüft haben oder gar nicht überprüfen können, sondern für die wir uns auf Berichte, Zeugnisse und Informationen anderer verlassen müssen. Sie gehören zu dem, was man auch den *Common Sense* nennen kann, also selbstverständlich geteilte Überzeugungen, die ein Grundvertrauen in andere voraussetzen. Ja, der größte Teil unseres alltäglichen Weltwissens beruht auf einem solchen unhinterfragten *Common Sense*: dass die Erde rund ist; dass sie auch vor 100 Jahren schon existiert hat; dass Menschen ein Gehirn haben; dass sie nicht aus eigener Kraft fliegen können; dass es Bakterien und Viren gibt usw.

In seinen *Kindergeschichten* erzählt Peter Bichsel (1997) von Menschen, die an dem selbstverständlichen *Common Sense* zu zweifeln beginnen. Ein alter Mann entschließt sich eines Tages, immer weiter geradeaus nach Osten zu gehen, um zu sehen, ob er irgendwann von der anderen Seite zu seinem Tisch zurückkehren werde, ob also die Erde tatsächlich rund sei. Ein anderer kommt zu dem Schluss, dass es Amerika in Wahrheit gar nicht gebe und man den vermeintlich dorthin Reisenden unterwegs unter dem Siegel der Verschwiegenheit nur eine Geschichte erzähle, die sie dann berichten: »Auf jeden Fall erzählen alle dasselbe, und alle erzählen Dinge, die sie vor der Reise schon wussten; und das ist doch sehr verdächtig« (Bichsel 1997: 34).

Verdächtig – das bedeutet, dass Menschen an gemeinsamen lebensweltlichen Annahmen zu zweifeln beginnen. Die heute zunehmend verbreiteten Verschwörungstheorien haben hier ihre Grundlage – wir können nie absolut gewiss sein, dass man uns die Wahrheit gesagt hat. Gab es die Mondlandung wirklich? War der Angriff auf das World Trade Center vielleicht von den USA selbst inszeniert? – Wie Peter Bichsels Protagonisten können wir vieles bezweifeln und selbst nachprüfen, müssen dieses Bemühen aber früher oder später doch wieder abbrechen und zum Vertrauen zurückkehren. Ja, wer wirklich an allem zweifeln wollte, käme nicht nur an kein Ende, er könnte nicht einmal damit beginnen. »Das Spiel des Zweifelns setzt selbst schon die Gewissheit voraus«, schrieb Wittgenstein (1970: 115), und sei es auch nur den Glauben, dass man mit Sprache etwas Sinnvolles aussagen kann.

Wer auch daran zweifelt und eine Privatsprache zu entwickeln versucht wie eine andere von Peter Bichsels Figuren (»Ein Tisch ist ein Tisch«, Bichsel 1997), der wird nicht nur den Mitmenschen, sondern am Ende auch sich selbst unverständlich. Und was es anrichtet, wenn Sprache systematisch zur Täuschung und Lüge verwendet wird, die sich als ununterscheidbar von Wahrheit ausgibt, können wir gegenwärtig an Protagonisten der internationalen Politik erkennen. Trump ebenso wie Putin zerstören die Realitätsreferenz und den impliziten Wahrheitsgehalt der Sprache, also das grundlegende Vertrauen, das wir in Sprechakte haben müssen, damit wir überhaupt miteinander kommunizieren können.

Woher stammt dieses grundlegende Vertrauen? Dieser Frage möchte ich im Folgenden nachgehen. Ich gehe dabei von der Annahme aus, dass unsere alltägliche Lebenswelt nicht allein auf kognitiv erfassten Regularitäten und Grundannahmen, sondern auch auf affektiv geprägten Einstellungen beruht, nämlich auf einer grundlegenden *Vertrautheit* mit der Welt, die primär durch leibliche Gewohnheiten vermittelt wird. Wir *bewohnen* die Welt durch das Medium unseres Leibes, und dies ist die Basis für die unhinterfragten Gewissheiten, von denen Wittgenstein spricht. Vertrautheit lässt sich in diesem Sinn auch als ein *Existenzgefühl* betrachten (Ratcliffe 2008), d. h. als affektiver, präreflexiver Hintergrund des alltäglichen Daseins.

Diese basale Vertrautheit ist jedoch, so meine weitere Annahme, untrennbar verknüpft mit dem *Vertrauen in andere*. Dem entspricht bereits der sprachliche Zusammenhang von Vertrautheit und Vertrauen, ähnlich dem von *familiarity* und *family* im Englischen oder *familliarité* und *famille* im Französischen. Aber auch ontogenetisch entwickeln sich beide Phänomene, wie wir sehen werden, in engem Zusammenhang, so dass sie einander stützen und fördern. Vertrautheit mit der Welt und Vertrauen in andere, so lässt sich thesenhaft formulieren, sind gleichursprüngliche und nicht voneinander zu trennende Grundlagen der Lebenswelt. Diese These möchte ich im Folgenden näher ausführen und begründen. Dazu werde ich phänomenologische Analysen mit entwicklungspsychologischen Befunden verknüpfen und abschließend einen Blick auf einige psychopathologische Phänomene des Vertrautheits- und Vertrauensverlusts werfen.

Vertrautheit und Vertrauen

Unsere grundlegende Vertrautheit steht im Zentrum phänomenologischer Untersuchungen der Lebenswelt, des »Universum[s] vorgegebener Selbstverständlichkeiten« (Husserl 1976: 183). Als ihre tiefste Schicht identifizierte Husserl den »Weltglauben« oder die »Urdoxa«, nämlich unsere fraglose Annahme, dass die Welt grundsätzlich so weiter existieren und verlaufen werde wie bisher; es ist die Annahme des »Und so weiter«.[1] Unsere primäre Beziehung zur Welt ist eine affektive, nämlich ein Vertrauen in ihre Verlässlichkeit. Maurice Merleau-Ponty hat dem später den »Wahrnehmungsglauben« *(foi perceptive)* hinzugefügt:

> Wir sehen die Sachen selbst, die Welt ist das, was wir sehen: Formulierungen dieser Art sind Ausdruck eines Glaubens, der dem natürlichen Men-

1 »Die reale Welt ist nur in der beständig vorgezeichneten Präsumption, dass die Erfahrung im gleichen konstitutiven Stil beständig fortlaufen werde.« (Husserl 1974: 258) Vgl. auch Husserl (1950: 104f., 240f.).

schen und dem Philosophen gemeinsam ist, sobald er die Augen öffnet; sie verweisen auf eine Tiefenschicht stummer Meinungen, die unserem Leben inhärent sind. (Merleau-Ponty 1964/1986: 17)

Dieser Glaube impliziert zugleich die intersubjektive Gültigkeit der Wahrnehmung; wir gehen immer davon aus, dass auch andere sehen könnten, was wir sehen. »Diese nicht zu rechtfertigende Gewissheit einer gemeinsamen sinnlichen Welt ist der Sitz der Wahrheit in uns.« (Ebd.: 28)

Gehen wir weiter: Zur Wahrnehmung gehören die grundsätzliche Konstanz und Verlässlichkeit der Dinge. Ein verlässlicher Gegenstand ist das, was einen Horizont weiterer Wahrnehmungen eröffnet, sich in die Zukunft projizieren lässt und dabei bestimmte Erwartungen oder Protentionen induziert (Husserl 1976: 14, 91). Wenn ich ein Glas zu Boden fallen sehe, nehme ich sein Zerbrechen und das dabei entstehende Geräusch vorweg – würde es lautlos fallen, wäre ich völlig überrascht. Gegenstand ist aber auch, was mir verlässliche Möglichkeiten des Handelns bietet – ich kann das Glas ergreifen, rechne mit seinem Gewicht und Widerstand, kann es mit Wasser füllen usw. Dies wiederum verweist auf eine noch grundlegendere Vertrautheit, nämlich die mit meinem eigenen Leib. Denn der Leib ist das Medium aller selbstverständlichen Beziehungen zur Welt, und er nimmt als habitueller Leib all die Gewohnheiten und Fähigkeiten an, auf die wir uns dann im Umgang mit Dingen und Situationen selbstverständlich verlassen (Casey 1984, Fuchs 2008).

Dabei verweisen alle Fähigkeiten, die im Laufe des Lebens erworben werden, immer auf ein ursprüngliches Vermögen des leiblichen Subjekts, auf ein »Ich kann« (Husserl 1952: 253). Dies meint weniger eine bewusste Kontrolle der Körperbewegungen als vielmehr ein präreflexives, protentionales Bewusstsein der jeweils nächsten Bewegungsmöglichkeiten, das uns in jeder Situation begleitet. Aufgrund seiner Gewohnheiten und Fähigkeiten wohnen dem Leib potenzielle Handlungen inne, die er implizit vorwegnimmt; das räumliche Körperschema seiner Haltungen und Lagen ist immer zugleich ein Aktionsschema, eine gespürte Bereitschaft zu handeln. Diese leibliche Potenzialität ist wiederum Teil meines grundlegenden Selbstvertrauens: Ich kann. Ja, man könnte noch weitergehen und die These vertreten, dass selbst die elementare Daseinsgewissheit des »Ich bin« immer auch einen stillschweigenden Glauben an die Beständigkeit des Selbstseins impliziert, ein Vertrauen in den Fortgang des Lebens, ohne dass wir etwas dafür tun müssen (Fuchs 2016). Auch die Existenz selbst verlässt sich auf ein »Und so weiter«.

Glauben, Vertrauen, Sich-Verlassen-auf – all diese Begriffe weisen darauf hin, dass unser basales Selbst- und Weltverhältnis auf einem affektiv getönten, impliziten *Zukunftsbezug* beruht. Er enthält also nicht nur die stillschweigende Annahme der Verlässlichkeit der Welt, sondern auch ein damit verbundenes Existenz- oder Hintergrundgefühl von Sicherheit, Vertrautheit, ja Geborgenheit. Deren Widerpart bildet freilich die von Heidegger zur Prämisse eigentlichen Daseins erklärte Angst- und Todesbereitschaft. Doch genetisch wie logisch geht die Lebens- und Weltgewissheit der Todesgewissheit voraus. Das In-der-Welt-Sein bedeutet primär auch ein »Nicht-aus-der-Welt-fallen-Können«. »Du, Erde, warst auch diese Nacht beständig [...] im Dämmerschein liegt schon die Welt erschlossen«, wie Faust beim Erwachen dankbar feststellt (Goethe, *Faust II*: 1. Akt).

Nun war meine These, dass das Grundvertrauen in die Welt untrennbar verknüpft ist mit dem *Vertrauen in andere*, auf dem unsere alltäglichen sozialen Beziehungen beruhen. Was verstehen wir unter Vertrauen? Es ist zunächst eine Einstellung positiver Erwartung, die wir hinsichtlich des Wohlwollens, der Aufrichtigkeit und Verlässlichkeit anderer hegen. Mehr noch: Diese Einstellung setzen wir in unseren Interaktionen auch wechselseitig voraus. Wer vertraut, der vertraut auch darauf, dass der andere seinerseits ihm vertraut. In der Sprache der soziologischen Systemtheorie bedeutet Vertrauen eine reziproke »Erwartungserwartung« (Luhmann 2001; Endreß 2002). Damit bildet es den impliziten gemeinsamen Hintergrund, vor dem die Äußerungen und Handlungen des Interaktionspartners in einem bestimmten Licht erscheinen, nämlich so, dass wir ihm keine verborgene Absicht, Verstellung oder Täuschung unterstellen, sondern von einer Kongruenz zwischen Äußerem und Innerem ausgehen. Insofern Vertrauen eine wechselseitige leibliche Resonanz und Affektabstimmung herstellt, die sich meist nicht an einzelnen Ausdrucksmerkmalen explizieren lässt, kann man es auch als eine interpersonelle *Atmosphäre* des Wohlwollens beschreiben, die zwischen den Beteiligten besteht.[2]

Freilich, Vertrauen ist widerlegbar, und wir können es nie von vornherein hinreichend begründen. Damit Vertrauen überhaupt möglich ist, muss es daher in der Gemeinschaft, in der wir leben, immer schon als fraglose Praxis etabliert sein. Die meisten alltäglichen Interaktionen setzen es als selbstverständlichen Hintergrund voraus, ob wir in ein Taxi steigen ohne die Sorge, der Fahrer könne uns womöglich kidnappen, oder ein Restaurant aufsuchen ohne die Furcht, dort vergiftet zu werden. Wir haben nie danach gefragt, worin solche Sicherheiten begründet sind. Erst enttäuschtes oder aus anderen Gründen verlorenes Vertrauen und das daraus resultierende Misstrauen lassen zwischen dem Verhalten und den möglichen Absichten der anderen eine Kluft aufbrechen. Wie bei einem Gestaltwechsel erscheinen ihre Äußerungen nun in einem ganz anderen, zweideutigen oder hintergründigen Licht; ja sie können als Verstellung geradezu das Gegenteil von dem bedeuten, was sie auszudrücken scheinen. Während Vertrauen wie beschrieben eine Atmosphäre der positiven wechselseitigen Resonanz herstellt, erzeugt Misstrauen eine Atmosphäre des Unbehagens, der Bedrohlichkeit oder auch Unheimlichkeit.

Noch eine weitere Dimension gehört zum fraglosen Untergrund sozialer Beziehungen: Es sind die mit den Angehörigen einer gemeinsamen Kultur geteilten Grundannahmen und Gewissheiten, die Wittgenstein (1970: 32 ff.) als *»bedrock of unquestioned certainties«* bezeichnete, als das harte Grundgestein unter dem Fluss des veränderlichen Wissens. Gemeint sind alle Wahrheiten, die wir nie selbst überprüft, ja oft noch nicht einmal explizit formuliert haben,

2 Vgl. dazu das Kapitel »Stufen der Empathie« in diesem Band.

an denen zu zweifeln jedoch sinnlos ist, da sie zum gemeinsamen Weltbild einer Kultur gehören. Dass es Amerika gibt, dass in Rom der Papst lebt, dass die Erde rund ist – davon war zu Beginn schon die Rede. Wir glauben all dies, weil alle es glauben und nichts dagegenspricht, aber damit stellt sich die Frage nach der Glaubwürdigkeit gemeinsamen Wissens. Wir vertrauen den anderen, auch wenn wir wissen, dass sie selbst oft nur ein tradiertes Wissen weitergeben, das sie zum geringsten Teil überprüft haben und persönlich bezeugen können. Aber wir glauben ihnen, dass sie es glauben. Wie Wittgenstein schreibt, habe ich mein Weltbild nicht, »[...] weil ich mich von seiner Richtigkeit überzeugt habe [...]. Sondern es ist der überkommene Hintergrund, auf dem ich zwischen wahr und falsch unterscheide.« (Ebd.: 94)

Oikeíosis: Die Beheimatung in der Welt

Doch woher stammen Vertrautheit und Vertrauen, wenn wir uns nie bewusst dazu entschlossen haben? Beide haben eine gemeinsame Wurzel, nämlich in der ursprünglichen Erschließung der Welt, die in die früheste Kindheit zurückreicht und die ich mit einem Begriff der stoischen Ethik als *»Oikeíosis«* bezeichnen möchte (vgl. Fuchs 2000: 311 ff.). Abgeleitet vom griechischen *oíkos* (›Haus‹, ›Wohnung‹, ›Heimat‹, ›Familie‹), wörtlich also ›Einhausung‹, ›Beheimatung‹ oder auch ›Aneignung‹, beschreibt der Begriff im stoischen Verständnis, etwa bei Chrysipp oder Cicero, zunächst die Selbstaneignung der Person einschließlich der Aneignung des eigenen Leibes, dann die zunehmende Erweiterung des persönlichen Eigenraums auf die konzentrischen Sphären der Familie, der Angehörigen, Nachbarschaft, Gesellschaft, schließlich der Menschheit insgesamt, der sich der vernünftige Mensch zugehörig fühlt (Bees 2004, Forschner 2008).

Ich verstehe unter Oikeíosis allerdings weder einen rein individuellen noch einen vernunftgesteuerten Prozess, sondern das primäre, sowohl leibliche als auch zwischenleibliche Vertrautwerden mit der gemeinsamen Welt. Der sprachliche Zusammenhang von Wohnung und Gewohnheit (im Englischen *to inhabit* und *habit*) verweist auf einen Prozess, in dem die zugleich leibliche, räumliche und zeitliche Erfahrung von Konstanz und Wiederholung eine zunehmende Vertrautheit mit der gewohnt-bewohnten Umwelt herstellt. Damit verbunden sind die Atmosphären von Beheimatung, Wohnlichkeit und Sicherheit. Dieser Aneignungsprozess ist nun von Anfang an in die zwischenleiblichen und affektiven Interaktionen mit den primären Bezugspersonen eingebettet. Betrachten wir diese Prozesse der Oikeíosis etwas näher.

Zunächst stehen dem kleinen Menschenkind als »physiologischer Frühgeburt« (Portmann 1944) seine eigenen leiblichen Fähigkeiten nicht von vornherein zur Verfügung; sein sensomotorisches Körper- und Aktionsschema ist nur rudimentär entwickelt. Erst in wiederkehrenden Erfahrungen von spontaner Bewegung und wahrgenommener Antwort der Umgebung gewöhnt sich der Säugling nach und nach an seinen Körper und lernt ihn gleichsam zu »bewohnen«, d. h. auch zunehmend zu beherrschen. Im gleichen Zug entwickelt sich aber auch die leibliche Aneignung der Welt, das Vertrautwerden mit den Formen, Farben, Klängen und Gerüchen der Dinge ebenso wie das Erlernen des Umgangs mit ihnen. In dem Maß, wie das Kind leiblich geschickt zu agieren lernt, erlernt es auch den Gebrauch und die spezifische Eignung der Dinge seiner Umwelt. Sie werden ihm buchstäblich »zuhanden«, das heißt, in der geschickten Handhabung in das eigene Körper- und Aktionsschema eingegliedert.

Grundlage für diese Aneignung von Leib und Welt ist das implizite oder *Leibgedächtnis* (Fuchs 2000; 2012). Dieses verkörperte Gedächtnis, im Prinzip bereits von Maine de Biran (1799/1953) und Henri Bergson (1896/1991) beschrieben, lässt sich als die Gesamtheit von Gewohnheiten und Fähigkeiten definieren, die uns durch das Medium des Leibes zur Verfügung stehen, ohne dass es dazu einer gezielten Aufmerksamkeit oder Erinnerung an frühere Erlebnisse bedarf. Wiederholte oder gezielt eingeübte Bewegungssequenzen haben sich inkorporiert und sind uns »in Fleisch und Blut übergegangen«, etwa der aufrechte Gang, das Sprechen und Schreiben oder der geschickte Gebrauch von Instrumenten. Aufgrund seiner einzigartigen Plastizität ist der menschliche Leib lebenslang in der Lage, sich neue Umwelten, Situationen oder Gegenstände zu erschließen und vertraut zu machen. Das einmal erworbene leibliche Können realisiert sich im selbstverständlichen Umgang mit Situationen und Dingen und liegt dem Gefühl des »Ich kann« zugrunde, also dem Vertrauen auf die eigenen leiblichen Vermögen.

Zum Leibgedächtnis gehört wesentlich ein *zwischenleibliches Gedächtnis*, nämlich für den vertrauten Umgang mit anderen. In den dyadischen Interaktionen mit der Mutter oder anderen Bezugspersonen erlernt der Säugling bereits in den ersten Lebensmonaten typische Schemata des Umgangs, etwa »von Mama gestillt« oder »hochgehoben werden«, »mit Papa schaukeln« usw. Daraus entsteht das, was Stern (1998) *implizites Beziehungswissen* nennt: ein präreflexives leibliches Wissen, wie man mit anderen umgeht – wie man mit ihnen Vergnügen hat, Freude ausdrückt, Aufmerksamkeit erregt, Ablehnung vermeidet usw. Es ist ein zeitlich organisiertes, gewissermaßen »musikalisches« Gedächtnis für die Rhythmik, die Dynamik und auch die Emotionen, die in der Interaktion mit anderen mitschwingen.

Konstante zwischenleibliche Geborgenheit, Zuwendung und Wärme der Mutter begründen schließlich das, was Erikson (1950) »Urvertrauen« genannt hat und was in Bowlbys (1969) Bindungstheorie als »sichere Gebundenheit« wiederkehrt. Es ist das Vertrauen darauf, von anderen angenommen und geliebt zu sein, nicht verlassen zu werden, später dann ihrem Vorbild folgen und ihren Worten Glauben schenken zu können.[3] Zugleich bedeutet es die grundlegende Erfahrung der Welt als eines freundlichen, bewohnbaren und vertrauten Ortes. In diesem Sinn können wir das Urvertrauen auch als ein *Existenzgefühl* auffassen, nämlich als affektiven, zunächst noch undifferenzierten Hintergrund des

3 Fonagy und Allison (2014) haben dafür den Begriff des »epistemischen Vertrauens« eingeführt, der allerdings primär kognitiv ausgerichtet ist; der atmosphärische und zwischenleibliche Charakter des Grundvertrauens wird damit nicht erfasst.

In-der-Welt-Seins. Aller später erworbene Glauben, alle fraglos übernommenen Gewissheiten, alles Vertrauen in andere beruhen letztlich auf diesem Urvertrauen der ersten Lebensjahre. Entsteht es nicht oder nur unzureichend, so bleiben alle späteren positiven Erfahrungen und Beziehungen immer vorläufig, ungesichert und misstrauensanfällig. Statt des Urvertrauens entwickelt sich so etwas wie ein »Urmisstrauen«.

Ein Beispiel für die welterschließende Wirkung des Urvertrauens findet sich in dem Phänomen, das die Entwicklungspsychologie als »soziale Bezugnahme« *(social referencing)* bezeichnet: Konfrontiert man ein 9 Monate altes Kind mit einem neuen, Unsicherheit oder Angst auslösenden Objekt, etwa einem piepsenden und sich auf das Kind zubewegenden Roboter, so wird es zuerst nach den Eltern sehen, ob sie ängstlich oder freudig auf das Objekt reagieren, und ihnen dann in seiner Reaktion folgen (Hornik et al. 1987, Hirshberg & Svejda 1990). Dies illustriert das fraglose Vertrauen in die Bezugspersonen, das dem Kind die Welt vertraut werden lässt. Ähnlich verhält es sich mit den Situationen der geteilten Aufmerksamkeit *(joint attention)* und der kooperativen Praxis, die sich vom Ende des ersten Lebensjahrs an entwickeln (Tomasello 2002): Die gemeinsame Ausrichtung auf Objekte, mit dem Bewusstsein, dass auch der Erwachsene sie im Blick hat, das Zeigen auf Gegenstände und ihre Handhabung mit dem Ziel, gemeinsam etwas zu erreichen oder herzustellen, all das ist eingebettet in die vertrauensvolle Beziehung des Kindes zu den Erwachsenen und überträgt gewissermaßen dieses Vertrauen auf die Vertrautheit, welche die Umwelt für das Kind erhält.

Die Oikeíosis ist damit von Anfang an zwischenleiblich, sozial und zugleich kulturell geprägt: Teller, Löffel, Stuhl, Spielsachen, Kleidung, Schuhe – nahezu alles, was der kindliche Leib sich vertraut macht, sind kulturelle Gegenstände und entsprechend vorgeprägte Vollzüge. Jeder Schritt der Auslegung der Welt beruht damit auf einem Vorrat sedimentierter Erfahrungen anderer. Ja selbst der eigene Leib, mit dem der Säugling vertraut wird, ist von Anfang an auch der von der Mutter gestillte, gewärmte, getragene oder in anderer Weise auf sie bezogene Leib. Daraus folgt einerseits, dass sich die praktische Vertrautheit mit der Welt bis in die eigene Leiblichkeit hinein im Austausch mit den Mitmenschen herausbildet und dass umgekehrt diese Vertrautheit implizit immer auf sie bezogen ist. Alles, was wir wahrnehmen und womit wir handelnd umgehen, ist immer auch das potenziell von anderen Wahrnehmbare oder Handhabbare, also Teil der gemeinsamen Welt.

Das vorreflexive Sich-Verstehen auf die Welt beruht somit auf dem zwischenleiblichen Kontakt und dem atmosphärischen Urvertrauen, in das alle Interaktionen des Kleinkindes mit der Welt eingebettet sind. Diese primäre Oikeíosis bildet auch die Grundlage für die spätere, sprachlich vermittelte Einführung in die Phänomene, Normen und Lebensformen der gemeinsamen Welt, also für die Erweiterung des *knowledge by acquaintance* durch *knowledge by description.*[4] »Das Kind lernt, indem es dem Erwachsenen glaubt. Der Zweifel kommt nach dem Glauben«, wie Wittgenstein schreibt (1970: 160), und: »Der Schüler glaubt seinen Lehrern und den Schulbüchern« (ebd.: 263). Darin liegt keine falsche Autoritätsgläubigkeit, denn die Einführung in das kulturell sedimentierte Wissen der Lebenswelt erlaubt es überhaupt erst, dieses Wissen auch in Frage zu stellen. Zweifellos bedeutet der *Common Sense* auch eine Einschränkung, doch ohne das »Grundgestein fragloser Gewissheiten« und deren Verwurzelung im Urvertrauen hätte auch der Zweifel nichts Greifbares, woran er ansetzen könnte.

Zusammengefasst vollzieht sich die *Oikeíosis* in der frühen Kindheit in leiblich-zwischenleiblichen Erfahrungen und Interaktionen. In ihnen erfährt sich der Säugling als wahr- und angenommen von seinen Bezugspersonen und kann so, eingebettet in die affektive Resonanz und Atmosphäre des Urvertrauens, die Fähigkeiten des Umgangs mit Dingen und Situationen erwerben. Die Erschließung der Welt geschieht also primär durch *knowledge by acquaintance* in doppeltem Sinn, nämlich durch verkörperte Erfahrung und durch gemeinsame, zwischenleibliche Praxis. Vertrautheit mit der Welt

4 Diese Unterscheidung geht auf James (1890: 221 ff.) und Russell (1910) zurück.

und Vertrauen in andere sind gleichursprüngliche Grundlagen der Lebenswelt. Sobald sich repräsentationale, sprachlich vermittelte Formen des Erkennens und Wissens entwickeln, gewähren sie uns ein erweitertes Verständnis der Welt und eröffnen damit auch die Möglichkeit des Zweifelns. Sie bleiben jedoch, wie der Zweifel letztlich auch, immer angewiesen auf die ursprüngliche Beheimatung, die unser Leib schon in der gemeinsamen Lebenswelt vollzogen hat, bevor wir dessen gewahr wurden.

Verlust von Vertrauen und Vertrautheit in der Psychopathologie

Soweit einige Überlegungen zur Phänomenologie und Genese von Vertrautheit und Vertrauen. Für den Psychiater liegt es nun nahe, eine Vielzahl von psychopathologischen Phänomenen als Verlust von Vertrautheit und Vertrauen und damit als Formen der *Entfremdung* zu interpretieren. Ich gebe dazu einige Beispiele: 1) posttraumatische Störungen; 2) Verschwörungsideologien und 3) die Schizophrenie.

1) Posttraumatische Störungen

Die *posttraumatische Belastungsstörung* nach einem lebensbedrohlichen Unfall, nach Vergewaltigung oder Folter hat ihre Wurzel nicht nur in der wiederkehrenden Erinnerung an das Ereignis, sondern immer auch in einer Erschütterung des Urvertrauens in die Welt: Das Trauma hat das Gefühl eines wehrlosen Ausgesetztseins, einer ubiquitären, atmosphärisch gespürten Bedrohung hinterlassen. So schreibt Jean Améry, selbst Überlebender nationalsozialistischer Folter:

> Wer der Folter erlag, kann nicht mehr heimisch werden in der Welt. […] Das zum Teil schon mit dem ersten Schlag, in vollem Umfang aber mit der Tortur eingestürzte Weltvertrauen wird nicht wiedergewonnen. […] Der gemartert wurde, ist waffenlos der Angst ausgeliefert. (Améry 1997: 73)

Sofern überhaupt aus der Erfahrung der Tortur eine über das bloß Albtraumhafte hinausgehende Erkenntnis bleibt, ist es die einer großen Verwunderung und einer durch keinerlei spätere menschliche Kommunikation auszugleichenden Fremdheit in der Welt. (Ebd.: 72)

Ein verwandtes Phänomen stellt die *posttraumatische Verbitterungsstörung* dar (Linden et al. 2004): Hier ist es die Enttäuschung der grundlegenden Annahme einer gerechten Welt, die die Betroffenen nicht zu bewältigen vermögen. Die erlittene Unbill, Schmach, Gewalt oder andere Form von Traumatisierung wird als ungerecht, beleidigend und demütigend erlebt, ohne dass die Möglichkeit einer Anerkennung und Wiedergutmachung des Unrechts besteht. Gefühle der Bitterkeit, Wut und Ohnmacht vergiften das Leben der Betroffenen. Mit Michael Kohlhaas gab Kleist die klassische Beschreibung eines Menschen, der das Vertrauen in die Gerechtigkeit verloren hat und sich entschließt, die Rache selbst in die Hand zu nehmen.

2) Verschwörungstheorien

Eine besonders aktuelle Verunsicherung des Vertrauens liegt den Verschwörungstheorien zugrunde. »Nichts ist, wie es scheint«, »Nichts geschieht durch Zufall« und »Alles hängt mit allem zusammen«: Durch diese drei Grundannahmen werden Verschwörungstheorien in der gegenwärtigen Politologie charakterisiert (Barkun 2013, Butter 2018). Schon eine schlichte Geste wie die berühmte »Raute« von Angela Merkel erscheint dann nicht mehr als einfache Handbewegung, sondern nimmt Zeichencharakter an für etwas Hintergründiges, vielleicht die Zugehörigkeit zu einem Geheimbund oder Ähnliches. In der Konsequenz kann es dann nur noch um das Ziel gehen, dieses »Dahinter«, die eigentlichen Bedeutungen und Agenten, zu entschlüsseln. Die Drahtzieher werden häufig durch die Denkfigur des »Cui bono?« ausgemacht: Wem nützt es, wer hat einen Vorteil davon?

Bereits aus diesen ersten Charakteristika wird erkennbar, dass den Verschwörungstheorien ein tiefgreifender Verlust des Vertrauens in den *Common Sense* und in die gemeinsame Realität zugrunde liegt. Verschwörungsideen blühen immer dann auf, wenn Unsicherheit, Ängste und Zweifel an etablierten Systemen wachsen und traditionelle Deutungsmuster nicht mehr greifen (Butter 2018). Sie entspringen dem Bedürfnis, eine undurchschaubare, als bedrohlich empfundene Krisenlage erklärbar zu machen, ihre Komplexität zu reduzieren (Luhmann 2014) und ihre schwer erträgliche Zufälligkeit zu bewältigen, indem sie als intentional und gezielt verursacht gedeutet wird.

Was beispielsweise in Corona-bezogenen Verschwörungstheorien verleugnet wird, ist offensichtlich die Kontingenz, also die Zufälligkeit und Unvorhersehbarkeit, mit der ein unsichtbares Virus plötzlich zu einer weltweiten tödlichen Gefahr geworden ist. Die resultierende Verunsicherung und Desorientierung führt zu dem Versuch, ein kohärentes Weltbild wiederherzustellen, nämlich durch eine umfassende Umdeutung der Realität: Die anfängliche Erfahrung von Kontingenz und Ohnmacht kehrt sich um in die Gewissheit, die geheimen Machenschaften der Mächtigen durchschaut zu haben: Es ist nicht zufällig, was da in unserem Land geschieht, sondern wohlgeplant, hinterhältig organisiert und heimtückisch ausgeführt. So können im Geheimen wirkende Personen oder Gruppen als Verantwortliche eines Geschehens angesehen werden, das sonst kontingent und undurchschaubar bliebe. Diese vermeintliche Einsicht bietet nicht zuletzt Möglichkeiten zur Gegenwehr und stellt damit die eigene Handlungsfähigkeit und Kontrolle zumindest bis zu einem gewissen Grad wieder her.

Die Funktion der neuen Realitätsdeutung ist also letztlich die Reduktion einer bedrohlichen Hyperkomplexität. Um diese Entlastungswirkung nicht zu gefährden, immunisieren sich Verschwörungsgläubige im weiteren Verlauf systematisch gegen widersprechende Evidenzen. Sie erklären anderslautende Informationen zu gezielten Täuschungen der Eliten oder »Fake News«. Das verlorene Vertrauen in etablierte Medien und ihre Informationen lässt sich nicht wiederherstellen – es bilden sich Echokammern und Parallelwelten, mit denen in zentralen Fragen keine gemeinsame

Realität mehr herzustellen ist. Wenn man sich nicht mehr darüber verständigen kann, ob es das Coronavirus gibt oder ob Russland die Ukraine angegriffen hat oder umgekehrt, so zeigt dies auf beklemmende Weise, dass die Verständigung über eine gemeinsame Realität auf ein basales Vertrauen angewiesen ist.

3) Schizophrenie

Schließlich will ich noch eine Erkrankung hervorheben, die wie keine andere als Verlust leiblicher und lebensweltlicher Vertrautheit verstanden werden kann, nämlich die *Schizophrenie*. Zumal in den frühen Stadien der Krankheit erleben die Patienten einen allmählichen Verlust des impliziten Wissens, Könnens und Sich-Verstehens auf die Welt, das an das Medium des Leibes gebunden ist. Wolfgang Blankenburg (1971) hat diese subtile Entfremdung in einer klassischen Fallstudie als »Verlust der natürlichen Selbstverständlichkeit« beschrieben. Die neuere phänomenologische Psychopathologie hat dafür den Begriff der »Entkörperung« *(disembodiment)* geprägt (Stanghellini 2004, Fuchs 2005a). Sie besteht in einer schleichenden Entfremdung leiblicher Gewohnheiten und Handlungsabläufe, die gerade das Selbstverständliche und Alltägliche immer fragwürdiger erscheinen lässt:

> Wenn ich etwas tun will wie etwa Wasser trinken, dann muss ich das im Detail durchgehen – einen Becher finden, hinübergehen, den Hahn aufdrehen, den Becher auffüllen, trinken. (Chapman 1966)

> Zeitweise konnte ich keinen Handgriff mehr machen, ohne darüber nachzudenken, wie ich das mache. (de Haan & Fuchs 2010)

Die selbsttätigen, habituellen Leistungen des Leibes zerfallen und müssen durch bewusste Planung und Ausführung ersetzt werden. Die Entfremdung erstreckt sich aber auch auf die Vertrautheit der Lebenswelt:

> Ein Patient denkt über selbstverständliche Dinge nach: Warum ist das Gras grün, warum haben die Ampeln drei Farben? (Parnas & Handest 2003)

Manchmal habe ich schon über Worte nachgedacht, warum jetzt ›Stuhl‹ ›Stuhl‹ heißt zum Beispiel, oder solche Sachen. (de Haan & Fuchs 2010)

Auch hier erkennen wir den Verlust vertrauter Bedeutsamkeiten, der in eine grundlegende Fragwürdigkeit der Welt mündet. Die folgende Kasuistik (Bürgy 2003) gibt eine längere Entwicklung wieder:

Ein 32-jähriger Patient berichtet, er sei im Alter von etwa 16 Jahren zusehends unsicherer geworden, ob seine persönlichen Dinge wirklich noch die eigenen oder insgeheim von anderen ausgetauscht worden seien. Wenn er sich z. B. Bücher kaufte, war er nicht mehr sicher, ob der Verkäufer sie nicht heimlich durch andere ersetzt hatte; so musste er sie weggeben und wieder neue kaufen. Wenn er Dinge auf seinem Schreibtisch liegen ließ, kamen ihm später Zweifel, ob sie nicht inzwischen ausgetauscht worden waren. Zusehends sei das Vertrauen in seine Umgebung verloren gegangen.

Die basale Selbstentfremdung manifestiert sich bei diesem Patienten zunächst in einem Misstrauen in die Zugehörigkeit seines Eigentums. Die Verlässlichkeit der persönlichen Dinge ist für ihn deshalb von existenzieller Bedeutung, weil die Kontinuität der äußeren Umgebung die gespürte Brüchigkeit der Selbstkohärenz kompensieren soll. Doch die Vertrautheit der Dinge lässt sich nicht mehr herstellen, und die persönliche Umgebung erscheint zunehmend entfremdet. Ich setze die Kasuistik fort:

Während des Studiums, mit 21 Jahren, konnte er auch seinen eigenen Aufzeichnungen aus der Vorlesung nicht mehr trauen. Schließlich begann er zu zweifeln, ob seine eigenen Arme oder die von jemand anderem die Arbeit machten, mit der er gerade beschäftigt war. Er musste seine Arme sorgfältig von den Händen bis zum Körper verfolgen, um sicherzugehen, dass er selbst das sei, und habe immer wieder nach hinten gesehen, ob da nicht jemand anderes stand, der sie bewegte. Nun begann er die einfachsten Handlungen anzuzweifeln. Er brauchte endlos zum Anziehen, denn er musste die Kleider mehrmals berühren und seine Bewegungen ständig bewusst wiederholen, da er seinen Händen nicht mehr trauen konnte. Er wusste nicht mehr, ob er die Hosen richtig hielt, und in welcher Reihenfolge er die Kleider anziehen sollte. Jeder Handgriff sei nun zu einer Mathematikaufgabe geworden, über die er mit größter Konzentration habe nachgrübeln müssen. So blieb er in den alltäglichsten Abläufen stecken und geriet in zunehmende Verzweiflung (Bürgy 2003).

Wie sich zeigt, geht schließlich auch das Gefühl der Urheberschaft für die eigenen Bewegungen verloren, und die gewohnten Handlungseinheiten lösen sich auf. Das verkörperte, leibliche Wissen, *embodied knowledge* oder *knowledge by acquaintance,* hat sich zersetzt. Um den Verlust auszugleichen, muss der Patient jede Bewegung bewusst vorbereiten und ausführen, indem er seinen Körper wie ein äußeres Instrument benutzt. Doch selbst dann kann er noch nicht sicher sein, ob die Bewegung nicht von jemand anderem ausgeführt wurde. Das selbstverständliche leibliche Können geht verloren, und damit zerbricht auch der intentionale Bogen zielgerichteter Handlungen.

Bei der schizophrenen Patientin im folgenden Beispiel kommt es zu einer Entfremdung der Wahrnehmung selbst, einem Verlust des »Wahrnehmungsglaubens«, der schließlich in einen Verfolgungswahn mündet:

> Es kam mir immer unwirklicher vor, wie ein fremdes Land [...]. Dann kam mir die Idee, das ist doch gar nicht mehr deine alte Umgebung [...], es könnte ja gar nicht mehr unser Haus sein. Irgendjemand könnte mir das als Kulisse einstellen. Eine Kulisse, oder man könnte mir ein Fernsehspiel einspielen. [...] Dann hab ich die Wände abgetastet [...]. Ich habe geprüft, ob das wirklich eine Fläche ist [...]. (Klosterkötter 1988: 64f.)

Die Entfremdung der Wahrnehmung lässt nur noch Kulissen bestehen, während wir sonst, wie im ersten Abschnitt beschrieben, wahrnehmend immer die Dinge selbst in ihrer Konstanz und Verlässlichkeit erfassen. Die fundamentale Erschütterung des Wirklichkeitsglaubens und der damit verknüpfte »ontologische Zweifel« kann nur im Wahn aufgefangen werden: Die Patientin war schließlich überzeugt davon, dass eine Geheimdienstorganisation sie zu Versuchszwecken missbrauche und ihr über Strahlen Scheinbilder in das Gehirn projiziere.

Generell entwickelt sich der paranoide Wahn auf der Basis verlorenen Grundvertrauens und der Auflösung fragloser Gewissheiten – in der Atmosphäre des Unheimlichen, die Jaspers als »Wahnstimmung« bezeichnete.[5] Im Wahn wird die innere, existenzielle Bedrohung des Selbst in die Sphäre äußerer Bedrohungen und Intrigen projiziert und damit vermeintlich »durchschaubar« gemacht. Das Abgründige erhält damit einen neuen Sinn – den Wahnsinn: Die Undurchschaubarkeit und Unheimlichkeit des Geschehens entspringen gerade einer verborgenen Absicht. An die Stelle des radikalen Zweifels der Wahnstimmung tritt die wahnhafte Gewissheit. Die erstarrte, keiner Korrektur durch den *Common Sense* mehr zugängliche Struktur des Wahnschemas ersetzt so den vertrauten Sinn der wahrgenommenen Welt. In der äußersten Bedrohung, so zeigt sich, kann das in der Oikeíosis mit der Welt vertraut gewordene Selbst sich nur noch um den Preis des Verlusts der gemeinsamen Welt erhalten.

Resümee

Ich habe die These entwickelt, dass die Vertrautheit mit der Welt und Vertrauen in andere gleichursprüngliche und nicht voneinander zu trennende Grundlagen der Lebenswelt darstellen. Die »Urdoxa« oder der Weltglaube ist das Grundvertrauen in den Fortgang der Welt; der eigene Leib vermittelt uns die Vertrautheit mit Situationen und Gegenständen, die wir wahrnehmen oder handhaben. Und der alltägliche Umgang mit anderen beruht auf einem basalen Vertrauen in die Konstanz und Verlässlichkeit der sozialen Welt, das sich als »Urvertrauen« der Urdoxa zur Seite stellen lässt. Beide verdanken sich einer ursprünglichen Erschließung der Welt, die ich als Oikeíosis beschrieben habe. Sie vollzieht sich in der frühen Kindheit in leiblichen und zwischenleiblichen Erfahrungen, wie sie die Säuglingsforschung im Einzelnen beschreibt. Eingebettet in die affektive Resonanz und Atmosphäre des Urvertrauens vermag das Kind sich auch die Welt vertraut zu machen. Wenn die Lebens-

5 Jaspers (1973: 82); vgl. auch Fuchs (2005b) sowie das Kapitel »Das Unheimliche« in diesem Band.

welt das »Universum vorgegebener Selbstverständlichkeiten« ist (Husserl 1976: 183), so liefert die Analyse der Prozesse verkörperter Interaktionen eine Theorie der Verankerung, Sedimentierung und Stabilisierung der Lebenswelt im Individuum, nämlich durch *knowledge by acquaintance* oder intersubjektiv konstituiertes Vertrautheitswissen.

In psychischen Störungen und Erkrankungen ist das basale Vertrautsein und Vertrauen in die Welt in unterschiedlicher Weise beeinträchtigt. Die tiefgreifendste Entfremdung erfahren Patienten in der Schizophrenie, die als »Verlust der natürlichen Selbstverständlichkeit« alle Bereiche des Erlebens erfassen kann und im Wahn schließlich zu einer Auflösung der intersubjektiven Konstitution der Lebenswelt führt. Was Vertrautheit und Vertrauen auf einer existenziellen Ebene bedeuten, können wir wohl nirgends so deutlich erkennen wie an der Schizophrenie, in der das Subjekt in seinem Leib und in der gemeinsamen Welt nicht mehr zuhause ist.

Literatur

Améry, J. 1997. *Jenseits von Schuld und Sühne. Bewältigungsversuche eines Überwältigten*. Stuttgart: Klett-Cotta.

Barkun, M. 2013. *A Culture of Conspiracy*. Oakland, CA: University of California Press.

Butter, M. 2018. *Nichts ist, wie es scheint. Über Verschwörungstheorien*. Berlin: Suhrkamp.

Becchio, C., C. Bertone, U. Castiello 2008. »How the Gaze of Others Influences Object Processing«. In: *Trends in Cognitive Sciences* 12: S. 254-258.

Bees, R. 2004. *Die Oikeiosislehre der Stoa. I. Rekonstruktion ihres Inhaltes*. Würzburg: Königshausen & Neumann.

Bichsel, P. 1997. *Kindergeschichten*. Frankfurt/M.: Suhrkamp.

Blankenburg, W. 1971. *Der Verlust der natürlichen Selbstverständlichkeit. Ein Beitrag zur Psychopathologie symptomarmer Schizophrenien*. Stuttgart: Enke.

Bowlby, J. 1969. *Attachment and Loss*. Bd. 1: *Attachment*. London: Hogarth.

(dt. *Bindung – Eine Analyse der Mutter-Kind-Beziehung*. München: Kindler, 1982).

Bürgy, M. 2003. »Zur Phänomenologie der Verzweiflung bei der Schizophrenie«. In: *Zeitschrift für klinische Psychologie, Psychiatrie und Psychotherapie* 51: S. 1-16.

de Haan, S., T. Fuchs 2010. »The Ghost in the Machine. Disembodiment in Schizophrenia. Two Case Studies«. In: *Psychopathology* 43: S. 327-333.

Endreß, M. 2002. *Vertrauen*. Bielefeld: transcript.

Erikson, E. H. 1950. *Kindheit und Gesellschaft*. Stuttgart: Klett.

Fonagy, P., E. Allison 2014. »The Role of Mentalizing and Epistemic Trust in the Therapeutic Relationship«. In: *Psychotherapy* 51: S. 372-380.

Forschner, M. 2008. »Oikeiosis. Die stoische Theorie der Selbstaneignung«. In: *Stoizismus in der euopäischen Philosophie, Literatur, Kunst und Politik. Eine Kulturgeschichte von der Antike bis zur Moderne*. Hg. von B. Neymeyr, J. Schmidt, B. Zimmermann. Berlin, New York: De Gruyter, S. 169-192.

Fuchs, T. 2000. *Leib, Raum, Person. Entwurf einer phänomenologischen Anthropologie*. Stuttgart: Klett-Cotta.

Fuchs, T. 2001. »The Tacit Dimension. Commentary to W. Blankenburg's *Steps towards a Psychopathology of Common Sense*«. In: *Philosophy, Psychiatry & Psychology* 8: S. 323-326.

Fuchs, T. 2005a. »Corporealized and Disembodied Minds. A Phenomenological View of the Body in Melancholia and Schizophrenia«. In: *Philosophy, Psychiatry & Psychology* 12: S. 95-107.

Fuchs, T. 2005b. »Delusional mood and delusional perception – A phenomenological analysis«. In: *Psychopathology* 38: S. 133-139.

Fuchs, T. 2008. »Das Gedächtnis des Leibes«. In: ders., *Leib und Lebenswelt. Neue philosophisch-psychiatrische Essays*. Kusterdingen: Die Graue Edition, S. 37-64.

Fuchs, T. 2012. »The Phenomenology of Body Memory«. In: *Body Memory, Metaphor and Movement*. Hg. von S. Koch, T. Fuchs, M. Summa, C. Müller. Amsterdam: John Benjamins, S. 9-22.

Fuchs, T. 2016. »Self Across Time. The Diachronic Unity of Bodily Existence«. In: *Phenomenology and the Cognitive Sciences* 15: S. 1-25.

Hirshberg, L. M., M. Svejda 1990. »When Infants Look to Their Parents. I. Infants' Social Referencing of Mothers Compared to Fathers«. In: *Child Development* 61: S. 1175-1186.

Hornik, R., N. Risenhoover, M. Gunnar 1987. »The Effects of Maternal

Positive, Neutral, and Negative Affective Communications on Infant Responses to New Toys«. In: *Child Development* 58: S. 937-944.

Husserl, E. 1939. *Erfahrung und Urteil. Untersuchungen zur Genealogie der Logik*. Hg. von L. Landgrebe. Prag: Academia.

Husserl, E. 1950. *Ideen zu einer reinen Phänomenologie und phänomenologischen Psychologie. I. Allgemeine Einführung in die reine Phänomenologie.* Husserliana Bd. III/1. Den Haag: Nijhoff.

Husserl, E. 1952. *Ideen zu einer reinen Phänomenologie und phänomenologischen Philosophie.* II. *Phänomenologische Untersuchungen zur Konstitution*. Husserliana Bd. IV. Den Haag: Nijhoff.

Husserl, E. 1974. *Formale und transzendentale Logik*. Husserliana Bd. XVII. Den Haag: Nijhoff.

Husserl, E. 1976. *Die Krisis der europäischen Wissenschaften und die transzendentale Phänomenologie*. Husserliana Bd. VI. Den Haag: Nijhoff.

Klosterkötter, J. 1988. *Basissymptome und Endphänomene der Schizophrenie*. Berlin et al.: Springer.

Linden, M., B. Schippan, K. Baumann, R. Spielberg 2004. »Die posttraumatische Verbitterungsstörung (PTED). Abgrenzung einer spezifischen Form der Anpassungsstörungen«. In: *Nervenarzt* 75: S. 51-57.

Luhmann, N. 2001. *Soziale Systeme*. 11. Aufl. Frankfurt/M.: Suhrkamp.

Luhmann, N. 2014. *Vertrauen. Ein Mechanismus zur Reduktion sozialer Komplexität*. 5. Aufl. München: UVK.

Merleau-Ponty, M. (1964/1986). *Das Sichtbare und das Unsichtbare*. Hg. und mit einem Nachwort versehen von C. Lefort, übers. von R. Giuliani und B. Waldenfels. München: Fink.

Parnas, J., P. Handest 2003. »Phenomenology of Anomalous Self-Experience in Early Schizophrenia«. In: *Comprehensive Psychiatry* 44: S. 121-34.

Portmann, A. 1944. *Biologische Fragmente zu einer Lehre vom Menschen*. Basel: Schwabe.

Stanghellini, G. 2004. *Disembodied Spirits and Deanimated Bodies. The Psychopathology of Common Sense*. Oxford: Oxford University Press.

Stern, D. N. 1998. »The Process of Therapeutic Change Involving Implicit Knowledge. Some Implications of Developmental Observations for Adult Psychotherapy«. In: *Infant Mental Health Journal* 19: S. 300-308.

Tomasello, M. 2002. *Die kulturelle Entwicklung des menschlichen Denkens. Zur Evolution der Kognition*. Frankfurt/M.: Suhrkamp.

Wittgenstein, L. 1970. *Über Gewissheit*. Frankfurt/M.: Suhrkamp. (Originalschrift: *On Certainty*. Hg. von G. E. M. Anscombe, G. H. v. Wright, Oxford: Wiley-Blackwell, 1969.)

6. Stufen der Empathie

Einleitung

Über 100 Jahre nach seiner Einführung hat der Begriff der Empathie in den letzten zwei Jahrzehnten eine weit verzweigte Debatte darüber ausgelöst, wie er definiert, verstanden und erklärt werden sollte. Das von dem Philosophen Robert Vischer geprägte Konzept der »Einfühlung« bezeichnete zunächst eine Form der ästhetischen Wahrnehmung, die durch eine »Beseelung« oder Projektion eigener Gefühle auf sinnliche Gegenstände charakterisiert sei (Vischer 1873). Das eigene Erleben werde also in den fremden Körper »hineingefühlt«. Theodor Lipps übertrug den Begriff dann in den Bereich der sozialen Wahrnehmung, nämlich als »eine imaginierte Nachahmung des Erlebens des anderen« (Lipps 1903). Lipps' »Einfühlung« wurde von dem amerikanischen Psychologen Edward Titchener (1909) mit dem Neologismus »empathy« übersetzt und schließlich als »Empathie« ins Deutsche zurückübertragen. Seither bezeichnet der Begriff unsere grundlegende Fähigkeit, die Gefühle, Motive und Absichten anderer Menschen wahrzunehmen, mit- oder nachzuerleben. Wie diese Fähigkeit zustande kommt, ist allerdings durchaus umstritten.

Einer der Hauptgründe für diesen Dissens besteht in dem cartesianischen Rahmen, der die Debatte immer noch prägt. Die bislang vorherrschenden Theorien der sozialen Kognition betrachten Subjektivität als eine Innenwelt, die von den anderen durch eine epistemische Kluft getrennt bleibt. Da der Geist im Körper verborgen ist, müssen uns die inneren Zustände anderer grundsätzlich unzugänglich bleiben. Wir können sie nur indirekt aus ihrem äußeren Verhalten erschließen oder sie in uns nachbilden, um sie dann auf die anderen zurückzuprojizieren. Verschiedene Konzepte wie »*Theory of Mind*«, »*Mind Reading*«, »Mentalisierung« oder die Simulationstheorie haben gemeinsam, dass sie soziales Verstehen und Empathie als eine innere Modellierung von Gefühlen anderer begreifen, nicht als ein unmittelbares Verstehen.[1] Die Erforschung des sogenannten »sozialen Gehirns« hat eine solche internalistische Sicht der sozialen Wahrnehmung noch begünstigt: Es scheint, als müsse es im Gehirn ein wie immer geartetes Modell des anderen und seiner mutmaßlichen Intentionen geben, damit soziale Kognition möglich ist. Man könnte etwas pointiert sagen, dass wir demnach in der Wahrnehmung anderer gar nicht wirklich mit ihnen zu tun haben, sondern mit inneren Modellen oder Simulationen ihrer Handlungen.

Solche letztlich cartesianischen Annahmen wurden von Phänomenologen schon früh kritisiert. Scheler argumentierte, dass wir es in der Begegnung mit einem anderen Menschen weder mit einem bloß physischen Körper noch mit einer verborgenen Psyche zu tun haben, sondern mit der »Ausdruckseinheit« der verkörperten Person (Scheler 1973: 256). Wir nehmen somit »[...] im Lächeln unmittelbar die Freude, in den Tränen das Leid und den Schmerz des anderen, in seinem Erröten seine Scham« wahr (ebd.: 254), und nur wenn Zweifel oder Missverständnisse entstehen, oder wenn wir den Eindruck einer Täuschung oder Lüge haben, wenden wir Überlegung und Schlussfolgerungen an. Ähnlich schrieb Merleau-Ponty: »Wir müssen das grundlegende Vorurteil aufgeben, wonach die Psyche das ist, was nur mir selbst zugänglich ist und nicht von außen gesehen werden kann.« (Merleau-Ponty 1951/1964: 116) Und Wittgenstein fragte zu Recht: »Siehst du in dich selbst hinein, um den Zorn in seinem Gesicht zu erkennen?« (Wittgenstein 1967: 40)

In den meisten Alltagssituationen benötigen wir also keine introspektiven Simulationen oder Schlussfolgerungen aus äußeren Zeichen, wenn wir mit einer anderen Person interagieren. Stattdessen nehmen wir ihre Gefühle und Absichten unmittelbar in ihrem Ausdrucksverhalten und in ihren kontextbezogenen, sinnvollen Handlungen wahr, und wir fühlen, was der andere fühlt. Als einen

1 Vgl. zur »*Theory of Mind*« u.a. Leslie (1987), Baron-Cohen (1995), Carruthers (1996), Antonietti et al. (2006); zur Simulationstheorie Gallese & Goldman (1998), Goldman (2006), Zahavi (2008).

alternativen Ansatz haben Phänomenologen daher die *Theorie der direkten Wahrnehmung* vorgeschlagen, die sich auf den leiblichen Ausdruck und die im Handeln sichtbaren Absichten anderer stützt, um empathisches Verstehen zu erklären (Gallagher 2001, 2008, Zahavi 2001, 2008). Damit eng verknüpft sind Positionen des Enaktivismus, die eine konstitutive Rolle von interaktiven Prozessen für die soziale Kognition betonen und sich als *Interaktionstheorie* bezeichnen lassen (De Jaegher & Di Paolo 2007, Fuchs & De Jaegher 2009, Froese & Fuchs 2012).

Die Unterschiede zwischen diesen divergierenden Theorien lassen sich auch in Form von verschiedenen Einstellungen oder Perspektiven ausdrücken, die wir gegenüber anderen einnehmen, nämlich die Perspektiven der ersten, zweiten und dritten Person (1. PP, 2. PP, 3. PP):

(1) Nach dem Konzept der »*Theory of Mind*« erklären wir uns das Verhalten anderer, in dem wir uns auf ein angeborenes oder erworbenes Wissen von mentalen Zuständen wie Überzeugungen oder Absichten stützen, die ihr Verhalten verursachen (Perner 1991). Auf der Basis unserer »*Theory of Mind*« schließen wir also auf ihre mentalen Zustände zurück – »er lächelt, also freut er sich« – oder sagen ihr künftiges Verhalten voraus (Baron-Cohen et al. 1985, Carruthers & Smith 1996). Diese Schlüsse erfolgen auf der Grundlage von Beobachtungen, d. h. aus der *Perspektive der 3. Person*; die Interaktion mit anderen trägt zu diesem Zugang im Prinzip nichts bei.

(2) Die Simulationstheorie nimmt an, dass wir solche Theorien nicht benötigen, da wir über ein inneres Modell für die mentalen Zustände anderer verfügen, nämlich unser eigenes Erleben in der *1.-Person-Perspektive*. Eine andere Person zu verstehen, bedeutet demnach, ihr Verhalten oder ihren Ausdruck innerlich zu simulieren, so *als ob* wir an ihrer Stelle wären, und diesen Zustand dann auf sie zu projizieren (Gallese & Goldman 1998, Goldman 2006). Die *Theory-of-Mind*-Theorie ist also eher inferenzbasiert, die Simulationstheorie eher erlebnisbasiert.

(3) Die Theorien der direkten Wahrnehmung und der Interaktion hingegen beruhen auf der *Perspektive der 2. Person*: Im leiblichen Ausdruck und durch verkörperte Interaktion mit anderen verstehen wir unmittelbar ihre Gefühle und Absichten, ohne den Umweg über innere Theorien oder Simulationen zu benötigen. Die 2.-Person- oder »Du«-Perspektive bedeutet hier die teilnehmende und einfühlende Einstellung, die, wie wir noch sehen werden, auf der zwischenleiblichen Resonanz der Interaktionspartner beruht.

Die Einführung der 2. PP verändert das Bild, da sie die Trennung von Innen und Außen oder von Geist und Körper überwindet. Auch wenn wir eine andere Person beobachten, nehmen wir sie doch als ein lebendiges Wesen wahr, das seine Gefühle in expressivem Verhalten und seine Absichten in seinen Handlungen zeigt (z. B. erkennbar nach etwas greift). Zudem schließt unser Umgang mit anderen auch geteilte Gefühle ein wie z. B. ein gemeinsames Lachen, also Phänomene der *Interaffektivität*, die sich gar nicht zwischen den Partnern aufteilen lassen. Das klassische »Problem des Fremdpsychischen« stellt sich also nur, wenn man von einer cartesianischen 1. PP oder von einer behavioristischen 3. PP ausgeht. Beides sind jedoch nur Abstraktionen von der Perspektive der 2. Person, die unseren alltäglichen sozialen Interaktionen zugrunde liegt.

Auch wenn wir dieser Annahme grundsätzlich zustimmen, sollten wir davon ausgehen, dass alle drei Perspektiven zumindest in bestimmten Aspekten der Intersubjektivität eine Rolle spielen. Denn es liegt auf der Hand, dass Menschen irgendwann in ihrer Entwicklung in der Lage sind, die Perspektive eines anderen einzunehmen und sich explizit in dessen Sichtweise zu versetzen. Dies heißt, die eigene Erfahrung in der 1. Person zu nutzen, um sich vorzustellen, wie man sich wahrscheinlich in seiner Situation fühlen würde. Hierin liegt die begrenzte Berechtigung der Simulationstheorie. Darüber hinaus können wir manchmal Methoden anwenden, um Überzeugungen, Wünsche oder Absichten anderer aus der Perspektive der 3. Person zu vermuten oder abzuleiten, insbesondere in Fällen, in denen Irritationen auftauchen, eine offene Kommunikation nicht möglich oder die betreffende Person schlicht abwesend ist. Dies lässt sich als eine teilweise Rechtfertigung der *Theory-of-Mind*-Konzeption ansehen – auch wenn von einer »Theorie des Geistes« im Sinn des Wortes keine Rede sein kann.[2] Aus diesen Gründen werde ich im Folgenden nach einem integrativen Konzept der Empathie suchen, das sowohl die grundlegenden Formen der verkörperten Intersubjektivität als auch höherstufige, kognitive Formen des sozialen Verstehens berücksichtigt.

Ich stelle zunächst das Konzept der *primären Empathie* vor: Sie beruht auf einem übergreifenden Prozess, der verschiedene Komponenten wie zwischenleibliche Resonanz, Affektabstimmung, Koordination von Gesten, Gesichts- und Stimmausdruck umfasst. Um dieses Konzept zu stützen, werde ich auch einen Blick auf die Entwicklung der sozialen Wahrnehmung in der frühen Kindheit werfen. Anschließend gehe ich auf Formen der *erweiterten Empathie* ein, die durch Perspektivenübernahme und andere kognitive Komponenten ermöglicht werden, und abschließend auf das Phänomen der *iterierten Empathie*, bei der wir die empathische Reaktion anderer auf uns selbst erleben.

Primäre Empathie

Primäre Empathie entsteht im direkten leiblichen Kontakt mit einer anderen Person, d. h. in einem interaktiven Geschehen, das Merleau-Ponty als »Zwischenleiblichkeit« bezeichnet hat (*intercor-*

2 Diese verfehlte Begriffsbildung entspringt erkennbar aus der Neigung von Kognitionswissenschaftlern, ihre eigene Methodik (Theorie- bzw. Hypothesenbildung und deren experimentelle Überprüfung) auch als die Basis menschlicher Welterfahrung auszugeben. Niemand hat jemals eine Theorie darüber gebildet, ob es fremdes Bewusstsein gibt und was seine Zustände sind, um diese Theorie dann durch Beobachtungen oder Schlussfolgerungen zu überprüfen. Er wäre damit auch nicht weit gekommen, denn wir gehen immer schon vom primären Verstehen des anderen aus, bevor wir es wissenschaftlich untersuchen.

poréité, Merleau-Ponty 2003: 256). Ich werde mich dem Phänomen auf zwei Weisen nähern: Zunächst betrachte ich die Koppelung und Koordination der Beteiligten, wie sie sich von außen beobachten lässt. Dann stelle ich Interaktion aus leibphänomenologischer Sicht dar, insbesondere unter Bezug auf Hermann Schmitz' Konzept der »wechselseitigen Einleibung« (Schmitz 1989).

1) Dynamische Koppelung und Koordination

Aus der bereits erwähnten Sicht des Enaktivismus ist eine differenzierte soziale Wahrnehmung an die verkörperte Interaktion gebunden, in der sich, meist ohne Bewusstsein der Beteiligten, eine eigenständige zirkuläre Dynamik entfaltet. So zeigen Analysen von Interaktionen und Gesprächen, dass die Teilnehmer unbewusst ihre Bewegungen und Äußerungen miteinander koordinieren: Sie richten ihre Blicke auf dasselbe Objekt, um ihre Aufmerksamkeit zu teilen, zeigen ähnliche Körperhaltungen oder Gesichtsausdrücke, synchronisieren den Rhythmus und die Geschwindigkeit des Sprechens und ahmen unbewusst die Gesten des anderen nach (Condon 1979, Kendon 1990, Issartel et al. 2007). Die sensomotorischen Funktionen beider Partner sind also miteinander gekoppelt, und diese Koppelung fundiert und erleichtert auch die verbale Kommunikation.[3] Generell geht ein hohes Maß an Synchronie mit positivem Affekt der Beteiligten einher (Tschacher et al. 2014). In therapeutischen Beziehungen hat sich die Synchronisierung von Gesten und anderen Bewegungen als signifikant korreliert mit dem therapeutischen Bündnis und dem Therapieerfolg erwiesen (Levenson & Ruef 1997, Ramseyer & Tschacher 2011).

Da die Koordination in der Regel unbewusst bleibt und keiner der Partner den dyadischen Prozess vollständig zu steuern vermag,

3 Auf physiologischer Ebene manifestiert sich die emotionale Resonanz im Verlauf von persönlichen Interaktionen in einer Synchronisierung des Herzrhythmus, der Oxytocin- und Cortisol-Ausschüttung, der Alpha-und Gamma-Oszillationen im EEG und der Aktivierung der emotionalen Netzwerke in den Gehirnen der Partner (Nummenmaa et al. 2012, Feldman 2017).

entfaltet er eine eigene, emergente Dynamik, die nicht aus den Gefühlen, Gedanken und Intentionen der Beteiligten berechenbar ist. Die Muster der Koordination lassen die Beteiligten in einer Weise agieren und reagieren, die sie nicht vorhersehen konnten. Jeder von ihnen verhält und erlebt sich anders, als es ihm außerhalb des Prozesses möglich wäre, und der Sinn der Interaktion entwickelt sich häufig ohne ihre Absicht – etwa, wenn im Verlauf eines intensiven Gesprächs ein ganz neuer Gedanke auftaucht, oder wenn ein Missverständnis zu einem eskalierenden Konflikt führt.

Koordination bedeutet dabei nicht perfekte Synchronisation. Es ist vielmehr gerade der Wechsel zwischen synchronisierten und desynchronisierten Zuständen, der den Prozess vorantreibt. Kleinere Unstimmigkeiten sind sogar notwendig, um einander zu verstehen, ohne miteinander zu verschmelzen. Dies würde nur zu einer undifferenzierten Gefühlsansteckung führen, die von Einfühlung bzw. Empathie grundsätzlich zu unterscheiden ist: In der Ansteckung wird das Gefühl nicht mehr als das *des anderen* wahrgenommen. Interaffektivität stellt einen Prozess dar, der einen gewissen Grad von Autonomie entfaltet, aber die Beteiligten in ein flexibles Wechselspiel einbindet, ohne ihre Eigenständigkeit aufzuheben.

2) Wechselseitige Inkorporation

Aus phänomenologischer Sicht lässt sich die dargestellte Koppelung der Interaktionspartner auch als eine *leibliche Kommunikation* beschreiben, die der primären Empathie zugrunde liegt. Durch leibliche Resonanz – vermittelt vor allem über Blickkontakt, mimischen Ausdruck, Stimme, Berührung und Gestik – treten beide Partner in einen dyadischen Zustand ein, den wir als »Einleibung« (Schmitz 2011: 29ff.) oder auch als »wechselseitige Inkorporation« (Fuchs/De Jaegher 2009) bezeichnen können.

Als Beispiel für eine solche Inkorporation kann zunächst ein tanzendes Paar dienen: Miteinander tanzen bedeutet, sich selbst zu bewegen und zugleich vom anderen bewegt zu werden, so dass der eigene Leib nicht mehr getrennt von den Impulsen und Bewegungen des anderen erlebt wird. Es bildet sich eine übergreifende Leiblichkeit: Die kinästhetischen Empfindungen und Körperschemata beider Partner dehnen sich gewissermaßen aus (*extended bodies,* Froese & Fuchs 2012), greifen auf den anderen über und »inkorporieren« ihn, ähnlich wie man ein Instrument inkorporiert, mit dem man geschickt umgeht – etwa der Cellist sein Instrument, die Autofahrerin ihren Wagen oder der Töpfer den Ton auf der Scheibe. Rhythmus und Melodie des Tanzes unterstützen die wechselseitige Inkorporation.

Eine solche dyadische Resonanz entsteht in subtilerer Form aber auch in jeder Begegnung. Dies lässt sich mit dem bereits dargestellten Konzept des Gefühlskreises verbinden:[4] Der mimische, gestische und Haltungsausdruck eines Gefühls gehört zu seiner leiblichen Resonanz, die nun auch Prozesse der Interaffektivität induziert. Unser Leib wird vom Gefühlsausdruck eines anderen Menschen affiziert, und wir erfahren die Dynamik und Intensität seiner Emotionen an unseren eigenen Bewegungsimpulsen und Empfindungen. Dazu gehört insbesondere der Augenkontakt, bei dem die Blicke in einen oft intensiven Dialog eintreten, mitunter auch in einen regelrechten Kampf um Dominanz (Schmitz 2011: 31 f.). Wie die Glieder der Tänzer, so wirken auch die Blicke gewissermaßen als Extensionen des Leibes und bilden ein System wechselseitiger Inkorporation. Ich kann den Blick des anderen als einen Sog spüren oder auch wie einen Pfeil, der mich trifft, ich kann durch seinen Blick fasziniert sein oder ihm widerstehen, ihn zurückwerfen usw. Der Kontakt der Blicke ist zweifellos eine der intensivsten Formen der sozialen Wahrnehmung.

Das bedeutet nun, dass in jeder sozialen Begegnung in gewissem Sinn zwei Gefühlskreise miteinander verknüpft werden, so dass der Ausdruck (»Emotion«) und Eindruck (»Affektion«) beider Partner einander kontinuierlich modifizieren. Auch hier ergibt sich wieder ein zirkulärer Prozess, der sich in folgendem Schema wiedergeben lässt (Abb. 2):

4 Vgl. das Kapitel »Verkörperte Emotionen« in diesem Band, Abb. 1.

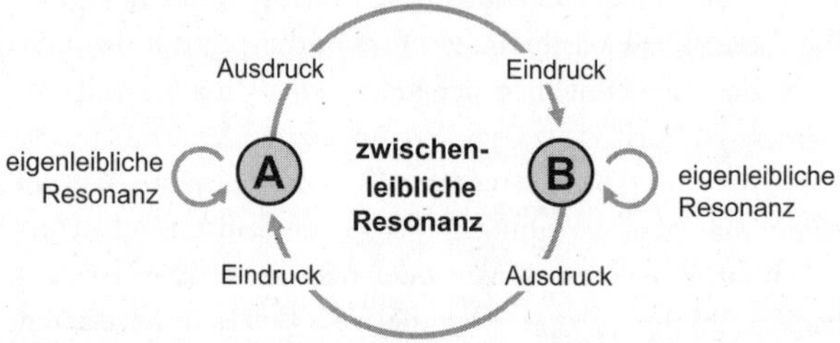

Abb. 2: Zwischenleibliche Resonanz (nach Fuchs 2003)

A sei eine Person, deren Gefühl (z. B. Zorn) sich mimisch oder gestisch ausdrückt, B ihr Interaktionspartner, der diesen Ausdruck schon mit einem Blick wahrnimmt, ohne dass er genau sagen könnte, woran er ihn erkennt. Er fühlt A's Zorn, ohne selbst zornig zu sein. Wie kommt dies zustande? – Zunächst entspricht A's Zorn einem bestimmten leiblichen Zustand. A spürt seinen Zorn als Spannung in seinem Gesicht, als Schärfe in seiner Stimme, als Erregung in seinem Körper usw. Er erlebt die *eigenleibliche Resonanz* des Gefühls, das ihn ergreift, und diese verstärkt wiederum das Gefühl.

Diese eigenleibliche Resonanz von A wird nun als *Ausdruck* des Gefühls auch sichtbar für B und übersetzt sich bei ihm in einen leiblich-emotionalen *Eindruck*. So wird A's finsterer Blick, die Schärfe seiner Stimme oder seine drohende Geste in B eine unangenehme Anspannung auslösen, womöglich ein Zusammenzucken und eine Tendenz zum Rückzug. Andere Resonanzphänomene sind eher gleichsinnig: Wenn wir z. B. ein lächelndes Gesicht sehen, ahmen wir unbewusst das Lächeln nach, zumindest in Form einer leichten Muskelaktivierung. Die Entdeckung des Spiegelneuronensystems hat diese Imitationstendenz auch auf neuronaler Ebene bestätigt (Gallese 2002): Sieht man z. B. zu, wie jemand Schmerzen empfindet, dann wird die eigene neuronale Schmerzmatrix im cingulären Kortex aktiviert (Hutchison et al. 1999), so als würde man den Schmerz im eigenen Körper spüren. Ähnliche neuronale Resonanzen sind für Freude, Lachen, Ekel oder Angst nachgewiesen

(Warren et al. 2006; Bråten 2007). Allerdings ist diese primäre Empathie, die auf den anderen gerichtet ist, von der »emotionalen Ansteckung« zu unterscheiden, bei der zwar eine ähnliche Emotion ausgelöst wird, jedoch ohne das Bewusstsein, dass sie durch den anderen verursacht ist (so beginnen Babys zu weinen, wenn sie andere Babys weinen hören, um ein bekanntes Beispiel zu nennen).

Ausdruck übersetzt sich also in *Eindruck*, in eine Wahrnehmung, die wiederum mit subtiler eigenleiblicher Resonanz verbunden ist: B spürt A am eigenen Leib. Dabei bleibt es jedoch nicht, denn B's Eindruck und seine Reaktion werden nun wieder zum Ausdruck für A. Sie wirken sich sofort auf seine leibliche Resonanz aus, verändern damit zumindest geringfügig seinen Ausdruck, was wiederum B spürt und so fort. Auf diese Weise entsteht *zwischenleibliche Resonanz*: ein zirkuläres Wechselspiel von Ausdruck und Eindruck, das in Sekundenbruchteilen abläuft und ständig das leibliche Befinden beider modifiziert. Die beteiligten Signale und Reaktionen erfolgen viel zu rasch, um als solche bewusst zu werden. Stattdessen entsteht bei den Interaktionspartnern ein ganzheitlicher Eindruck vom Gegenüber, ein Gefühl für seine Stimmung oder Ausstrahlung und für die spezifische Atmosphäre der Begegnung.

Für diesen Prozess bedarf es keiner inneren Modelle oder Repräsentationen. Es besteht keine dualistische Trennung zwischen Innen und Außen, so als ob ein verborgener mentaler Zustand in A bestimmte äußere Zeichen hervorbringen würde, die B entschlüsseln müsste. Denn A's Wut ist nicht von ihrem Ausdruck zu trennen; und umgekehrt nimmt B den Körper von A nicht als bloßes Objekt wahr, sondern als ausdrucksvollen Leib, mit dem sein eigener verknüpft ist. Inneres und Äußeres werden also zu *Bewegungsrichtungen* eines fortwährenden Übergangs zwischen Ausdruck und Eindruck oder »Emotion« und »Affektion« (s. o. Kap. 3, Abb. 1).

Auch eine Simulation ist in dieser Konzeption nicht erforderlich. Man simuliert sicher nicht den wütenden Blick oder die aggressive Stimme des anderen, um sein Gefühl zu verstehen, sondern fühlt sich als Gegenüber eher angespannt, womöglich etwas verunsichert oder sogar ängstlich. Körperliche Empfindungen und

Bewegungsimpulse, die in der Interaktion auftreten, dienen auch nicht zu einer internen Simulation des anderen, sondern werden direkt in seine Wahrnehmung eingespeist. Mit Michael Polanyi (1985) könnte man auch sagen, dass die eigenleibliche Resonanz die *proximale*, der Ausdruck des anderen die *distale* Komponente der empathischen Wahrnehmung ist, wobei die proximale Komponente zugunsten der distalen in den Hintergrund tritt. Die leibliche Resonanz *simuliert* also nicht die empathische Wahrnehmung des anderen, sondern *vermittelt* sie.

Wie wir sehen, beruht die primäre soziale Wahrnehmung nicht auf einer internen Modellierung der Zustände anderer in einem Beobachter, sondern auf einer Verbindung zweier verkörperter Subjekte zu einer gemeinsamen Zwischenleiblichkeit – in Merleau-Pontys Worten:

> Die Kommunikation, das Verstehen von Gesten, gründet sich auf die wechselseitige Entsprechung meiner Intentionen und der Gebärden des Anderen, meiner Gebärden und der sich im Verhalten des Anderen bekundenden Intentionen. Dann ist es, als wohnten seine Intentionen meinem Leibe inne und die meinigen seinem Leibe. (Merleau-Ponty 1966: 219)

3) Zwischenleiblichkeit in der frühen Kindheit

Das dargestellte Konzept findet eine zusätzliche Unterstützung, wenn wir einen Blick auf die Entwicklung der sozialen Wahrnehmung in der frühen Kindheit werfen. Sie beginnt mit einer primären Ausdrucksresonanz: Verschiedene Studien haben gezeigt, dass Babys schon bald nach der Geburt in der Lage sind, einfache Formen des Gesichtsausdrucks anderer zu imitieren, wie etwa Mundöffnen, Zungezeigen, Stirnrunzeln etc. (Meltzoff & Moore 1977, 1989, Jones 2017).[5] Sie verfügen also über ein intermodales Körper-

5 Eine neuere Studie von Oostenbroek et al. (2016) mit einer deutlich größeren Stichprobe fand zwar keine signifikant gehäuften Nachahmungen bei Neugeborenen, so dass man nicht von einer angeborenen Imitationsfähigkeit sprechen kann.

schema, das ihnen erlaubt, die gesehene Mimik (z. B. die Zunge des Erwachsenen) in ihre eigene entsprechende Bewegung umzusetzen. Das heißt, der fremde und der eigene Leib werden von vornherein als verwandt erfahren. Das Baby nimmt die Mutter nicht als bloßes »Bild« wahr, sondern mimetisch, indem es ihren Ausdruck in sich nachbildet. Diese Fähigkeit zur spontanen Imitation kann als eine maßgebliche Grundlage der frühen sozialen Entwicklung gelten (Meltzoff & Brooks 2001).

Da die leibliche Nachahmung auch entsprechende Mitempfindungen und Gefühle weckt, entwickelt sich in der Mutter-Kind-Dyade auch eine wechselseitige *affektive Resonanz.* Sie beruht wesentlich darauf, dass verschiedene Sinnes- und Bewegungsmodalitäten eine gemeinsame Kinematik aufweisen und so den gleichen Affekt ausdrücken können. Das eigenleiblich empfundene Gefühl etwa der Freude und ihre sichtbaren Ausdrucksbewegungen haben eine analoge Dynamik (»Hebung«, »Weitung«), und dies liefert die Basis für die Mitempfindung der Gefühlszustände anderer von frühester Kindheit an. Diese intermodalen Qualitäten von mimischen, gestischen und vokalen Äußerungen einerseits und der leiblichen Resonanz andererseits stellen die Brücke der wechselseitigen Inkorporation und damit des primären empathischen Verstehens dar. Sie lassen sich am besten als musikalische Qualitäten wiedergeben (›crescendo‹, ›decrescendo‹, ›accelerando‹, ›fließend‹, ›weich‹, ›explosiv‹ etc.) – Stern (1985) spricht von »Vitalitätsaffekten«. Eltern benutzen daher auch intuitiv melodische Verhaltensformen (Ammensprache, expressive Mimik, rhythmische Gestik), die besonders geeignet sind, Gefühlsausdrücke zu vermitteln (Papousek & Papousek 1987, 1991). Auf diese Weise lernen Babys bereits in den ersten Lebensmonaten Gefühle wie Freude, Trauer oder Überraschung in den Haltungen, Bewegungen, Gesten oder Stimmen anderer zu erkennen (Hobson 2002: 39 ff.).

Sie entwickelt sich aber jedenfalls im Zuge der frühen Interaktionen, wie sich auch im bald einsetzenden antwortenden Lächeln des Säuglings zeigt, und spielt eine entscheidende Rolle für die primäre Intersubjektivität.

Bereits 6-8 Wochen nach der Geburt entwickeln sich zwischen Mutter und Baby auch »Proto-Konversationen«, also abwechselnde Vokalisierungen und Gesten (Trevarthen 1979), insgesamt eine fein abgestimmte Koordination von Bewegungen und Ausdruckssignalen, die sich mit einem gemeinsamen Tanz vergleichen lässt. Zwischenleibliche Resonanz und Affektabstimmung (Stern 1985) erzeugen *dyadische emotionale Zustände* (Tronick 1998), etwa die geteilte Freude oder Begeisterung, die beim gemeinsamen Spiel von Mutter und Kind auftaucht. Affektivität ist damit primär kein innerer oder bloß individueller Zustand, sondern ein dyadisches, *interaffektives* Erleben von Mutter und Kind, vermittelt in subtilen gestisch-mimisch-vokalen Interaktionen.

Diese frühe Kommunikation schlägt sich beim Säugling auch in bestimmten Reaktions- und Verhaltensmustern nieder, die in sein implizites oder Leibgedächtnis eingehen (Fuchs 2012). Er erwirbt damit interaktive Schemata, die gleichermaßen sensorisch, motorisch und emotional organisiert sind (»schemes-of-being-with«, Beebe et al. 1997, Stern 1985), etwa ›Wie-Mama-mich-stillt‹, ›Wie-Papa-mich-schaukelt‹ usw. So entwickelt sich schon im ersten Lebensjahr das, was die Säuglingsforschung »implizites Beziehungswissen« nennt (Lyons-Ruth et al. 1998, Stern 1998): ein intuitives Wissen davon, wie man mit anderen umgeht – wie man mit ihnen Vergnügen hat, Freude ausdrückt, Aufmerksamkeit erregt, Ablehnung vermeidet, abgebrochenen Kontakt wiederherstellt usw. Es ist ein zeitlich organisiertes, gewissermaßen »musikalisches« Gedächtnis für die Rhythmik, die Dynamik und die Untertöne, die in der Interaktion mit anderen mitschwingen. Es ist zugleich ein interaffektives Gedächtnis für die Vitalitätskonturen und die Gefühle, die sie ausdrücken. Lange vor der verbalen, symbolvermittelten Verständigung entwickeln Kinder also ein primäres Verständnis für andere, nämlich durch den gemeinsamen Umgang, dessen wiederkehrende Formen in ihr leibliches Gedächtnis eingehen.

Gefühle sind, wie sich zeigt, keineswegs rein innerliche, sondern primär zwischenleibliche Phänomene. Die leibliche Kommunikation ist die primäre Sprache der Gefühle, die sich, beginnend mit einfachen Formen beim Neugeborenen, im weiteren Verlauf zunehmend ausdifferenziert. Verkörperung bildet zeitlebens die Basis der Interaffektivität, insofern wir einander im alltäglichen Umgang nicht abstrakte innere Zustände zuschreiben, sondern Ausdruck und Verhalten des anderen im Kontext der jeweiligen Situation unmittelbar als Ausdruck seiner Subjektivität und Affektivität erleben.

Freilich bleibt das primäre, unwillkürliche Ausdrucksverhalten des Säuglings und Kleinkinds nicht unbeeinflusst von der weiteren Entwicklung, besonders der des Selbstbewusstseins. Dieses impliziert nämlich das Bewusstsein, von anderen gesehen zu werden, also *für sie* sichtbar zu sein, und diese Dezentrierung lässt auch den eigenen Ausdruck als solchen bewusst werden. Damit wird es möglich, sich reflexiv auf ihn zu beziehen: Wir können unseren Ausdruck modifizieren, spielerisch mit ihm umgehen, ihn verbergen oder vortäuschen, ja auch den Ausdruck anderer gezielt nachahmen und verkörpern. Dies veranlasste Helmuth Plessner (1948/1998), im Schauspieler geradezu die paradigmatische Figur der menschlichen Existenz zu sehen. Dass die Unmittelbarkeit des Ausdrucks damit überlagert wird von möglicher Künstlichkeit oder Verstellung bis hin zur Täuschung, ist freilich selbst etwas, was wir an anderen oft wahrnehmen können: Wir sehen, ob ein Lächeln spontan, gewollt oder gezwungen erscheint. Auch wenn Menschen potenzielle Schauspieler sind, bleibt die primäre Ausdruckstendenz und -resonanz gleichwohl erhalten und ermöglicht uns den empathischen Umgang miteinander.

Erweiterte Empathie

Ich habe nun eine Konzeption verkörperter Resonanz und Interaffektivität skizziert, die der primären Empathie zugrunde liegt. Diese grundlegende Ebene erschöpft jedoch nicht die Möglichkeiten des empathischen Verstehens. Ausgehend von der primären Empathie sind wir nämlich auch in der Lage, uns die Situation des anderen als solche bewusst zu machen und Vermutungen über sie anzustellen:

Was könnte ihn so wütend gemacht oder verletzt haben? Warum war er in dieser Situation besonders empfindlich? Dies geschieht insbesondere dann, wenn eine Irritation, ein Missverständnis oder eine andere Störung auftritt und wir zu begreifen versuchen, warum der andere so reagiert hat. Durch zusätzliche Informationen und Schlussfolgerungen können wir dann unser Verständnis verbessern und auf diese Weise unsere Empathie oft vertiefen. Noch weiter führt die Möglichkeit, sich selbst in den anderen hineinzuversetzen und sich vorzustellen, wie man an seiner Stelle empfinden oder reagieren würde. Hier gebrauchen wir nun eine Form der »Simulation«, die ich jedoch lieber als Perspektivenübernahme oder auch *imaginative Transposition* bezeichnen möchte.

Dieser Modus der Empathie ist freilich von ganz anderer Art als der erste. Er enthält zum einen eine *explizite, kognitive Operation*, eben die bewusste Vergegenwärtigung der Situation des anderen, häufig mit Hilfe zusätzlicher, nicht der Situation unmittelbar zu entnehmender Informationen. Zum anderen bedeutet sie eine *imaginative Operation* mit dem Bewusstsein des »Als-ob« (als ob ich der andere wäre), die die unmittelbar leibliche Ebene übersteigt. Somit können wir von der primären, impliziten Empathie eine explizite, kognitiv erweiterte Empathie unterscheiden.[6]

Die Vergegenwärtigung der Perspektive des anderen setzt eine übergeordnete, dezentrierte oder »exzentrische Position« voraus (Plessner 1975), von der aus meine eigene Perspektive und die des anderen vergleichbar sind und ich die Selbsttransposition durch-

6 Sie wird inzwischen oft einfach als »kognitive Empathie« bezeichnet, vor allem in den kognitiven Neurowissenschaften; vgl. Ekman (2007), Smith (2010), Shamay-Tsoory et al. (2009). Da jedoch der Begriff Empathie als solcher eine affektive Einstellung gegenüber dem anderen impliziert, erscheint der Begriff der »kognitiven Empathie« eher als ein Oxymoron. Die dabei einbezogenen kognitiven Prozesse dienen dazu, die eigenen empathischen Gefühle zu differenzieren und in der Regel zu steigern. Damit soll nicht bestritten werden, dass z. B. Psychopathen rein kognitive Mittel dazu nutzen können, die Gefühle anderer zu erschließen, um sie auf diese Weise umso effektiver zu manipulieren (Blair 2007). Insofern dabei wirklich kein eigenes emotionales Erleben beteiligt ist, wäre es jedoch angemessener, in diesem Fall von »Quasi-Empathie« zu sprechen.

führen kann (Fuchs 2013). Diese kann zunächst ein räumliches »Als-ob« implizieren, z. B. wenn ich mir vorstelle, wie etwas vom Standpunkt des anderen aussehen würde: In diesem Fall wird mein »Hier« zu seinem »Dort« und sein »Dort« zu meinem »Hier«. Ein Test für diese Transpositionsfähigkeit bei Kindern ist die sogenannte »Schildkrötenaufgabe«, bei der ein Bild einer Schildkröte zwischen einem Erwachsenen und dem Kind liegt, das dann sagen soll, wie der Erwachsene die Schildkröte sieht (»verkehrt herum«). Während Kleinkinder egozentrische Antworten geben und davon ausgehen, dass der Erwachsene die Schildkröte so sieht wie sie selbst, sind Kinder ab dem Alter von 4,5 Jahren in der Lage, ihre Perspektive zu dezentrieren und die abweichende Sicht des Erwachsenen zu erkennen (Masangkay et al. 1974, Flavel 1992).

Häufiger gebrauchen wir die Perspektivenübernahme jedoch, um uns komplexere Situationen vorzustellen, die von anderen erlebt werden und oft abweichende Deutungen implizieren. Die Fähigkeit, solche gegensätzlichen Sichtweisen als Resultat unterschiedlicher Erfahrungs- und Wissensvoraussetzungen zu begreifen, wird in den typischen *False-Belief*-Aufgaben wie dem Sally-Anne-Test getestet (Baron-Cohen et al. 1985, Perner et al. 2002). Dabei geht es darum zu erkennen, dass eine andere Person eine irrtümliche Auffassung von einer Situation haben muss, weil sie wegen vorübergehender Abwesenheit deren Verlauf nicht verfolgen konnte. In der Regel sind Kinder wiederum im Alter von 4-5 Jahren in der Lage, solche Aufgaben zu lösen, d. h. ihr eigenes Wissen nicht einfach auf die andere Person zu übertragen. Damit erweitern sie ihre Fähigkeit, die besondere (und oft begrenzte) Sichtweise eines anderen zu verstehen, und können so auch ihr Einfühlungsvermögen mit kognitiven Mitteln steigern.

Es ist offensichtlich, dass die »*Theory of Mind*«-Theorie und die Simulationstheorie auf solchen zusätzlichen kognitiven Möglichkeiten beruhen, die das Kind ab dem 3./4. Lebensjahr allmählich erwirbt, insbesondere in Situationen der gemeinsamen Aufmerksamkeit und der kooperativen Praxis (Fuchs 2013). Es wird aber auch deutlich, dass beide Theorien diese indirekten kognitiven

Operationen fälschlicherweise allen Formen des empathischen Verstehens zuschreiben. Denn beide setzen wie erwähnt die grundsätzliche Unzugänglichkeit der Erfahrung anderer voraus. Damit verfehlen sie das implizite und unmittelbare Verstehen der primären Empathie.

Zudem verwechselt die Simulationstheorie die leibliche Resonanz der primären Empathie mit einer Simulation im »Als-ob«-Sinn.[7] Doch selbst wenn ich unbewusst das Lächeln eines anderen nachahme und dadurch mitempfinde, besteht hier kein »Als-ob«, denn weder gebe ich vor, mein eigenes empfundenes Lächeln sei das Lächeln des anderen, noch projiziere ich es auf ihn. Auf dieser präreflexiven Ebene lässt sich gar nicht von einer »Als-ob«-Modalität sprechen, denn leibliche Empfindungen und Bewegungstendenzen, die bei der Begegnung mit einem anderen hervorgerufen werden, gehen nur *implizit* in die empathische Wahrnehmung mit ein. Wie bereits erwähnt, ist die proximale oder leibliche Komponente im Sinne Polanyis *transparent* für die wahrgenommene Emotion des anderen; sie fungiert als vorbewusstes Medium der Interaffektivität. Im Gegensatz dazu sind Simulation oder Schlussfolgerung Operationen, die nur auf einer expliziten Ebene durchgeführt werden können.

Darüber hinaus verallgemeinert die Simulationstheorie, z. B. in Goldmans Version (2006), die Möglichkeit der imaginären Transposition fälschlich auf alle Formen von Empathie. Sicher kann man sich typische Gelegenheiten für Simulationen vorstellen: Wenn ich z. B. höre, dass jemand sein Flugzeug verpasst hat, kann ich mir vorstellen, wie ich mich in der gleichen Situation befände, und dadurch seine Enttäuschung oder Wut nachempfinden. Diese Form der Vorstellung tritt jedoch nur auf höheren, meist verbal struk-

7 Dazu hat nicht zuletzt eine irreführende Interpretation des Spiegelneuronensystems beigetragen, so als ob dieses System eine interne Simulation der Handlungen oder Äußerungen eines anderen durch die Aktivierung der eigenen (Ausdrucks-)Motorik erzeugen würde (Gallese 2002). Tatsächlich *vermitteln* Spiegelneurone nur die verkörperte Wahrnehmung des anderen, also die leibliche Resonanz; vgl. zu einer ausführlichen Kritik Gallagher (2007) sowie Fuchs (2021: 224 ff.).

turierten Ebenen der sozialen Kognition auf; für das unmittelbare Verstehen des Ärgers eines anderen ist sie nicht erforderlich.

Man kann fragen, ob sich rein kognitive Formen der Empathie oder Perspektivenübernahme auch unabhängig von verkörperter Empathie entwickeln können. In der Tat sind Menschen mit einem hochfunktionalen Autismus in der Lage, Strategien des expliziten Mentalisierens und des Schlussfolgerns aus sozialen Hinweisen zu erlernen (»Er lächelt, also freut er sich«), nämlich als Kompensation für die mangelnden Fähigkeiten der primären Intersubjektivität (Fuchs 2015). So beschreibt Temple Grandin, eine Frau mit einer Autismus-Spektrum-Störung, im Gespräch mit Oliver Sacks ihre Schwierigkeiten mit zwischenmenschlichen Beziehungen:

> Temple ist zu dem Schluss gekommen, dass es mit einem impliziten Wissen um soziale Konventionen und Regeln zu tun hat, um all die unausgesprochenen kulturellen Präsuppositionen. Dieses implizite Wissen, das jeder normale Mensch sein ganzes Leben hindurch auf der Grundlage von Erfahrungen und Begegnungen mit anderen ansammelt und anderen vermittelt, scheint Temple weitgehend zu fehlen. Sie muss Intentionen und Stimmungen der anderen »berechnen«, muss versuchen, algorithmisch-explizit zu machen, was für uns andere zweite Natur ist. (Sacks 1995: 373)

Diese kompensatorischen Strategien ermöglichen bis zu einem gewissen Grad funktionelle Interaktionen mit anderen; allerdings ersetzen sie nicht die primäre Zwischenleiblichkeit und ihre »magische Kommunikation«:

> Jetzt weiß sie, dass es diese sozialen Signale gibt. Sie könne sie mit dem Verstand erschließen, sagt sie, doch selbst wahrnehmen könne sie sie nicht, könne selbst an dieser magischen Kommunikation nicht unmittelbar teilhaben, auch nicht die vielschichtigen, kaleidoskopartig wechselnden Geisteszustände dahinter begreifen. Intellektuell weiß sie das, und so tut sie ihr Bestes, es zu kompensieren, und verwendet ungeheure intellektuelle Anstrengung und Rechenkapazität auf Dinge, die andere mit gedankenloser Leichtigkeit verstehen. Und genau darum fühlt sie sich so oft ausgeschlossen, als Fremde. (Sacks 1995: 375)

Dies kann man zu Recht als eine »*Theory of Mind*« bezeichnen, nämlich als ein regel- und wissensbasiertes System, das Rückschlüsse auf den Gemütszustand anderer Menschen zulässt. Zugleich wird jedoch deutlich, dass solche kompensatorischen Strategien das intuitive Verständnis für andere nicht ersetzen können, das die Zwischenleiblichkeit sonst ermöglicht.

Es gibt ferner noch andere Arten von Störungen, bei denen die kognitiven Komponenten der Empathie gut entwickelt sind, jedoch mit dem primären Ziel, andere zu manipulieren, zu täuschen und auszubeuten. Dies ist insbesondere bei der »dunklen Triade« narzisstischer, machiavellistischer und soziopathischer Persönlichkeiten der Fall (McHoskey et al. 1998, Paulhus & Williams 2002), die in der Perspektivenübernahme durchaus begabt sein können, aber kein oder wenig Mitgefühl für ihre Mitmenschen oder Opfer haben. Man könnte hinzufügen, dass sogar ein Folterer bestimmte Komponenten kognitiver Empathie benötigt, und sei es nur, um seine Grausamkeit besser zu kalibrieren. Solche pathologischen Fälle zeigen, dass Empathie im vollen Sinne letztlich eine Integration von primärer, intuitiver und kognitiv erweiterter Empathie bedeutet.

Iterierte Empathie

Die dritte Stufe der Empathie, die ich abschließend betrachten möchte, beinhaltet nicht nur die Vorstellung, sich an die Stelle des anderen zu versetzen, sondern einen zusätzlichen Schritt: Ich kann ihn auch als jemanden erleben, der mich empathisch wahrnimmt. Mit anderen Worten: Die imaginäre Transposition impliziert in dieser Form von Empathie die Möglichkeit, mich aus seiner Perspektive zu sehen. Dies ist es, was Edith Stein (1980: 18 f.) als »iterierte Empathie« bezeichnet hat.[8]

8 Eine ähnliche Konzeption findet sich bereits bei Husserl: »Ein besonderer und sehr wichtiger Fall der einfühlenden Erfahrung, in der ein Anderer mir gegeben ist als solcher, der seinerseits einen Zweiten erfahrend erfaßt, besteht darin, daß ich selbst als dieser Zweite miterfahren bin und diese mittelbare einfühlende Erfahrung sich mit meiner Selbsterfahrung deckt; d. h. ich erfahre mein Gegenüber als auf mich selbst erfahrend Gerichteten« (Husserl 1959: 136 f.).

Auf den ersten Blick scheint dies dem Selbstbewusstsein zu entsprechen, als der Fähigkeit, sich mit den Augen der anderen zu sehen oder eine Perspektive auf sich selbst einzunehmen. Was Stein meint, ist jedoch nicht nur eine kognitive Operation, sondern eine empathische Beziehung von Selbst und Anderem, die aus einer verkörperten 2.-Person-Perspektive erlebt wird. Sie basiert also auf der primären Zwischenleiblichkeit und nimmt sie auf einer höheren Ebene wieder auf. Ich erlebe meinen Leib in der 1.-Person-Perspektive, aber er erscheint im Modus der 2. Person auch dem anderen, und indem ich dessen Erfahrung empathisch erfasse, erlebe ich mich als Anderen-für-ihn. Durch die iterierte Empathie, die Erfahrung meiner selbst als Anderen für den Anderen, gewinne ich eine dezentrierte, intersubjektive Sicht auf meinen eigenen Leib in der öffentlichen Welt.

Eine paradigmatische Erfahrung dieser Art stellt die Scham dar: Wenn ich mich schäme, erlebe ich mich als von anderen erblickt und spüre, wie ihre Blicke buchstäblich auf meinem Gesicht brennen; in Sartres Darstellung werde ich zum Körper-für-andere. Habe ich z. B. in Gegenwart anderer einen Fauxpas begangen, der einen Moment schmerzhafter Peinlichkeit hervorruft, so empfinde ich in leiblicher Resonanz ihre Missbilligung, die mein eigenes Schamgefühl noch verstärkt. Eine andere, eher gegensätzliche Erfahrung von iterierter Empathie ist der wechselseitige Blick der Zuneigung und Liebe: Indem ich den liebevollen Blick des anderen wahrnehme, erlebe ich mich auch als von ihm anerkannt und wertgeschätzt.

Darin liegt schließlich auch eine Synthese von primärer und sekundärer Empathie: Die iterierte Empathie integriert intuitive Komponenten (Affektion durch den Ausdruck des anderen, zwischenleibliche Resonanz) und kognitive Komponenten (Einnahme der Perspektive des anderen). Auf dieser dritten Ebene verbindet sie Interkorporalität, Interaffektivität und Intersubjektivität – sich des anderen *als anderen* bewusst zu sein – und ermöglicht so die wahrhaft zwischenmenschliche Beziehung, die Buber (1965) die Ich-Du-Beziehung nannte.

Resümee

Ich habe in diesem Kapitel ein Konzept von sozialem Verstehen und Empathie entwickelt, das auf verkörperter Interaktion, leiblicher Resonanz und Interaffektivität beruht. Dazu habe ich diese Prozesse zunächst aus enaktiver Sicht als eine dynamische Koordination der Beteiligten beschrieben, dann aus phänomenologischer Sicht als eine wechselseitige Inkorporation oder übergreifende Leiblichkeit. Sie kann besonders in intensiven Begegnungen mit anderen erfahren werden, spielt aber auf subtilere Weise in jeder sozialen Interaktion eine Rolle.

In der frühen Mutter-Kind-Beziehung entwickelt sich schon in den ersten Wochen eine übergreifende Zwischenleiblichkeit, nämlich in Form von Nachahmung, leiblicher Resonanz und Interaffektivität. Säuglinge müssen keine inneren Modelle oder Repräsentationen von anderen bilden, um leiblich mit ihnen zu kommunizieren. Soziales Verstehen entwickelt sich vielmehr als ein praktischer leiblicher Sinn, als Musikalität für die Rhythmen und Muster des frühen Dialogs. Ohne zu mentalisieren oder ein Konzept mentaler Zustände zu entwickeln, sind sie doch zunehmend in der Lage, die Absichten und Emotionen anderer in ihrer Mimik, Gestik und Haltung zu erkennen. Die primäre Empathie beruht insofern wesentlich auf einem impliziten Beziehungswissen davon, wie man mit anderen interagiert, einem Wissen, das in der frühen Kindheit erworben wird und eine grundlegende soziale Einstimmung vermittelt.

Allerdings bildet die Zwischenleiblichkeit nicht die einzige Möglichkeit des sozialen Verstehens. Ich habe darauf hingewiesen, dass die primäre Empathie durch kognitive Verfahren wie Schlussfolgerungen auf der Grundlage zusätzlicher Informationen oder imaginäre Transposition in die Situation des anderen ergänzt werden kann. Erst diese reflektierte Form von Intersubjektivität entspricht der »*Theory of Mind*« – auch wenn es sich dabei freilich nicht um eine »Theorie« handelt –, und sie entwickelt sich im 3./4. Lebensjahr. Die Kombination dieser zusätzlichen Optionen mit der primären Empathie erweitert die Möglichkeiten, andere zu verstehen. Die kognitiven Verfahren sind jedoch weder notwendig noch ausreichend, um Empathie als interaffektive Beziehung zu anderen zu konstituieren. Die verkörperte Intersubjektivität, d. h. die persönliche Begegnung in leiblicher Präsenz, bleibt die Grundlage für unser soziales Verstehen.

Literatur

Antonietti, A., O. Liverta-Sempio, A. Marchetti 2006. *Theory of Mind and Language in Developmental Contexts.* Berlin: Springer.

Baron-Cohen, S. 1995. *Mindblindness. An Essay on Autism and Theory of Mind.* Cambridge, MA: MIT Press.

Baron-Cohen, S., A. M. Leslie, U. Frith 1986. »Mechanical, Behavioural and Intentional Understanding of Picture Stories in Autistic Children«. In: *British Journal of Developmental Psychology* 4: S. 113-125.

Bråten, S. (Hrsg.) 2007. *On Being Moved. From Mirror Neurons to Empathy.* Amsterdam: John Benjamins.

Buber, M. 1965. *Das dialogische Prinzip.* Heidelberg: Lambert Schneider.

Carruthers, P. 1996. »Simulation and Self-knowledge: A Defence of the Theory-Theory«. In: *Theories of theories of mind.* Hg. von P. Carruthers, P. K. Smith. Cambridge: Cambridge University Press, S. 22-38.

Condon, W. S. 1979. »Neonatal Entrainment and Enculturation«. In: *Before Speech.* Hg. von M. Bullowa. Cambridge: Cambridge University Press, S. 131-148.

De Jaegher, H., E. A. Di Paolo 2007. »Participatory Sense-Making: An Enactive Approach to Social Cognition«. In: *Phenomenology and the Cognitive Sciences* 6: S. 485-507.

Ekman, P. 2007. *Gefühle lesen.* München: Spektrum.

Feldman, R. 2017. »The Neurobiology of Human Attachments«. In: *Trends in Cognitive Sciences* 21: S. 80-99.

Flavell, J. H. 1992. »Perspectives on Perspective Taking«. In *The Jean Piaget Symposium Series.* Bd. 14: *Piaget's Theory. Prospects and Possibilities.* Hillsdale, NJ: Erlbaum, S. 107-139.

Froese, T., T. Fuchs 2012. »The Extended Body. A Case Study in the Neurophenomenology of Social Interaction«. In: *Phenomenology and the Cognitive Sciences* 11: S. 205-236.

Fuchs, T. 2012. »The Phenomenology of Body Memory«. In: *Body Memory, Metaphor and Movement*,. Hg. von S. Koch, T. Fuchs, M. Summa, C. Müller. Amsterdam: John Benjamins, S. 9-22.

Fuchs, T. 2013. »The Phenomenology and Development of Social Perspectives«. In: *Phenomenology and the Cognitive Sciences* 12: S. 655-683.

Fuchs, T. 2015. »Pathologies of Intersubjectivity in Autism and Schizophrenia«. In: *Journal of Consciousness Studies* 22: S. 191-214.

Fuchs, T., H. De Jaegher 2009. »Enactive Intersubjectivity. Participatory Sense-making and Mutual Incorporation«. In: *Phenomenology and the Cognitive Sciences* 8(4): S. 465-486.

Gallagher, S. 2001. »The Practice of Mind. Theory, Simulation or Primary Interaction?«. In: *Journal of Consciousness Studies* 8: S. 83-108.

Gallagher, S. 2007. »Simulation Trouble«. In: *Social Neuroscience* 2: 353-365.

Gallagher, S. 2008. »Direct Perception in the Intersubjective Context«. *Consciousness and Cognition* 17: S. 535-543.

Gallese, V. 2002. »The Roots of Empathy. The Shared Manifold Hypothesis and the Neural Basis of Intersubjectivity«. In: *Psychopathology* 36: S. 171-180.

Gallese, V., A. Goldman 1998. »Mirror Neurons and the Simulation Theory of Mind Reading«. In: *Trends in Cognitive Science* 12: S. 493-501.

Goldman, A. 2006. *Simulating Minds. The Philosophy, Psychology, and Neuroscience of Mindreading*. Oxford: Oxford University Press.

Grammer, K., K. B. Kruck, M. S. Magnusson 1998. »The Courtship Dance. Patterns of Nonverbal Synchronization in Opposite-Sex Encounters«. In: *Journal of Nonverbal Behavior* 22: S. 3-29.

Husserl, E. 1959. *Erste Philosophie* II *(1923-24). Theorie der phänomenologischen Reduktion*. Husserliana Bd. VIII. Den Haag: Nijhoff.

Hutchison, W. D., K. D. Davis, A. M. Lozano, R. R. Tasker, J. O. Dostrovsky 1999. »Pain-Related Neurons in the Human Cingulate Cortex«. In: *Nature Neuroscience* 2: S. 403-405.

Issartel, J., L. Marin, M. Cadopi 2007. »Unintended Interpersonal Coordination. ›Can We March to the Beat of Our Own Drum?‹«. In: *Neuroscience Letters* 411: S. 174-179.

Jones, S. 2017. »Can Newborn Infants Imitate?«. In: *Wiley Interdisciplinary Reviews. Cognitive Science* 8: e1410.

Kendon, A. 1990. *Conducting Interaction. Patterns of Behavior in Focused Encounters*. Cambridge: Cambridge University Press.

Leslie, A. M. 1987. »Pretence and Metarepresentation. The Origins of ›Theory of Mind‹«. In: *Psychological Revue* 94: S. 412-426.

Lipps, T. 1903. *Grundlegung der Ästhetik*. Hamburg, Leipzig: Voss.

Lyons-Ruth, K., N. Bruschweiler-Stern, A. M. Harrison, A. C. Morgan, J. P. Nahum, L. Sander, D. N. Stern, E. Z. Tronick 1998. »Implicit Relational Knowing: its Role in Development and Psychoanalytic Treatment«. In: *Infant Mental Health Journal* 19: S. 282-289.

Masangkay, Z. S., K. A. McCluskey, C. W. McIntyre, J. Sims-Knight, B. E. Vaughn, J. H. Flavell 1974. »The Early Development of Inferences about the Visual Percepts of Others«. In: *Child Development* 45: S. 357-366.

McHoskey J. W., W. Worzel, C. Szyarto 1998. »Machiavellianism and Psychopathy«. In: *Journal of Personality and Social Psychology* 74: S. 192-210.

Meltzoff, A., M. K. Moore 1977. »Imitation of Facial and Manual Gestures by Human Neonates«. In: *Science* 198: S. 75-78.

Meltzoff, A., M. K. Moore 1989. »Imitation in Newborn Infants. Exploring the Range of Gestures Imitated and the Underlying Mechanisms«. In: *Developmental Psychology* 25: S. 954-962.

Merleau-Ponty, M. 1945/1962. *Phénomenologie de la perception*. Paris: Gallimard (engl. *Phenomenology of Perception*. Übers. von C. Smith, London: Routledge and Kegan Paul, 1962).

Merleau-Ponty, M. (1951/1964). »Les relations avec autrui chez l'enfant. (W. Cobb, Trans.) The child's relations with others«. In: *The Primacy of Perception*. Evanston: Northwestern University Press.

Merleau-Ponty, M. 2003. *Das Auge und der Geist*. Hamburg: Meiner.

Nummenmaa, L., E. Glerean, M. Viinikainen, I. P. Jääskeläinen, R. Hari, M. Sams 2012. »Emotions Promote Social Interaction by Synchronizing Brain Activity Across Individuals«. In: *Proceedings of the National Academy of Sciences* 109: S. 9599-9604.

Oostenbroek, J., T. Suddendorf, M. Nielsen, J. Redshaw, S. Kennedy-Costantini, J. Davis, S. Clark, V. Slaughter 2016. »Comprehensive Longitudinal Study Challenges the Existence of Neonatal Imitation in Humans«. In: *Current Biology* 26: S. 1334-1338.

Paulhus, D. L., K. M. Williams 2002. »The Dark Triad of Personality«. In: *Journal of Research in Personality* 36: S. 556-563.

Perner, J. 1991. *Understanding the Representational Mind*. Cambridge, MA: MIT Press.

Perner, J., S. Stummer, M. Sprung, M. Doherty 2002. »Theory of Mind Finds Its Piagetian *Perspective*. Why Alternative Naming Comes with Understanding Belief«. In: *Cognitive Development* 17: S. 1451-1472.

Plessner, H. 1998. »Zur Anthropologie des Schauspielers (1948)«. In: *Anthropologie*. Hg. von G. Gebauer. Leipzig: Reclam, S. 185-202.

Plessner, H. 1975. *Die Stufen des Organischen und der Mensch*. Berlin: De Gruyter.

Polanyi, M. 1985. *Implizites Wissen*. Frankfurt/M.: Suhrkamp.

Ramseyer, F., Tschacher, W. 2011. »Nonverbal Synchrony in Psychotherapy: Coordinated Body Movement Reflects Relationship Quality and Outcome«. In *Journal of Consulting and Clinial Psychologie* 79: S. 284-295.

Sacks, O. 1995. *Eine Anthropologin auf dem Mars. Sieben paradoxe Geschichten*. Hamburg: Rowohlt.

Scheler, M. 1973. *Wesen und Formen der Sympathie*. Bern: Francke.

Schmitz, H. 1989. »Über leibliche Kommunikation«. In: *Leib und Gefühl. Materialien zu einer philosophischen Therapeutik*. Hg. von H. Schmitz. Paderborn: Junfermann, S. 175-218.

Schmitz, H. 2011. *Der Leib*. Berlin: De Gruyter.

Stein, E. 1980/1917. *Zum Problem der Einfühlung*. München: Kaffke.

Stern, D. N. 1998. *Die Lebenserfahrungen des Säuglings*. 6. Aufl. Stuttgart: Klett-Cotta.

Thompson, E. 2005. »Sensorimotor Subjectivity and the Enactive Approach to Experience«. In: *Phenomenology and the Cognitive Sciences* 4: S. 407-427.

Thompson, E. 2007. *Mind in Life. Biology, Phenomenology, and the Sciences of Mind*. Cambridge, MA: The Belknap Press of Harvard University Press.

Titchener, E. B. 1909. *Lectures on the Experimental Psychology of the Thought-Processes*. New York: Macmillan.

Trevarthen, C. 1979. »Communication and Cooperation in Early Infancy. A Description of Primary Intersubjectivity«. In: *Before Speech*. Hg. von M. Bullowa. Cambridge: Cambridge University Press, S. 321-347.

Trevarthen, C. 1993. »The Self Born in Intersubjectivity«. In: *The Perceived Self. Ecological and Interpersonal Sources of Self-Knowledge*. Hg. von U. Neisser. Cambridge: Cambridge University Press, S. 121-173.

Tronick, E. Z. 1998. »Dyadically Expanded States of Consciousness and the Process of Therapeutic Change«. In: *Infant Mental Health Journal* 19: S. 290-299.

Tschacher, W., G. M. Rees, F. Ramseyer 2014. »Nonverbal Synchrony and Affect in Dyadic Interactions«. In: *Frontiers in Psychology* 5(1323): S. 1-13.

Vischer, R. 1873. *Über das optische Formgefühl. Ein Beitrag zur Ästhetik*. Leipzig: Herm.

Warren, J. E., D. A. Sauter, F. Eisner, J. Wiland, M. A. Dresner, R. J. Wise, S. Rosen, S. K. Scott 2006. »Positive emotions preferentially engage an auditory-motor ›mirror‹ system«. In: *Journal of Neuroscience* 26: S. 13067-13075.

Wittgenstein, L. 1967. *Zettel.* Hg. von G. E. M. Anscombe, G. H. von Wright. Oxford: Blackwell.

Zahavi, D. 2001. »Beyond Empathy. Phenomenological Approaches to Intersubjectivity«. In: *Journal of Consciousness Studies* 8: S. 151-167.

Zahavi, D. 2008. »Simulation, Projection and Empathy«. In: *Consciousness and Cognition* 17: S. 514-522.

7. Grenzen der Empathie Gruppenidentität und die Mechanismen der Ausgrenzung

Einleitung

So bedeutsam die Empathie für das menschliche Sozialleben ist, sie verteilt sich nicht gleichmäßig. Ihre Tendenz zur Bevorzugung von Mitgliedern der eigenen Gruppe ist unübersehbar. Hingegen können empathische Gefühle gegenüber Angehörigen anderer oder fremder Gruppen oft verringert sein oder sogar völlig fehlen. Dann kommt es gewissermaßen zu einer *Kompartimentierung* oder *Dissoziation* von Empathie: Ein bekanntes historisches Beispiel bilden die Fälle von Nazi-Tätern, die sich einerseits zuhause als mitfühlende Familienväter verhielten, andererseits Verbrechen von äußerster Grausamkeit gegen Juden begingen, offensichtlich mit wenig oder keinen Gefühlen von Empathie oder Mitleid. Viele ähnliche Beispiele ließen sich anführen, wie etwa die Genozide, die die Serben an den Bosniern im Balkankrieg oder die Hutu an den Tutsi in Ruanda begingen, beides in den 90er Jahren des letzten Jahrhunderts. In all diesen Fällen wurden die Verbrechen gegen eine Gruppe begangen, die bis dahin in friedlicher Nachbarschaft mit den Tätern gelebt hatte und die überhaupt erst als Fremdgruppe definiert werden musste, meist auf der Basis fragwürdiger Kriterien.

Somit ist die Fähigkeit der Empathie als solche offensichtlich nicht ausreichend, um gegenüber allen Mitmenschen selbstverständlich empfunden und realisiert zu werden. Als erste Annahme läge nahe, dass ihre Ausdehnung über die Primärgruppe hinaus eine zusätzliche *Identifizierung* mit anderen als meinesgleichen erfordert, was in der Sozialphilosophie häufig als ein Verhältnis der *reziproken Anerkennung* gefasst wird. Eine weitere Annahme ergibt sich aus den historischen Beispielen: Vermittels einer Redefinition von Zugehörigkeit und einem entsprechenden »Reframing« der interpersonalen Wahrnehmung kann eine an sich bestehende Anerkennung offenbar entzogen oder verweigert werden. Dann können Menschen, die zuvor selbstverständlich der gleichen Gemeinschaft angehörten, bis hin zu den unmittelbaren Nachbarn oder Bekannten, plötzlich zu Außenseitern, Parias oder Unpersonen werden, für die man selbst basale menschliche Regungen von Empathie oder Mitleid nicht länger empfindet. Die Empathie kann dann gleichsam »ausgehakt« oder eben dissoziiert werden. Die Frage, wie sich eine solche beunruhigende Dissoziation der Empathie näher erklären lässt, ist das Thema dieses Kapitels.

Die Frage ist nicht leicht zu beantworten, und um den Boden dafür zu bereiten, benötigen wir einige sozialphilosophische und psychologische Voraussetzungen. Ein wichtiges Konzept besteht im erwähnten Begriff der Anerkennung, wie er von Hegel in der »Phänomenologie des Geistes« entwickelt und in jüngster Zeit von Stanley Cavell (1969), Charles Taylor (1992) und Axel Honneth (1996, 2005) wieder aufgegriffen wurde. Die Wahrnehmung und Anerkennung des anderen als eine Person, auf deren Forderung oder Anspruch ich zu antworten habe, gilt dabei als eine zentrale Grundlage der menschlichen Beziehungen, mitunter sogar als Voraussetzung für die Empathie selbst. Diese Anerkennung kann jedoch verweigert werden, was den anderen der grundlegenden Ansprüche und Rechte beraubt, die einer Person als Mitglied einer Gemeinschaft wechselseitiger Verpflichtungen zukommen. Solche Erfahrungen der »Aberkennung« und sozialen Exklusion münden oft in einen »Kampf um Anerkennung« (Honneth 1996) seitens der Individuen oder Gruppen, die unter der Diskriminierung leiden. Die Exklusion ist für gewöhnlich verbunden mit einem Rückzug oder Fehlen empathischer Gefühle auf Seiten der Mitglieder der diskriminierenden Gruppe.

Diese Überlegungen tragen dazu bei, die Frage zu spezifizieren, die ich im Folgenden untersuchen werde, nämlich wie Empathie (a) mit Anerkennung und (b) mit Gruppenidentität in einer Weise verknüpft ist, dass unter bestimmten Bedingungen ein Verlust empathischer Gefühle eintreten kann. Sie lässt sich in folgende Fragen auffächern:

- Was ist die Natur der Empathie? Sollten wir sie als eine primäre Form interpersoneller Verbundenheit betrachten oder eher als abhängig von vorausgehender Anerkennung und Identifizierung mit dem anderen?
- Wie weit reicht die Empathie? Gibt es so etwas wie eine allgemeine empathische Disposition (»universelle Empathie«), die nur sekundär eingeschränkt oder aufgehoben werden kann, oder wird Empathie nur unter bestimmten Bedingungen von den eigenen Angehörigen auf Fremdgruppen ausgedehnt?
- Was sind die Voraussetzungen für einen Entzug von Empathie, oder mit anderen Worten, was sind die Mechanismen der Ausgrenzung, die eine Dissoziation von Empathie verursachen?

Diese Fragen werde ich in folgenden Schritten untersuchen:

(1) Ich beginne mit der Unterscheidung zwischen der Stufe *primärer Empathie*, die auf Zwischenleiblichkeit und Interaffektivität basiert, und der *erweiterten Empathie*, die sich auf Perspektivenübernahme und andere kognitive Mittel stützt.
(2) Anschließend untersuche ich den wechselseitigen Zusammenhang zwischen Empathie und Anerkennung, wobei ich mich insbesondere auf die Konzepte von Honneth und Cavell beziehe. Meine These wird lauten, dass Anerkennung grundsätzlich auf der primären Empathie basiert, jedoch als solche erst auf der höheren Stufe reziproker Intersubjektivität auftritt, wo sie mit der erweiterten Empathie in Zusammenhang steht.
(3) Die Annahme einer natürlichen »universellen Empathie« werde ich dann aus empirischen Gründen zurückweisen: Forschungen in der Entwicklungs- und Sozialpsychologie weisen auf eine enge Verbindung von Empathie mit Gruppenidentität hin. So resultieren eine Verweigerung von Anerkennung und ein Ausschluss anderer aus der eigenen Gruppe üblicherweise in einer

Einschränkung oder einem Entzug der erweiterten Empathie, der dann auch die primäre Empathie beeinflusst.

(4) Auf dieser Basis, und gestützt auf das historische Beispiel der Massenexekutionen während des Holocaust, werde ich die Mechanismen der Exklusion näher untersuchen, die zu einem Entzug der Anerkennung und zu einer Dissoziation der Empathie führen. Dazu zählen insbesondere die Verdinglichung und Dehumanisierung der Opfer sowie die Selbst-Instrumentalisierung der Täter.

Stufen der Empathie

Den Begriff der Empathie gebrauche ich im Folgenden zur Bezeichnung der komplexen menschlichen Fähigkeit, die Emotionen und Intentionen anderer zu verstehen, zu teilen und adäquat auf sie zu antworten. Erreicht wird diese Fähigkeit auf zwei Stufen, die ich bereits im vorigen Kapitel unterschieden habe:

(a) auf einer basalen Stufe durch die direkte, verkörperte Wahrnehmung des Ausdrucksverhaltens anderer, was die eigenleibliche Resonanz ebenso einschließt wie spontane Gefühle gegenüber dem anderen *(primäre, zwischenleibliche Empathie)*;

(b) auf einer höheren Stufe durch kognitive Fähigkeiten wie psychologisches Wissen, Folgerungen aus situativen Informationen, sprachliche Kommunikation, Perspektivenübernahme und imaginäre Selbsttransposition, d. h. »Sich-in-andere-Hineinversetzen« *(kognitiv erweiterte Empathie)*.

Während die erste Form der Empathie an die unmittelbare, verkörperte Interaktion gebunden ist, kann die zweite Form entweder das Verstehen anderer in der interpersonalen Begegnung erweitern, oder sie kann getrennt davon ablaufen, sei es im Rahmen virtueller Kommunikation, sei es bei der bloßen Vorstellung von ihnen (Decety 2005, Fuchs 2014, 2017a). Wichtig ist die Beobachtung, dass beide Formen der Empathie sich wechselseitig beeinflussen: Die primäre Empathie kann den Weg für zusätzliche Versuche bahnen, den anderen auf kognitive Weise zu verstehen, während umgekehrt die Einnahme der Perspektive des anderen primäre Gefühle von Empathie und Sympathie für ihn verstärken kann.

Die primäre Empathie entsteht also im direkten Kontakt mit einer anderen Person, nämlich in der wechselseitigen leiblichen Resonanz. Diese Zwischenleiblichkeit bedeutet, die Gefühle anderer in ihrem Ausdruck und ihre Intentionen in ihrem Verhalten selbst wahrzunehmen, ohne dazu explizite Schlussfolgerungen oder eine »*Theory of Mind*« zu benötigen. Ebenso gehört dazu die leiblich empfundene Tendenz, den Ausdruck des anderen in adäquater Weise *zu beantworten* – also etwa seinen Schmerz mit einer tröstenden Geste.

Die Phänomenologie hat diese primäre Empathie meist als eine besondere Form der interpersonalen Wahrnehmung verstanden (Zahavi 2001, 2011). Nach Husserl (1952) und Scheler (1974) sind wir auf andere grundsätzlich in der »personalistischen« Haltung gerichtet und nehmen sie damit in ihrer psychophysischen Einheit wahr. Wir sind, wie Scheler betonte (ebd.: 254), unmittelbar bekannt mit der Freude eines anderen in seinem Lächeln, mit seinem Leid in seinen Tränen und mit seiner Scham in seinem Erröten. Auch für Schütz ist die leibliche Begegnung insofern grundlegend, als alle anderen Formen des interpersonellen Verstehens ihre Gültigkeit von der vorprädikativen Beziehung zum anderen oder von der »Du-Einstellung« ableiten (Schütz 1932: 182 f.). Hier ist der Leib nicht ein äußeres Instrument, um Zeichen verborgener Intentionen zu übermitteln, die durch eine »*Theory of Mind*« entschlüsselt werden müssten, sondern er ist selbst sichtbarer Ausdruck und gerichtete Intention.

Die basale Empathie entwickelt sich im ersten Lebensjahr, im Rahmen der »primären Intersubjektivität« (Trevarthen 1979). Bereits nach 2-3 Monaten sind Babys in der Lage, Emotionen im Gesichtsausdruck, in den Intonationen, Gesten und Haltungen anderer zu erkennen (Hobson 2002: 39 ff., Fuchs 2013, 2017b). So unterscheiden sie den Gesichtsausdruck von Freude, Trauer, Überraschung etc. und beantworten ihn in affektiver Synchronie, häufig mit einer Nachahmung (Field et al. 1982, Trevarthen 1979). Lange vor der Entwicklung der verbalen Kommunikation oder eines Begriffs vom »anderen Ich« bildet die leibliche Interaktion bereits eine Brücke für die Interaffektivität und das emotionale Verstehen.

Im Gegensatz dazu entwickelt sich die *erweiterte Empathie* erst später. Gegen Ende des ersten Lebensjahres werden Kleinkinder fähig, ihre Aufmerksamkeit mit einem Erwachsenen zu teilen, indem sie auf äußere Objekte zeigen und dabei seinen Blick verfolgen. Im Verlauf dieser und anderer triangulierender Interaktionen beginnen sie die Standpunkte anderer zu erfassen und lernen ihre Perspektive zu übernehmen (Tomasello & Haberl 2003, Fuchs 2013) – ein Stadium, das auch als »sekundäre Intersubjektivität« bezeichnet wird (Trevarthen & Hubley 1978). Auf dieser Basis und unterstützt durch narrative Praktiken (Gallagher & Hutto 2008) erweitern Kinder nach und nach ihr soziales Verständnis auch auf verborgene oder längerfristige Intentionen anderer. Zugleich steigern sie ihre empathischen Fähigkeiten, etwa indem sie sich vorstellen, an der Stelle des anderen zu sein. Dennoch beruht diese erweiterte kognitive Entwicklung letztlich auf der Interaffektivität: Nur weil Kinder bereits mit anderen durch wechselseitige Resonanz verbunden sind, werden sie auch fähig, sie als intentionale Wesen zu verstehen und so ihren eigenen, egozentrischen Blickpunkt zu übersteigen. Das zwischenleibliche Verstehen und die primäre Empathie werden auch nicht ersetzt, wenn sich später der Spracherwerb vollzieht. Sie bleiben, einmal in der spontanen Resonanz des Leibes verankert, die Basis unserer sozialen Interaktionen über das ganze Leben hinweg.

Empathie und Anerkennung

Betrachten wir nun das Verhältnis zwischen Empathie und *Anerkennung*, dem Begriff, den Fichte und Hegel in die Theorie der Intersubjektivität eingeführt haben. Nach Hegel gelangt das Bewusstsein erst zum Bewusstsein seiner selbst, wenn es ein anderes Bewusstsein anerkennt und von ihm anerkannt wird (Hegel 1970: 145 f.). Die Reziprozität von Selbst und Anderem ist also die Grundlage des reflexiven Selbstbewusstseins – sich selbst *im Anderen* und sich selbst *mit den Augen des Anderen* sehen. Nun haben allerdings sowohl Cavell (1969) als auch Honneth (2005) für eine *primäre* Form der Anerkennung argumentiert, die nicht auf einer reflexiven Einstellung basiert. Diese basale Anerkennung kann, wie wir gleich sehen werden, als weitgehend äquivalent zur primären Empathie verstanden werden, und wie diese wird sie auch nicht von höherstufigen Theorien des sozialen Verstehens erfasst, die auf »*Mind Reading*«, Schlussfolgerungen oder Perspektivenübernahme beruhen.

Cavell (1969) führt den Begriff der Anerkennung als Antwort auf den Skeptizismus gegenüber dem Fremdpsychischen ein. Sein Argument gegen den Skeptiker besteht nicht darin, dass wir ein direktes Wissen von den Gedanken oder Gefühlen anderer hätten – in dieser Hinsicht ist der Skeptiker immer im Vorteil –, sondern dass unsere primäre Beziehung zu anderen *überhaupt nicht epistemischer Natur ist*. Andere zu verstehen bedeutet vielmehr, eine Haltung des Engagements und der Fürsorge einzunehmen, in der ihr Ausdrucksverhalten, z. B. das des Schmerzes, nicht als Basis für eine sichere Erkenntnis wahrgenommen wird, sondern als *Appell zu einer adäquaten Antwort*. Dass ein anderer Mensch Schmerzen empfindet, verstehe ich genau insofern, als ich eine Sorge und Verpflichtung empfinde, auf seinen Ausdruck zu antworten. Dies ist nach Cavell die Haltung der Anerkennung, und sie wird nicht von einem epistemischen, sondern von einem empathisch engagierten Subjekt eingenommen, nämlich in der »Du-Einstellung«, wie Schütz sie nannte (s. o.).

In ähnlicher Weise, und auf der Grundlage der entwicklungspsychologischen Forschung, argumentiert Honneth, dass »das Anerkennen dem Erkennen vorausgehen muss« (2008: 53): Babys sind von den ersten Monaten ihres Lebens an auf ihre Bezugspersonen emotional eingestimmt; sie nehmen ihre Haltung des Willkommens und der Sorge wahr und identifizieren sich mit ihnen. Nach

Honneth resultiert dies in einer primären Form von Anerkennung, die jedem kognitiven Zugang zum Fremdpsychischen vorhergeht (ebd.: 51 ff.) und mit dem hier vertretenen Begriff primärer Empathie in etwa gleichbedeutend ist. Honneth entwickelt somit ein zweistufiges Konzept von Anerkennung: Auf eine elementare, präreflexive Anerkennung auf der Ebene der primären Intersubjektivität folgt eine höherstufige, epistemisch und normativ getragene Anerkennung, die eine Affirmation des anderen als Person einschließt.

Allerdings kann man fragen, ob eine solche Ausdehnung der Anerkennung auf primäre Stadien der Sozialität dem Begriff und seinem hegelianischen Erbe, nämlich der Reziprozität selbstbewusster Subjekte, angemessen ist.[1] Zudem ist nicht klar, wie eine so tief verwurzelte Form der Anerkennung durch spätere Akte der »Aberkennung« oder Missachtung aufgehoben werden könnte, wie Honneth sie in seinem früheren Werk untersucht hatte. Ich stimme mit Cavell und Honneth darin überein, dass das Verständnis anderer als intentionaler Wesen mit eigenen Absichten und Überzeugungen auf einer bereits zuvor etablierten empathischen Beziehung beruht; es ist daher keine rein kognitive Leistung. Doch Anerkennung im eigentlichen Sinn bedeutet eine reziproke Beziehung, die an die Erkenntnis des anderen *als anderen* gebunden ist. Sie setzt insofern sekundäre Intersubjektivität voraus und kann nicht auf eine affektive Beziehung alleine gegründet sein.

Anerkennung ist damit abhängig von einer *Dezentrierung*: Ich erfahre den anderen als jemanden mit seinem eigenen Blickpunkt, seinen eigenen Wünschen und Absichten; als jemanden, auf dessen Anspruch ich antworten muss, der meine egozentrische Perspektive aufhebt und meine unbegrenzte Freiheit einschränkt. Weit entfernt davon, nur eine Form primärer empathischer Beziehung zu sein,

1 Ähnliche Kritiken an Honneths Überdehnung des Begriffs der Anerkennung haben auch Butler (2008), Geuss (2008) sowie Varga und Gallagher (2012) formuliert. Letztere schlagen stattdessen den Begriff »affektive Nähe« *(affective proximity)* vor, der die primäre Intersubjektivität ähnlich charakterisiert wie mein Begriff der primären Empathie.

bedeutet Anerkennung die Wahrnehmung und Bejahung des anderen als einer Person mit Ansprüchen und Rechten, die *im Prinzip äquivalent zu den meinen sind.*[2] Darüber hinaus ist Anerkennung von höherstufigen Emotionen und Haltungen begleitet, die zur reziproken Verpflichtung von Personen gehören: Achtung[3], Fairness, Rücksichtnahme, Fürsorge, Dankbarkeit, aber auch Gefühle der Scham, Schuld oder Entrüstung, wenn solche Verpflichtungen uneingelöst bleiben. All diese auf das Verhältnis von Selbst und anderen bezogenen Gefühle entwickeln sich erst ab dem 2. Lebensjahr, auf der Basis von Dezentrierung und Perspektivenübernahme (Tangney et al. 2007, Fuchs 2013). Anerkennung ist somit an ein Netz von reziproken sozialen Beziehungen und Gefühlen gebunden; sie setzt eine Gemeinschaft von Subjekten voraus, die ihre Blicke, Werte und Verpflichtungen miteinander teilen und einander als Gleiche wahrnehmen.

Empathie, Anerkennung und Gruppenidentität

Ich habe dafür plädiert, dass Anerkennung zwar auf primärer Empathie beruht, darüber hinaus aber eine dezentrierte Perspektive

2 Dieses normative Konzept von Anerkennung wird auch von Brandom vertreten: »Jemanden anerkennen heißt, ihn als Subjekt eines normativen Status, d. h. von Verpflichtungen und Berechtigungen zu betrachten, ebenso wie als fähig, Verantwortlichkeiten zu unterhalten und Autorität auszuüben« (Brandom 2007: 136; Übers. T. F.).

3 Es ist interessant, dass auch Kant die Dezentrierung betont, die der Begriff der Achtung impliziert: »Eigentlich ist *Achtung die Vorstellung von einem Werte, der meiner Selbstliebe Abbruch tut.* […] Der Gegenstand der Achtung ist also lediglich das Gesetz, und zwar dasjenige, das wir uns selbst und doch als an sich notwendig auferlegen. […] Alle Achtung für eine Person ist eigentlich nur Achtung fürs Gesetz (der Rechtschaffenheit etc.), wovon jene uns das Beispiel gibt« (Kant 1977: 26). – Man mag Kants Betonung eines abstrakten Gesetzesprinzips in diesem Kontext nicht teilen; dennoch wird deutlich, dass Gefühle wie Achtung, Respekt u. a., die zur Anerkennung gehören, einen übergeordneten Standpunkt voraussetzen, von dem aus auch der »allgemeine Andere« (Mead) bzw. das »Gesetz« (Kant) in den Blick kommen.

erfordert, durch die der andere als »der andere meiner selbst«[4] erscheint. Nun wende ich mich der Beziehung zwischen Empathie, Anerkennung und Gruppenidentität zu. Wenn Anerkennung an eine Gemeinschaft von Subjekten gebunden ist, können wir zuerst fragen, wie weit die primäre Empathie sich im Verlauf der frühen Kindheit auf verschiedene Gruppen ausdehnt. Wir werden sehen, dass diese Ausdehnung trotz der besonderen prosozialen Orientierung des Menschen Grenzen hat, die durch seine ebenso bedeutsame Tendenz zur Gruppenbindung bedingt sind.

Eine erste Differenzierung zwischen vertrauten und fremden Personen manifestiert sich in der Fremdenangst des Kindes, die üblicherweise zwischen dem 4. und 8. Lebensmonat auftritt. Es hängt von der jeweiligen Sozialisierung ab, ob diese Angst in eine scheue, reservierte Grundhaltung übergeht oder ob Offenheit und Neugier an ihre Stelle treten. In der Regel erweitert das Kind aber seine empathischen Fähigkeiten und Rücksichten schon früh auf Nicht-Familienangehörige. Eine Reihe von neueren Studien hat gezeigt, dass Kinder bereits mit zwei Jahren eine kooperative Haltung und Hilfsbereitschaft auch gegenüber fremden Erwachsenen zeigen, bedingt durch ein Mitgefühl für die Notlage anderer – ein Phänomen, das sich bei Menschenaffen nicht findet (Warneken & Tomasello 2006, 2007, Nichols et al. 2009, Tomasello 2016: 47). Dies spricht zunächst für eine spezifisch menschliche Tendenz zu sozialer Kooperation und Altruismus.

Vor diesem Hintergrund haben Honneth und andere die Auffassung vertreten, dass Kinder ganz selbstverständlich lernen, alle anderen Menschen als gleichartig wahrzunehmen, und ihre Empathie im Prinzip auf sie übertragen. Erst im Nachhinein könne das Individuum für diese habituelle »vorgängige Anerkennung« (Honneth 2008: 67) blind werden, vor allem aufgrund von verdinglichenden und dehumanisierenden sozialen Praktiken und Ideologien.[5] Doch

4 Nach Hegels Formulierung: »Das Andere für sich ist das Andere an ihm selbst, hiermit das Andere seiner selbst« (Wissenschaft der Logik, § 218; Hegel 1979: 125).

5 Dies sei so vorzustellen, »[...] dass unter der Wirkung verdinglichender Typisierungen (Frauen, Juden usw.) den entsprechenden Personengruppen jene persona-

im Hinblick auf weitere entwicklungspsychologische Forschungen erscheint diese Annahme einer natürlichen Ausdehnung der Empathie doch als zu idealistisch. Der Hauptgrund dafür besteht in der hohen Bedeutung von *Gruppenidentität und Konformismus* bereits für Kinder im Vorschulalter. Ihre empathische Anteilnahme zeigt sich dann nämlich deutlich abgestuft, nämlich in Abhängigkeit von der sozialen Distanz zu anderen und von deren Zugehörigkeit zur eigenen oder zu einer fremden Gruppe. Somit ist eine Einschränkung der Empathie nicht erst auf ein sekundäres »Vergessen« der vorgängigen Anerkennung zurückzuführen, wie Honneth annimmt (2008: 96ff.), sondern eher der Normalfall. Ich werde nun die empirischen Ergebnisse näher betrachten.

Verglichen mit Primatenjungen zeigen menschliche Kinder schon früh eine deutlich stärkere Tendenz zur sozialen Affiliation, zur Nachahmung und Anpassung. Zwischen dem 3. und 4. Lebensjahr entwickeln sie eine Voreingenommenheit zugunsten der Eigengruppe, wenn es etwa um einfache Wahrnehmungsurteile geht, und zeigen andere Anzeichen von Gruppenkonformität (Corriveau & Harris 2010, Haun & Tomasello 2011). Auch ihre Loyalität, Sympathie und Hilfsbereitschaft richten sich vorzugsweise auf Mitglieder ihrer eigenen Gruppe (definiert durch gemeinsame Sprache, Ethnizität, gemeinsames Handeln und andere situative Merkmale; Dunham et al. 2008, Killen et al. 2013). So erwarten vier bis fünf Jahre alte Kinder auch Gruppenloyalität bevorzugt von den Kindern ihrer Eigengruppe, während sie Angehörigen einer Fremdgruppe eher Illoyalität unterstellen (Misch et al. 2014). Unter Gruppendruck und bei Statusauseinandersetzungen wird die Gruppenidentität stärker betont, und Tendenzen zum Ausschluss anderer nehmen zu. Fünf Jahre alte Kinder, die Zeugen des Ausschlusses von anderen werden, erhöhen in der Folge ihre affiliative Nachahmung innerhalb der Eigengruppe (Over & Carpenter 2009). Somit manifestiert sich bereits früh eine Tendenz von Kindern, »selektiv zu

len Eigenschaften nachträglich wieder abgesprochen werden, die ihnen doch zuvor aufgrund der sozialen Vorgängigkeit der Anerkennung habituell ganz selbstverständlich eingeräumt worden waren« (Honneth 2008: 102).

helfen, zu kooperieren und denen zu vertrauen, die sich wie sie verhalten, aussehen oder mit dem gleichen Gruppennamen bezeichnet werden« (Tomasello 2016: 92; Übers. T. F.).

Übereinstimmend damit hat die Forschung zu Altruismus bei Erwachsenen in zahlreichen Studien gezeigt, dass prosoziales Verhalten mehr auf Mitglieder der eigenen Gruppe oder der nahen Verwandtschaft gerichtet ist als auf Mitglieder anderer Gruppen (Hunt 1990, Okasha 2005, 2013). Bedeutsam für Zugehörigkeit sind Ähnlichkeit des Aussehens und der Kleidung, Übereinstimmung der Sprache oder anderer kultureller Merkmale und nicht zuletzt die proklamierte Identität der eigenen Gruppe, die sich damit von den Fremden abgrenzt (z. B. »Griechen« von »Barbaren« u. a.). Die Forschung legt somit einen »Empathiegradienten« nahe: Menschen tendieren dazu, die Gefühle der Mitglieder von Fremdgruppen weniger nachzuvollziehen und zu teilen, ihnen in der Not weniger zu helfen und sogar ihr Leben als weniger wertvoll anzusehen als das von Mitgliedern ihrer eigenen Gruppe (Gaertner et al. 1982, Saucer et al. 2005, Kunstman & Plant 2008, Pratto & Glasford 2008).

Menschen erfassen auch intuitiv die Emotionen von Individuen einer anderen Gruppe umso weniger, je mehr Vorurteile sie dieser Gruppe gegenüber hegen (Gutsell & Inzlicht 2012). Die unwillkürliche Nachahmung des Ausdrucks anderer, ein Merkmal der primären Empathie, ist gegenüber Mitgliedern einer abgelehnten Fremdgruppe ebenso reduziert wie die empathische Reaktion auf ihre physischen Schmerzen (Likowski et al. 2008, Azevedo et al. 2013). Insgesamt wirken soziale Einstellungen und Vorurteile somit als übergeordnete Einflüsse und beeinträchtigen die primären empathischen Dispositionen, wenn Fremdgruppen betroffen sind. Der Mangel an Empathie kann dann umgekehrt zu einer zunehmenden Stereotypisierung und Verdinglichung der Mitglieder dieser Gruppen führen.

Zusammengefasst erweist sich die Rolle der Empathie für die menschliche Sozialität als ambivalent:

- Auf der einen Seite hängen die Kohärenz und Stabilität einer Gruppe nicht nur von gemeinsamen Praktiken, Gewohnheiten, Normen und Traditionen ab, sondern auch von einem grundlegenden *Gefühl der Zusammengehörigkeit*, als zentraler Komponente der Gruppen- oder Wir-Identität. Wie Hobson & Hobson (2007) und Zahavi (2015) gezeigt haben, ist das Mitempfinden und Teilen von Gefühlen anderer eine wichtige Voraussetzung dafür, sich mit ihnen zu identifizieren. Damit wird die Empathie zu einem vorrangigen Mittel, Gruppenkohäsion herzustellen, sowohl auf der Stufe der primären Interaffektivität, wo sie wechselseitige Bindungen begünstigt, als auch auf der höheren Stufe der Perspektivenübernahme und reziproken Beziehungen. Hier unterstützt die Empathie besonders die moralische Orientierung an Fairness und Gleichberechtigung, wie sie etwa in der »goldenen Regel« oder der *Ethik der Reziprozität* zum Ausdruck kommt: Diese bedeutet, meinen Nächsten als den »anderen meiner selbst« wahrzunehmen und anzuerkennen, so dass er mit mir im Prinzip die gleichen Ansprüche und Rechte teilt.[6] Das Individuum »identifiziert sich mit einem anderen in seiner Situation auf der Grundlage eines Gefühls der Äquivalenz von Selbst und anderem« (Tomasello 2016: 49; Übers. T. F.). Somit unterstützen sowohl die primäre als auch die erweiterte Empathie eindeutig die Ausdehnung und Konsolidierung der sozialen Beziehungen.
- Auf der anderen Seite ist aber die Etablierung von Gruppenkohäsion und Wir-Identität mit einer impliziten oder expliziten Unterscheidung vom Anderen, Fremden oder »Nicht-Wir« verbunden. Diese geschieht einerseits als *externe Abgrenzung* der eigenen Gruppe von Fremdgruppen oder -ethnien, andererseits in zahlreichen Formen der *internen Abgrenzung* und entsprechenden Diskriminierung, wie etwa in der antiken oder modernen Sklaverei, dem Kastensystem in Indien oder der Apartheid in Südafrika bis 1991. In all diesen Fällen sind empathische

6 Vgl. das Kapitel »Wert und Wertfühlen« in diesem Band.

Dispositionen meist mehr oder weniger auf die Eigengruppe beschränkt.[7] Früh erworbene Einstellungen, diskriminierende Normen und die Verweigerung von Anerkennung beeinträchtigen oder verhindern die Erweiterung der Interaffektivität und Empathie auf die Außenseiter. Dies wird häufig durch ein System von Trennungen oder von »Reinheit« versus »Unreinheit« realisiert, mit den entsprechenden Barrieren des Tabus, der Verachtung und des Ekels gegenüber den Fremdgruppen – man denke etwa an die Parias oder »Unberührbaren« in Indien. Hier werden die Grenzen der Empathie deutlich erkennbar.

Empathie trägt also wesentlich zur Gruppenidentität bei, die aber andererseits zur Ausgrenzung und emotionalen Distanzierung von Fremdgruppen führt. Man könnte diese Dialektik auch so ausdrücken, dass es gerade die außergewöhnliche soziale Orientierung von Menschen ist, die einer universellen Ausdehnung von Empathie entgegenwirkt – nämlich ihre Orientierung an der Primärgruppe.

Für das Verhältnis von *Empathie und Anerkennung* können wir nun aus den bisherigen Ausführungen auf eine wechselseitige Abhängigkeit schließen: Anerkennung beruht in ihrer Genese wesentlich auf der vorgängigen Fähigkeit, von anderen empathisch berührt zu werden und sich mit ihnen zu identifizieren. Umgekehrt gilt für die Anerkennung, also die Wahrnehmung des anderen als »anderen meiner selbst«, dass sie die Reichweite der Empathie beeinflusst, die eine Person jenseits ihrer Primärgruppe investiert.

Anerkennung hängt ihrerseits in hohem Maß von soziokulturellen Definitionen von Eigen- und Fremdgruppen, von Inklusion und Exklusion ab. Freilich kann man die Idee der Menschenrechte und der Menschenwürde als den Versuch ansehen, Anerkennung und Empathie auf alle Mitglieder der menschlichen Gattung auszudehnen, ungeachtet ihrer ethnischen Identität – als die kantische »Achtung für die Menschheit in jeder Person«. Anerkennung als reziprokes Prinzip hat eine inhärente Tendenz zur Universalisierung

7 Vgl. dazu die eingehende Untersuchung der interkulturellen Dimensionen der Empathie von Calloway-Thomas (2010).

oder zur *gemeinsamen Menschlichkeit.* Dennoch gerät diese Tendenz häufig in Konflikt mit Gruppenidentitäten und ihrer Neigung zur Begünstigung des Eigenen und zum Ausschluss des Fremden.

Somit stehen Empathie, Gruppenidentität und Anerkennung in einem komplexen und teilweise widersprüchlichen Verhältnis zueinander. Das Prinzip der Anerkennung ist nicht ausreichend, um die Beschränkungen der Empathie zu überwinden, die durch eine starke Gruppenaffiliation bedingt sind. Dies wird noch deutlicher anhand der historischen Bespiele von Exklusion und Dehumanisierung, denen ich mich jetzt zuwende. Mein Fokus wird dabei auf der Frage liegen, auf welche Weise Empathie entzogen oder dissoziiert werden kann, mit dem Ergebnis, dass primäre empathische Gefühle gegenüber anderen nicht mehr wirksam oder nicht einmal mehr empfunden werden.

Dissoziation von Empathie: Die Mechanismen der Exklusion

Die Genozide des 20. Jahrhunderts, also die Massenmorde an den Armeniern, Juden, Tutsi, Bosniern und anderen, hatten trotz aller Unterschiede ihrer Ursachen, Bedingungen und Ausmaße doch eine grundlegende Gemeinsamkeit: Der Genozid war vorbereitet durch den Ausschluss einer ethnischen oder religiösen Gruppe innerhalb der jeweiligen Gesellschaft. Dieser Ausschluss erfolgte auf der einen Seite durch die Definition und zunehmende Trennung einer Fremdgruppe von der Wir-Gruppe; andererseits durch eine Objektivierung und Erniedrigung, die den Angehörigen der ausgeschlossenen Gruppe ihre Anerkennung als Personen verweigerte und schließlich auch ihre Menschlichkeit in Abrede stellte. Diese ausschließenden, depersonalisierenden und dehumanisierenden Ideologien und Praktiken waren auch in der Lage, basale empathische Gefühle der Täter gegenüber ihren Opfern zu neutralisieren oder ganz aufzuheben.

In einer weithin anerkannten Studie mit dem Titel *Ganz nor-*

male Männer. Das Reserve-Polizeibataillon 101 und die »Endlösung« in Polen hat Christopher Browning (1996) eine Episode des Nazi-Genozids analysiert, nämlich die Massenexekutionen polnischer Juden durch das Hamburger Polizeibataillon 101. Es bestand aus fast 500 Reservisten mittleren Alters, überwiegend gewöhnliche Familienväter, keine fanatischen Nazis, die aber in den Jahren 1942/43 38 000 Juden – Männer, Frauen und Kinder – in oft tagelang anhaltenden Exekutionen töteten. Die Polizisten erschossen ihre Opfer aus nächster Nähe und setzten ihr Tun oft stundenlang fort, bevor sie ersetzt wurden. Eine Besonderheit bestand darin, dass sie zu Beginn der Exekutionen explizit die Wahl erhalten hatten, ob sie an den Tötungen teilnehmen wollten oder nicht. Nur knapp ein Dutzend von ihnen lehnten ab und wurden in der Folge in keiner Weise bestraft. Browning schreibt:

> Das grundlegende Problem besteht [...] darin, zu erklären, warum ganz normale Männer – geprägt von einer Kultur, die ihre eigenen Besonderheiten hatte, sich aber dennoch innerhalb der Hauptströmungen der westlichen, christlichen, der Aufklärung verpflichteten Traditionen bewegte – unter spezifischen Bedingungen bereitwillig den extremsten Völkermord der Menschheitsgeschichte ausführten. (Browning 1996: 291)

Um nur ein Beispiel für die Mitleidlosigkeit zu geben, die der Täter in diesem Fall sogar als eine abgründige Form von Mitleid rationalisierte:

> Ich habe mich, und das war mir möglich, bemüht, nur Kinder zu erschießen. Es ging so vor sich, dass die Mütter die Kinder bei sich an der Hand führten. Mein Nachbar erschoss dann die Mutter und ich das dazugehörige Kind, weil ich mir aus bestimmten Gründen sagte, dass das Kind ohne seine Mutter doch nicht mehr leben konnte. Es sollte gewissermaßen eine Gewissensberuhigung für mich selbst sein, die ohne ihre Mutter nicht mehr lebensfähigen Kinder zu erlösen. (Ebd.: 107)

Da wir es mit eher unauffälligen Personen zu tun haben, die meisten von ihnen Familienväter, die eine normale Erziehung durchlaufen hatten und keinen schweren (z. B. psychopathischen) Mangel an Empathie zeigten, können wir nur eine mehr oder weniger vollständige Abspaltung oder *Dissoziation der Empathie* feststellen. Wie lässt sich dieses extreme Versagen von Menschlichkeit und Empathie erklären?

Folgt man Browning, Welzer (2004, 2009) und anderen Sozialpsychologen, so lassen sich generell fünf hauptsächliche Bedingungen für genozidale Handlungen identifizieren:

(1) Die erste besteht in der bereits erwähnten *diskriminierenden Definition*: Eine spezifische Gruppe von Personen, meist eine Minderheit, wird herausgehoben und Schritt für Schritt aus dem Universum reziproker Verpflichtungen ausgeschlossen. Räumliche Trennung, Ghettos oder Unterscheidungszeichen wie der Judenstern markieren erkennbar die Mitglieder der Fremdgruppe, und in Verbindung mit rassistischen oder ähnlichen Stereotypen und Ideologien führen sie zu einem zunehmenden Entzug von Anerkennung und Solidarität. Für die Polizisten des Bataillons 101 standen die Juden damit »außerhalb des Kreises, in dem man mitmenschliche Verpflichtung und Verantwortung empfand« (Browning 1996: 107). Oft hilft die Diskriminierung der Minderheit den bedrohten Selbstwert der Eigengruppe zu stabilisieren, der im Gegenzug ein besonderer Nimbus zugesprochen wird, z. B. als »arischer Rasse«.

(2) Die zweite Bedingung liegt in der *Objektivierung oder Verdinglichung* der diskriminierten Personen. Nussbaum (1995) hat zusammengefasst, was es bedeutet, eine Person als Objekt oder Sache zu behandeln:
   - *Instrumentalisierung*: die Person wie ein Werkzeug für die eigenen Zwecke behandeln;
   - *Bestreitung von Autonomie*: die Person als jemanden behandeln, dem Selbstbestimmung, Handlungsmacht und Eigeninitiative fehlen;
   - *Ersetzbarkeit*: die Person als austauschbar mit Dingen ansehen;
   - *Verletzbarkeit*: die Integrität ihrer Grenzen missachten, sie angreifen und verletzen;

- *Eigentum*: die Person als eine Sache behandeln, die besessen, gekauft oder verkauft werden kann;
- *Bestreitung von Subjektivität*: die Person als jemanden behandeln, dessen Erleben und Gefühle nicht zu berücksichtigen sind, der sogar die Gefühle vermissen lässt, die der eigenen Gruppe zugeschrieben werden (Leyens et al. 2001).
- Ein Kriterium, das Nussbaum nicht explizit erwähnt, ist schließlich die *Entindividualisierung*, d. h. die ausgeschlossene Gruppe wird als gesichtslose, anonyme Masse betrachtet.

Wenn wir Subjektivität, Autonomie und, nach Kant, Selbstzweckhaftigkeit als essentielle Merkmale einer Person betrachten, dann bedeutet die Objektivierung zugleich eine Aberkennung von Personalität bzw. eine *Depersonalisierung.*

(3) Die dritte Bedingung besteht in einer *Dehumanisierung* (Haslam 2006; Haslam & Loughnan 2014): Die Mitglieder der diskriminierten Gruppe werden als niedere, subhumane Wesen angesehen, häufig verstärkt durch Bezeichnungen wie »Ratten«, »Parasiten«, »Kakerlaken« (wie die Tutsi von den Hutu genannt wurden), »Ungeziefer«, »Schädlinge« o. Ä. Die Dehumanisierung ist gravierender als die Objektivierung, denn sie führt von der Haltung bloßer Missachtung oder Kälte zu Gefühlen von Verachtung oder Ekel, die der fortschreitenden Exklusion entsprechen. Ekel ist der Affekt, der auf die Ausstoßung des Fremden aus dem eigenen Körper zielt. In ähnlicher Weise wird die verabscheute Gruppe als eine Art innerer Parasit der Gesellschaft betrachtet, der eliminiert oder vernichtet werden muss (nicht zufällig war das berüchtigte Zyklon B ursprünglich ein Pestizid und zeigt damit an, wie eine bestimmte Weise der Wahrnehmung schließlich zur Realität wird).

(4) Eine damit eng verknüpfte Bedingung ist die Definition der diskriminierten Gruppe als *feindselig und bedrohlich*, was den Genozid zu einem vorgeblichen Akt der Selbstverteidigung macht. So sahen die Nazis die besondere Gefährlichkeit der Juden darin, dass sie innerhalb anderer Völker lebten und damit deren ethnische Identität durch Vermischung bedrohten.

Die Hutu hielten die Tutsi für hinterhältige Schurken, die alle Hutu zu töten versuchten – also genau das, was die Hutu ihnen schließlich selbst antaten. Der innere Feind wird damit zum eigentlich gefährlichen; er muss radikaler bekämpft werden als äußere Feinde, damit die Wir-Gruppe überleben kann. Verschiedene Studien haben einen Zusammenhang zwischen der wahrgenommenen Bedrohlichkeit und der Dehumanisierung einer Fremdgruppe belegt (Maoz & MacCauley 2008, Viki et al. 2013, Haslam & Loughnan 2014).

(5) Die letzte Bedingung bezieht sich auf die Tätergruppe selbst (und wenn wir Brownings Analyse folgen, war sie im Fall des Bataillons 101 die wichtigste Bedingung): Diese ist meist charakterisiert durch eine *hierarchische, autoritäre Struktur* und *hohen Gruppendruck*, eine Situation, die Opportunismus und Gehorsam begünstigt und autonome Entscheidungen erschwert, insbesondere unter Kriegsbedingungen. Das Prinzip des Konformismus, dem wir in Abschnitt 3 bereits begegnet sind, wird damit radikalisiert. Insbesondere die Bedeutung der hierarchischen Unterordnung ist in sozialpsychologischen Experimenten wiederholt demonstriert worden. Zu den bekanntesten gehören das *Stanford Prison Experiment* (Haney et al. 1973), in dem Versuchspersonen unter fingierten Haftbedingungen in Häftlinge und Aufseher eingeteilt wurden, was innerhalb weniger Tage zu zunehmender Repression und psychologischer Folter führte; und, noch bedeutsamer, das *Milgram Experiment* (Milgram 1963, 1974), in dem gewöhnliche Menschen bereit waren, anderen Versuchspersonen selbst potenziell tödliche Dosen von Elektroschocks zu versetzen, wenn sie durch einen wissenschaftlichen Experimentator unter Druck gesetzt wurden. Es ist bedeutsam, dass die Opfer in beiden Fällen zuvor nicht einmal zu einer diskriminierten Gruppe gehörten, sondern durch das Experiment erst als solche definiert wurden.

Dies sind die Bedingungen, die mehr oder weniger in allen historischen Fällen von Genoziden anzutreffen sind. Ohne ihren Anteil jeweils weiter zu differenzieren, kehre ich zu meiner zentralen Frage zurück: Was ist das Verhältnis dieser Bedingungen zu Empathie und Anerkennung? Wie wir gesehen haben, nehmen die Mechanismen der Exklusion ihren Ausgang vor allem auf der Stufe der Anerkennung, die der diskriminierten Gruppe verweigert wird, nämlich als Resultat ihrer Definition als fremd, feindselig, minderwertig oder sogar nichtmenschlich. Wie Tomasello treffend zusammenfasst, ist »[...] die hauptsächliche Form, wie Menschen es rechtfertigen, andere inhuman zu behandeln, nicht motivationaler, sondern eher begrifflicher Art: sie betrachten sie überhaupt als nicht wirklich menschlich« (Tomasello 2016: 162).

Verweigerung von Anerkennung und zunehmende Objektivierung führen dann zunächst zum Versagen der *kognitiv erweiterten Empathie*: Wer Personen nicht als Selbstzweck behandelt, sondern als bloße Objekte der eigenen Willkür, wird kaum noch Fragen stellen wie: »Was wird diese Person wohl fühlen, wenn ich X tue? Wird meine Handlung ihre Interessen oder Wünsche verletzen?« Er wird sich die Verfassung oder die Gefühle des anderen gar nicht mehr vorzustellen versuchen. Im Ergebnis werden Gefühle der Gleichgültigkeit oder Verachtung an die Stelle von Haltungen der Achtung, Rücksichtnahme oder Fürsorge treten, wie wir sie gegenüber Personen einnehmen, die wir anerkennen.

Im Gegensatz dazu tritt die *primäre Empathie* auf der Ebene der Zwischenleiblichkeit eher spontan auf und ist schwerer zu unterdrücken, vor allem wenn Kinder betroffen sind. Ein Anzeichen dafür ist die Tatsache, dass die Polizisten des Bataillons 101 es so weit als möglich vermieden, ihre Opfer mit Blickkontakt zu erschießen. Darüber hinaus zeigten viele von ihnen während der ersten Massaker Regungen von Abscheu und Übelkeit bis hin zum Erbrechen, während sich im weiteren Verlauf eine zunehmende Gewöhnung und Brutalisierung einstellte (Browning 1996: 99 ff.). Offensichtlich vermochten auch die Willfährigkeit und der Konformismus der Polizisten ihre primäre verkörperte Reaktion nicht vollständig aufzuheben.

Ein wichtiger Teil der Erklärung betrifft daher die Mechanismen, mittels denen die Täter versuchen, mit ihrer verbleibenden Sensibilität und Empathie zurechtzukommen. Wie wir an dem Beispiel der Tötung von Kindern gesehen haben, ist die *Rationalisierung* (in diesem Fall als »Mitleid«) ein häufiger Abwehrmechanismus. Ein anderer lässt sich mit dem Begriff der *Rollendistanz* erfassen: Der Täter handelt, ohne sich mit der Rolle zu identifizieren, die er übernimmt, also in einem Als-ob-Modus, nur äußerlich und ohne innere Beteiligung. Am wichtigsten jedoch ist der Mechanismus der *Selbstverdinglichung*: Der Täter nimmt zu sich selbst eine entsubjektivierende Haltung ein und betrachtet sich nur als unpersönliches Werkzeug seiner Vorgesetzten, das willfährig oder automatisch ihre Befehle befolgt. Milgram nannte dies den »Agentenstatus«:

> Das Wesen des Gehorsams besteht in der Tatsache, dass die Person sich als Instrument zur Ausführung der Wünsche einer anderen Person ansieht und daher als nicht mehr verantwortlich für ihre Handlungen. Sobald diese kritische Verlagerung des Blickpunktes in der Person eingetreten ist, folgen alle wesentlichen Merkmale des Gehorsams daraus. (Milgram 1974: xii f.; Übers. T. F.)

Diese Selbstinstrumentalisierung der Täter spiegelt die oben erwähnte Verdinglichung der Opfer wider. Nehmen wir beides zusammen, so ergibt sich, dass die persönliche Beziehung zwischen Täter und Opfer in ein unpersönliches, mechanisiertes und extern kontrolliertes Ereignis umgedeutet wird, das ohne innere Beteiligung abläuft. Dies ermöglicht die situationsspezifische Dissoziation von primären Gefühlen der Empathie oder des Mitleids. Keinesfalls ist ein genereller Mangel von Empathie bei den Tätern erforderlich. Sie können durchaus mit ihren Kindern spielen, den Nachbarssohn auf eine Fahrt mitnehmen, Menschen vor dem Ertrinken retten – und doch in einem anderen Kontext und dazu gehörigen Bewusstseinszustand hunderte von Menschen töten. Ihre Empathie ist selektiv verteilt oder dissoziiert, je nach Kontext. Die räumliche Trennung von der alltäglichen Umgebung begünstigt diese Kompartimentierung. Ihre entscheidenden Bedingungen liegen jedoch in der Dehumanisierung der Fremdgruppe, in der autoritären Struktur der Eigengruppe und schließlich in der Selbstverdinglichung der Täter.

Zusammengefasst besteht die erste Voraussetzung für die Dissoziation der Empathie in genozidalen Handlungen in der radikalen Trennung der Wir-Gruppe von einer diskriminierten Gruppe, die als fremdartig, minderwertig, aber auch bedrohlich definiert wird. Ihren Mitgliedern wird die Anerkennung als Personen mit gleichen Rechten und gleicher Würde verweigert und, im Verlauf zunehmender Objektivierung und Entwertung, schließlich selbst die Menschlichkeit abgesprochen. Diese depersonalisierenden und dehumanisierenden Ideologien führen bei den Tätern zu einer Neutralisierung empathischer Gefühle, zusätzlich verstärkt durch den hohen Gruppendruck und Mechanismen der Selbstinstrumentalisierung. Nicht zuletzt realisiert die Art und Weise, in der die Opfer behandelt werden – im Fall des Bataillons 101 die mechanische, anonyme Massenexekution nackter Menschen –, selbst die äußerste Depersonalisierung und unterstützt damit die Abspaltung von Empathie. Die Tötungsarbeit als solche führt dazu,

> [...] dass der andere gar nicht mehr in den Kategorien des Fühlens, Denkens, Handelns gesehen wird, die wir auf uns selbst anwenden. Das Leiden, der Tod des Opfers wird bedeutungslos, weil ihm nichts den Empfindungen des Täters Vergleichbares eignet. Selbst die Feststellung ›ein Mensch tötet den anderen‹ ist dann eigentlich schon irreführend. Für den Täter gehört der andere gar nicht zu der gleichen Kategorie Lebewesen wie er selbst. (Popitz 1992: 69)

Ebenso ist es das ständige Töten als solches, das eine habitualisierende Wirkung auf die Täter ausübt, das ihre Bereitschaft bestätigt, selbst unter Extrembedingungen »ihren Job zu machen«, und das in einer zunehmenden Enthemmung und Brutalisierung resultiert. In dieser Weise schaffen und verstärken die genozidalen Handlungen ihre eigenen Bedingungen der Möglichkeit und münden so in die progressive Entfesselung von Gewalt und Vernichtung, wie wir sie besonders in der Geschichte des 20. Jahrhunderts finden.

Resümee

Ausgehend von dem Phänomen einer Dissoziation der Empathie in genozidalen Handlungen war es das Ziel dieser Analyse, sich einer Erklärung dieses Phänomens anzunähern und zugleich die Grenzen der Empathie zu bestimmen. Zu diesem Zweck habe ich zunächst zwischen einer primären und einer erweiterten Form von Empathie unterschieden, um dann deren Abhängigkeit sowohl von Anerkennung als auch von einer Wir-Identität der Gruppe zu untersuchen. Dies spiegelt sich auf der Gegenseite in der Wechselbeziehung von Exklusion, »Aberkennung«, Dehumanisierung und Dissoziation von Empathie.

Wie ich gezeigt habe, ist die Fähigkeit zur primären Empathie als solche nicht hinreichend, um gegenüber allen Mitgliedern der menschlichen Gattung selbstverständlich realisiert und empfunden zu werden. Vielmehr richtet sie sich vorzugsweise auf die eigene Gruppe und ihre Mitglieder (Familie, Verwandtschaft, Gemeinde, Heimatland), die in eine gemeinsame Wir-Identität einbezogen werden. Die Ausdehnung der Empathie über die Primärgruppe hinaus erfordert eine zusätzliche Identifizierung mit dem anderen als meinesgleichen und eine Beziehung reziproker Anerkennung, die aus der höherstufigen Intersubjektivität resultiert. Universelle Einstellungen und Werte, sei es das Prinzip der goldenen Regel, das Gebot der Feindesliebe oder die Idee der Menschenwürde, zielen auf die Ausdehnung von Anerkennung, Empathie und Mitgefühl auf die gesamte Menschheit. Sie geraten jedoch in Konflikt mit der gegenläufigen menschlichen Tendenz, Empathie vorzugsweise gegenüber den Mitgliedern der einen Gruppe zu empfinden.

Jede Wir-Identität basiert bis zu einem gewissen Grad auf der Abgrenzung vom »Nicht-Wir«, von den Fremden. In gewissem Maß gehört dies zur Ausbildung von Identität und bleibt unproblematisch, sofern die Gruppengrenzen nach außen hin durchlässig bleiben. Je mehr jedoch die Kohäsion und Identität der Gruppe durch innere Konflikte oder Desintegration bedroht ist, desto größer wird der Druck, die Gruppengrenzen zu schließen und innere Spannungen auf äußere oder auch innere Feinde umzulenken. Daraus resultieren Prozesse der Exklusion, die eine diskriminierte Gruppe innerhalb oder außerhalb der Gesellschaft definieren und zu einer zunehmenden Verweigerung von Anerkennung führen, bis hin zur Objektivierung und Depersonalisierung ihrer Mitglieder.

Diese Umdefinition und Aberkennung hat eine zweifache Wirkung auf die Empathie. Zunächst führt sie zu einem Entzug der erweiterten Empathie von der diskriminierten Gruppe, d. h. einer Weigerung, die Perspektive des anderen zu übernehmen und nachzuvollziehen, was er durchlebt. Doch die zunehmend verzerrte Wahrnehmung der Fremdgruppe beeinflusst auch die primäre Empathie, die im weiteren Verlauf mehr und mehr schwindet und damit Handlungen offener Degradierung, Verletzung oder sogar Vernichtung zulässt. Noch häufiger jedoch werden spontane Gefühle der Empathie gegenüber Mitgliedern der Fremdgruppe von den Tätern unterdrückt oder dissoziiert, indem sie Haltungen der Selbstdistanzierung und Selbstverdinglichung einnehmen. Damit führt das Versagen von Anerkennung und Empathie nicht nur zu einer dehumanisierenden Sicht auf die Opfer, sondern auch zu einer Dehumanisierung der Täter selbst.

Auch wenn meine Darstellung ein eher düsteres Bild der Mechanismen des Ausschlusses und der Schwäche der Empathie selbst in hoch entwickelten Gesellschaften gegeben haben mag, bestehen doch auch Anlässe für vorsichtigen Optimismus. So sind in den letzten Jahren zunehmend Prozesse der Verständigung realisiert und erforscht worden, die eine Versöhnung und Vergebung zwischen Opfern und Tätern eines Genozids ermöglichen, z. B. in Ruanda oder Darfur (Staub et al. 2005, Kalayjian & Paloutzian 2009). Der zwischenleibliche Kontakt in der persönlichen Begegnung ist eine entscheidende Komponente dieser schwierigen Prozesse, die auch dazu beitragen, dass die Täter wieder Zugang zu ihren dissoziierten Gefühlen primärer Empathie finden können. Zumindest ließe sich daraus schließen, dass sich die menschliche Empathie, auch wenn sie von förderlichen sozialen Umständen abhängt und mitunter die gravierendsten Rückschläge erfährt, dennoch nicht vollständig auslöschen lässt.

Literatur

Azevedo, R. T., E. Macaluso, A. Avenanti, V. Santangelo, V. Cazzato, S. M. Aglioti 2013. »Their Pain Is Not Our Pain: Brain and Autonomic Correlates of Empathic Resonance with the Pain of Same and Different Race Individuals«. In: *Human Brain Mapping* 34: S. 3168-3181.

Blair, R. J. R. 2007. »Empathic Dysfunction in Psychopathic Individuals«. In: *Empathy in Mental Illness.* Hg. von T. F. Farrow, P. W. Woodruff. Cambridge: Cambridge University Press, S. 3-16.

Brandom, R. 2007. »The Structure of Desire and Recognition. Self-consciousness and Self-Constitution«. In: *Philosophy & Social Criticism* 33: S. 127-150.

Browning, C. R. 2001. *Ordinary Men. Reserve Police Battalion 101 and the Final Solution in Poland.* London: Penguin.

Butler, J. 2008. »Taking Another's View. Ambivalent Implications«. In: *Reification. A New Look at an Old Idea.* Hg. von A. Honneth. Oxford: Oxford University Press, S. 97-119.

Calloway-Thomas, C. 2010. *Empathy in the Global World. An Intercultural Perspective.* Los Angeles, London: Sage.

Cavell, S. 1969. »Knowing and Acknowledging«. In: *Must We Mean What We Say?.* Cambridge: Cambridge University Press, S. 238-266.

Corriveau, K. H., P. L. Harris 2010. »Preschoolers (Sometimes) Defer to the Majority in Making Simple Perceptual Judgments«. In: *Developmental Psychology* 46: S. 437-445.

Decety, J. 2005. »Perspective Taking as the Royal Avenue to Empathy«. In: *Other Minds. How Humans Bridge the Divide between Self and Others.* Hg. von B. F. Malle, S. D. Hodges. New York: Guilford, S. 143-157.

Dunham, Y., A. S. Baron, M. R. Banaji 2008. »The Development of Implicit Intergroup Cognition«. In: *Trends in Cognitive Sciences* 12: S. 248-253.

Field, T. M., R. Woodson, R. Greenberg, D. Cohen 1982. »Discrimination and Imitation of Facial Expressions by Neonates«. In: *Science* 218: S. 179-181.

Fuchs, T. 2013. »The Phenomenology and Development of Social Perspectives«. In: *Phenomenology and the Cognitive Sciences* 12: S. 655-683.

Fuchs, T. 2020. »Der Schein des Anderen. Empathie und Virtualität«. In: ders., *Verteidigung des Menschen. Grundfragen einer verkörperten Anthropologie*. Frankfurt/M.: Suhrkamp, S. 119-145.

Fuchs, T. 2017a. »Levels of Empathy – Primary, Extended, and Reiterated Empathy«. In: *Empathy*. Hg. von V. Lux, S. Weigel. Basingstoke: Palgrave Macmillan, S. 27-47.

Fuchs, T. 2017b. »Intercorporeality and Interaffectivity«. In: *Intercorporeality. Emerging Socialities in Interaction*. Hg. von C. Meyer, J. Streeck, S. Jordan. Oxford University Press, S. 3-24.

Fuchs, T., H. De Jaegher 2009. »Enactive Intersubjectivity. Participatory Sense-Making and Mutual Incorporation«. In: *Phenomenology and the Cognitive Sciences* 8: S. 465-486.

Gaertner, S. L., J. F. Dovidio, G. Johnson 1982. »Race of Victim, Nonresponsive Bystanders, and Helping Behavior«. In: *The Journal of Social Psychology* 117: S. 69-77.

Gallagher, S., D. Hutto 2008. »Understanding Others through Primary Interaction and Narrative Practice«. In: *The Shared Mind. Perspectives on Intersubjectivity*. Hg. von J. Zlatev, T. P. Racine, C. Sinha, E. Itkonen. Amsterdam: John Benjamins, S. 17-38.

Geuss, R. 2008. »Philosophical Anthropology and Social Criticism«. In: *Reification. A New Look at an Old Idea*. Hg. von A. Honneth. Oxford: Oxford University Press, S. 120-130.

Gutsell, J. N., M. Inzlicht 2012. »Intergroup Differences in the Sharing of Emotive States. Neural Evidence of an Empathy Gap«. In: *Social Cognitive and Affective Neuroscience* 7: S. 596-603.

Haney, C., W. C. Banks, P. G. Zimbardo 1973. »A Study of Prisoners and Guards in a Simulated Prison«. In: *Naval Research Reviews* 9: S. 1-17.

Harris, L. T., S. T. Fiske 2006. »Dehumanizing the Lowest of the Low. Neuroimaging Responses to Extreme Out-Groups«. In: *Psychological Science* 17: S. 847-853.

Haslam, N. 2006. »Dehumanization. An Integrative Review«. In: *Personality and Social Psychology Review* 10: S. 252-264.

Haslam, N., S. Loughnan 2014. »Dehumanization and Infrahumanization«. In: *Annual Review of Psychology* 65: S. 399-423.

Haun, D., M. Tomasello 2011. »Conformity to Peer Pressure in Preschool Children«. In: *Child Development* 82: S. 1759-1767.

Hegel, G. W. F. 1970. *Phänomenologie des Geistes*. Frankfurt/M.: Suhrkamp.

Hegel, G. W. F. 1979. *Wissenschaft der Logik*. Frankfurt/M.: Suhrkamp.

Hobson, R. P. 2002. *The Cradle of Thought*. Oxford: Oxford University Press.

Hobson, J. A., R. P. Hobson 2007. »Identification. The Missing Link between Joint Attention and Imitation?«. In: *Development and Psychopathology* 19: S. 411-431.

Hodson, G., K. Costello 2007. »Interpersonal Disgust, Ideological Orientations, and Dehumanization as Predictors of Intergroup Attitudes«. In: *Psychological Science* 18: S. 691-698.

Honneth, A. 1996. *The Struggle for Recognition. The Moral Grammar of Social Conflicts*. Cambridge, MA: MIT Press.

Honneth, A. 2005. *Verdinglichung. Eine anerkennungstheoretische Studie*. Frankfurt/M.: Suhrkamp.

Hunt, M. 1990. *The Compassionate Beast. What Science is Discovering about the Humane Side of Humankind*. New York: Anchor Books.

Husserl, E. 1952. *Ideen zu einer reinen Phänomenologie und phänomenologischen Philosophie II. Phänomenologische Untersuchungen zur Konstitution*. Husserliana Bd. IV. Den Haag: Martinus Nijhoff.

Kalayjian, A., R. F. Paloutzian (Hrsg.) 2009. *Forgiveness and Reconciliation*. Berlin, New York: Springer.

Kant, I. 1977. *Grundlegung zur Metaphysik der Sitten*. Hg. von W. Weischedel. Frankfurt/M.: Suhrkamp.

Killen, M., K. L. Mulvey, A. Hitti 2013. »Social Exclusion in Childhood. A Developmental Intergroup Perspective«. In: *Child development* 84: S. 772-790.

Kunstman, J. W., E. A. Plant 2008. »Racing to Help. Racial Bias in High Emergency Helping Situations«. In: *Journal of Personality and Social Psychology* 95: S. 1499-510.

Leyens, J. P., A. Rodriguez-Perez, R. Rodriguez-Torres, R. Gaunt, M. P. Paladino, J. Vaes, S. Demoulin 2001. »Psychological Essentialism and the Differential Attribution of Uniquely Human Emotions to Ingroups and Outgroups«. In: *European Journal of Social Psychology* 31: S. 395-411.

Likowski, K. U., A. Mühlberger, B. Seibt, P. Pauli, P. Weyers 2008. »Modulation of Facial Mimicry by Attitudes«. In: *Journal of Experimental Social Psychology* 44: S. 1065-1072.

Maoz, I., C. McCauley 2008. »Threat, Dehumanization, and Support for Retaliatory Aggressive Policies in Asymmetric Conflict«. In: *Journal of Conflict Resolution* 52: S. 93-116.

Milgram, S. 1963. »Behavioral Study of Obedience«. In: *Journal of Abnormal and Social Psychology* 67: S. 371-378.
Milgram, S. 1974. *Obedience to Authority. An Experimental View*. New York: Harper & Row.
Misch, A., H. Over, M. Carpenter 2014. »Stick with Your Group. Young Children's Attitudes about Group Loyalty«. In: *Journal of Experimental Child Psychology* 126: S. 19-36.
Nichols, S., M. Svetlova, C. Brownell 2009. »The Role of Social Understanding and Empathic Disposition in Young Children's Responsiveness to Distress in Parents and Peers«. In: *Cognition, Brain, and Behavior* 4: S. 449-478.
Nussbaum, M. 1995. »Objectification«. In: *Philosophy and Public Affairs* 24: S. 249-291.
Okasha, S. 2005. »Altruism, Group Selection and Correlated Interaction«. In: *British Journal for the Philosophy of Science* 56: S. 703-24.
Okasha, S. 2013. »Biological Altruism«. In: *Stanford Encyclopedia of Philosophy* ⟨http://plato.stanford.edu/archives/fall2013/entries/altruism-biological/⟩.
Over, H., M. Carpenter 2009. »Priming Third-party Ostracism Increases Affiliative Imitation in Children«. In: *Developmental Science* 12: F1-F8.
Popitz, H. 1992. *Phänomene der Macht*. Tübingen: Mohr Siebeck.
Pratto, F., D. E. Glasford 2008. »Ethnocentrism and the Value of a Human Life«. In: *Journal of Personality and Social Psychology* 95: S. 1411-1428.
Saucer, D. A., C. T. Miller, N. Doucet 2005. »Differences in Helping Whites and Blacks. A Metaanalysis«. *Personality and Social Psychology Review* 9: S. 2-16.
Scheler, M. 1923/1974. *Wesen und Formen der Sympathie*. Bern, München: Francke.
Schütz, A. 1932. *Der sinnhafte Aufbau der sozialen Welt*. Wien: Springer.
Shamay-Tsoory, S. G., J. Aharon-Peretz, D. Perry 2009. »Two Systems for Empathy. A Double Dissociation between Emotional and Cognitive Empathy in Inferior Frontal Gyrus Versus Ventromedial Prefrontal Lesions«. In: *Brain* 132: S. 617-627.
Smith, A. 2010. »Cognitive Empathy and Emotional Empathy in Human Behavior and Evolution«. In: *The Psychological Record* 56: S. 3-21.
Staub, E., L. A. Pearlman, A. Gubin, A. Hagengimana 2005. »Healing, Reconciliation, Forgiving and the Prevention of Violence after Genocide or Mass Killing. An Intervention and Its Experimental Eval-

uation in Rwanda«. In: *Journal of Social and Clinical Psychology* 24: S. 297-334.

Stein, E. 1989. *On the Problem of Empathy*. Übers. von W. Stein (original dt.: *Zum Problem der Einfühlung*, 1916). Washington D.C.: ICS Publications.

Stern, D. 1985. *The Interpersonal World of the Infant*. New York: Basic Books.

Tangney, J. P., R. W. Robins, J. L. Tracy (Hrsg.) 2007. *The Self-Conscious Emotions. Theory and Research*. New York: Guilford Press.

Taylor, C. 1992. »The Politics of Recognition«. In *Multiculturalism. Examining the Politics of Recognition*. Hg. von A. Gutmann. Princeton: Princeton University Press, S. 25-73.

Tomasello, M. 2002. *Die kulturelle Entwicklung des menschlichen Denkens. Zur Evolution der Kognition*. Frankfurt/M.: Suhrkamp.

Tomasello, M. 2016. *A Natural History of Human Morality*. Cambridge, MA: Harvard University Press.

Tomasello, M., K. Haberl 2003. »Understanding Attention: 12- and 18-Month-Olds Know What Is New for Other Persons«. *Developmental Psychology* 39: S. 906-912.

Tomasello, M., H. Rakoczy 2003. »What Makes Human Cognition Unique? From Individual to Shared Intentionality«. In: *Mind Language* 18: S. 121-147.

Trevarthen, C. 1979. »Communication and Cooperation in Early Infancy. A Description of Primary Intersubjectivity«. In: *Before Speech*. Hg. von M. Bullowa. Cambridge: Cambridge University Press, S. 321-347.

Trevarthen, C., P. Hubley 1978. »Secondary Intersubjectivity. Confidence, Confiding and Acts of Meaning in the First Year«. In *Action, Gesture and Symbol. The Emergence of Language*. Hg. von A. Lock. London: Academic Press, S. 183-229.

Tronick, E. Z. 1998. »Dyadically Expanded States of Consciousness and the Process of Therapeutic change«. In: *Infant Mental Health Journal* 19: S. 290-299.

Varga, S., S. Gallagher 2012. »Critical Social Philosophy, Honneth and the Role of Primary Intersubjectivity«. In: *European Journal of Social Theory* 15: S. 243-260.

Viki, G. T., D. Osgood, S. Phillips 2013. »Dehumanization and Self-Reported Proclivity to Torture Prisoners of War«. In: *Journal of Experimental Social Psychology* 49: S. 325-328.

Warneken F., M. Tomasello 2006. »Altruistic Helping in Human Infants and Young Chimpanzees«. In: *Science* 311: S. 1301-1303.

Warneken F., M. Tomasello 2007. »Helping and Cooperation at 14 Months of Age«. In: *Infancy* 11: S. 271-294.

Welzer, H. 2004. »Mass Murder and Moral Code. Some Thoughts on an Easily Misunderstood Subject«. In: *History of the Human Sciences* 17: S. 15-32.

Welzer, H. 2009. *Täter. Wie aus ganz normalen Menschen Massenmörder werden*. Frankfurt/M.: S. Fischer.

Zahavi, D. 2001. »Beyond Empathy. Phenomenological Approaches to Intersubjectivity«. In: *Journal of Consciousness Studies* 8: S. 151-167.

Zahavi, D. 2011. »Empathy and Direct Social Perception. A Phenomenological Proposal«. In: *Review of Philosophy and Psychology* 2: S. 541-558.

Zahavi, D. 2015. »You, Me, and We. The Sharing of Emotional Experiences«. In: *Journal of Consciousness Studies* 22: S. 84-101.

III. Spezifische Gefühle, Stimmungen und Atmosphären

8.
Phänomenologie des Ekels

Einleitung

Regungen des Ekels gehören zu den heftigsten Affekten, deren Menschen fähig sind. Sie wenden sich primär gegen übelriechende oder -schmeckende Substanzen und reichen von leichtem Widerwillen bis hin zu Brechreiz oder Übelkeit. So gesehen scheint Ekel zunächst eher eine körperliche Reaktion zu sein als ein Gefühl. Näher besehen sind Ekelempfindungen jedoch viel verbreiteter, als es den Anschein hat: Sie richten sich nicht nur auf üblen Geruch oder Geschmack, sondern auch auf die Qualitäten des Schmutzigen, Klebrigen oder Schleimigen, des Weiteren auf die moralischen Qualitäten des Verdorbenen und Abscheulichen, ja im Lebensüberdruss selbst auf die eigene Existenz als ganze. Damit kann der Ekel geradezu als Paradigma der Verkörperung von Gefühlen gelten: Eine elementare, bis ins Viszerale reichende leibliche Reaktion gegen einen fremden Stoff sublimiert sich zu einer Abstoßung des Widerwärtigen auch jenseits des Stofflichen; sie wird zur leiblichen Resonanz des moralischen Abscheus oder des Lebensekels, also von Gefühlen, die mit einer möglichen Einverleibung fremder Substanzen nichts mehr zu tun haben.

Die Bedeutsamkeit des Ekels über die primäre Körperreaktion hinaus ergibt sich noch aus einem anderen Umstand. Eine Fülle von kulturell geprägten Verhaltensweisen, Techniken und Ritualen dient offensichtlich der systematischen Vermeidung von Ekelempfindungen, die sich sonst einstellen würden: der Gebrauch von Essbesteck, Umgangsformen zur Regulierung körperlicher Nähe und Berührung, Regeln der Körperpflege und Toilettenhygiene, vor allem die Verbergung der Ausscheidungstätigkeit – all dies sorgt für die Minimierung möglicher Ekelanlässe. Folgt man Norbert Elias' historischen Analysen, so sind die Schwellen für Scham, Peinlichkeit und Ekel im Laufe der westlichen Kulturentwicklung immer weiter vorgerückt, was zur Tabuisierung entsprechend »triebhafter« Verhaltensweisen führte (Elias 1977). Ekel erfüllt also ähnlich wie die Scham eine zentrale Funktion für die Verhaltens- und Triebregulation des Individuums, die in der frühkindlichen Sozialisation erlernt wird. Gerade diese kulturelle Ausprägung des Ekels und seiner Gegenstände liegt auch seiner Sublimierung zum moralischen Gefühl des Abscheus zugrunde. Darüber hinaus kann Ekel auch eine exkludierende, gegen bestimmte Gruppen oder Minderheiten gerichtete Rolle annehmen, in der er sich häufig mit dem Gefühl der Verachtung paart. In all diesen kulturellen Kontexten fungiert Ekel offensichtlich als eine grundlegende Barriere gegen das Tabuisierte, das Verdrängte und das Fremde.

Die folgende Darstellung gilt zunächst der Phänomenologie des primären, auf widerwärtige Empfindungen oder Substanzen gerichteten Ekels, den ich auch als »stofflichen Ekel« bezeichne. Sie verfolgt dann die kulturelle Ausprägung des Ekels insbesondere anhand der Tabuisierung von Triebregungen. Ein dritter Abschnitt untersucht die Sublimationsformen des Ekels, nämlich den moralischen, den sozial exkludierenden und schließlich den existenziellen Ekel. Im letzten Abschnitt betrachte ich die Rolle des Ekels in der Psychopathologie anhand der Zwangsstörung und der Magersucht. Die Darstellung kann sich insbesondere auf Aurel Kolnais bis heute wegweisende Phänomenologie des Ekels stützen, die er 1929 verfasste (Kolnai 2007). Nach einer längeren Vernachlässigung des Themas sind in den letzten zwei Jahrzehnten sowohl von philosophischer als auch kulturwissenschaftlicher und psychoanalytischer Seite einige neuere Analysen erschienen, die unser Verständnis des Ekels bedeutend erweitert haben (u. a. Menninghaus 1999; Nussbaum 2006; Demmerling/Landwehr 2007, Vogt 2010; Heinämaa 2020).

Primärer, stofflicher Ekel

1) Ekel als leibliche Reaktion

Ekelreaktionen illustrieren in besonderer Weise die Verknüpfung von Affektion und leiblicher Resonanz, wie sie im verkörperten Gefühlskreis dargestellt wurde (s. o. Kap. 3): Die Qualitäten des Ekligen affizieren den Leib als sinnliche Erlebnisse des Stinkenden, Übelschmeckenden, Schleimigen, Klebrigen u. Ä. und lösen eine aversive Resonanz aus, einen empfundenen Widerwillen. Er manifestiert sich in typischen Ausdrucksformen wie der gerümpften Nase, dem »angewiderten« Öffnen des Mundes (meist mit zurückgezogener Oberlippe oder vorgeschobener Zunge), bei weiterer Steigerung auch im Brechreiz oder viszeraler Übelkeit. Die Ekelreaktion besteht also primär in einer angedeuteten Ausstoßung aus dem oralen Raum; die Handlungstendenz (»E-motion«) liegt im Rückzug vom Ekelauslöser oder in seiner Bekämpfung, etwa durch Reinigungs- oder Hygienemaßnahmen. Der besonderen physischen Verankerung des Ekels entspricht seine bevorzugte Auslösung durch leibnahe Sinneseindrücke, nämlich Geruch, Geschmack und Berührung (Kolnai 2007: 24 f.).[1] Doch können sich die Qualitäten des Ekelhaften auch visuell oder akustisch vermitteln, wenn man etwa an den Anblick zappelnder Maden oder bestimmte Körpergeräusche (Schmatzen, Röcheln, Flatulenz o. Ä.) denkt.

Die Beziehung des Ekels zu den Körperöffnungen ebenso wie ihre typischen Auslöser legen es nahe, seine Funktion in der instinktiven Abwehr potenziell schädlicher Nahrung, Sekrete oder Exkremente zu sehen (Oaten et al. 2009). Dies darf allerdings nicht zu der kognitivistischen Annahme verleiten, Ekel setze notwendig eine entsprechende Überzeugung bzw. ein Urteil über die Schädlichkeit des Ekligen voraus. Um sich etwa vor wimmelnden Ma-

1 Das englische *disgust*, das französische *dégoût* ebenso wie das italienische *disgusto* leiten sich vom lateinischen *gustare* = schmecken ab und belegen die enge Beziehung zwischen dem Ekel und den Oralsinnen Geschmack und Geruch. »The term ›disgust‹ […] means something offensive to the taste«, wie schon Darwin bemerkte (Darwin 1965: 256).

den oder Spinnen zu ekeln, bedarf es keiner biologischen oder medizinischen Kenntnisse. Ein phänomenologischer Ansatz in der Tradition Kolnais fragt daher weniger nach der Funktion des Ekels oder nach entsprechenden Überzeugungen, sondern nach der besonderen Qualität der *Wahrnehmung* des Ekelhaften – dazu mehr im Folgenden. Allerdings können Kenntnisse und Annahmen in bestimmten Fällen eine Voraussetzung für Ekelempfindungen darstellen, und zwar besonders in Bezug auf *Kontaminationen.* Zu erfahren, dass einem jemand buchstäblich »in die Suppe gespuckt« hat, wird deren Wohlgeschmack rasch ins Eklige verwandeln, ebenso wie das Wissen, dass Besteck mit Exkrementen in Kontakt gekommen ist; schon die Vorstellung eines solchen Kontaktes kann Ekelgefühle auslösen (Rozin et al. 2000).

2) Anlässe des stofflichen Ekels

Die Auslöser, die Ekel hervorrufen, sind wohl die vielfältigsten aller menschlichen Emotionen. Zunächst richtet er sich wie erwähnt auf den Geruch, Geschmack oder Anblick von verdorbener Nahrung, Fäulnis, Verwesung ebenso wie von Körpersekreten, Erbrochenem oder Exkrementen. Wir haben es hier also einerseits mit *Zersetzungen von Organischem* zu tun, andererseits mit *Stoffen aus dem Körperinneren* (Urin, Faeces, Schweiß, Schleim, Speichel, Blut, Eiter u. a.), die mit dem Geruchs-, Geschmack- oder Tastsinn in Kontakt kommen und die einen sichtbaren Kontrast zur festen Oberfläche des Körpers bilden. In diesem Zusammenhang ist es aufschlussreich, dass man den eigenen Speichel im Mund keineswegs ekelhaft findet, eine mit diesem Speichel gefüllte Tasse aber wohl nur mit Widerwillen trinken könnte. Sobald das Flüssige den Körper verlässt, tritt offenbar eine Umwandlung ein, und es wird zu einem Fremden, das leiblich abgestoßen wird.

Verwandte Anlässe des Ekels sind Krankheiten, Gebrechen oder Läsionen des Körpers, sofern sie nach außen hin sichtbar werden und seine Reinheit und Unversehrtheit beeinträchtigen: Hautkrankheiten, Alterserscheinungen, blutige Verletzungen, Geschwulste, wucherndes Fleisch oder Amputationen. Sie entsprechen einer *Entstellung oder Deformation* des gesunden, ästhetisch »makellosen« Körpers. Dies wird noch gesteigert durch sichtbare Zeichen des Verwesens bei einem Leichnam, die den *Übergang vom Lebendigen zum Toten* anzeigen. Verwesung, Verfall, Zersetzung des tierischen oder menschlichen Kadavers: »Der vollen Intention nach ist es Tod und nicht Leben, was sich uns im Phänomen des Ekelhaften ankündigt« (Kolnai 2007: 51).

Zum Ekelerregenden gehört weiter eine bestimmte Konsistenz von Stoffen, nämlich das *Schleimige, Schwabbelige, Schmierige, Klebrige*, das sich andrängt und vom Körper nicht mehr ablösen lässt. Sartre hat diese grenzauflösende Qualität des Klebrigen in *Das Sein und das Nichts* beschrieben: »Ich mache meine Hand auf, will das Klebrige loslassen, aber es bleibt an mir haften, es pumpt mich aus und saugt mich an.« (Sartre 1962: 762) »Das Klebrige berühren heißt, Gefahr laufen, sich in Klebrigkeit aufzulösen.« (Ebd.: 764) Das Schleimige oder Klebrige liegt zwischen dem Festen und dem Flüssigen, und gerade dieser visköse Übergangszustand macht das Ekelige aus.

Nehmen wir die bisher betrachteten Anlässe zusammen, so richtet sich der Ekel grundsätzlich gegen Phänomene der *Vermischung, Verflüssigung, Auflösung, Deformation* und *Zersetzung,* von denen das Lebendige oder der Körper bedroht werden. Sie lassen sich auch als *Gestaltauflösung* und *Entordnung des Organischen* zusammenfassen. Dazu passt schließlich noch ein weiterer Anlass des Ekels, nämlich der Anblick von Gewürm, Ungeziefer oder Schlangen, also von übereinanderkrabbelnden, wimmelnden, sich windenden Lebewesen. Zwar handelt es sich nicht um eine Zersetzung; doch auch hier entsteht der Eindruck einer chaotischen Wucherung, in der sich die Form und Ordnung des Lebendigen auflöst.

Eine besondere Kombination und Steigerung des Ekelhaften liegt dann im Hervortreten des Körperinneren und seiner gleichzeitigen Besiedelung durch Gewürm, wie etwa bei der Wunde eines jungen Patienten, die der Protagonist von Franz Kafkas Erzählung *Ein Landarzt* mit klinischer Sachlichkeit beschreibt:

In seiner rechten Seite, in der Hüftgegend hat sich eine handtellergroße Wunde aufgetan […] offen wie ein Bergwerk obertags. […] Würmer, an Stärke und Länge meinem kleinen Finger gleich, rosig aus eigenem und außerdem blutbespritzt, winden sich, im Innern der Wunde festgehalten, mit weißen Köpfchen, mit vielen Beinchen ans Licht. (Kafka 1994: 258)

Die Untergangsvisionen, die Alfred Kubin in seinem Roman *Die andere Seite* (1909) ausmalt, sind ein weiteres Beispiel für die Techniken der literarischen Moderne, durch Zersetzungen Ekel zu evozieren und so den Schrecken der Darstellung zu steigern:

Von dem hochgelegenen französischen Viertel schob sich langsam wie ein Lavastrom eine Masse von Schmutz, Abfall, geronnenem Blut, Gedärmen, Tier- und Menschkadavern. In diesem in allen Farben der Verwesung schillernden Gemenge stapften die letzten Träumer herum. (Kubin 1975: 251)

Wir können nun die phänomenologische Struktur des Ekels noch um eine zentrale Komponente ergänzen, nämlich die der *aufdringlichen Nähe zum Leib*: Die Aversion des Ekels richtet sich gegen das Sich-Nähernde, Andrängende oder schon Eindringende, also gegen ein Vorrücken des Ekelhaften, das die Leibgrenzen bedroht oder überwältigt und nun eine heftige, nahezu konvulsive Gegenreaktion auslöst.[2] Ekel kann weder in die Ferne noch in die Zukunft oder Vergangenheit gerichtet sein, denn er besteht in der unmittelbaren Ab- oder Ausstoßung des zu Nahen und Gegenwärtigen. Zusammengefasst richtet sich der primäre Ekel gegen die *drohende oder schon erfolgende Gestaltauflösung des Lebendigen*; er verteidigt die hier und jetzt bedrohte leibliche Integrität.

2 Diese andrängende Nähe des Ekelhaften hat bereits Kolnai betont: »Man fürchtet, sich mit dem Gegenstand zu beschmutzen, von ihm angeklebt zu werden, wohl auch, mit ihm in eine gewisse Gemeinschaft, ein dauerndes, auf einen selbst abfärbendes, die eigene Person beeinträchtigendes Verhältnis zu treten« (Kolnai 2007: 51). Ekel richtet sich gegen eine Nähe, die »auf Ausbreitung, auf […] Anschwellen abgestimmt ist« (ebd.: 54).

Da es sich beim Ekel um eine elementar-körperliche Reaktion handelt, wird er häufig den sogenannten *Basisemotionen* zugerechnet, die sich bei allen Völkern der Welt finden, auch wenn ihre spezifischen Ausprägungen und Objekte kulturellen Einflüssen unterliegen.[3] In der Regel handelt es sich dabei um affektive Reaktionen, die wir mit anderen Tieren teilen, denn die meisten höheren Säugetiere zeigen den Ausdruck und das Verhalten von Angst, Überraschung, Wut, Freude oder Niedergeschlagenheit. Die natürliche Funktion des Ekels wäre dann die einer biologisch bedingten Schutzreaktion gegen infektiöse oder pathogene Stoffe wie etwa faulendes Fleisch oder Fäkalien.[4]

Diese naheliegenden Annahmen treffen so jedoch nicht zu. Ekel im eigentlichen Sinn ist vielmehr eine spezifisch humane Reaktion, und er hat keineswegs nur eine biologische Schutzfunktion. Auch Tiere unterscheiden zwar zwischen Nahrung und Ungenießbarem, sie sträuben oder scheuen sich vor Fremdem oder Bedrohlichem, doch lassen sie keinen eigentlichen Ekel oder Abscheu erkennen, weder in Ausdruck noch in Erbrechen. Viele Tiere suhlen sich in ihren Fäkalien, schnuppern an fremden Exkrementen usw., of-

3 Dazu gehören den Forschungen Paul Ekmans zufolge außer dem Ekel die Emotionen der Freude, Überraschung, Angst, Wut, Verachtung und Trauer (Ekman 2010). – Übereinstimmend mit der Annahme einer primären Ekelreaktion zeigen Säuglinge bereits kurz nach der Geburt bei Kontakt mit sauren, salzigen oder bitteren Aromen einen angedeuteten Ekelausdruck (Steiner 1979; Rosenstein & Oster 1988), der sich auch bei Affen und Ratten findet (Chapman & Anderson 2012). Ob es sich dabei schon um Ekel im eigentlichen Sinn handelt, ist allerdings zu bezweifeln (siehe dazu das Folgende). Im Englischen lässt sich passender zwischen *distaste* und *disgust* unterscheiden, wobei *distaste* eher als Vorstufe zum Ekel anzusehen wäre.

4 Paul Rozin, einer der maßgeblichen Erforscher des Ekels, vertrat die Ansicht, dass alle seine Formen letztlich aus unserer Abscheu vor Substanzen resultieren, die wir nicht zu uns nehmen sollten, wie etwa Würmer oder Fäkalien. Ekel sei also im Kern Nahrungsekel (Rozin et al. 2008).

fenbar ohne dass Ekel sie vor Infektionen schützen müsste.[5] Die Objekte menschlicher Ekelregungen hingegen reichen weit über schädliche Nahrung hinaus – denken wir nur an die religiösen oder Sexualitätstabus und die Reinigungsgebote, die sich in allen Kulturen finden und meist auf Ekelschranken beruhen. Statt uns mit den Tieren gleichzustellen, markiert der Ekel vielmehr eine Barriere gegenüber der »animalischen« Seite des Menschen – eine Barriere, die die Kultur zu errichten strebt. Daher gehören zu den typischen Ekelanlässen auch »unkultivierte«, rohe Verhaltensweisen wie etwa das gierige Verschlingen von Nahrung, Schmatzen, Rülpsen, Schwitzen, Flatulenz, Inkontinenz und mangelnde Körperhygiene.

Ähnlich wie die Scham – in der Hegel »die Scheidung des Menschen von seinem natürlichen und sinnlichen Sein« sah[6] – ist der Ekel offenbar an der Bruchstelle von Natur und Kultur angesiedelt. Diese Einsicht ist in erster Linie Sigmund Freud zu verdanken: Die Entwicklung der Kultur, die Verdrängung animalischer Triebe und die Herausbildung des Ekels sind ihm zufolge aufs Engste miteinander verknüpft. Ekel wird zu einer Abwehrreaktion gegen verpönte Triebneigungen, die vor allem aus der frühkindlichen Sauberkeitserziehung resultiert: Das Kleinkind ist zunächst noch ganz unbefangen gegenüber seinen Ausscheidungen und den entsprechenden Organen; Ekel und Abscheu vor ihnen werden seinem leiblich-emotionalen Gedächtnis erst eingeprägt.[7]

> Das kleine Kind ist frei von ihnen. Es kennt noch keine arge Kluft zwischen Mensch und Tier; der Hochmut, mit dem sich der Mensch vom Tier absondert, wächst ihm erst später zu. Es zeigt noch keinen Ekel vor dem Exkrementellen, sondern erlernt diesen langsam unter dem Nachdruck der Erziehung. (Freud 1969a: 213)

5 Eine Abneigung gegenüber Exkrementen findet sich erstmals bei Bonobos, aber auch hier ohne eindeutige Ekelreaktion (Sarabian et al. 2018).

6 Hegel (1970: 89); vgl. dazu das folgend Kapitel »Scham, Schuld und Leiblichkeit«.

7 Diesen Zusammenhang bestätigt auch die neuere Forschung; vgl. Rozin et al. (2008). Zum Leibgedächtnis siehe Fuchs (2012).

Freud verknüpft nun diese ontogenetisch erworbene Verpönung der Kreatürlichkeit in origineller Weise mit der Phylogenese, nämlich der Entwicklung des aufrechten Gangs: Es war die Erhebung des Menschen vom Boden, die buchstäblich seinen »Hochmut« gegenüber den nunmehr erniedrigten, nämlich dem Unterleib zugehörigen Organen und Triebregungen bewirkte. Der bei den Tieren für die Sexualtriebe leitende Geruchssinn wurde dabei so transformiert, dass die bislang anziehenden Gerüche der Ausscheidungen und Sexualorgane sich in Ekelhaftes verwandelten. Diese organische Verdrängung vermutet Freud erstmals in einem Brief an seinen Freund Wilhelm Fließ:

> [...] bei mir hatte sich die Vermutung an die veränderte Rolle der Geruchssensationen geknüpft: aufrechter Gang, Nase vom Boden abgehoben, damit eine Anzahl von früher interessanten Sensationen, die an der Erde haften, widerlich geworden. [...] (Er trägt die Nase hoch = Er hält sich für etwas besonders Edles). (Freud 1986: 235 f.)

Später festigt sich Freuds Überzeugung, dass der aufrechte Gang dem Menschen nicht nur die Freiheit zum Überblick und zur Handlung gab, sondern auch den Ekel vor dem Unterleib und seinen Ausscheidungen einflößte:

> Es sind vor allem die koprophilen Triebanteile, die sich als unverträglich mit unserer ästhetischen Kultur erwiesen, wahrscheinlich, seitdem wir durch den aufrechten Gang unser Riechorgan von der Erde abgehoben haben. (Freud 1972: 208)
>
> So ergäbe sich als tiefste Wurzel der mit der Kultur fortschreitenden Sexualverdrängung die organische Abwehr der mit dem aufrechten Gang gewonnenen neuen Lebensform gegen die frühere animalische Existenz. (Freud 1974: 235)

Das Kleinkind wiederholt demnach die für die menschliche Kulturentwicklung grundlegende Herabsetzung der Triebsphäre, die besonders die Oralsinne des Geruchs und Geschmacks mit Ekelempfindungen imprägniert. Freud zitiert wiederholt das den Kirchenvätern zugeschriebene »*Inter urinas et faeces nascimur*« (Zwischen Kot und Urin werden wir geboren), in dem sich die besondere Triebfeindlichkeit des Christentums manifestiert: Selbst Fortpflanzung und Geburt fallen hier dem Ekel vor der Ausscheidung und Sexualität anheim.[8]

> Für uns sind die Genitalien schon seit einer langen Reihe von Generationen die *Pudenda*, Gegenstände der Scham, und bei weiter gediehener Sexualverdrängung sogar des Ekels. (Freud 1969b: 166)

Die Einschränkung, ja Umkehrung, die der Ekel der animalischen Lust zufügt, hat aus Freuds Sicht ihre prekäre Seite, denn sie bedroht schließlich auch die menschliche Fortpflanzung: »Das Sexualleben des Kulturmenschen ist doch schwer geschädigt, es macht mitunter den Eindruck einer in Rückbildung befindlichen Funktion.« (Freud 1974: 234) Dies führt zu einer paradoxen Entwicklung: Der Ekel, der als Abwehr des Verdorbenen doch primär dem Schutz des Lebens dient, gefährdet »[...] mit seiner Verwerfungsleistung am Ende die Grundlagen des Lebens selbst und damit auch der Kultur, der er zuarbeitet« (Menninghaus 1999: 284).[9] Wir werden später an der Anorexie noch sehen, dass der Ekel vor dem eigenen Körper tatsächlich lebensbedrohliche Formen annehmen kann.

Wenn Ekel der Verdrängung des ursprünglich Lustvollen dient, nimmt es nicht wunder, dass sich häufig eine Ambivalenz zwischen Ekel und Faszination zeigt: Das Verpönte bleibt das insgeheim Er-

8 Vgl. Freud (1971: 108, 1972: 208 sowie 1974: 235). – Der Satz wird häufig Augustinus zugeschrieben, obwohl er wahrscheinlich eher aus einer Predigt von Bernhard von Clairvaux stammt (⟨https://it.wikipedia.org/wiki/Inter_faeces_et_urinam_nascimur⟩). Freud scheint ihn in einem Anatomie-Lehrbuch von Josef Hyrtl gefunden zu haben, der ihn ohne Quellenangabe einem Kirchenvater zuschrieb (Hyrtl 1889: 820).

9 Freuds Aussichten für diesen Konflikt sind düster: »So müßte man sich denn vielleicht mit dem Gedanken befreunden, daß eine Ausgleichung der Ansprüche des Sexualtriebes mit den Anforderungen der Kultur überhaupt nicht möglich ist, daß Verzicht und Leiden sowie in weitester Ferne die Gefahr des Erlöschens des Menschengeschlechts infolge seiner Kulturentwicklung nicht abgewendet werden können.« (Freud 1972: 209) – Die Entsublimierung der Triebe im Zuge der sexuellen Revolution hat Freuds Befürchtungen zwar nicht bestätigt. Ob der Ekel vor der realen Körperlichkeit in Zeiten der Virtualisierung und des Cybersex nicht wieder zunimmt, sei allerdings dahingestellt.

regende. Auch Kolnai weist auf das Paradoxon hin, dass ekelige Dinge oft eine seltsame Anziehung ausüben; Ekel setze »eine – unterdrückte – Lust an seinem Erreger voraus« (Kolnai 2007: 20). Ein Moment von Ambivalenz liegt bereits in bestimmten Speisen, deren »Hautgout« (d.h. der leicht faulige Geschmack von Wildbret, scharf riechender Käse) gerade zur Delikatesse werden kann. Vor allem aber weisen die verschiedenartigen sexuellen Perversionen, heute Paraphilien genannt, auf die latente Anziehungskraft des Verdrängten hin, die sich – etwa in der Koprophilie, Urophilie oder Nekrophilie – über alle kulturell etablierten Ekelbarrieren hinwegsetzen kann. Das gilt aber im Prinzip schon für die normale Sexualität: Auch sie setzt eine Suspension der Ekelgrenzen voraus, so dass sich in der intimen Begegnung potenziell Aversives in Lustvolles umwandeln kann (Demmerling/Landwehr 2007: 102).

Freilich ist diese Umwandlung, ebenso wie die Überwindung der Scham, an das Begehren, die Öffnung gegenüber dem anderen und die Hingabe an die eigene Kreatürlichkeit gebunden. Erzwungene Sexualität hingegen geht fast immer mit intensiven Ekelgefühlen einher, die sich nach einer Vergewaltigung im Leibgedächtnis festsetzen und sexuelle Begegnungen dauerhaft unerträglich machen können. Betroffene Frauen erleben ihren Körper als beschmutzt, scham- und ekelerregend, bis hin zu Gefühlen von Selbstekel und Selbsthass; schon die vorgestellte Sexualität kann eine Überflutung durch Ekelgefühle auslösen (Brison 2004; Hirsch 2010). Hier zeigt sich der Ekel in intensivster Form als die elementare Abwehr gegen intrusive Nähe und Überwältigung der leiblichen Grenzen.

Sublimationsformen des Ekels

Die kulturelle Überformung primärer Ekelregungen führt nun auch zu Phänomenen der Sublimierung, die über die stofflichen Ekelanlässe hinaus gehen und sich besonders in moralischem Abscheu, sozial exkludierendem und schließlich existenziellem Ekel manifestieren.

1) Moralischer Ekel

Im moralischen Ekel erweitert sich die leibliche Aversion gegenüber Verdorbenheit und Fäulnis auf persönliche Qualitäten wie Falschheit, Niedertracht oder Korruption, aber auch auf verpönte sexuelle Verhaltensformen wie Inzest und sexuelle Perversionen, die wir bereits thematisiert haben. Man könnte zunächst annehmen, es handele sich einfach um eine Übertragung leiblicher Aversion auf ein moralisch verwerfliches Verhalten. Doch bei näherer Untersuchung zeigt sich, dass es weniger offene Verstöße gegen moralische Normen sind, die Ekel hervorrufen, sondern eher ein bestimmter, zweideutiger Stil des Verhaltens, nämlich das Falsche, Heuchlerische oder »Anrüchige«, das ihm anhaftet. Denn diese Qualitäten gleichen der Art und Konsistenz der Übergangszustände, die wir bereits als Anlässe für den stofflichen Ekel identifiziert haben, insbesondere dem Verdorbenen, Schleimigen oder Klebrigen, das sich dem Leib andrängt.

So gilt eine typische Ekelregung dem sich unterwürfig anbiedernden Schmeichler, dessen derbere Bezeichnungen nicht zufällig mit den Körperöffnungen verbunden sind: »Speichellecker«, »Schleimer« oder gar »Arschkriecher«. Auch das schlangenartig Gewundene eines Menschen bezeichnet eine ähnliche Qualität im stofflichen und im moralischen Ekel. Was diesem Typus das Ekelhafte einträgt, ist mithin das Gegenteil von Echtheit und Aufrichtigkeit, nämlich eine gleichsam wurmartige, kriecherische und heuchlerische Haltung. Ein besonders ausgeprägter Ekel kann einen erfassen, »[...] wenn man etwa Schmeicheleien aus jemandes Munde anhören muß, den man sich im Grunde nicht wohlgesinnt weiß« (Kolnai 2007: 44).

Eine klassische Beschreibung dieses Charaktertypus gibt Charles Dickens in seinem Roman *David Copperfield* mit der Figur des Anwaltsgehilfen Uriah Heep. Die devote, aber nur gespielte Bescheidenheit und feige Unterwürfigkeit, mit der Heep sich Copperfield andient, sind geeignet, nicht nur im Protagonisten des Romans, sondern auch im Leser Abscheu und Ekel hervorzurufen. Das wird noch verstärkt durch die Qualitäten des Feuchten, Fischigen und Gewundenen, die Copperfield in seinen Schilderungen Uriah Heeps immer wieder hervorhebt:

Was war das für eine kalte und feuchte Hand! [...] So widerlich war mir seine feuchte Hand, daß die Erinnerung an ihre feuchte Kälte noch nicht von mir weichen wollte, als ich in mein Zimmer hinaufstieg. (Dickens 2009: 299)

Ununterbrochen drückte er mir mit seinen feuchten fischigen Fingern die Hand, während ich mir alle Mühe gab, sie dieser reptilhaften Umschlingung zu entziehen. (Ebd.: 734)

[...] während [...] die schlangenhaften Windungen seinen Körper vom Kinn bis zu den Stiefeln durchliefen. (Ebd.: 488)

Das leiblich spürbare Ekelhafte wird hier zum Ausdruck des charakterlich Widerwärtigen, da es die gleiche qualitative Anmutung hat. Nicht umsonst ist Dickens' Uriah Heep zu einem Inbegriff für Kriechertum, Rückgratlosigkeit und Falschheit geworden.

Ein verwandtes Phänomen ist der Ekel vor der *Korruption*, also vor der moralischen »Verdorbenheit«. Auch hier haben wir es mit einem ambivalenten Zwischenbereich des Verhaltens und Charakters zu tun: Nicht der entschlossen Böse oder Grausame ist hier Gegenstand des Ekels, sondern vielmehr der Heuchler, Scheinheilige oder Pharisäer, der sich insgeheim seinem Egoismus hingibt, dabei aber doch die Maske des Ehrenmannes aufbehält. Neben Molières Tartuffe kann die Figur des Komarowski in Pasternaks *Doktor Schiwago* als literarisches Beispiel dienen: ein verschlagener, opportunistischer Rechtsanwalt, der in der russischen Revolution schmutzige Geschäfte macht und sich den neuen Machthabern auf verlogene, intrigante Weise andient. »Schmutz« ist zunächst einer der Auslöser stofflichen Ekels, der hier aber eine moralische Qualität bezeichnet. Auch Komarowskis erpresserische Annäherung an Juri und Lara erhält diese Qualität, insofern die Werte, die sie verkörpern, von Komarowski gleichsam »in den Dreck« gezogen werden. Erneut überträgt sich der stoffliche Ekel in die moralische Sphäre, wo er zum Abscheu vor einer »Besudelung« des Wertvollen wird.

Sartre hat sich in der bereits erwähnten Passage von *Das Sein und das Nichts* auch mit der Frage auseinandergesetzt, wie sich die aversiven Qualitäten des »Klebrigen«, »Schleimigen« oder »Haftenden« überhaupt auf menschliche Verhaltensweisen und Charakterzüge übertragen können. Wie kann ein physischer Stoff, ein Händedruck, ein Lächeln oder eine moralische Gemeinheit gleichermaßen als klebrig empfunden werden? Wird das Klebrige nur symbolisch auf nicht physische Anlässe übertragen oder auf sie projiziert? Doch es ist nicht zu sehen, worauf sich eine solche Symbolik oder Projektion stützen könnte, wenn das Physisch-Klebrige nicht selbst schon einen ursprünglichen emotionalen Sinn in sich trüge. Wir müssen also, so folgert Sartre, schon zuvor »die Gemeinheit im Klebrigen« und umgekehrt das »Klebrige in einer bestimmten Art menschlicher Gemeinheit erfaßt haben« (Sartre 1962: 758):

> Es ist, als tauchten wir in einem Universum auf, in dem die Gefühle und Handlungen mit Stofflichkeit ganz beladen und *in Wahrheit* weich, flach, klebrig, niedrig, erhaben usw. sind, und wo die stofflichen Substanzen ursprünglich eine psychische Bedeutung haben, die sie widerlich, entsetzlich, anziehend usw. macht. Aus der Projektion oder Analogie ist hier nichts zu erklären. (Ebd.)

Das Klebrige und Visköse, das sich vom Leib nicht ablösen oder abschütteln lässt, enthält demnach bereits für das Kind die implizite Qualität des Ekeligen, die sich später auch im Verhalten eines Menschen manifestieren kann. Ja, letztlich bedeuten alle Stoffe und Dinge, mit denen das Kind leiblichen Kontakt hat – »das Klebende, das Teigige, das Dunstige usw., die Löcher im Sand, in der Erde, die Höhlen, das Licht, die Nacht usw.« – eine »[...] Gesamtheit von *Schlüsseln,* mit denen es das Sein aller menschlichen Fakten entschlüsseln kann« (ebd.: 766).

Der Ekel bildet damit ein Beispiel für das, was ich an anderer Stelle ein »leibliches Existenzial« genannt habe, nämlich eine verkörperte Grunderfahrung, die in verschiedenen Bereichen der Wirklichkeit wiederkehrt und sich in der Polyvalenz und Metaphorik des sprachlichen Ausdrucks spiegelt.[10] Solche Existenzialien dienen uns, wie Sartre es ausdrückt, als Schlüssel oder *Passepartouts* zur qualitativen Erschließung der Welt. Am Leitfaden des Leibes vermitteln sie eine übergreifende »Semantik der Existenz«: Das *Bittere* des Geschmacks findet sich wieder im Gefühl der Verbitterung, das *Süßliche* im Kitsch, das *Anrüchige* in der Korruption, die *Wärme* in der Freundlichkeit, die *Kälte* in der Erfahrung des sozialen Ausschlusses usw. Neuere Forschungen zur Verkörperung von Gefühlen haben diese leiblichen Grundqualitäten auch empirisch bestätigt.[11]

2) Exkludierender Ekel

Dem moralischen Ekel verwandt ist der Ekel, der sich auf diskriminierte soziale Gruppen, Minderheiten oder Ethnien richtet, denen die gleichberechtigte Teilhabe an der Gesellschaft nicht zugestanden wird. Ethnisch oder religiös begründete Feindschaften und rassistische Ideologien bilden die Basis für Aversionen, bei denen sich häufig Verachtung, Abscheu und Ekel miteinander verbinden. Kolnai wies darauf hin, dass in der Ekelintention »eine gewisse Geringschätzung ihres Objekts, ein Gefühl der Überlegenheit enthalten« sei (Kolnai 2007, 18). Darin kommt sie bereits der Verachtung gegenüber dem Niedrigen, Unfähigen oder Unvornehmen nahe; auch mimisch zeigt die Verachtung häufig einen angedeuteten Ekelausdruck. So stimmen beide Gefühle auch in ihrer abgrenzenden und exkludierenden Rolle überein.

10 Vgl. Fuchs (2000: 202 ff.), sowie zur grundsätzlichen Verkörperung sprachlicher Metaphorik Lakoff & Johnson (1998).

11 Vgl. das Kapitel »Verkörperte Emotionen« in diesem Band. So empfinden Versuchspersonen mit einer heißen Tasse Kaffee in der Hand ihnen unbekannte Porträtbilder als wärmer und sympathischer, als wenn sie eine eisgekühlte Tasse halten (Williams & Bargh 2008, Bargh & Melnikoff 2019); das heißt, physische Wärme transformiert sich in interpersonale Wärme. Umgekehrt schätzen Testpersonen nach dem Ausschluss aus einer Gruppe die Raumtemperatur als signifikant kälter ein als zuvor (Zhong & Leonardelli 2006); interpersonale Kälte wird somit auch als physische Kälte empfunden.

Die stoffliche Herkunft des Ekels bleibt dabei deutlich erkennbar, nämlich an seiner Verknüpfung mit der vorgeblichen *Unreinheit* der Fremdgruppe – man denke etwa an die Parias oder »Unberührbaren« in Indien.[12] Dies führt häufig zu einem System von ekelgestützten Tabus und Ausgrenzungen, wie sie etwa für Apartheid-Systeme charakteristisch sind. Nehmen die Feindseligkeit und der Hass gegenüber der diskriminierten Gruppe zu, so wird sie in typischer Hetzpropaganda immer mehr zum Inbegriff des Abstoßenden und Ekelerregenden, zu »Ungeziefer«, »Schädlingen« oder »Parasiten«, die die Reinheit der eigenen Gruppe bedrohen. Der nationalsozialistische Antisemitismus stützte sich in besonderer Weise auf diese Transformation des primären Ekels, etwa in Hitlers *Mein Kampf*:

> Gab es denn da einen Unrat, eine Schamlosigkeit in irgendeiner Form, vor allem des kulturellen Lebens, an der nicht wenigstens ein Jude beteiligt gewesen wäre? Sowie man nur vorsichtig in eine solche Geschwulst hineinschnitt, fand man, wie die Made im faulenden Leibe, oft ganz geblendet vom plötzlichen Lichte, ein Jüdlein. (Hitler 1935; 61)

Ekel als Affekt, der auf die Ausstoßung des Fremden aus dem eigenen Körper zielt, wird hier auf die verabscheute Gruppe übertragen, die als eine Art innerer Parasit der Gesellschaft bekämpft und eliminiert werden soll. Eine vergleichbare Propagandasprache findet sich im Vorfeld der meisten Genozide, und gerade die Verknüpfung der Emotionen von Hass und Ekel erweist sich dabei als besonders gefährlich.[13] In *Hiding from Humanity* hat Martha Nussbaum (2006) die exkludierende und dehumanisierende Funktion des Ekels hervorgehoben: Er trage dazu bei, eine latent empfundene Inferiorität, Insuffizienz und Vulnerabilität auf eine gegnerische Gruppe zu projizieren.

12 Der körperliche Kontakt mit Angehörigen niedrigerer Kasten ist im klassischen Hinduismus strikt untersagt; auch von »unreinen« Personen berührte Speisen sind selbst unrein und damit tabu.

13 Vgl. Munch-Jurisic (2018) sowie das Kapitel »Grenzen der Empathie« in diesem Band.

Ekel wurde im Laufe der Geschichte immer wieder eingesetzt, um Gruppen oder Menschen auszugrenzen und zu marginalisieren, die die Angst und den Abscheu der dominanten Gruppe vor ihrer eigenen Animalität und Sterblichkeit verkörpern. (Nussbaum 2006: 14; Übers. T. F.)

Damit verknüpfen sich im Ekel vor fremden Gruppen »magische Vorstellungen von Verunreinigung und ein unmögliches Streben nach Reinheit [...], die einfach mit dem menschlichen Leben, wie wir es kennen, nicht in Einklang zu bringen sind« (ebd.). In den Genoziden wird der latente Abscheu vor der eigenen Schwäche und Vulnerabilität auf den Feind projiziert und erzeugt eine zentrale Motivation zu dessen Ausstoßung oder Vernichtung. Nussbaum gelangt zu dem nachdenklichen Schluss:

Vielleicht können wir nur schwer mit dem Bewusstsein leben, dass wir aus klebrigen und schleimigen Substanzen bestehen, die nur allzu bald zerfallen werden. (Ebd.)

»Hiding from humanity« – die eigene, hinfällige Menschlichkeit vor sich selbst zu verbergen und unverletzlich, ja unsterblich sein zu wollen, wird damit zu einem der abgründigen Motive für die Schrecken der Geschichte.

3) Existenzieller Ekel

Als letzter Sublimierungsform des Ekels wenden wir uns dem existenziellen Ekel zu, wie ihn besonders Sartre bekannt gemacht hat, freilich in einer spezifisch-existenzialistischen Form. Doch bereits seit der Antike war das Phänomen unter dem Begriff des *Taedium vitae*, also des Lebensüberdrusses, geläufig, den zuerst Seneca in die Moralphilosophie einführte.[14] Die spätere Patristik und die Ordenslehrer des frühen Mittelalters kennen die *Acedia* der Mönche (von griech. *akedía*, d. h. Trägheit, Erschöpfung, Überdruss), die auch als *Taedium cordis*, Herzensekel, bezeichnet wurde.[15] Die Monotonie des Klosterlebens, das sich wiederholende

14 Briefe an Lucilius (insbesondere Seneca 2007: 144; 2009: 44).

15 So von dem frühchristlichen Mönch und Theologen Johannes Cassianus (ca.

Immergleiche führen zu innerer Leere, Langeweile und schließlich Ekel, worin sich der Mensch selbst zur Last wird.

In der Moderne wird der melancholische Lebensüberdruss zu einem vielbeachteten Thema der Literatur und Medizin, im englischen Sprachraum als *Spleen,* im französischen als *Ennui* bekannt. Goethe widmet ihm in »Dichtung und Wahrheit« eine eigene Beschreibung, als Teil seines eigenen Lebensgefühls in der Werther-Periode und zugleich als Zeitgeist-Phänomen des späteren 18. Jahrhunderts:

> Alles Behagen am Leben ist auf eine regelmäßige Wiederkehr der äußeren Dinge gegründet. Der Wechsel von Tag und Nacht, der Jahreszeiten, der Blüten und Früchte, und was uns sonst von Epoche zu Epoche entgegentritt, damit wir es genießen können [...]; wälzt sich aber die Verschiedenheit dieser Erscheinungen vor uns auf und nieder, ohne daß wir daran teil nehmen [...]: dann tritt das größte Übel, die schwerste Krankheit ein, man betrachtet das Leben als eine ekelhafte Last. Von einem Engländer wird erzählt, er habe sich aufgehangen, um nicht mehr täglich sich aus- und anzuziehen. (Goethe 1949: 631f.)

Auch Goethe bringt den Lebensekel also mit der leeren Wiederholung in Zusammenhang, einem Geschehen, für das man sich nicht mehr engagieren kann. Kolnai weist auf die leibliche Grundlage dieses Ekels hin: Es ist das Gefühl der Übersättigung, des »Zuviel«, das besonders nach überreichem Speise-, insbesondere Süßigkeitengenuss auftreten kann (Kolnai 2007: 39f.). Dieser »Überdrussekel« vermag selbst das sonst Angenehme in Schales oder Widerwärtiges umzuwandeln. Existenziell tritt an die Stelle eines sinnvollen Zusammenhangs des eigenen Lebens das sich leer wiederholende Einzelne, das einen anödet und aus dem sich nichts belebendes Neues mehr heraushebt, wie Karl Philipp Moritz es in *Anton Reiser* schildert:

360-435) oder später dem Kartäuserprior Guigo (gest. 1193): »Dich ergreift oft, wenn du allein in der Zelle bist, eine gewisse Trägheit. Mattigkeit des Geistes, Herzensekel; du spürst einen gewissen, sogar sehr großen Überdruß in dir selbst; du bist dir zur Last« (zit. nach Schmitz 1981; 233).

Das Einzelne, Abgerissene und Zerstückte in seinem Dasein war es immer, was ihm Verdruß und Ekel erweckte [...]. Dann war alles so unbedeutend, so leer und trocken, und nicht der Mühe des Denkens wert. (Moritz 1906: 430)

Die Auflösung des Lebens in repetitive, in sich bedeutungsleere Einzelfragmente ist auch die Grundlage der existenziellen Langeweile, die Stefan Heym in seinem Tagebuch schildert:

Es ist immer das gleiche, so langweilig, langweilig, langweilig. Es geschieht nichts, nichts, nichts. Wenn doch einmal etwas geschehen wollte, was nicht diesen faden Geschmack von Alltäglichkeit hinterläßt. Wenn ich mich frage, warum ich bis jetzt gelebt habe. Ich wüßte keine Antwort. (Heym 1960: 138 f.; zit. n. Schmitz 1981: 239)

In der Existenzphilosophie erfahren nun Langeweile, Überdruss und Lebensekel gewissermaßen eine Nobilitierung, insofern sich in ihnen nicht nur eine schale, leere Stimmung ausdrückt, sondern geradezu das Wesen der Existenz sich zu enthüllen vermag, nämlich als radikale Kontingenz und Faktizität. Heidegger beschreibt in seiner Antrittsvorlesung von 1929 die tiefe, anlasslose Langeweile als eine Erfahrung des »Seienden im Ganzen«, das sich »*gerade als solches* in seiner Gleichgültigkeit« zeigt (Heidegger 1983: 208). In der Leere der Langweile, in der einen nichts mehr angeht, tritt das aller Möglichkeiten, Inhalte und Fülle beraubte Dasein selbst hervor, reduziert auf ein *factum brutum*, ein nacktes, grundloses Da.

Ihren Höhepunkt erreicht diese existenzphilosophische Deutung in Sartres Roman *Der Ekel* (*La nausée*, 1938). Sein Protagonist, der junge Historiker Antoine Roquentin, empfindet eine zunehmende Entfremdung von der Realität. Die vorüberziehenden Dinge, sei es ein Stapel von Papier oder ein Kieselstein, aber auch die Menschen in ihrem Kommen und Gehen, lösen ein Gefühl der Übelkeit und des Ekels in ihm aus. Diese Entfremdung greift auch auf Roquentins eigenen Körper über, so dass er geradezu Abscheu vor ihm empfindet:

Ich sehe meine Hand, die sich auf dem Tisch ausbreitet. Sie lebt – da bin ich. Sie öffnet sich, die Finger spreizen und strecken sich. Sie liegt auf dem

Rücken. Sie zeigt mir ihren fetten Bauch. Sie sieht aus wie ein umgefallenes Tier. Die Finger, das sind die Beinchen [...,] ich werde weiter fühlen, dass sie existiert, ich kann sie nicht unterdrücken, noch kann ich den Rest meines Körpers unterdrücken, weder die feuchte Wärme, die mein Hemd schmutzig macht, noch dieses ganze warme Fett, das träge kreist [...]. (Sartre 1982: 157f.)

Das Gefühl erfasst schließlich das eigene Dasein selbst, als »Abscheu zu existieren« (»dégoût d'exister«; ebd., 108).[16] Im Verlauf seiner bohrenden Reflexionen wird Roquentin immer deutlicher, dass dieses Gefühl letztlich in der Zufälligkeit und Grundlosigkeit aller Dinge wurzelt und damit den Verlust jedes sinnvollen Zusammenhangs des Lebens anzeigt. In seiner berühmten Meditation über eine Baumwurzel erfährt er die pure Faktizität der Existenz:

Die Wurzel des Kastanienbaums bohrte sich in die Erde, genau unter meiner Bank. Ich erinnerte mich nicht mehr, daß das eine Wurzel war. Die Wörter waren verschwunden, und mit ihnen die Bedeutung der Dinge, ihre Verwendungsweisen [...]. Ich saß da, etwas krumm, den Kopf gesenkt, allein dieser schwarzen und knotigen, ganz und gar rohen Masse gegenüber, die mir Angst machte. Und dann habe ich diese Erleuchtung gehabt. Das hat mir den Atem geraubt. Nie, vor diesen letzten Tagen hatte ich geahnt, was das heißt: »existieren«. (Sartre 1982: 200).

Roquentin erfährt das schiere Sein des Dinges »Wurzel«, jenseits aller Funktionen, Erklärungen und Benennungen, durch die wir sonst die Dinge ordnen und zugleich auf Distanz halten. Aufdringlich greifen sie nun auf das Subjekt über und lösen den Ekel der Existenz aus:

Und dann plötzlich: auf einmal war es da, es war es klar wie das Licht: die Existenz hatte sich plötzlich enthüllt. Sie hatte ihre Harmlosigkeit einer abstrakten Kategorie verloren: sie war der eigentliche Teig der Dinge, diese Wurzel war in Existenz eingeknetet. Oder vielmehr, die Wurzel, das Gitter

16 Das französische *nausée* bedeutet sowohl »Übelkeit«, wie sie einen etwa bei Seekrankheit befallen kann, als auch »Ekel« (franz. auch *dégoût*). Die übliche deutsche Übersetzung des Romantitels ist der Tradition des Lebensekels jedenfalls angemessen; vgl. auch Menninghaus (1999: 505).

des Parks, die Bank, das spärlichste Gras des Rasens, das alles war entschwunden; die Vielfalt der Dinge, ihre Individualität waren nur Schein, Firnis. Dieser Firnis war geschmolzen, zurück blieben monströse und wabbelige Massen, ungeordnet – nackt, von einer erschreckenden und obszönen Nacktheit. (Ebd.: 201)

Das Existieren zu erfahren, heißt das nackte Dass, das unbezügliche Dasein der Dinge zu erfassen, die nicht mehr in eine vertraute Lebenswelt eingebettet sind und die auch nicht mehr durch Sprachzeichen an ihren Platz verwiesen werden: »Die Dinge haben sich von ihren Namen befreit. Sie sind da, grotesk, eigensinnig, riesenhaft [...]: ich bin inmitten der Dinge, der unnennbaren Dingen. Allein, ohne Wörter, ohne Schutz« (ebd.: 198).

Die Wahrnehmung der radikalen Kontingenz und der sinnlosen Faktizität der Welt bedeutet aber zugleich die sonst verdeckte Erfahrung der *eigenen* Existenz, nämlich in ihrer radikalen Beziehungslosigkeit und Isolation.

Die Kontingenz ist kein Trug, kein Schein, den man vertreiben kann; sie ist das Absolute, folglich die vollkommene Grundlosigkeit. Alles ist grundlos, dieser Park, diese Stadt und ich selbst. Wenn es geschieht, daß man sich dessen bewußt wird, dreht es einem den Magen um, und alles beginnt zu schwimmen [...]: das ist der Ekel. (Ebd.: 207)

Dem Überdrussekel entsprechend nennt Sartre die Erfahrung der Existenz auch die des »Zuviel« *(de trop)* (ebd.: 202): Das übermäßig Dichte, Dicke, Weiche, Klebrige geht von den existierenden Dingen aus, wenn sie in ihrem grundlosen, nackten Dasein zutage treten und sich so dem Subjekt entgegendrängen.

[...] ich schüttelte mich, um diese schmierige Sauerei loszuwerden, aber sie hielt, und es gab soviel davon, Tonnen um Tonnen von Existenz, unbegrenzt; ich erstickte mitten in diesem unermesslichen Überdruß *(ennui)*. (Ebd.: 212 f.)

Es lohnt sich an dieser Stelle, Sartres Faktizität der Existenz mit einer zunächst entlegen erscheinenden scholastischen Lehre zu vergleichen, nämlich die der *Haecceitas* (wörtl. »Diesheit«).[17] Dieser Kunstbegriff wurde von Johannes Duns Scotus gebildet, um die spezifische Individualität des Einzeldings zu bezeichnen (Duns Scotus 2015: 5). Thomas von Aquin und andere Scholastiker hatten das Einzelne nur als einen Sonderfall des Allgemeinen angesehen: Es besitzt zwar eine »Washeit« *(Quidditas)*, die es einem allgemeinen Begriff zuordnet, aber das Individuum *als solches* hat keinen Begriff, es lässt sich nicht aussagen *(individuum est ineffabile)*. Duns Scotus' Gedanke der *Haecceitas* impliziert nun, dass das Individuum zwar nicht begrifflich bezeichnet, aber doch *gezeigt* werden kann, eben als das »Dies-da« *(haec)*. Die individuelle Existenz bedeutet daher keinen Mangel, sondern vielmehr eine Vollkommenheit, nämlich die Einmaligkeit eines selbstständigen, nicht weiter ableitbaren Seienden. Damit erhält das Individuum sogar den Vorrang gegenüber dem Allgemeinen; die *Haecceitas* verleiht ihm die Intensität einer *Anwesenheit*, die die Allgemeinheit des Begriffs oder der Idee übersteigt.

Bei Sartre sind nun die Dinge ihrer *Quidditas*, ihrer allgemeinen, begrifflichen Bestimmungen, entkleidet und treten in ihrer gleichsam ungezähmten, rohen Existenz hervor, ihrer puren »Diesheit«:

> Diese Wurzel […] existierte insofern, als ich sie nicht erklären konnte. Knorrig, inert, namenlos, faszinierte sie mich, erfüllte meine Augen, führte mich ständig auf ihre eigene Existenz zurück. […] Die Funktion erklärte nichts; sie ließ in groben Zügen verstehen, was eine Wurzel war, aber keineswegs *diese hier*. (Sartre 1982: 204 f.)

Hier lässt sich noch eine weitere Erfahrung der Existenz vergleichend heranziehen, nämlich Aldous Huxleys Bericht über seine Erlebnisse im Mescalinrausch (Huxley 1989). Darin schildert er die »unendliche Bedeutungsfülle der bloßen Existenz und des nicht in Begriffe gefaßten Ereignisses« (ebd.: 22), die überwältigende »Daseinsintensität« (ebd.: 17) der sinnlich wahrgenommenen Dinge und, mit einem Begriff Meister Eckarts, ihre »Istigkeit« (ebd.: 15):

17 Vgl. zum Folgenden auch Cross (2022) sowie Leidi (2015).

Diese Falten in meiner Hose – welch ein Labyrinth unendlich bedeutsamer Vielfältigkeit! Und das Gewebe des grauen Flanells – wie reich, wie tief bedeutsam und geheimnisvoll üppig. (Ebd.: 25) – Stärker sogar als der Sessel [...] waren die Falten meiner Hose mit »Istigkeit« geladen. (Ebd.: 27)

Wie sich zeigt, kann die Erfahrung der puren Existenz auch einen mystischen Charakter annehmen. Doch Roquentins *Haecceitas* oder *Istigkeit* ist nicht die intensivste, vollkommene Anwesenheit der einmaligen, individuellen Dinge, sondern nur noch das ekelerregende Hervorquellen des grund- und beziehungslosen Einzelnen. Die seienden Dinge sind nicht mehr wie bei Duns Scotus oder Meister Eckart eingebettet in ein umgreifendes, göttliches Ganzes, das sie gerade in ihrer Individualität hervortreten lässt und erhält, sondern sie verlieren sich in ihrer isolierten, entfremdeten Existenz. Nicht zufällig erinnern Sartres Beschreibungen des Ekels an die psychiatrischen Phänomene der *Derealisation*, also des Verlusts der Einbettung der Dinge in eine vertraute, kohärente Realität,[18] und der *Depersonalisation*, der Selbstentfremdung des Subjekts. In ihr wird nicht nur der Leib zu einem fremden, ja wie im Fall von Roquentins Hand zu einem widerwärtigen Ding, sondern das eigene Dasein selbst erscheint in seiner rohen, kontingenten Faktizität:

Und es stimmte, ich war mir dessen immer bewußt gewesen: ich hatte kein Recht zu existieren. Ich war zufällig erschienen, ich existierte wie ein Stein, eine Pflanze, eine Mikrobe. (Ebd.: 135)

Sogar in diesem Moment – es ist gräßlich, wenn ich existiere, *so*, *weil* es mich graut zu existieren. Ich selbst, *ich bin es,* der mich aus dem Nichts zieht, nach dem ich trachte: der Haß, der Abscheu zu existieren, das sind

18 So beschreibt Renée, eine Patientin von Marguerite Sechehaye, ihr Erleben in einer Psychose ganz ähnlich zu Roquentins Ekel: »Ich sah die Gegenstände so ausgeschnitten, so voneinander gelöst [...], dass sie mir irrsinnige Angst machten; wenn ich zum Beispiel einen Stuhl oder ein Gefäß ansah, dann dachte ich nicht mehr an ihre Verwendung, ihre Funktion [...]. Sie hatten ihren Namen, ihre Funktion, ihre Bedeutung verloren; sie waren ›Dinge‹ geworden. Und diese ›Dinge‹ begannen nun zu existieren. Eben diese Existenz jagte mir solche Angst ein. [...] Ich versuchte, ihrem Zugriff dadurch zu entgehen, dass ich ihren Namen aussprach. Ich sagte: ›Stuhl‹, ›Krug‹, ›Tisch‹ – ›Das ist ein Stuhl‹ –; doch das Wort war wie abgezogen, jeder Bedeutung entleert« (Sechehaye 1973, 41 f.).

wiederum nur Arten, mich existieren zu *machen*, in die Existenz einzutauchen. (Ebd.: 159)

Die Existenz ist grundlos, sie bringt sich fortwährend selbst hervor, doch nur als ein *être de trop*, ein sich selbst ekelhaftes, überflüssiges Fortquellen, das nicht mehr in einer sinnvollen Welt beheimatet ist und das doch darin gerade eine radikale Form von Freiheit findet:

Ich bin frei: ich habe keinen einzigen Grund mehr zu leben, alle, die ich ausprobiert habe, haben versagt, und ich kann mir keine anderen mehr ausdenken. [...] Ich bin allein auf dieser weißen Straße, die von Gärten gesäumt ist. Allein und frei. Aber diese Freiheit gleicht ein wenig dem Tod. (Ebd.: 245 f.)

Damit sei die Untersuchung des existenziellen Ekels abgeschlossen. Seine literarische Kulmination bei Sartre hat noch einmal bestätigt, dass Ekel tatsächlich als ein *leibliches Existenzial* angesehen werden kann – als ein Gefühl, das zwar der leiblichen Erfahrung des Abscheus gegenüber Speisen und Stoffen entstammt, das sich aber auch auf unstoffliche Phänomene wie moralisches Verhalten zu richten und schließlich sogar das existenzielle Gefühl angesichts der abgründigen Kontingenz der Welt auszudrücken vermag.

Ekel und Psychopathologie

Dass der Ekel auch bei psychischen Störungen eine wichtige Rolle spielt, nimmt nach diesen Analysen nicht wunder, handelt es sich doch über den primären stofflichen Abscheu hinaus um ein leibliches Grundverhältnis zur Welt, nämlich um das Ab- und Ausstoßen von Fremdem aus der Eigensphäre. Erfahrungen der Entfremdung und des Verlusts der Vertrautheit mit der Umwelt gehen daher häufig mit Ekelempfindungen einher.

1) Zwangsstörung

Die krankhafte Furcht und der Ekel vor *Kontamination*, also vor Verunreinigung durch Schmutz oder Ansteckung durch Bakterien, Viren etc., sind charakteristisch für die Zwangsstörung, speziell in ihrer Ausprägung als »Mysophobie« (von griech. *mýsos* = Ekelerregendes, Besudelung). Die Betroffenen vermeiden es, Türgriffe, Haltestangen oder Geländer anzufassen, Tasten oder Knöpfe zu drücken, Geldmünzen oder öffentliche Toiletten zu benutzen. Mit zunehmender Dauer der Störung entwickeln sich meist Reinigungs- und Waschrituale, die stundenlang andauern können. Im Extremfall meiden die Betroffenen jeden Körperkontakt und intime Beziehungen. Die Zwänge engen ihr Leben immer mehr ein, und die Patienten sehen sich schließlich umringt von der Allgegenwart des Schmutzigen, Unreinen oder Ansteckenden, von dem sie sich trotz aller Bemühungen nicht befreien können.

Aus einer anthropologischen Sicht sind solche Zwänge nicht etwa nur auf eine exzessive Sauberkeitserziehung zurückzuführen (von Gebsattel 1954), zumal die Betroffenen den Zwang als ganz unsinnig und ich-dyston (also sich selbst fremd) erleben. Zwänge verweisen vielmehr auf einen tieferen Mangel des Selbstwertgefühls: In ihnen manifestiert sich das Bedürfnis, das eigene Wertlose, Unreine, Schlechte oder Schmutzige in Gestalt des äußeren Schmutzes gleichsam dingfest zu machen und sich von ihm zu befreien. Dieser Zusammenhang betrifft besonders eigene Schuldgefühle. Ein literarisches Beispiel finden wir in Shakespeares Lady Macbeth: Nachdem sie ihren Ehemann zum Mord an König Duncan angestiftet hat, glaubt sie Blutflecken an ihren Händen zu sehen und entwickelt einen Reinigungszwang, um die Flecken und damit die quälenden Schuldgefühle von sich abzuwaschen: »Fort, verdammter Fleck, fort, sag ich! [...] Wie, wollen diese Hände denn nie rein werden?«[19]

»Seine Hände in Unschuld waschen« – dieser Zusammenhang

19 Shakespeare, *Macbeth*, V. Akt, 1. Szene (Shakespeare 2000: 671).

zwischen körperlicher und moralischer Reinheit ist als »Lady-Macbeth-Effekt« in der Embodiment-Forschung auch empirisch bestätigt worden. Händewaschen reduziert nachweislich Schuld- und Ekelgefühle, die durch tatsächliche oder vorgestellte moralische Vergehen hervorgerufen wurden (Zhong & Liljenquist 2006). Darüber hinaus schwächt es die Ekelempfindungen bei der Beurteilung von Fehlverhalten ab und mildert damit das moralische Urteil (Schnall et al. 2008, Tobia 2015). Umgekehrt führt die Induktion von Schuldgefühlen bei Versuchspersonen vermehrt zu zwanghaftem Wasch- und Kontrollverhalten (D'Olimpio & Mancini 2014). Es handelt sich also beim Zusammenhang von Schuld, Ekel und Reinigung erneut um ein leibliches Existenzial oder eine verkörperte Metapher (Lakoff & Johnson 1998): *rein* bedeutet »sauber« ebenso wie »schuldlos«. Für die in den meisten Religionen anzutreffenden Reinigungsrituale – man denke etwa an das Bad im Ganges im Hinduismus – spielt dieser Zusammenhang offensichtlich eine zentrale Rolle.

Auch die Reinigungszwänge beruhen auf diesem Existenzial. Doch gerade weil es sich beim zugrundeliegenden Selbstwertmangel um ein tieferes, existenzielles Gefühl handelt, gelingt es den Zwangskranken trotz aller Kontroll- und Reinigungsrituale nicht, sich vom Schmutz zu befreien – das Unreine lässt sich nicht abschütteln, denn es stammt aus dem eigenen Inneren. Der Ekel ist letztlich ein verborgener Selbstekel. So bleibt das Schmutzige allgegenwärtig, ja, es bleibt buchstäblich an den Kranken kleben und löst damit eben den Ekel aus, den Sartre anhand der Qualität des Klebrigen so eindringlich beschrieben hat (s. o.).

2) Anorexie

Auch wenn Ekel primär die Funktion erfüllt, den Körper vor dem Eindringen schädlicher Fremdstoffe zu schützen, so haben wir doch bereits bei Sartre gesehen, dass der eigene Körper auch selbst in das Feld des Ekels geraten kann, nämlich wenn er sich dem Subjekt entfremdet und zu einem unförmigen, massigen, entstellten oder in anderer Weise fremdartigen *Ding* wird. In der bekannten Terminologie Plessners lässt sich das auch so ausdrücken, dass hier das »Körper-Haben« immer mehr an die Stelle des sonst selbstverständlichen »Leib-Seins« tritt.[20] In besonderer Weise manifestiert sich diese Selbstentfremdung in der Magersucht oder Anorexia nervosa.

Die Magersucht wird oft in erster Linie als eine Störung des Körperbildes betrachtet, bei der sich die Betroffenen dem Diktat eines herrschenden Schlankheitsmodells unterwerfen. Diese Charakterisierung übersieht jedoch die tiefgreifenden Veränderungen des leiblichen Selbsterlebens bei Magersüchtigen. Auch wenn das Streben nach einem idealen Körperäußeren häufig den Einstieg in die Störung darstellt, besteht der eigentliche Konflikt in einer grundlegenden Entfremdung des Selbst vom Körper, der zunehmend als ein fremdes Objekt erlebt und einem autoritären Regime unterzogen wird.[21] Es geht um die Unterwerfung des instinktiven, libidinösen, fleischlichen Leibes mit seinem unkontrollierbaren Begehren, das sich sowohl im Hunger als auch in der Sexualität manifestiert; beide Sphären sind für die Anorektikerin mit ausgeprägtem Körper- bzw. Selbstekel verbunden.

Die Entfremdung liegt zunächst darin, dass die Betroffenen ihren Körper auf seine physische Dimension reduzieren – seine messbare Ausdehnung, sein Gewicht, seine Kalorienzufuhr usw. – und unter ständiger Beobachtung halten. Mehr und mehr erleben sie ihn als ein verzerrtes Objekt: als sperrig, massig, vollgestopft, »zu dick« und »zu schwer« – als »eine strukturlose, unförmige, gallertartige, nichtssagende Masse«, wie eine Patientin es beschreibt (Gerlinghoff et al. 1988: 79). Für eine andere Patientin ist Fleisch der Inbegriff von allem »Geschwollenem, Verunreinigtem, Schmutzigem« (MacLeod 1983). Dagegen stellen die Patientinnen das Ideal des schlanken, kantigen Körpers mit harten, hervorstehenden Knochen:

20 »Ein Mensch *ist* immer zugleich Leib […] und *hat* diesen Leib als diesen Körper« (Plessner 1970: 43).

21 Vgl. hierzu ausführlich auch Fuchs (2022).

Eines Tages werde ich dünn genug sein. Nur die Knochen, kein entstellendes Fleisch, nur die reine, klare Form von mir. Knochen. (Shute 1992: 9; Übers. T. F.)

Mein Körper ist hart, kantig und kompakt. Es gibt dort nichts Weiches, Rundes, und das soll auch so bleiben, bis in alle Ewigkeit, Amen. (Fechner 2007: 173)

Im ersten Abschnitt habe ich die Gestaltauflösung des Lebendigen hervorgehoben, gegen die sich der stoffliche Ekel richtet. In der Anorexie geht es nun darum, die als bedrohlich empfundene Aufweichung und Auflösung des festen Körpers zu bekämpfen, die sich besonders in Stoffwechsel und Verdauung, im Fett, aber auch in Körperflüssigkeiten wie der Menstruation manifestiert. Alles Amorphe, Weiche, Sich-Verflüssigende oder -Zersetzende in der Leiblichkeit löst Ekel aus:

Es bleibt mir nichts anderes übrig, als hier zu liegen und zu spüren, wie mein Körper sich aufbläht und verrottet, verrottet und sich ausbreitet, sich ausbreitet und zerfließt, sich zersetzt. [...] was sich tatsächlich im Magen befindet, ist eine Masse verdorbener, faulender, übelriechender Nahrung. (Shute 1992: 152; Übers. T. F.)

Ernährung bedeutet für die Anorektikerin grundsätzlich das Eindringen von Fremdem, das ihre körperlichen Grenzen und damit ihre Autonomie gefährdet. Der Ekel wird nun zum Leitaffekt des Ab- und Ausstoßens: Jede Speise, ihr Geruch, ihre weiche Konsistenz, ihr Verschlucken rufen Abscheu hervor, häufig auch spontanes oder selbst induziertes Erbrechen. Wenn nun auch der eigene Körper in das Feld des Ekels gerät, dann manifestiert sich darin die latente Verachtung und der Ekel, den die Anorektikerin gegen sich selbst empfindet. Nach längerem Fasten berichtet eine Patientin von einem aufgetretenen Fressanfall:

Ich ekelte mich vor mir selbst, vor meinem vollgestopften Körper. Ich fühlte mich wie ein Triebtäter, der seinem Instinkt, jemanden zu vergewaltigen, ausgeliefert ist. [...] Der Geschmack von faulen Eiern stieg in mir auf. Ich stellte mir vor, wie alles in mir in einen Prozess der Verwesung übergegangen sein musste. (Graf 1985: 49)

Der Ekel vor dem eigenen Körper, dem wir schon bei Sartre begegnet sind, wird zur maßgeblichen Triebkraft, um ihn zu disziplinieren, seine fleischlichen, libidinösen Triebe zu unterdrücken und ihn gnadenlos auszuhungern:

Es war, als müsste ich meinen Körper bestrafen. Ich hasste und verabscheute ihn. Wenn ich ihn ein paar Tage lang normal sein ließ, musste ich ihn wieder darben lassen. (Kaplan 1984: 278)

Ich wollte zeigen, dass ich ein spiritueller Mensch war, ein Mensch, dem materielle Gier und Leidenschaft fremd waren. (Gerlinghoff et al. 1988)

Ihren Körper zu beherrschen, nicht mehr von seinen Trieben und Bedürfnissen abhängig zu sein – darauf ist alles Streben der Anorektikerin gerichtet. Reinheit statt Vermischung, Abgrenzung statt Abhängigkeit, Spiritualität statt Materialität sind die Gebote ihrer fanatischen Askese. So verwandelt sich in der Anorexie die Grundpolarität der Conditio humana, zugleich Leib zu sein und einen Körper zu haben, in eine radikale Dichotomie, die an die platonischen und gnostischen Vorstellungen vom Körper als »Kerker der Seele« erinnert:

Ich fühle mich in meinem Körper gefangen – solange ich ihn unter strenger Kontrolle halte, kann er mich nicht verraten. (Kaplan 1984: 278)

Ich wünschte, ich könnte meinen Körper ganz verlassen und fliegen. (Liu 1979: 141; Übers. T. F.)

In ihrem verzweifelten Streben nach Vollkommenheit entfremdet sich die Magersüchtige von ihrer irdischen, leiblichen Existenz. Ihr Vorbild ist letztlich nicht das Model auf dem Laufsteg, sondern die asketische Heilige. Ihr eigentlicher Wunsch ist es, den materiellen, schmutzigen, hungrigen und begehrlichen Körper überhaupt aufzulösen und verschwinden zu lassen. Auch hier handelt es sich also letztlich um einen existenziellen Ekel – freilich um einen Ekel auf Leben und Tod.

Wir sind den Regungen und Richtungen des Ekels durch verschiedene Sphären der Erfahrung gefolgt und können ihn nun noch einmal abschließend charakterisieren. Grundsätzlich sind Gefühle Ausdruck leiblicher Grundhaltungen und -richtungen: des Sich-Öffnens oder -Verschließens, der Verbindung oder Abgrenzung, des Vordringens oder des Rückzugs, der Dominanz oder Unterwerfung u. a.[22] Auch der Ekel repräsentiert eine solche Grundrichtung, nämlich das Abstoßen und das Ausstoßen des Unverträglichen oder Widerwärtigen, und zwar primär im Zusammenhang mit der Oralität. Denn die Einverleibung bedeutet für ein Lebewesen einen kritischen Vorgang, in dem sich seine Abhängigkeit von der Umwelt ebenso manifestiert wie seine Vulnerabilität gegenüber schädlichen Stoffen und Einflüssen. Der Ekel hat hier gleichsam die Rolle eines Wächters, der den Organismus vor dem Eindringen des Unverträglichen schützt, und zwar oft in heftiger, ja überschießender Weise, bei der sich förmlich »das Innerste nach außen stülpen« kann. Kein Affekt entspringt so sehr den Tiefen der Eingeweide wie der Ekel.

Diese leibliche Abwehr des Unverträglichen wird nun, wie wir gesehen haben, zur Aversion gegen das Fremde und Widerwärtige auch auf moralischer, sozialer und schließlich existenzieller Ebene, wo der Ekel sublimiert als Langeweile, als *Ennui* oder Überdruss am Dasein erscheint. Ekel zeigt sich somit als *leibliches Existenzial* der Abstoßung, insofern er die körperliche Integrität gegen das Schädliche ebenso verteidigt wie die Grenzen des Selbst gegenüber dem Anderen oder Fremden. In jeder Abwehr- und Abstoßungsreaktion wird das Individuum aber auch seiner selbst in besonderer Weise gewahr. Daher bedeutet der Ekel immer zugleich eine gesteigerte Weise der Selbstwahrnehmung, die noch auf existenzieller Ebene als Erfahrung des nackten, ausgesetzten eigenen Daseins wiederkehrt.

Trotz ihrer Sublimierung nimmt die Ekelreaktion die Intensität der elementaren, »viszeralen« Abwehr in alle anderen Lebens-

22 Vgl. dazu das Kapitel »Verkörperte Emotionen« in diesem Band.

bereiche mit, so dass die Heftigkeit der Abwehr des Tabuisierten, des Fremden oder Verachteten mit einer ausgewogenen Bewertung und Beurteilung oft kaum vereinbar ist. Daher ist der Ekel in der moralischen und politischen Sphäre, sei es als unterschwellige oder prominente Regung, eine problematische oder sogar gefährliche Emotion, insbesondere da er wesentlich zu einer Dehumanisierung des Anderen beitragen kann. Auch der Sartre'sche Lebensekel nimmt in seiner Radikalität einen abgründigen Charakter an, insofern er das Subjekt von der Welt abstößt und in die Isolation treibt. Schließlich zeigt der Blick auf die Psychopathologie, wie der Ekel sich auch gegen das Selbst und den eigenen Leib richten und so zu einer lebensfeindlichen Kraft werden kann. Damit erscheint der Ekel am Ende als eine zutiefst ambivalente Emotion – zugleich Ausdruck der Vitalität und der Gebrochenheit verkörperter menschlicher Existenz.

Literatur

Bargh, J. A., D. Melnikoff 2019. »Does Physical Warmth Prime Social Warmth?«. In: *Social Psychology* 50: S. 207-210.

Brison, S. J. 2004. *Vergewaltigt. Ich und die Zeit danach. Trauma und Erinnerung*. München: Beck.

Chapman, H. A., A. K. Anderson, 2012. »Understanding Disgust«. In: *Annals of the New York Academy of Sciences* 1251: S. 62-76.

Cross, R. 2022. »Haecceity«. In: *Stanford Encyclopedia of Philosophy,* ⟨https://plato.stanford.edu/entries/medieval-haecceity/⟩.

Darwin, C. 1965. *The Expression of the Emotions in Man and Animals*. Chicago: University of Chicago Press.

Demmerling, C., H. Landwehr 2007. »Ekel«. In: dies., *Philosophie der Gefühle. Von Achtung bis Zorn*. Stuttgart, Weimar: Metzler, S. 93-110.

Dickens, C. 2009. *David Copperfield.* München: dtv.

D'Olimpio, F., F. Mancini 2014. »Role of Deontological Guilt in Obsessive-Compulsive Disorder-Like Checking and Washing Behaviors«. In: *Clinical Psychological Science* 2: S. 727-739.

Duns Scotus, J. 2015. *Über das Individuationsprinzip*. Hg. von T. R. Leidi. Hamburg: Meiner.

Ekman, P. 2010. *Gefühle lesen. Wie Sie Emotionen erkennen und richtig interpretieren*. Heidelberg: Spectrum.

Elias, N. 1977. *Über den Prozess der Zivilisation. Soziogenetische und psychogenetische Untersuchungen*. Frankfurt/M.: Suhrkamp.

Fechner, A. 2007. *Hungrige Zeiten. Überleben mit Magersucht und Bulimie*. München: Beck.

Freud, S. 1969a. *Vorlesungen zur Einführung in die Psychoanalyse*. In: ders., *Studienausgabe*. Bd. 1. Frankfurt/M.: Fischer.

Freud, S. 1969b. *Eine Kindheitserinnerung des Leonardo da Vinci*. In: ders., *Gesammelte Werke*. Bd. 8. Frankfurt/M.: Fischer.

Freud, S. 1971. *Bruchstück einer Hysterie-Analyse*. In: ders., *Studienausgabe*. Bd. 6. Frankfurt/M.: Fischer, S. 83-186.

Freud, S. 1972. *Über die allgemeinste Erniedrigung des Liebeslebens*. In: ders., *Studienausgabe*. Bd. 5. Frankfurt/M.: Fischer, S. 197-209.

Freud, S. 1974. *Das Unbehagen in der Kultur*. In: ders., *Studienausgabe*. Bd. 9. Frankfurt/M.: Fischer, S. 191-270.

Freud, S. 1986. *Briefe an Wilhelm Fließ 1887-1904*. Hg. von J. M. Mason. Frankfurt/M.: Fischer.

Fuchs, T. 2000. *Leib – Raum – Person. Entwurf einer phänomenologischen Anthropologie*. Stuttgart: Klett-Cotta.

Fuchs, T. 2012. »The Phenomenology of Body Memory«. In: *Body Memory, Metaphor and Movement*. Hg. von S. Koch, T. Fuchs, M. Summa, C. Müller. Amsterdam: John Benjamins, S. 9-22.

Fuchs, T. 2022. »The Disappearing Body. Anorexia as a Conflict of Embodiment«. In: *Eating and Weight Disorders* 27: S. 109-117.

Gebsattel, E. von 1954. »Die Welt des Zwangskranken«. In: ders., *Prolegomena einer medizinischen Anthropologie*. Berlin et al.: Springer, S. 74-128.

Gerlinghoff, M., H. Backmund, N. Mai 1988. *Magersucht. Auseinandersetzung mit einer Krankheit*. München, Weinheim: Psychologie Verlags Union.

Graf, A. 1985. *Die Suppenkasperin. Geschichte einer Magersucht*. Frankfurt/M.: Fischer.

Goethe, J. W. von 1949. *Dichtung und Wahrheit. Gedenkausgabe*. Hg. von E. Beutler, Bd. 10. Zürich: Artemis-Verlag.

Hegel, G. F. W. 1970. *Enzyklopädie der philosophischen Wissenschaften*. Bd. 1. Frankfurt/M.: Suhrkamp.

Heidegger, M. 1983. *Die Grundbegriffe der Metaphysik. Welt – Endlichkeit – Einsamkeit*. Frankfurt/M.: Klostermann.

Heinämaa, S. 2020. »Disgust«. In: *The Routledge Handbook of Phenomenology of Emotion*. Hg. von T. Szanto, H. Landwehr. London, New York: Routledge, S. 380-391.

Heym, S. 1960. *Dichtungen und Schriften. Gesamtausgabe*. Hg. von K. L. Schneider, Bd. 3. Hamburg: Ellermann.

Hirsch, M. 2010. »Ekel als Abwehr – Abwehr des Ekels«. In: *Ekel als Folge traumatischer Erfahrungen. Psychodynamische Grundlagen und Studien, psychotherapeutische Settings, Fallbeispiele*. Hg. von R. Vogt. Gießen: Psychosozial-Verlag, S. 95-110.

Hitler, A. 1935. *Mein Kampf*. München: Zentralverlag der NSDAP.

Huxley, A. 1989. *Die Pforten der Wahrnehmung. Himmel und Hölle*. München: Piper.

Hyrtl, J. 1889. *Lehrbuch der Anatomie des Menschen*. 20. Aufl. Wien: Braumüller.

Kafka, F. 1994. »Ein Landarzt«. In: *Drucke zu Lebzeiten*. Hg. von W. Kittler, H.-G. Koch, G. Neumann. Frankfurt/M.: Fischer.

Kaplan, L. J. (1984) *Adolescence – the Farewell to Childhood*. New York: Simon & Schuster.

Kubin, A. 1975. *Die andere Seite*. München: Ellermann.

Kolnai, A. 2007. »Der Ekel«. In: ders. *Ekel, Hochmut, Haß. Zur Phänomenologie feindlicher Gefühle*. Frankfurt/M.: Suhrkamp, S. 7-65.

Lakoff, G., M. Johnson 1998. *Leben in Metaphern. Konstruktion und Gebrauch von Sprachbildern*. Heidelberg: Carl Auer.

Leidi, T. R. 2015. »Einleitung«. In: J. Duns Scotus, *Über das Inidividuationsprinzip*. Hg. von T. R. Leidi. Hamburg: Meiner.

Liu, A. 1979. *Solitaire*. New York: Harper & Row.

MacLeod, S. 1983. *Hungern, meine einzige Waffe. Ein autobiographischer Bericht über die Magersucht*. München: Knaur.

Menninghaus, W. 1999. *Ekel. Theorie und Geschichte einer starken Empfindung*. Frankfurt/M.: Suhrkamp.

Moritz, K. P. 1906. *Anton Reiser*. Leipzig: Reclam.

Munch-Jurisic, D. M. 2018. »Perpetrator Disgust. A Morally Destructive Emotion«. In: *Emotions and Mass Atrocity. Philosophical and Theoretical Explanations*. Hg. von T. Brutholm, J. Lang. Cambridge: Cambridge University Press, S. 142-161.

Nussbaum, M. C. 2006. *Hiding from Humanity. Disgust, Shame, and the Law*. Princeton: Princeton University Press.

Oaten, M., R. J. Stevenson, T. I. Case 2009. »Disgust as a Disease-Avoidance Mechanism«. In: *Psychological Bulletin* 135: S. 303-321.

Pasternak, B. 1958. *Doktor Schiwago*. Frankfurt/M.: Fischer.

Plessner, H. 1970. »Lachen und Weinen«. In: ders. *Philosophische Anthropologie*. Frankfurt/M.: Fischer, S. 11-171.

Rosenstein, D., H. Oster 1988. »Differential Facial Responses to Four Basic Tastes in Newborns«. In: *Child Development* 59: S. 1555-1568.

Rozin, P., J. Haidt, C. R. McCauley 2008. »Disgust«. In: *Handbook of Emotions*. 3. Aufl. Hg. von M. Lewis, J. M. Haviland-Jones, L. F. Barrett. New York: The Guilford Press, S. 757-776.

Sarabian, C., R. Belais, A. J. MacIntosh 2018. »Feeding Decisions under Contamination Risk in Bonobos«. In: *Philosophical Transactions of the Royal Society B: Biological Sciences* 373: S. 1-13.

Sartre, J.-P. 1962. *Das Sein und das Nichts*. Reinbek: Rowohlt.

Sartre, J.-P. 1982. *Der Ekel*. Reinbek: Rowohlt.

Schmitz, H. 1981. *Der Gefühlsraum. System der Philosophie* III/2. 2. Aufl. Bonn: Bouvier.

Schnall S., J. Benton, S. Harvey 2008. »With a Clean Conscience. Cleanliness Reduces the Severity of Moral Judgments«. In: *Psychological Science* 19: S. 1219-1222.

Sechehaye, M. 1973. *Tagebuch einer Schizophrenen*. Frankfurt/M.: Suhrkamp.

Seneca, L. A. 2007. *Epistulae Morales ad Lucilium/Briefe an Lucilius*. Übers. von R. Nickel, Bd. I. Düsseldorf: Artemis & Winkler.

Seneca, L. A. 2009. *Epistulae Morales ad Lucilium/Briefe an Lucilius*. Übers. von R. Nickel, Bd. II. Düsseldorf: Artemis & Winkler.

Shakespeare, W. 2000. *Macbeth*. In: ders., *Sämtliche Werke*. Bd. 4. Berlin: Aufbau-Verlag, S. 605-683.

Shute, J. 1992. *Life-Size*. Boston: Houghton Mifflin.

Steiner, J. E. 1979. »Human Facial Expressions in Response to Taste and Smell Stimulation«. In: *Advances in Child Development and Behavior* 13: 257-295.

Tobia, K. P. 2015. »The Effects of Cleanliness and Disgust on Moral Judgment«. In: *Philosophical Psychology* 28: S. 556-568.

Vogt, R. (Hrsg.) 2010. *Ekel als Folge traumatischer Erfahrungen. Psychodynamische Grundlagen und Studien, psychotherapeutische Settings, Fallbeispiele*. Gießen: Psychosozial-Verlag.

Williams, L. E., J. A. Bargh 2008. »Experiencing Physical Warmth Promotes Interpersonal Warmth«. In: *Science* 24: S. 606-607.

Zhong, C. B., G. J. Leonardelli 2008. »Cold and Lonely. Does Social Exclusion Feel Literally Cold?«. In: *Psychological Science* 19: S. 838-842.

Zhong, C. B., K. Liljenquist 2006. »Washing Away Your Sins. Threatened Morality and Physical Cleansing«. In: *Science* 313: S. 1451-1452.

9. Scham, Schuld und Leiblichkeit Zur Phänomenologie und Psychopathologie reflexiver Emotionen

Einleitung

Scham und Schuld gehören zu den selbstreflexiven und selbstbewertenden Emotionen, die phylogenetisch gesehen eine Besonderheit der menschlichen Entwicklung darstellen; auch bei sozial lebenden Tieren finden sich allenfalls Vorstufen von Scham- oder Schulderleben.[1] Dies weist auf einen Zusammenhang dieser Emotionen mit der Entwicklung von Selbstbewusstheit hin, der ich im Folgenden unter anthropologischen und psychopathologischen Aspekten nachgehen will. Im Zentrum wird dabei die Umwandlung stehen, die Scham und Schuld im präreflexiven leiblichen Erleben herbeiführen: Der gelebte Leib verwandelt sich in den objektivierten »Körper-für-andere«. Die Dialektik von Leib und Körper eröffnet Verständnismöglichkeiten für eine Reihe psychischer Krankheiten, die mit Scham- und Schuldgefühlen verbunden sind; ich werde dies am Beispiel der Dysmorphophobie, des sensitiven Beziehungswahns und der Depression darstellen.

Die Dialektik von Leib und Körper

Ausgangspunkt meiner Überlegungen ist die Dialektik von Leiblichkeit und Körper, und zwar in folgendem Sinn: Leiblichkeit umfasst zum einen die Sphäre eigenleiblichen Spürens, wie Hermann Schmitz (1964) es genannt hat, also den in vielfältigen Regungen

1 Dazu gehören z. B. Demutsverhalten, Unterwürfigkeit gegenüber Ranghöheren oder Furcht vor Vergeltung; Tieren fehlt jedoch die Perspektivenübernahme, die das eigene Verhalten aus der Sicht der anderen als peinlich bewertet bzw. ihre Bewertung vorwegnimmt (vgl. Gilbert 2003).

spürbaren Raum des Leibes selbst, im weiteren Sinne aber das präreflexive Erleben überhaupt, insofern es wesentlich durch das Medium des Leibes, seiner Sinne und Glieder vermittelt ist. Für diesen »fungierenden Leib« (Husserl 1952) ist es charakteristisch, dass er selbst dabei in den Hintergrund tritt und seine Funktionen stillschweigend ausübt (Leder 1990). Im geschickten Agieren, im gewohnten Umgang mit Werkzeugen, in der Orientierung im Raum, sei es beim Gehen, Radfahren, Sprechen oder Schreiben – immer ist der Leib das selbstverständliche, meist unbemerkte Medium unserer Existenz. Leiblichkeit liegt unserem Weltverhältnis zugrunde, insofern es den präreflexiv gelebten Leib immer implizit enthält. Der *Körper* ist demgegenüber der sicht- und tastbare Gegenstand, das anatomische Objekt der Physiologie und Medizin, das allerdings durch seine Eigenschaften, *lebendig* und zudem *Ausdrucksfeld* einer Person zu sein, in eine komplexe Beziehung zum subjektiven Leib tritt – Husserl spricht daher auch vom »Leibkörper«, um die Verkörperung des Subjekts zu bezeichnen.

In der Phänomenologie wurde der Körper vielfach als bloßes Resultat vergegenständlichender Reflexion und Objekt naturwissenschaftlicher Forschung angesehen, gewissermaßen als ein »Fremdkörper« in der ursprünglichen Lebenswelt des Leibes.[2] Tatsächlich tritt der Körper aber in der erlebten Leiblichkeit durchaus hervor, wenn auch eher in einer besonderen Negativität. Er erscheint

(1) zum einen in Form von Schwere, Erschöpfung, Schmerz, Verletzung oder Krankheit; ferner in der Ungeschicklichkeit, wenn wir z. B. eine Bewegung ausführen wollen, die wir noch nicht beherrschen. Immer da also, wo der Leib aus seiner selbstverständlichen, tragenden Rolle heraustritt, wird der Leib, der ich bin, zum trägen, widersetzlichen oder verletzlichen Körper, den ich habe (Plessner 1970).

2 Merleau-Ponty sieht beispielsweise den Körper der Naturwissenschaften nur als »verarmtes Abbild« des Leibes; ihm komme »nur ein begriffliches Dasein« zu (Merleau-Ponty 1966: 490 f.).

(2) Als Körper erscheint der Leib aber auch da, wo er als Objekt dem fremden Blick ausgesetzt, also zum »Körper-für-andere« wird (*corps pour autrui,* Sartre 1962). Als körperlich in diesem Sinn erfahren wir uns in der Selbstdarstellung etwa in Kleidung, Kosmetik, in bewusster Gestik, im gespielten Gesichtsausdruck usw.; in der Scham, in der wir vor anderen unseres Körpers peinlich bewusst werden; oder auch bei der Untersuchung durch den Arzt, der den Leib zum Körper als Gegenstand medizinischer Diagnostik objektiviert.

Fassen wir dies zusammen, so zeigt sich der Körper besonders da, wo eine *Gegenwirkung* zu den spontanen leiblichen Vollzügen auftritt; wo diese gehemmt, unterbrochen oder durch eine Rückwendung der Aufmerksamkeit auf den Leib vergegenständlicht werden. Mein Körper, das ist mein Leib als widerständiger, schwerer, als auffälliger oder gesehener; mein Leib, insofern ich ihn vergegenwärtige und insofern er sich meiner Verfügung entzieht. Gerade dann erfahre ich freilich, dass ich an ihn gebunden bin, dass er *mein Körper* ist. Die ursprüngliche, präreflexive Leiblichkeit ist eine fortwährende, gewissermaßen »ekstatische« Bewegung nach außen, von einem verborgenen Zentrum aus auf die Welt gerichtet; die Körperlichkeit erscheint da, wo diese Bewegung unterbrochen, wo der Leib auf sich zurückgeworfen und dadurch vergegenständlicht oder bis zu einem gewissen Grad »korporifiziert« wird. Zur Illustration können wir an einen Tennisspieler denken, der ganz in seinem Spiel aufgeht: Die von seinem Leib ausgehenden Richtungen strömen in seine Arme, in den Schläger, den ins Auge gefassten Ball, das Netz und das Spielfeld, das der Spieler förmlich inkorporiert. Löst nun ein Fehltritt einen heftigen Schmerz aus, so schrumpft die ekstatische Leiblichkeit schlagartig auf den Körper oder das schmerzende Körperglied zusammen; der flüssige Vollzug ist unterbrochen, und das Spielfeld koppelt sich vom Leib ab.

Leiblichkeit und Körperlichkeit sind also dialektisch ineinander verschränkt. Die Leiblichkeit oszilliert in der Polarität von unbemerktem, »tragendem« und widerständigem, »trägem« Leib – von

Leib und Körper. Einmal ist der Leib das absolute, selbst ausgeblendete Zentrum und zugleich Medium meiner Existenz, dann wieder, als Körper, Teil eines relativen Beziehungsgefüges aller äußeren Dinge. In der Leiblichkeit zeigt sich, wie Merleau-Ponty (1966: 110, 120) formulierte, die grundlegende Doppeldeutigkeit *(ambiguité)* der menschlichen Existenz.

Der Blick des anderen

Die beschriebene Dialektik von Leib und Körper ist nun unmittelbar verknüpft mit der Intersubjektivität. Denn zum eigentlichen Körper*objekt* wird der Leib durch den Blick des anderen, wie Sartre es in seiner berühmten Analyse dargestellt hat (1962: 338 ff.). Vergegenwärtigen wir uns, wie sich die Leiblichkeit unter dem fremden Blick verwandelt.

Sehe ich einen anderen Menschen, so nehme ihn besonders in seinem Blick wahr, der sich auf die Dinge richtet; ich sehe ihn als Zentrum eines Sehens. Trifft nun sein umherschweifender Blick mich selbst, so gerate ich unversehens in eine Art Kraftfeld: in einen Strahl, der mich erfasst, oder einen Sog, der mich anzieht. Ich werde aus meiner eigenen Zentralität herausgerissen und zu einem Gegenstand innerhalb einer anderen Welt. Der Blick des anderen *dezentriert* meine Welt: »Das ›Vom-Anderen-Gesehen-werden‹ ist die *Wahrheit* des ›den-Anderen-Sehens‹« (Sartre 1962: 343). Daher beginnt mit dem gegenseitigen Erblicken oft ein subtiler Kampf der Blicke um Einfluss, Macht und Rang, den Sartre ebenso wie Schmitz (1989: 191) nachgezeichnet haben. Vor allem das eigene Gesicht ist dem fremden Blick ungeschützt ausgesetzt. Das Sehen seines Blicks ist wie das Ankämpfen gegen einen Strom; ein Ausdruck dieser Überflutung ist die Röte des Gesichts in der Scham.

Die ursprüngliche, präreflexive Leiblichkeit weiß nicht um sich selbst; sie ist von einem verborgenen Zentrum aus nach außen gerichtet. Die Quelle, der die Richtungen, Triebe, Intentionen des Leibes entspringen, ist ihm selbst unzugänglich. Auch meinen

Körper sehe ich nur in Ausschnitten; zumal mein Gesicht bleibt mir verborgen, immer »im Rücken« meines Blicks. Vermittels dieses blinden Flecks kann sich nun der Blick des anderen, so Sartre (ebd.: 345), meines Leibes bemächtigen und in einen gesehenen Körper verwandeln. Der fremde Blick erfasst mich, gerade weil ich meinem eigenen Blick verborgen bin, und stülpt gleichsam meine mir verborgene Zentralität nach außen; er *entblößt mich*. Zugleich kehrt er die »ekstatisch« der Welt zugewandten Richtungen der Leiblichkeit um und lässt mich räumlich auf meinen Körper zusammenschrumpfen. Unvermittelt entsteht das Erlebnis des »Ich-hier-jetzt«.

Einmal vom fremden Blick getroffen, ist der Leib nicht mehr, was er vorher war: Der andere hat sich ihm eingeschrieben, er ist nun auch Körper-für-ihn, Gegenstand, nackter Körper. Der Blick des anderen objektiviert und *»korporifiziert«* den Leib. Das gilt freilich nicht für den liebevollen oder zärtlichen, sondern für den verdinglichenden, insbesondere den kalt musternden, verächtlichen oder voyeuristischen Blick. Er wirft den Erblickten auf den eigenen Leib zurück, bannt und unterwirft ihn. Die Korporifizierung durch den Blick des anderen lähmt die Leiblichkeit und lässt sie für den Moment versteinern, so wie im griechischen Mythos der Anblick der Gorgo Medusa.

Dieses Sistieren der Lebensbewegung und die Umkehr der Erlebnisrichtung ist verbunden mit dem reflexiven Selbstbewusstsein. Der Spiegel, in dem der eigene Leib als Körper erscheint, ist das Paradigma für die Außenansicht, die als »Reflexion« verinnerlicht wird; er steht für die Perspektive der anderen auf den Leib, mit deren Übernahme sich Selbstbewusstheit konstituiert (Fuchs 2013). Dies wird noch deutlicher in der Phänomenologie der Scham.

Phänomenologie der Scham

Mit dem Blick des anderen ist die Scham unmittelbar verknüpft. Sie entsteht typischerweise in Situationen der Exposition und

Zurückweisung. Jemand wagt sich beispielsweise aus seiner bisherigen Neutralität hervor, indem er jemanden anspricht, um etwas bittet oder anderen erwartungsvoll etwas vorführt; dadurch »entblößt« er sich, zeigt sich bedürftig oder verwundbar. Zu seiner Bestürzung aber geht sein Anliegen ins Leere, er stößt auf Unverständnis, wird abgelehnt oder sogar verlacht, und erlebt eine peinliche Zurückweisung. Andere Schamsituationen beinhalten die Aufdeckung eines verborgenen Handelns, das »Ertapptwerden«, das den Beschämten schutzlos den Blicken der anderen oder der Öffentlichkeit preisgibt.

Häufig resultiert Scham aus dem Erlebnis, sich *lächerlich* gemacht zu haben (Titze 1997). Lächerlich ist vor allem das Ungeschickte oder Unpassende: der Fauxpas, also ein stilloses, inadäquates, unschickliches Verhalten, die mangelnde Körperbeherrschung (etwa beim Slapstick) oder körperliche Missgestalt (der Hinkende oder Bucklige). Komisch wirkt auch leicht das Künstliche, Gewollte oder Übertriebene, das die natürliche, unbefangene Leiblichkeit verfälscht; ebenso die parodierende Nachahmung eines anderen. Lächerlich und damit Anlass zur Scham ist also das Ungeschickte, Inadäquate, Künstliche, Imitierte, mit einem Wort: die *Verfremdung* der Leiblichkeit, die unversehens die allzu irdische Körperlichkeit zutage treten lässt. Eine Diskrepanz tut sich auf zwischen unseren Ambitionen und unserer Faktizität; wir werden auf die Grenzen zurückgeworfen, die der Körper unseren Absichten setzt. Auch der Lächerlichkeit als paradigmatischer Schamsituation liegt also eine *Korporifizierung* zugrunde: »Wir lachen jedesmal, wenn eine Person uns wie eine Sache erscheint«, wie Bergson (1921: 38) es ausgedrückt hat.

Dem entspricht nun auch das charakteristische Erlebnis der Scham selbst: die schmerzliche Betroffenheit durch zentripetale Richtungen, seien es die Blicke oder die gestreckten Finger der anderen, die der Beschämte von allen Seiten auf sich gerichtet fühlt; das Niederschlagen der Augen, um den Blicken auszuweichen; das Erlebnis des Schrumpfens, so dass man vor Scham »in den Boden versinken« möchte – all dies bedeutet Lähmung, Erstarrung und

Korporifizierung des Leibes. Die Rötung und Wärme des Gesichts, also die »brennende Scham« korrespondiert mit dem peinlichen Erblicktwerden: Der Blick des anderen wirkt in der Scham förmlich wie ein heißer Strahl, und der Beschämte steht im Sinne des Wortes im »Brennpunkt« der Aufmerksamkeit, gebannt und entblößt. Mit anderen Worten: *Die Scham ist der inkorporierte Blick des anderen.*

Jenes Gefühl: »ich bin der Mittelpunkt der Welt!« tritt sehr stark auf, wenn man plötzlich von der Schande überfallen wird; man steht dann da wie betäubt inmitten einer Brandung und fühlt sich geblendet wie von einem großen Auge, das von allen Seiten auf uns und durch uns blickt. (Nietzsche, Morgenröte, 352; 1980: 1204)

Scham führt also zu einer Erstarrung im Zentrum der Blicke, zu einem Verlust der unbefangen agierenden Leiblichkeit. Schon der Befangene oder Schüchterne weiß oft nicht, was er mit seinem Körper anfangen soll, seine Glieder sind ihm »zu viel« und er möchte sie am liebsten loswerden; der Beschämte möchte sogar seinen ganzen Körper schrumpfen oder verschwinden lassen.[3] Physiologisch zeigt sich die verlorene Kohärenz von Leib und Umwelt in der veränderten Blutzirkulation (Hitzeempfindung, Erröten), im Zittern oder in der Störung der motorischen Koordination. Die korporifizierende Umwandlung des Leibes durch die Schamsituation hat Kleist in seiner bekannten Schrift »Über das Marionettentheater« dargestellt:

Ein junger Mann von außergewöhnlicher natürlicher Grazie, so berichtet der Erzähler, habe durch eine bloße Bemerkung, *gleichsam vor seinen Augen*, seine Unschuld verloren: Nach einem mit dem Erzähler genommenen

3 Die Tendenz zur Verhüllung zeigt sich auch etymologisch: »Scham« ist abgeleitet von der althochdeutschen Wurzel *scama* = »sich bedecken, zudecken«; verwandt ist neuhochdeutsch *Schemen* = Schatten, verhüllte Gestalt (Kluge 1989). – Nicht zuletzt kann im Suizid auch der Wunsch bestimmend sein, sich in einer Situation äußersten Gesichtsverlusts (einer narzisstischen Krise nach Henseler 1974) gleichsam unsichtbar zu machen, sich »körperlich aus der Welt zu schaffen«. Zu erinnern ist an den kodifizierten Suizid bei beschämendem Ehrverlust in früheren Militärkasten (Harakiri in Japan, Suizid als »ehrenvoller Ausweg« beim europäischen Militär).

Bad erblickt sich der Jüngling im Spiegel bei einer Geste, die ihn an eine bekannte antike Plastik, den Dornauszieher erinnert. Er teilt dies dem Erzähler mit, der darauf jedoch lacht und eine spöttische Bemerkung macht, worauf der junge Mann schamhaft errötet. Er wiederholt die Geste nun noch mehrere Male, aber sie missglückt jedesmal auf komische und peinliche Weise. Von diesem Tag an ist der junge Mann nicht mehr, was er war: »Eine unsichtbare und unbegreifliche Gewalt schien sich, wie ein eisernes Netz, um das freie Spiel seiner Gebärden zu legen, und als ein Jahr verflossen war, war keine Spur mehr von der Lieblichkeit in ihm zu entdecken [...].« (Kleist 1964: 1092)

Die natürliche Grazie des Jünglings entspricht der reinen Leiblichkeit, die bereits durch den Spiegel als gleichsam materialisierten Blick des anderen gebrochen wird, vor allem aber durch die interpersonale Konstellation des Lächerlichen und der Scham. Damit tritt zugleich der Körper hervor, nicht nur optisch im Spiegel, sondern mehr noch in der Ungeschicklichkeit und Komik der wiederholten Bewegung. Vor dem Blick des anderen erhält der Leib also nicht bloß eine Außenseite; der Bruch erfasst auch die Unmittelbarkeit des leiblichen Vollzugs. In der Scham, unter dem fremden Blick wird die Leiblichkeit nicht nur zu einer nackten, gesehenen, sondern auch zu einer »gewollten« und künstlichen. Aus dem, was man *ist*, wird schließlich das, was man *darstellt*, oder die Rolle, die man spielt – nicht zuletzt auch, um Beschämungen zu entgehen.

So kann man in der histrionischen Selbstdarstellung, dem Sich-Gefallen vor den anderen in einer gespielten Rolle, auch eine Vermeidung der Scham sehen, die entstehen könnte, wenn man in seinem *eigentlichen* Sein wahrgenommen würde. Der Kleidung, die den Körper verhüllt, entspricht hier die *persona*, die Maske vor den authentischen Gefühlen. Man verbirgt den Körper ebenso wie das, wie einem eigentlich zumute ist. Andere, eher entgegengesetzte Formen der Schamvermeidung sind Schüchternheit und Gehemmtheit als sozusagen unterschwellige, dauerhafte Schamhaltungen, die gerade auf diese Weise der offenen Beschämung vorbeugen.

Wie immer sie verarbeitet und bewältigt wird: Die Scham bedeutet nach Hegel »die Scheidung des Menschen von seinem natürlichen und sinnlichen Sein« (Hegel 1970: 89), eine Entfremdung von seiner spontanen, unbefangenen Leiblichkeit. Scham wirft das Subjekt auf sich selbst zurück,[4] und es kommt es zu einer Art Dissoziation, einer Trennung von erlebendem und wahrnehmendem Subjekt: Der Beschämte sieht gleichsam aus den Augen der anderen seinem lächerlich gewordenen und beschämten leiblichen Selbst zu, ist also gleichzeitig der Sehende und der Gesehene.

Ich schäme mich meiner, wie ich dem anderen erscheine. [...] Die reine Scham ist nicht das Gefühl, dieser oder jener tadelnswerte Gegenstand zu sein; sondern überhaupt ein Gegenstand zu sein, das heißt, mich in jenem degradierten, abhängigen und starr gewordenen Gegenstand, der ich für Andere geworden bin, wiederzuerkennen.« (Sartre 1962: 406)

Gerade aus dieser »Nichtung« des ursprünglichen Selbst entspringt das reflexive oder Ich-Selbst. Scham ist damit der grundlegende Affekt der Selbstbewusstheit, der Wahrnehmung der eigenen Person aus der Perspektive der anderen oder der Öffentlichkeit.

In der frühkindlichen Entwicklung treten noch vor dem eigentlichen Schamaffekt Gefühle wie Verlegenheit, Befangenheit und Scheu auf, die keine selbstbewertende, aber doch bereits eine unangenehme Komponente enthalten: etwa in der 8-Monats- oder Fremdenangst des Kleinkinds, oder auch beim Erkennen des eigenen Spiegelbilds (meist im 16.-18. Lebensmonat), das häufig mit Verlegenheitsgesten oder -blicken verbunden ist (Lewis 1995). Die Entwicklung der eigentlichen Scham schließt eine *Selbstbewertung*, eine primitive Form von Urteil ein: Sich zu schämen bedeutet das Erlebnis von Unzulänglichkeit, Missbilligung, Nichtung durch prüfende, verächtliche, strafende Blicke. Seidler (1995: 78) hat das Erlebnis treffend als *Verwerfung* charakterisiert: Wer sich schämt, fällt für den Moment aus seinen tragenden zwischenmenschlichen Bezügen heraus und erfährt eine elementare Selbstentwertung.

Nicht zufällig geht der Schamaffekt ontogenetisch dem Schuld-

4 So auch Scheler: »In aller Scham findet nämlich ein Actus statt, den ich ›Rückwendung auf ein Selbst‹ nennen möchte« (Scheler 1957: 78), eine »plötzliche *Zurückwendung* der Beachtung auf den stets dunkel mitgegebenen *Leib*« (ebd.: 68).

und Gewissenserleben voraus: Scham ist auch im moralischen Sinn der Verlust der kindlichen »Unschuld«. Die Korporifizierung und Entfremdung der Leiblichkeit wird wesentlich als *Unwert* erfahren. Sie findet ihren Ausdruck nicht zuletzt in der Verdeckung des Körpers durch die Kleidung und im Gebot der Heimlichkeit der Ausscheidungen: Das Kind macht darin die Erfahrung, dass es sein Leib nicht mehr einfach »ist«, sondern ihn vor anderen als Körper »hat« und daher mit ihm auch in bestimmter Weise umzugehen hat.

In der Paradieserzählung der Genesis sind Reflexion, Scham und Gewissen in ihrer Entstehung miteinander verknüpft: Erkenntnis als Selbstbewusstheit ebenso wie als Wissen um Gut und Böse beginnt mit der Erfahrung der Nacktheit und der Scham. Adam und Eva »gehen die Augen auf« und sie erkennen sich in ihrer Blöße, die sie nun vor Gott, gleichsam dem allgegenwärtigen Blick des anderen, verbergen. Beschämende Nacktheit entsteht aus der Brechung des reinen Selbstausdrucks, der ursprünglichen Leiblichkeit durch den fremden Blick. Dass mit dem Baum der Erkenntnis auch das Wissen um die eigene *Sterblichkeit* verbunden ist (Gen. 3,3), bestätigt die Begrenzung der Leiblichkeit durch den fremden Blick, vor dem der Leib nun auch seine ursprüngliche »Zeitlosigkeit« (die primäre *Dauer* des Lebens im Sinne Bergsons) verliert und zum vergänglichen, irdischen Körper wird.[5]

5 Die enge Verknüpfung von Befangenheit, Scham, Gewissen und Selbstbewusstsein kommt auch im lateinischen *conscientia* zum Ausdruck: Es bedeutet ursprünglich »Mitwissen«, »Bei-sich-Wissen«. Damit war nicht nur ein selbstbezügliches Wissen gemeint, sondern auch ein »Befangensein« durch den gespürten Blick des Anderen – eine Bedeutung, die sich im englischen *self-conscious* (= befangen, gehemmt) wiederfindet. Die engere ethische Bedeutung im Sinne von »Gewissen« erhielt *conscientia* etwa um die Zeitenwende. Als Äquivalent zum späteren Begriff des »Bewusstseins« gebraucht es dann erstmals Descartes (vgl. Jung 1933).

Die Scham enthält, wie wir sahen, bereits Züge des Schuldgefühls in sich. Scham wird zu Schuld, wenn die sozialen Normen im eigenen Wertgefüge so verinnerlicht werden, dass die Selbstverurteilung die öffentliche Bloßstellung vorwegnimmt. Dies setzt die Herausbildung eines personalen Zentrums mit der Fähigkeit voraus, sich als Urheber seiner Handlungen zu begreifen, sie selbst zu bewerten und gegebenenfalls zu verantworten.[6]

Schuld ist damit nicht mehr wie die Scham an die unmittelbare Gegenwart der anderen gebunden; ihre Wirkung ist nachhaltiger. Das Ereignis, das hat schuldig werden lassen, liegt schon zurück. Daher wird die *Verwerfung* der Scham zur *Verworfenheit* der Schuld. Bedeutet Scham die Nichtung durch die Blicke der anderen, so kommt die elementare Schuld dem Gefühl des Ausgeschlossenseins aus der Gemeinschaft gleich. Der Beschämte hat sich »exponiert«, der Schuldige aber erlebt sich gleichsam als »ausgesetzt«. Conrad beschreibt das Bewusstsein einer schweren Schuld, etwa einer Tötung, als grundlegende Veränderung des Erlebnisraums:

> Etwas ist unwiederbringlich anders geworden und kann niemals wieder in den alten Zustand zurückkehren. Zwar scheint die Welt noch die gleiche, der Stuhl, der Tisch, die Bäume und die Wolken sind dieselben, die sie vorher waren. Dennoch ist alles anders: *Ihr Bezug* zu mir, dem Täter, ist geändert; sie sind unschuldig, unbetroffen von der Schuld. Damit sind sie von mir abgerückt, wenden sich ab, wollen von mir nichts mehr wissen, lassen mich im Stich. (Conrad 1992, 36)

6 Ethnologische Untersuchungen zeigen, dass die Vorherrschaft der Scham als Regulans sozialer Beziehungen noch eng mit einem überindividuellen »Wir-Bewusstsein« verknüpft ist. So beschreibt Parin ein »Clangewissen« bei den Dogon, das nicht auf Internalisierung, sondern auf unmittelbarer Identifikation mit der Gruppe beruht: »Ideale, Regeln und Verbote, die bei uns verinnerlicht sind, sind bei Trägern des Clangewissens nur innerhalb der Gruppe wirksam. Die Leitung des Verhaltens geschieht dabei durch Angst, Scham, durch Identifikation, [...] weniger durch Straferwartung oder Schuldgefühle.« (Parin 1983: 158) Den Übergang von der öffentlichen Scham- zur internalisierten Schuldkultur hat Dodds (1970: 16ff.) anhand der griechischen Antike beschrieben.

In der elementaren Schuld hat sich zu den anderen eine unüberbrückbare Kluft aufgetan, wie sie Dostojewski in »Raskolnikow« beschreibt: Selbst freundliche Worte oder Verständnis verstärken nur die Qual des Gewissens. Dabei erzeugt auch die Schuld wie die Scham eine Korporifizierung, allerdings weniger durch die peinlich gespürten Blicke der anderen, sondern durch die Trennung von ihnen: Schuld wirft den Schuldigen auf sich selbst zurück und lässt den Körper beschwerend und hemmend hervortreten. Die Scham »brennt«, die Schuld aber »lastet«; der Schuldige ist gedrückt, niedergeschlagen, hält den Kopf gesenkt, und eine »Zentnerlast« liegt ihm als Beklemmung auf der Brust.[7] Die Dialektik von Leib und Körper bildet also wie bei der Scham die Ausdrucksform des Schuldgefühls.

Diese Schwere und Hemmung entspricht dem Haften der Schuld an der *Vergangenheit*. Der Schuldige grübelt über seine Motive und wiederholt seine Tat in der Erinnerung; er bleibt ausgeschlossen von der lebendigen Gegenwart. Die Schuld lässt nicht nach wie die Scham außerhalb der beschämenden Situation; sie begleitet den Schuldigen und bindet ihn an eine vergangene Handlung, an seinen Schuldner oder sein Opfer. Als »Noch-nicht-Erledigtes« oder sogar »Nicht-wieder-Gutzumachendes« widersetzt sie sich wie ein Fremdkörper dem Vergessen und damit der Einschmelzung in den Fortgang des Lebens. Schulderleben bedeutet daher, wie Buber schreibt, »die reale Einsicht in die Irreversibilität der gelebten Zeit, einen Sachverhalt, der sich in der stärksten aller menschlichen Perspektiven, der auf den eigenen Tod, eindeutig dokumentiert« (Buber 1960: 110 f.). Unser Wissen von der Zeit gewinnen wir durch Unterbrechungen des Lebensflusses, vor allem durch die irreversible Trennung von den anderen, auf die unsere gelebte Zeit sonst bezogen ist – sei es durch Trennung, Verlust oder Schuld.

Ontogenetisch wie phylogenetisch reichen diese Erfahrungen weit zurück. Das elementare Schulderleben entsteht in der kind-

7 Vgl. auch »Schuldenlast«, »Belastungszeuge«, ein Haus ist mit Hypotheken »belastet« usw.

lichen Entwicklung vor allem in der Erfahrung von Verboten und ihrer Übertretung, die eine Missbilligung oder Strafe zur Folge haben. Die verschiedenen Formen von Sanktion erlebt das Kind als zumindest momentanen Entzug der Elternliebe und damit als bedrohliches, ja bestürzendes Auf-sich-Zurückgeworfensein. Die damit verbundene Verlustangst dürfte noch in Beziehung zu einer phylogenetisch verankerten Urangst stehen, die der Psychiater und Anthropologe Bilz (1971) als *Disgregationsangst* (lat. *grex* = Herde) bezeichnet hat: Verlassen, ausgesetzt, verstoßen zu werden, bedeutete für den Menschen ursprünglich den Verlust des lebensnotwendigen Schutzes der Gruppe. Es kam einem Todesurteil gleich und löste massive Alarmreaktionen aus.

Dieses elementare Schuld- und Straferleben ist allerdings nur die Vorform des verinnerlichten Schuldgefühls, das die Sanktion nun verinnerlicht hat und gewissermaßen vorwegnimmt. Erikson meinte, dass »die mit dem Sehen zusammenhängende Scham [...] der mit dem Hören zusammenhängenden Schuld« vorausgehe (Erikson 1950: 233). Was ist der Zusammenhang von Schuld und Stimme? – Spitz (1967) und Bruner (1977) haben aus psychoanalytischer Sicht beschrieben, wie das Kind die Versagungen und Verbote der Eltern mit einer *Identifikation* beantwortet. Konkret geschieht dies, indem es das Nein der Mutter in entsprechenden Versuchungssituationen in sich nachklingen lässt oder imitiert. So kann man im 2. Lebensjahr beobachten, wie das spielende Kind zu sich selbst (oder auch zu seiner Puppe) »nein, nein« sagt bzw. den Kopf schüttelt. Es nimmt die Versagung der Mutter gewissermaßen prophylaktisch vorweg und wendet sie gegen seine eigenen Impulse. Es verinnerlicht also die Interaktion mit der Mutter zu einem inneren Dialog, in dem es sich selbst widerspricht und sich damit zum Gegenstand macht.

Die Übernahme der Verneinung ist die Grundform von Selbstreflexion ebenso wie von Schuld. Im Schuldgefühl wird das äußere Beurteiltwerden (»Das war schlecht«, »Schäm dich!«) zur Selbstbeurteilung, der Vorwurf zum Selbstvorwurf. Nach G. H. Mead ist es gerade die Reflexivität der sprachlichen Geste, die diese Perspektivenumkehr begünstigt: Der Sprechende hört sich selbst, d. h., er spricht immer auch zu sich. »Wir lösen ständig, insbesondere durch vokale Gesten, in uns selbst jene Reaktionen aus, die wir auch in anderen Personen auslösen, und nehmen damit die Haltungen anderer Personen in unser eigenes Verhalten hinein« (Mead 1973: 108). So inkorporiert das Kind nach und nach die Bewertungen und Urteile der anderen und tritt seinen eigenen Strebungen beurteilend und verneinend gegenüber. Damit wiederholen sich aber auch die negativen Gefühle, die es in der Versagungssituation ursprünglich erfahren hat.

So wie die Scham den inkorporierten *Blick* der anderen darstellt, so die Schuld demnach ihre inkorporierte *Stimme*. Beide Erfahrungen sind untrennbar mit der Entwicklung des Selbstbewusstseins, der auf sich zurückgewendeten Bewegung der »Reflexion« verbunden. Vollständig wird diese Internalisierung von Beziehungserfahrungen durch das *Gewissen*: Es »bezeugt« die Schuld, und vor seiner Stimme hat man sich zu verantworten wie vor einem Gerichtshof.[8] Damit weist das Gewissen sogar eine *trialogische* Struktur auf: Eine Rechenschaft fordernde, eine Rechenschaft ablegende und eine richtende Instanz stehen einander im eigenen Inneren gegenüber. Ursprünglich trat das Gewissen dem Individuum als von seinen Wünschen und Trieben unabhängige, fremde Macht entgegen. Daher wurde es seit archaischer Zeit als Wirkung numinoser Mächte, der Ahnen, Erinnyen oder Furien erfahren, aber auch als anklagende Stimme im eigenen Herzen lokalisiert,[9] später dann als *vox Dei*

8 Bereits bei Quintilian (35-96 n. Chr.) findet sich der in der späteren Moraltradition häufige Satz, das Gewissen sei wie »tausend Zeugen« *(conscientia mille testes)*; vgl. Reiner (1974) und Fuchs (1995).

9 Im Ägypten der frühen Pharaonenzeit, nach Breasted (1950) die Zeit der »Geburt des Gewissens«, ist diese Inkorporation deutlich zu verfolgen. In Texten aus dem 3. und 2. Jahrtausend v. Chr. finden sich immer wieder Passagen wie: »Es ist das Herz, das einen Mann zu einem Hörenden werden läßt oder zu einem, der nicht hört«; »das Herz eines Menschen ist *sein eigener Gott*« oder »ein Orakel des Gottes« usw. (Fuchs 1995). Im Totengericht wird das Herz des Verstorbenen als Verkörperung seiner Schuld gewogen und bezeugt sie auch selbst; daher versuchte man, es durch magische Formeln auf Grabbeigaben gnädig zu stimmen: »Mein Herz von meiner Mutter her, mein Herz von meiner Entwicklung her, steh nicht

selbst gedeutet (Kittsteiner 1991: 159 ff.). Erst Freud begreift das Gewissen als die inkorporierte Instanz des elterlichen »Über-Ich«, als autoritäre, überwachende »Besatzung in der eroberten Stadt« (Freud 1974a: 250). Im Verlauf der Adoleszenz kann sich diese Instanz allerdings weiter entwickeln, nämlich zum autonomen, personalen Gewissen: Dann wird es zu einer persönlichen Verantwortlichkeit, die zentrale interpersonale Werte angeeignet und integriert hat.[10]

Ich fasse das Bisherige zusammen. Mein Ausgangspunkt war die Dialektik von Leib und Körper; der Körper erscheint vor allem da, wo die primär ekstatische Leiblichkeit auf sich zurückgeworfen, begrenzt und »korporifiziert« wird. Diese Umkehrung ist ontogenetisch einerseits verbunden mit der Entstehung des reflexiven Bewusstseins, andererseits mit Erfahrungen von Enttäuschung, Verlegenheit, Scham und Schuld als »reflexiven« und damit zugleich individualisierenden Emotionen.[11] Scham und Schuldgefühl lassen sich sowohl phänomenologisch als auch genetisch als Emotionen verstehen, in denen sich der Blick bzw. die Stimme des anderen inkorporiert haben. Der Leib hat gewissermaßen sein Gesehen- und sein Zurückgewiesenwerden, die Negation und Begrenzung durch Blick und Stimme in sich aufgenommen; die resultierende Hemmung und Korporifizierung ist verbunden mit einem elementaren Empfinden negativen Selbstwerts.

Sowohl Scham als auch Schuld erfüllen im weiteren Verlauf wesentliche Funktionen für die Regulation der interpersonalen Beziehungen. Das Schamgefühl schützt vor Entblößung und Preisgabe vor den anderen, das Schuldgefühl bzw. das Gewissen vor einer Ver-

auf gegen mich als Zeuge. Laß dich nicht veranlassen zum Widerspruch gegen mich im Gericht. Übe keine Feindseligkeit gegen mich vor dem Wägemeister…« (Brunner 1988: 37 f.).

10 Dies entspricht der Unterscheidung eines archaisch-tyrannischen von einem reiferen, durch die persönliche Identifizierung mit Werten gemilderten Über-Ich, wie sie etwa Melanie Klein (1933) oder Edith Jacobson (1964) getroffen haben.

11 Dem stehen freilich auch grundlegende Erfahrungen von Selbstwert und Stolz gegenüber, die z. B. mit dem Erlernen des aufrechten Ganges oder anderen Erlebnissen der Selbstwirksamkeit verbunden sind; auch dabei handelt es sich um reflexive Emotionen.

letzung ihrer Ansprüche, die zu einem Bruch mit sozialen Erwartungen und Normen führen könnte. In bestimmten psychischen Krankheiten können sich beide Emotionen jedoch gewissermaßen verselbständigen, so dass ihre ursprünglichen, korporifizierenden und trennenden Wirkungen ungehindert zur Erscheinung kommen. Solchen Krankheitsbildern wenden wir uns nun zu.

Zur Psychopathologie der Scham

Als zentrale reflexive Emotion ist die Scham für eine interpersonale Psychopathologie von wesentlicher Bedeutung. Dennoch wurde sie unter diesem Aspekt erst in jüngster Zeit Gegenstand der Forschung, insbesondere von psychoanalytischer Seite (Lewis 1971, Wurmser 1990, Seidler 1995). Die zentripetal gerichtete Situation der Scham und des Erblicktwerdens ist zunächst bedeutsam für die Pathologie des »Außenleibs« oder des »Körpers-für-andere«. Beschämend wird das leibliche Erscheinen in verschiedenen körperbezogenen Störungen erfahren, die charakteristischerweise häufig in der Pubertät zum ersten Mal auftreten, wenn der eigene Leib sich verändert und durch die Entwicklung der Sexualität einen neuen Außenaspekt erhält. Scham und Öffentlichkeit spielen andererseits eine wesentliche Rolle für die Genese bestimmter paranoider Syndrome. Ich betrachte im Folgenden exemplarisch die Dysmorphophobie und den sensitiven Beziehungswahn.

Dysmorphophobie

Im Mittelpunkt der *Dysmorphophobie* oder Missgestaltsfurcht stehen überwertige Ängste wegen einer vermeintlichen körperlichen Hässlichkeit oder Entstellung, die sich vor allem auf das Gesicht als Ort der Schamexpression beziehen. Die Patienten klagen etwa über eine zu große Nase, über die Form des Mundes oder anderer Gesichtspartien, exzessive Behaarung oder Verfärbung des Gesichts etc. Es geht dabei also um das Sich-Zeigen und Gesehenwerden in der Körperlichkeit, weshalb die Störung in der Regel in der Adoleszenz beginnt. Charakteristisch sind intensive Schamgefühle, Angst vor visueller Exposition und das Gefühl, von der Umgebung ständig beachtet, angestarrt oder verlacht zu werden, das sich bis zu paranoiden Beziehungsideen steigern kann. Häufig wird der betreffende Körperteil auch als prominent und vergrößert empfunden, oder es treten Missempfindungen auf; das gestörte Körperbild hat also Rückwirkung auf das Leiberleben. Die Symptomatik verstärkt sich in Gegenwart anderer und tritt beim Alleinsein in den Hintergrund, weshalb sich die Patienten meist so weit als möglich von Kontakten zurückziehen. Kosmetische Operationen, die sie häufig vornehmen lassen, ändern meist nichts an der zugrundeliegenden schweren Selbstwertstörung (Phillips 1991). Ich gebe dafür ein kurzes Fallbeispiel aus eigener Praxis:

Ein 16-jähriges, schon zuvor schüchternes Mädchen entwickelte nach wiederholten Erfahrungen von Zurücksetzungen in ihrer Klasse (Hänseleien, Ausschlusssituationen u. a.) die Vorstellung, ihr Unterkiefer sei zu breit, die Lippen zu schmal und ihr Gesicht dadurch entstellt. Sie schloss sich immer länger im Bad ein, kontrollierte ihr Gesicht und ihr Aussehen und grübelte über Möglichkeiten nach, daran etwas zu ändern. Beruhigende Versicherungen von Eltern und Freundinnen – sie war eigentlich durchaus gutaussehend – hatten keine Wirkung, auch das Aufspritzen der Lippen führte eher noch zu einer Verschlimmerung ihrer Hässlichkeitsgefühle. Nach einigen Monaten zunehmenden Rückzugs geriet sie in eine schwere Depression.

In der Dysmorphophobie manifestiert sich somit die Scham als unmittelbar am eigenen Leib empfundener Blick des anderen, dem die Patienten nicht standhalten können. Deutlich wird eine korporifizierende Wirkung der Scham: Der betreffende Körperteil tritt partikularisiert, unförmig und vergrößert hervor, als ständiger Gegenstand der Aufmerksamkeit. Er scheint im Zentrum aller Blicke zu stehen und macht ein unbefangenes Auftreten unmöglich. Das Denken wird »reflexiv« und kreist zwanghaft um den Körper, statt den in die Zukunft gerichteten Lebensvollzug zu leiten.

An diesem Punkt trennt sich die pathologische Entwicklung von der gewöhnlichen Scham: Diese bleibt ein auf bestimmte interpersonale Konstellationen bezogenes Gefühl; sie zeigt einen typischen Verlauf von plötzlichem Anstieg und anschließendem Abflauen, sobald die Situation vorüber ist. Auf diese Weise kann der Beschämte wieder Distanz zur Scham gewinnen und ihre bannende Wirkung durchbrechen. Dysmorphophobe Scham hingegen erneuert sich ständig durch die egozentrische Selbstwahrnehmung des Patienten. Er kann die Blicke der anderen nicht mehr neutralisieren, d. h. erkennen, dass sie keineswegs entwertend, ja nicht einmal immer auf ihn selbst gerichtet sind. Stattdessen sieht er sich fortwährend mit ihren Augen und fühlt ihren allgegenwärtigen, verächtlichen Blick auf seinem Körper.

Dabei äußert sich im leiblichen Erscheinen letztlich nur die tiefere Verunsicherung des Selbstwertgefühls. Der vermeintlich missgestaltete Körperteil steht als »pars pro toto« für eine Störung der Beziehung zu den anderen, die durch sensitiv-kränkbare und narzisstische Tendenzen charakterisiert ist (vgl. Joraschky & Moesler 1992, Fuchs 1993). Damit erfüllt die Verdinglichung der eigenen Leiblichkeit zum Körper(teil) nicht zuletzt die Funktion einer Abwehr gegenüber der tieferen Selbstunsicherheit, namentlich in Beziehung zum anderen Geschlecht und in der eigenen Sexualität. Diese empfundene Insuffizienz ist »personnäher« und damit für die Patienten schwerer erträglich als die Vorstellung einer äußerlichen körperlichen Missgestalt, selbst wenn diese nur durch eine kosmetische Operation zu korrigieren ist.

Hier zeigt sich erneut die Dialektik des Leib-Körper-Verhältnisses: Der Leib erlaubt als Körper auch die »Veräußerlichung« und damit Distanzierung des in ihm Ausgedrückten von der eigenen Person. Damit geht allerdings auch eine Entfremdung einher: In der Dysmorphophobie kommt es häufig zu einer Depersonalisation des Leibes ebenso wie zu Derealisationserlebnissen. Die Scham führt also nicht nur zur Korporifizierung, sondern auch zur Entfremdung, wenn sie als anhaltende Beschämung in egozentrierter Selbstbewusstheit und *Hyperreflexivität* resultiert (Fuchs 2011).

Die paranoide Struktur wurde erst in der neueren Literatur mit der Scham in Verbindung gebracht, so von Lewis (1971), Meissner (1978) und Morrison (1987). Danach fürchten paranoide Menschen besonders Situationen der Demütigung, Herabsetzung oder Lächerlichkeit, die sie in ihrer Biographie als prägend erfahren haben.[12] Entwürdigung, Entblößung, Verletzung der persönlichen oder Intimsphäre, soziale Randstellung, Exklusion oder auch körperliche Missgestalt sind typische Situationen der Beschämung, zugleich häufige Auslöser von paranoischen Entwicklungen.

Das Vertrauen als das zentrale Thema des Paranoiden ist zugleich ein Thema der Scham: Um Intimität herzustellen, d.h. mich zu zeigen, wie ich eigentlich bin, muss ich dem anderen vertrauen können. Scham kann bereits bei dem Gefühl entstehen, zu viel von sich preisgegeben zu haben und dabei nicht respektiert worden zu sein. Dieses Grundvertrauen ist bei paranoiden Menschen meist gestört: Durch ihre Erfahrungen sensibilisiert, überwachen sie ihre Umgebung argwöhnisch auf mögliche Zeichen von Missgunst, Verrat oder Feindseligkeit. Sie sehen sich immer schon mit den Augen der anderen, als potenzielles Zentrum ihrer Blicke und Intentionen. Dieser paranoide »Egozentrismus« antizipiert die räumliche Struktur der Scham und Entblößung: Von allen heimlich beobachtet zu werden, exponiert im Zentrum der Aufmerksamkeit zu stehen, ist wie die Scham ein zentripetal gerichtetes, am eigenen Leib gespürtes Erleben. Entsprechend wird die Preisgabe und Bloßstellung intimer Bereiche der eigenen Person vor der Öffentlichkeit zu einem häufigen Wahnmotiv.

Charakteristisch für den Paranoiden ist nun die Umkehr der mit der Scham verknüpften Entwertung in Wut- und Racheimpulse. Werden diese zurückgehalten und unterdrückt, so entwickeln sie sich zu einem anhaltenden Ressentiment, das durch Demüti-

12 »The paranoid person can be understood as having suffered from humiliation and also developing defenses in response to fears of, and oversensitivity to, humiliation.« (Morrison 1987)

gungen in der Lebensgeschichte weiter genährt wird (Fuchs 1999).[13] Die Tendenz zur Projektion auf die Umwelt kann dann als Umkehrung beschämender und herabsetzender Erfahrungen angesehen werden: Die Böswilligkeit der anderen überdeckt und mindert gleichsam die eigene Minderwertigkeit (»*blame* statt *shame*«, vgl. Morrison 1987).

Besonders für den sensitiven Beziehungswahn und die Paranoia spielen Scham und Schande wegen einer tatsächlichen oder vermeintlichen Verfehlung oder Minderwertigkeit eine entscheidende Rolle. Nach Kretschmers Analyse des sensitiven Beziehungswahns wirken drei Faktoren ursächlich zusammen: (1) eine empfindsam-schüchterne, im Affektausdruck verhaltene, in ihrem Selbstwert verletzliche, dabei zugleich ehrgeizig auf Anerkennung und Geltung bedachte Persönlichkeit; (2) eine mühsam kompensierte soziale Außenseiterstellung (»Anspannung des Selbstgefühls in demütigender Lage«); und schließlich (3) ein auslösendes »Erlebnis der beschämenden Insuffizienz, der ethischen Niederlage« (Kretschmer 1966: 145 ff.). Eine pathogene Auswirkung haben vor allem Konflikte mit der geltenden Sexual- und Ehemoral, berufliche Zurücksetzungen oder Blamagen und jede Art von Bloßstellung vor der Öffentlichkeit.[14]

Die auslösende Situation gleicht also einem generalisierten Schamzustand: Alle Blicke scheinen mit Hohn und Verachtung auf den Patienten gerichtet zu sein, der verzweifelt versucht, sein Gesicht zu wahren. Man flüstert über ihn und verleumdet ihn; seine Verfehlungen oder seine Schande sind ihm am Gesicht abzulesen, jeder weiß, was er getan hat. In diesem unerträglichen Spannungszustand tritt nun nach Kretschmer die plötzliche »Inversion« ein, nämlich die wahnhafte Gewissheit, dass die anderen bereits von

13 Vgl. Fuchs 1999 sowie das Kapitel »Kränkung, Rache, Vernichtung« in diesem Band.

14 Scham und Schuld sind nach Kretschmer Gefühle mit geringer »Leitungsfähigkeit«; d. h., sie lassen sich nicht »ausagieren« wie Wut, Freude, Trauer, sondern tendieren zur Retention und Introversion. Damit legen sie eine sensitive Konfliktverarbeitung nahe, der die Korrektur durch die anderen fehlt (Kretschmer 1921).

der Verfehlung oder Schande wüssten, sich jedoch auf Andeutungen, wissende Gesten und vielsagende Blicke beschränkten, um den solchermaßen Gequälten in die Selbstoffenbarung zu treiben.

> Das Primärerlebnis der peinlichen Insuffizienz, der beschämenden Minderwertigkeit, des Verlustes der Selbstachtung schlägt reflektorisch [...] in die sinnliche Beobachtung um, von allen begegnenden Mitmenschen peinlich betrachtet, gestichelt und verachtet zu werden. (Ebd.: 55)

Der Beziehungswahn stellt insofern »ein anschauliches äußeres Abbild innerer Selbstverachtung dar« (ebd.: 146). Dabei markiert die Inversion den Moment, an dem unter dem zentripetalen Druck die innere Spannung auf den Höhepunkt steigt, das Erleben sich gewissermaßen auf den engsten Raum des Leibes zusammenzieht und so dem Subjekt keinen Spielraum zur Selbstdistanzierung mehr lässt. Die massive Scham bedeutet intensivste Selbstbewusstheit, Gebanntsein auf die Situation »Ich-hier-jetzt«. In dieser äußersten Spannung geht die Fähigkeit zum »Überstieg« (Conrad 1992) und damit die »exzentrische Position« (Plessner 1975) verloren, die noch eine Perspektivenflexibilität erlauben würde; an ihre Stelle tritt die plötzliche Evidenz des Wahns.

Mit dieser Evidenz sinkt schlagartig die bis dahin unerträgliche Konfliktspannung. Die unerträglichen Gefühle der Scham und Selbstverachtung weichen nun der Überzeugung, von den anderen gezielt verächtlich gemacht zu werden, Opfer eines Komplotts zu sein, o. Ä. Diese Fremdattribution ist leichter zu ertragen als die eigene Insuffizienz. Der vom Wahn entmachteten Reflexion bleibt im weiteren Verlauf nur noch die Funktion, die wahnhafte Interpretation der Situation weiter zu systematisieren; sie ist zum Diener einer »subjektzentrischen« Position geworden, die nicht mehr selbstkritisch in Frage gestellt werden kann.

> Der Beziehungswahn der sensitiven Entwicklung verläuft in einer geknickten Linie: Das pathogene Primärerlebnis wird bis zu großer Affekthöhe weiterentwickelt; plötzlich bricht diese Entwicklung ab, das invertierte Sekundärerlebnis springt hervor, und erst von hier ab wird wieder kombinatorisch weitergebaut. (Kretschmer 1966: 36)

Diese Analyse führt zu einem wichtigen Ergebnis: Die Fähigkeit zur reflektierenden Selbstdistanzierung ist offenbar abhängig von einer ausreichenden Balance zentrifugaler und zentripetaler Richtungen der Leiblichkeit, die dem oszillierenden Wechsel der Perspektive zwischen leiblich-zentrierter und dezentrierter Position genügend *Raum* lässt.[15] In massiver Affekterregung, also in katastrophaler Scham, »blinder« Angst, »kopfloser« Panik oder auswegloser Bedrohung bricht diese Balance zusammen, und der Betroffene wird von zentripetalen Richtungen und Eindrücken überwältigt. Er verliert buchstäblich den *Zwischenraum*, der die Umgebung und ihre Ausdruckscharaktere auf Distanz hält; die Situation rückt ihm so »zu Leibe«, dass er zur Bewegung der Selbstbesinnung und zum Überstieg nicht mehr in der Lage ist. Die Scham als reflexive Emotion kann somit, ins Äußerste gesteigert, auch dazu beitragen, dass die Fähigkeit zur Selbstreflexion und -distanz bleibenden Schaden erleidet.

Schuld und Depression

Die besondere Affinität der Depression zum Schulderleben hat in der Psychopathologie unterschiedliche Deutungen erfahren. Kurt Schneider sprach von einer Freilegung menschlicher Urängste in den depressiven Wahnthemen der Schuld, Krankheit und Verarmung. Kästner (1947) und Janzarik (1957) hoben das Unvermögen des Depressiven hervor, Werte fühlend und teilnehmend zu realisieren, während er gleichzeitig das Sollen der Werterfüllung umso quälender erfahre. Tellenbach (1983) sah die »Remanenz«, das Zurückbleiben hinter den rigide festgehaltenen Selbstansprüchen als konstitutiv für den *Typus Melancholicus*, also den Menschen, der zur Krankheit der schweren, in der Psychiatrie auch Melancholie genannten Depression veranlagt ist.

15 Vgl. zu dieser Terminologie und Konzeption ausführlich Fuchs (2000a: 120 ff., 260 ff.).

Schließlich lässt sich die Prädisposition zum Schulderleben auch aus der *melancholischen Zeitigungsstörung* ableiten, die vor allem Straus (1960) und v. Gebsattel (1954) als »Hemmung des vitalen Werdens« beschrieben haben. Die Stockung der Lebensbewegung erlaubt kein Fortschreiten in die Zukunft mehr, damit aber auch kein Abschließen und Hintersichlassen von Erlebnissen. »Je mehr sich die Hemmung verstärkt, das Tempo der inneren Zeit verlangsamt, um so deutlicher wird die determinierende Gewalt der Vergangenheit erlebt« (Straus 1960: 137) und bleibt als Versäumnis und Verfehlung, als ständig wachsende Schuld im Bewusstsein. In der Melancholie verwandelt sich Zeit fortwährend in Schuld, die nicht mehr abgetragen werden kann.

Trotz dieser verschiedenen Deutungsansätze ist noch nicht geklärt, wie es zu den meist grundlosen und absurd anmutenden, oft wahnhaften Schuldideen kommt, die sich gleichsam *de novo* aus der melancholischen Verfassung heraus bilden, und die offensichtlich nicht allein als Reaktion auf Versagenserlebnisse oder Versäumnisse zu verstehen sind. Weitbrecht führte sie auf »elementare, gleichsam kreatürliche Schuldgefühle« zurück, die sich ihr Material in der Lebensgeschichte erst suchen. Ein Patient der eigenen Klinik schilderte dies als ein primär-leibliches Schulderleben:

> Es kommt von unten, vom Bauch her, wie eine schreckliche Beklemmung, die nach oben aufsteigt; dann entsteht ein Druck in der Brust, wie ein Verbrechen, das ich begangen habe; ich spüre es wie eine Wunde hier auf der Brust, das ist mein zermartertes Gewissen … Das saugt dann die Erinnerung an, und ich muss wieder an alles denken, was ich versäumt und falsch gemacht habe … (Fuchs 2000b: 116 f.)

In solchen und ähnlichen Selbstschilderungen deutet sich an, dass das elementare Schuldigsein im leiblichen Erleben selbst wurzelt und auf diesem Weg auch seine (beliebige) Konkretisierung erfährt: Frühere Schulderlebnisse tauchen in einer gleichgestimmten leiblich-emotionalen Verfassung wieder auf. Wie ist dieses »Schuldigsein an sich« leibphänomenologisch zu verstehen?

Um darauf eine Antwort zu geben, beschreibe ich die Melancholie zunächst phänomenologisch als eine *»Korporifizierung des Leibes«*.[16] Sie äußert sich in einem Versiegen des Antriebs als der zentralen Quelle der Lebensbewegung und einer daraus resultierenden Konstriktion oder rigiden leiblichen Enge. Melancholie ist gewissermaßen eine Stockung der Leiblichkeit, ein Erstarren in der Enge des Leibes. Die Konstriktion kann sich auf einzelne Leibinseln konzentrieren (Panzer- oder Reifengefühl über der Brust, Globusgefühl, Kopfdruck) oder sich in diffuser *Angst* als generalisierte leibliche Enge äußern. Lokale oder generalisierte Oppression verdichten den beweglichen und fluiden Leib zum kompakten, schweren Körper, der allen expansiven Richtungen Widerstand entgegensetzt. Die Körperlichkeit des Leibes, im alltäglichen Lebensvollzug aufgehoben und unbemerkt, tritt nun schwer und hemmend hervor. Die ekstatischen, über den Leibraum ausgreifenden Vermögen der Wahrnehmung und Bewegung, der sinnlichen und fühlenden Teilnahme an der Welt weichen einer Erstarrung, Einmauerung und Gefühlsentfremdung.

Die Korporifizierung des Leibes bedeutet also, dass er dem Patienten nicht mehr die Welt erschließt, sondern sich als Hindernis vor sie stellt. Die Trennung von der Welt und den anderen erfährt der Depressive nicht nur als Verlust; sie reaktiviert darüber hinaus die frühen Erfahrungen elementarer Schuld, die zuvor als Erlebnis des *Verworfen- oder Ausgestoßenseins* beschrieben wurden. Die Erstarrung des Depressiven in leiblicher Enge, seine primär gegenstandslose Angst und der Verlust seiner lebendigen Beziehung zur Welt entsprechen dem elementaren Schulderleben des Kindes und seiner »Disgregationsangst« vor der Strafe, die es als Bedrohung der lebensnotwendigen Elternbeziehung erlebt. Solche Erfahrungen tragen nicht nur zur Herausbildung des primären Gewissens bei, dessen Ursprung nach Freud in sozialer Angst liegt;[17] sie schlagen sich auch im verkörperten oder *Leibgedächtnis* nieder, einem

16 Vgl. dazu auch Fuchs (2005, 2020).

17 »Unser Gewissen ist […] in seinem Ursprunge *›soziale Angst‹* und nichts anderes« (Freud 1974b: 40).

impliziten Gedächtnis für sensomotorische und emotionale Erfahrungen, das diese in ähnlichen Situationen wieder zu reaktivieren vermag (Fuchs 2012).

Diese sedimentierten Erfahrungen verbinden sich nun mit der leiblichen Grundverfassung der Melancholie zu den »kreatürlichen Schuldgefühlen« Weitbrechts, einem existenziellen »Verworfensein«, das sich erst sekundär in vermeintlichen, erinnerten oder aktuellen Verfehlungen materialisiert. Gerade für den Typus Melancholicus sind die emotionalen Bindungen zur Mitwelt tatsächlich lebensnotwendig. Schuldigwerden heißt für ihn in besonderem Maße, aus der mitmenschlichen Geborgenheit herauszufallen. In der Depression erfährt er nun die äußerste leibliche Konstriktion als ein vernichtendes Schulderleben, das zugleich ein archaisches, strafendes Gewissen aktiviert.

Es sind dann gerade nicht die objektiv vielleicht gegebenen Anlässe zu Schuld und Reue gegenüber der eigenen Lebensgeschichte, sondern oft banale Inhalte, an die sich die Selbstvorwürfe heften. Sie führen auch nicht zu einer persönlichen Auseinandersetzung mit der Schuld, zu Einsicht, Annahme oder Reue. Die melancholische Schuld ist gar nicht eingebettet in eine personale Beziehung, die dies zuließe – resultiert sie doch gerade aus dem Abbrechen aller Beziehung. Sie bleibt im Grunde selbstbezogen. Die von den Kranken genannten Schuldner sind nur Pseudo-Instanzen, denen gegenüber es kein eigentliches Bereuen, erst recht keine Vergebung oder Wiedergutmachung gibt.

Der Melancholische ist so mit seinem Schuldig-Sein identifiziert, dass es ihn ganz erfüllt und er *an sich* ein Schuldiger ist; dies entspricht einer archaischen, entdifferenzierten Selbstwahrnehmung. Er ist umgeben von einer »Schuldwelt«, in der alles zum Signum seiner Versäumnisse wird. Auch in dem nicht selten an die Schuldideen anknüpfenden *Strafwahn* (jeden Moment abgeholt, vor Gericht gestellt, mit Kerker oder Hinrichtung bestraft zu werden) manifestiert sich ein grausames, archaisches Schulderleben. Schließlich bedeutet auch der Suizid für melancholisch-depressive Patienten nicht antizipierte Erlösung (wie häufig beim neurotisch motivierten Suizid), sondern angemessene Bestrafung, also gleichsam den Vollzug eines Urteils.

Die ursprüngliche Leiblichkeit, so haben wir gesehen, erfährt durch Blick und Stimme der anderen einen Bruch, der sich in den reflexiven Emotionen von Scham und Schuld manifestiert. Zugleich sind es die leiblich-affektiven Erfahrungen von Begrenzung, Negation und Zurückgeworfensein, die in der frühen Kindheit wesentlich zur Selbstbewusstheit und Individuierung beitragen. Sich als eigenständige, selbstbestimmte Person erfahren zu können, ist nicht ohne einen mitunter schmerzhaften Entwicklungsprozess möglich. In der Melancholie kehren die elementaren leiblich-affektiven Erfahrungen von Trennung und Zurückgeworfensein in übersteigerter Form wieder, die mit dem Prozess der Individuierung unausweichlich verknüpft sind. Der melancholische Patient zahlt einen besonders hohen Preis für sein Personwerden, indem die Summe der damit verbundenen Schuld und Verlassenheit mit ungeminderter Wucht auf ihn zurückfällt. Die melancholische Depression macht so auch deutlich, wie tief unsere frühen Beziehungserfahrungen in das Leibgedächtnis eingeschrieben sind.[18]

18 Es sei allerdings darauf hingewiesen, dass die Depression keineswegs kulturübergreifend mit Schulderleben und Schuldwahn einhergeht (vgl. Fuchs 2020). Murphy (1978) hat ferner in einem historischen Rückblick gezeigt, dass die Depression auch in der westlichen Welt erst seit etwa dem 17./18. Jahrhundert als »Schuldkrankheit« erscheint; noch in Robert Burtons *Anatomie der Melancholie* (1621) ist von Schuldgefühlen nicht die Rede.
Für diese pathoplastische Veränderung könnte zum einen ein kultureller Wandel von der »Scham- zur Schuldkultur« (Benedict 1946) eine Rolle spielen: So beruhten die mittelalterlichen Formen der Bestrafung noch häufig auf der öffentlichen Beschämung (Ausstellung am Pranger, Kahlscheren und andere Formen der Ächtung), während in der bürgerlichen Gesellschaft das Schuld-und-Sühne-Prinzip leitend wurde. Zum anderen dürfte die Pathoplastik der Melancholie von der zunehmenden Individualisierung und der Internalisierung sozialer Normen beeinflusst worden sein: Das neuzeitliche Subjekt erfährt sich als verantwortlichen Urheber seiner Handlungen; es ist, indem es sein Leben selbst führt, auch potenziell immer schon »schuld«. Die kollektive »Erbschuld« des christlichen Mittelalters verlagert sich so auf die individuelle »Existenzschuld«, die Heidegger dann sogar zu einem »Existenzial« des Daseins schlechthin erhob.

Resümee

Scham und Schuld als reflexive Emotionen sind eng mit der Entwicklung des Selbstbewusstseins und der Intersubjektivität verknüpft. Sie setzen die Fähigkeit voraus, sich mit den Augen des anderen zu sehen und zu sich selbst ein bewertendes, kritisches Verhältnis einzunehmen. Damit inkorporieren sie einerseits den bewertenden Blick, andererseits die kritische Stimme der anderen. Die regulative Rolle von Scham und Schuld für die sozialen Beziehungen hängt aber auch von der Fähigkeit ab, eine übergeordnete Perspektive auf diese Beziehungen einzunehmen und sie aus einer Distanz zu betrachten – das Merkmal der exzentrischen Position. Denn diese übergeordnete Perspektive erlaubt es der beschämten oder sich schuldig fühlenden Person, die momentan überwältigenden Emotionen wieder zu relativieren, nämlich im Hinblick auf eine Selbstbehauptung, einen möglichen Ausgleich und eine Entschuldung.

Geht diese Fähigkeit zur Selbstdistanzierung aber verloren, wie in der Dysmorphophobie, im paranoiden Beziehungswahn oder in der depressiven Melancholie, dann erlangen Scham- und Schulderleben eine ungehemmte Macht. Sie trennen den Patienten von der Teilnahme an der gemeinsamen Welt, und er erfährt an seinem Leib die Korporifizierung, in der diese Trennung zum Ausdruck kommt. Er sieht sich dem Blick oder der Stimme eines »allgegenwärtigen Anderen« wehrlos ausgeliefert, umgeben von einer Welt von Verachtung oder Vorwurf. Eingeschlossen in diese subjektiv erlebte Situation, verliert er die Fähigkeit zum Überstieg in eine exzentrische und zugleich intersubjektive Position. Denn diese Position setzt einen offenen leiblichen Raum voraus, der Freiheit zur Selbstdistanzierung lässt. Eine Therapie, die diese Bedingungen im Blick hat, kann wesentlich dazu beitragen, einen solchen offenen Raum zu schaffen, in dem der Patient wieder Distanz zu seinem primären Erleben gewinnt und sich von der Verdinglichung durch Blick und Stimme zu befreien vermag.

Benedict, R. 1946. *The Chrysanthemum and the Sword.* Boston: Riverside Press.

Bergson, H. 1921. *Das Lachen.* Jena: Diederichs.

Bilz, R. 1971. *Paläoanthropologie.* Bd. 1. Frankfurt/M.: Suhrkamp.

Breasted, J. H. 1950. *Die Geburt des Gewissens.* Zürich: Morgarten.

Bruner, J. S. 1977. »Wie das Kind lernt, sich sprachlich zu verständigen«. In: *Zeitschrift für Pädagogik* 23: S. 829-845.

Brunner, H. 1988. *Das hörende Herz. Kleine Schriften zur Religions- und Geistesgeschichte Ägyptens.* Göttingen: Vandenhoeck & Ruprecht.

Buber, M. 1960. »Schuld und Schuldgefühle«. In: *Der leidende Mensch.* Hg. von A. Sborowitz. Darmstadt: Wissenschaftliche Buchgesellschaft, S. 106-117.

Condrau, G. 1991. *Der Mensch und sein Tod.* Zürich: Kreuz.

Conrad, K. 1992/1958. *Die beginnende Schizophrenie. Versuch einer Gestaltanalyse des Wahns.* 6. Aufl. Stuttgart: Thieme.

Dodds, E. R. 1970. *Die Griechen und das Irrationale.* Darmstadt: Wissenschaftliche Buchgesellschaft.

Erikson, E. H. 1950. *Kindheit und Gesellschaft.* Stuttgart: Klett.

Freud, S. 1974a. *Das Unbehagen in der Kultur (1930).* In: ders., *Studienausgabe.* Bd. IX, S. 191-270. Frankfurt/M.: Fischer.

Freud, S. 1974b. *Zeitgemäßes über Krieg und Tod (1916).* In: ders., *Studienausgabe.* Bd. IX. Frankfurt/M.: Fischer, S. 33-60.

Fuchs, T. 1993. »Über einen Fall von ›Wachstumswahn‹. Zur Genese und nosologischen Klassifikation der körperdysmorphen Störung«. In: *Nervenarzt* 64: S. 199-203.

Fuchs, T. 1995. »Gewogen und zu leicht befunden. Herz und Gewissen«. In: *Herz.* Hg. von S. Hahn. Dresden, Basel: Verlag der Kunst, S. 32-48.

Fuchs, T. 1999. »Life Events in Late Paraphrenia and Depression«. In: *Psychopathology* 32: S. 60-69.

Fuchs, T. 2000a. *Leib, Raum, Person. Entwurf einer phänomenologischen Anthropologie.* Stuttgart: Klett-Cotta.

Fuchs, T. 2000b. *Psychopathologie von Leib und Raum. Phänomenologisch-empirische Untersuchungen zu depressiven und paranoiden Erkrankungen.* Darmstadt: Steinkopff.

Fuchs, T. 2005. »Corporealized and Disembodied Minds. A Phenomenological View of the Body in Melancholia and Schizophrenia«. In: *Philosophy, Psychiatry & Psychology* 12: S. 95-107.

Fuchs, T. 2011. »Psychopathologie der Hyperreflexivität«. In. *Deutsche Zeitschrift für Philosophie* 59: S. 565-576.
Fuchs, T. 2012. »The Phenomenology of Body Memory«. In: *Body Memory, Metaphor and Movement.* Hg. von S. Koch et al. Amsterdam: John Benjamins, S. 9-22.
Fuchs, T. 2013. »The Phenomenology and Development of Social Perspectives«. In: *Phenomenology and the Cognitive Sciences* 12: S. 655-683.
Fuchs, T. 2020. »Depression, Leiblichkeit, Zwischenleiblichkeit«. In: ders., *Randzonen der Erfahrung. Beiträge zur phänomenologischen Psychopathologie.* Freiburg: Alber, S. 44-62.
Gebsattel, E. von 1954. *Prolegomena einer medizinischen Anthropologie.* Berlin et al.: Springer.
Gilbert, P. 2003. »Evolution, Social Roles, and the Differences in Shame and Guilt«. In: *Social Research: An International Quarterly* 70: S. 1205-1230.
Hegel, G. W. F. 1970. *Enzyklopädie der philosophischen Wissenschaften im Grundrisse* (1830). Bd. 1. Frankfurt/M.: Suhrkamp.
Henseler, H. 1974. *Narzißtische Krisen – Zur Psychodynamik des Selbstmords.* Reinbek: Rowohlt.
Jacobson, E. 1973. *Das Selbst und die Welt der Objekte.* Frankfurt/M.: Suhrkamp.
Janzarik, W. 1957. »Die zyklothyme Schuldthematik und das individuelle Wertgefüge«. In: *Schweizer Archiv für Neurologie und Psychiatrie* 80: S. 173-208.
Joraschky, P., T. A. Moesler 1992. »Die Dysmorphophobie«. In: *Paranoide Störungen*, Hg. von W. P. Kaschka, E. Lungershausen. *Tropon-Symposium* 7: S. 81-94.
Jung, G. 1933. »Syneídesis, conscientia, Bewußtsein«. In: *Archiv für die gesamte Psychologie* 89: S. 525-540.
Kaestner, G. 1947. »Das Wertverhalten der zyklothym Depressiven«. In: *Arbeiten zur Psychiatrie, Neurologie und ihren Grenzgebieten. Festschrift für Kurt Schneider.* Hg. von H. Kranz. Heidelberg: Scherer, S. 159-173.
Kittsteiner, H. D. 1991. *Die Entstehung des modernen Gewissens.* Frankfurt/M.: Insel.
Klein, M. 1933. »Die frühe Entwicklung des Gewissens beim Kinde«. In: *Frühstadien des Ödipuskomplexes. Frühe Schriften 1928-1945.* Hg. von J. Stork. Frankfurt/M.: Suhrkamp.
Kleist, H. von 1964. »Über das Marionettentheater«. In: *Sämtliche Werke*,

Hg. von P. Stapf. Berlin et al.: Deutsche Buch-Gemeinschaft, S. 1088-1094.
Kluge, F. 1989. *Etymologisches Wörterbuch der Deutschen Sprache*. 22. Aufl. Berlin, New York: De Gryuter.
Kretschmer, E. 1921. *Körperbau und Charakter*. Berlin, Heidelberg: Springer.
Kretschmer, E. 1966. *Der sensitive Beziehungswahn*. Berlin et al.: Springer.
Leder, D. 1990. *The Absent Body*. Chicago: University of Chicago Press.
Lewis, H. B. 1971. *Shame and Guilt in Neurosis*. New York: International Universities Press.
Lewis, M. 1995. »Embarrassment. The Emotion of Self-Exposure and Evaluation«. In: *Self-Conscious Emotions. The Psychology of Shame, Guilt, Embarrassment and Pride*. Hg. von J. P. Tangney, K. W. Fischer. New York: The Guilford Press, S. 198-218.
Mead, G. H. 1973. *Geist, Identität und Gesellschaft*. Frankfurt/M.: Suhrkamp.
Meissner, W. W. 1978. *The Paranoid Process*. New York: Aronson.
Merleau-Ponty, M. 1966. *Phänomenologie der Wahrnehmung*. Berlin: De Gruyter.
Morrison, N. K. 1987. »The Role of Shame in Schizophrenia«. In: *The Role of Shame in Symptom Formation*. Hg. von H. B. Lewis. London: Lawrence Erlbaum, S. 51-87.
Murphy, H. B. M. 1978. »The Advent of Guilt Feelings as a Common Depressive Symptom: a Historical Comparison on Two Continents«. In: *Psychiatry* 41: S. 229-242.
Nietzsche, F. 1980. *Morgenröte*. In: ders., *Werke*. Bd. II. Hg. von K. Schlechta. München: Hanser, S. 1009-1279.
Parin, P. 1983. *Der Widerspruch im Subjekt. Ethnopsychoanalytische Studien*. Frankfurt/M.: Syndikat/EVA.
Phillips, K. A. 1991. »Body Dysmophic Disorder. The Distress of Imagined Ugliness«. In: *American Journal of Psychiatry* 148: S. 1138-1149.
Plessner, H. 1975. *Die Stufen des Organischen und der Mensch*. Berlin: De Gruyter.
Plessner, H. 1970. »Lachen und Weinen«. In: ders., *Philosophische Anthropologie*. Frankfurt/M.: Fischer, S. 11-171.
Reiner, H. 1974. »Gewissen«. In: *Historisches Wörterbuch der Philosophie*. Bd. 3. Hg. von J. Ritter. Darmstadt: Wissenschaftliche Buchgesellschaft, S. 574-592.

Sartre, J.-P. 1962. *Das Sein und das Nichts*. Reinbek: Rowohlt.

Scheler, M. 1957. »Über Scham und Schamgefühl«. In: *Gesammelte Werke*. Bd. 10. Bern: Francke, S. 67-154.

Schmitz, H. 1989. *Leib und Gefühl. Materialien zu einer philosophischen Therapeutik*. Paderborn: Junfermann.

Schmitz, H. 1964. *System der Philosophie*. Bd. II/1: *Der Leib*. Bonn: Bouvier.

Seidler, G. H. 1995. *Der Blick des Anderen. Eine Analyse der Scham*. Stuttgart: Verlag Internationale Psychoanalyse.

Spitz, R. A. 1967. *Vom Säugling zum Kleinkind. Naturgeschichte der Mutter-Kind-Beziehungen im ersten Lebensjahr*. Stuttgart: Klett.

Straus, E. 1960. *Psychologie der menschlichen Welt*. Berlin et al.: Springer.

Tellenbach, H. 1983. *Melancholie. Problemgeschichte, Endogenität, Typologie, Pathogenese, Klinik*. 4. Aufl. Berlin et al.: Springer.

Titze, M. 1997. »Das Komische als schamauslösende Bedingung«. In: *Scham – ein menschliches Gefühl*. Hg. von R. Kühn et al. Opladen: Westdt. Verlag, S. 169-178.

Wurmser, L. 1990. *Die Maske der Scham. Die Psychoanalyse von Schamaffekten und Schamkonflikten*. Berlin et al.: Springer.

10.
Die Enge des Lebens
Phänomenologie der Angst

Einleitung

Die Erfahrung der Angst, der »Enge des Lebens«, ist nicht nur ein Grundphänomen der menschlichen Existenz, sondern auch wiederkehrendes Thema einer philosophischen Psychologie und Psychopathologie. Als komplexes, vielschichtiges Gefühl erscheint die Angst in verschiedenen Formen, die von der vitalen, leibnahen Angst über die objektgerichtete Furcht bis zur diffusen Ängstlichkeit und Bangnis reichen. Zwischen der Angst als leiblichem Zustand der Beklemmung, als intentional gerichteter Emotion oder als banger Stimmung der Bedrohlichkeit lassen sich dabei keine scharfen Grenzen ziehen; die verschiedenen Formen gehen häufig ineinander über. Zugleich nimmt Angst alle Grade an, von unterschwelliger Ängstlichkeit bis zu unerträglicher Panik oder Todesangst. Sie kann sich auf die elementare Gegenwart einengen oder aber Gefahren weit in der Zukunft antizipieren, ja noch über den eigenen Tod hinaus. Ihre Gegenstände schließen die unmittelbare Todesgefahr ebenso ein wie das mögliche Scheitern des eigenen Lebensentwurfs.

Die folgende Darstellung der Phänomenologie der Angst berücksichtigt diese variable Struktur und unternimmt nicht den Versuch, das Phänomen etwa durch eine Abgrenzung von Angst und Furcht oder von Gefühl und Stimmung definitorisch einzuschränken. Sie geht vielmehr davon aus, dass die konflikthafte Grundstruktur der Angst, nämlich *die gleichzeitige Aktivierung und Hemmung eines Fluchtimpulses angesichts einer Bedrohung*, in ihren verschiedenen Formen und auf den verschiedenen Stufen in ähnlicher Weise wiederkehrt. Die basale leibliche Einengung und Abschnürung vom umgebenden Raum charakterisiert die Angst als ein *leibliches Existenzial*, das heißt als eine Grunderfahrung des verkörperten und situierten Subjekts, die sich gleichermaßen im primären Leib- und Bewegungsraum, im sozialen Raum und schließlich im symbolischen Raum der Existenz manifestiert (Fuchs 2000: 202 f.). Ob die Gefährdung nun die vitale Selbsterhaltung, die persönlichen Beziehungen oder das Gelingen des eigenen Lebens betrifft, die Person reagiert auf diese Bedrohungen immer einheitlich als leibliches, das heißt zwischen die Pole von Enge und Weite, Nähe und Ferne, Verbindung und Trennung eingespanntes Wesen. Die Phänomenologie der Angst beginnt daher im Folgenden bei ihrer leiblichen Struktur und Grundsituation, untersucht dann ihre biologischen und anthropologischen Voraussetzungen, um sich schließlich einzelnen prägnanten Formen des Angsterlebens zuzuwenden.

Grundstruktur der Angst

Die phänomenale Grundstruktur der Angst lässt sich mit Hermann Schmitz (1981a: 169 ff.) als einen Konflikt zwischen einer leiblichen Einengung und einem gegen sie gerichteten Fluchtimpuls beschreiben, oder in der Formel von Schmitz als »gehindertes ›Weg!‹«. Auf der einen Seite steht also eine in Hals, Brust oder Bauch gespürte Einschnürung und Beklemmung,[1] auf der anderen Seite der Versuch, dieser bedrohlichen Enge zu entkommen. Die Ausweglosigkeit der angstauslösenden Situation lässt jedoch zumindest die sofortige Flucht nicht zu, und es bleibt beim ziellosen Bewegungsdrang, diffuser Unruhe und zunehmender innerer Spannung. Der vergeblich gegen die Restriktion sich aufbäumende Fluchtimpuls steigert die Beengung und damit die Angst nur noch weiter, mitunter ins Unerträgliche. Der nicht aufhebbare Antagonismus der beiden Tendenzen erzeugt die lähmende Wirkung der Angst: Der Geängstigte ist förmlich an die Stelle gebannt, in die Enge seines eigenen Leibes getrieben. Damit entsteht eine für die Angst cha-

1 Vgl. die Etymologie von »Angst«, nämlich vom indogerm. *anghu* = eng, bedrängend; dazu griech. *anchein* = drosseln, würgen; lat. *angor* = Würgen, Beklemmung, *angustus* = eng, schmal (Kluge 1989: 30).

rakteristische Spirale: Ohnmächtig sieht sich der Betroffene einer drohenden Gefahr ausgeliefert; zugleich lässt die empfundene Lähmung und Ohnmacht seine Angst immer noch weiter anwachsen.

Der leiblichen Konstriktion entspricht ein charakteristisches Verhältnis zum umgebenden Raum: Angst trennt den Geängstigten von den vertrauten Umweltbeziehungen und wirft ihn auf sich selbst zurück. Es fehlen die vermittelnden Richtungen, die aus der leiblichen Enge in die Weite führen und über die sich der Leib sonst dem Umraum mit seinen Blick- und Bewegungszielen anzuschließen vermag. Darauf beruhen insbesondere die raumbezogenen Ängste wie die *Akrophobie* (Höhenangst), *Agoraphobie* und *Klaustrophobie*, in denen der umgebende Raum gleichsam selbst zur Bedrohung wird (s. u.). Eine Unterbrechung der leiblichen Einrichtung und Orientierung im Umraum erklärt auch die häufige Verknüpfung von *Angst und Schwindel*: In beiden Fällen kommt es zu einer Labilisierung und Verwirrung der vom Leib ausstrahlenden Richtungen von Blick, Motorik und Gleichgewichtssinn, und damit schwindet zugleich »das stützende Gerüst, das die Dinge der anschaulichen Umgebung an ihren Plätzen hält« (Schmitz 1988: 222). So können sich Angst und Schwindel namentlich bei der Höhenangst wechselseitig emportreiben.

Die zentripetal gerichtete Bedrohung, die der leiblichen Einengung entspricht, verändert auch die Physiognomie des umgebenden Raums. Zumal wenn sich die Angst auf keinen definierten Gegenstand richtet, generalisiert sich die Bedrohlichkeit auf die gesamte Umwelt. Ihre Relevanzstruktur ist dann aufs Äußerste verengt: Einzig das Gefährliche oder Schreckliche bietet sich der Wahrnehmung an und beansprucht alle Aufmerksamkeit. Daher tendiert der Ängstliche zur Eigenbeziehung oder zum »Subjektzentrismus« (Bilz 1965): Er sieht sich im Mittelpunkt einer ubiquitären Bedrohung, deutet alle Vorkommnisse der Situation als gegen sich selbst gerichtet und wittert gerade im Verborgenen die Gefahr. Es entsteht eine Atmosphäre des *Unheimlichen* und Unheilvollen, die sich zu keiner gegenständlichen Gefahr konkretisieren will. Zu ihrer Beschreibung hat Schmitz (1981b: 283) den Begriff der *Bangnis* eingeführt: In ihr nimmt die Umgebung – wie etwa der nächtliche Wald für das Kind – einen verfremdeten, hintergründigen und beklemmenden Charakter an.

Im Subjektzentrismus der Angst ist nun auch ein individuierendes Moment enthalten: Die zentripetale Gefährdung, die Ausgesetztheit ebenso wie die Aussichtslosigkeit der Flucht konfrontieren den Sich-Ängstigenden auf radikale Weise mit sich selbst – eine Erfahrung, an die auch die existenzphilosophischen Deutungen der Angst anknüpfen. Das Subjekt sieht sich von allen rettenden Auswegen isoliert und zugleich in eine Situation geworfen, in der es um das eigene vitale oder psychische Überleben geht, um ›Sein oder Nichtsein‹. Der leibliche Konflikt des »gehinderten ›Weg!‹« erweist sich so als Konflikt zwischen der Bedrohung und der Behauptung des Selbst. Damit drängt die Angst das Subjekt in ein elementares »Ich-hier-jetzt«. Sie lässt sich insofern nach Schmitz – ähnlich wie jäher Schreck, heftiger Schmerz oder peinlichste Scham – als eine Urerfahrung von *Gegenwart* charakterisieren (vgl. Schmitz 1981a).

So sehr die Konfrontation mit dem möglichen Nichtsein den Geängstigten auf sich selbst zurückwirft, so wenig lässt sie ihm andererseits eine Distanz zur Situation, die er zur Selbstbesinnung nützen könnte. Das gilt vor allem für die panische, »blinde« Angst, die den Betroffenen geradezu in eine »primitive Gegenwart« einschließt (ebd.) und in der kein Spielraum für Überlegung und Reflexion mehr bleibt. Abgesehen von diesen Extremformen enthält die Angst zwar meist noch einen eingeengten Zukunftsbezug, nämlich die Antizipation eines Unheils; insofern lassen sich Angst und mehr noch die spezifisch objektgerichtete Furcht auch als *negative Erwartungsaffekte* bezeichnen. Gleichwohl erschweren oder verunmöglichen sie die Objektivierung der Situation, die Einnahme einer Außenperspektive ebenso wie das besonnene Handeln. Angst ist ein »schlechter Ratgeber«, insofern sie die Zeitperspektive auf die nächste Zukunft verengt und zugleich die wahrgenommenen Möglichkeiten aufs Äußerste reduziert (›Flucht oder Untergang‹). Auch die erwähnte Atmosphäre des Unheimlichen bevölkert die Umwelt mit bedrohlichen Gestalten und Physiognomien, die dem

Geängstigten zu Leibe rücken, und ist insofern mit dem Verlust des Objektivierungsvermögens verknüpft; im Zuge dessen werden die sachlich-neutralen Bedeutungen der Dinge von ihren affektiven Ausdrucksqualitäten verdrängt (Fuchs 2000: 200, 204 f.).

Gegenstände der Angst – Angst und Furcht

Betrachten wir nun die Situationen näher, auf die sich die Angst richtet. Elementare Angst besteht in einer Affektion, die uns plötzlich zustößt und die Kontinuität der Zeit unterbricht. Waldenfels hat daher die Grunderfahrungen von Angst und Staunen als paradigmatisch für die zeitliche Vorgängigkeit des *Widerfahrnisses* beschrieben: Das ›Wovor‹ der Angst hat uns bereits überwältigt, ehe es sich deutlicher bestimmen lässt. Damit erhält die Angst den Charakter eines Einbruchs des Fremden, das von der Gegenwärtigkeit des Subjekts durch eine Schwelle getrennt ist. »In der Angst entzieht sich das Fremde der bestimmenden Einordnung« (Waldenfels 1997: 44), das Subjekt verliert für den Augenblick die Orientierung. »Wüsste ich, worüber ich staune oder wovor ich mich ängstige, so würden Staunen und Angst verschwinden wie ein Phantom.« (Ebd.) Der Orientierungsverlust kulminiert in der buchstäblich »kopflosen« Panik, die dem Geängstigten keine geordneten Reaktionen mehr erlaubt.

Die auf Kierkegaard zurückgehende und von Heidegger noch einmal betonte Unterscheidung der Angst von der Furcht schreibt nur Letzterer den intentionalen Bezug auf einen bestimmten, »innerweltlichen« Gegenstand zu, während die Angst es letztlich mit dem »Nichts« zu tun habe, nämlich mit dem »nackten Dass« des Daseins (Heidegger 1927/1986: 134): »Dass das Bedrohende *nirgends* ist, charakterisiert das Wovor der Angst.« (Ebd.: 186) In der neueren philosophischen Diskussion wird diese Unterscheidung wieder kritischer gesehen: Sowohl Angst als auch Furcht antizipieren eine mehr oder minder bestimmte Bedrohung *(wovor)*, sie enthalten gleichermaßen den Antrieb zur Flucht oder Vermeidung *(wozu)*, und sie gelten reflexiv dem eigenen Selbst, dem es um sein Wohl, sein Leben oder sein Sein geht *(worum)*. Daher erscheint es angemessener, die Angst als graduelles Phänomen zwischen den Polen von reiner Angst bzw. diffuser Bangnis einerseits und konkretisierter, objektgerichteter Furcht andererseits einzuordnen (vgl. Fink-Eitel 1993; Demmerling & Landweer 2007: 80ff.).

Dafür spricht, dass auch die primär namenlose Angst die intentionale Funktion der *Phantasie* in Anspruch nimmt, um sich einen möglichen Gegenstand vorzustellen. Der Verängstigte neigt dazu, sich die zunächst nur unbestimmt antizipierte Katastrophe auszumalen oder die Umgebung mit den bedrohlichen Agenzien zu bevölkern, die gerade seiner größten Angst entsprechen. Nicht zu Unrecht wies Kierkegaard (1844/1981: 161) auf die Kreativität der Selbstqual hin, zu der die Angst – ähnlich wie die Eifersucht – neigt. Dabei kommt es zu einer bedeutsamen Änderung der »Neutralitätsmodifikation«, also der Aussetzung der Realitätssetzung, die nach Husserl sonst die Phantasie charakterisiert: Deren Erscheinungen haben gewöhnlich eine so vage und schattenhafte Form, »dass uns nicht einfallen könnte, dergleichen in die Sphäre aktueller Wahrnehmung und Bildlichkeit hineinzusetzen« (Husserl 1980: 59), sie also für real zu halten. Diese strenge Unterscheidung zwischen Wahrnehmung und Phantasie ist jedoch in der Angst suspendiert; die Grenzen zwischen Möglichkeit und sinnlicher Gegebenheit beginnen zu verschwimmen. Die Angst neigt zur Illusionsbildung; sie lässt uns, wie das Kind angesichts von Schatten im dunklen Wald, an die Wirklichkeit unserer Phantasien glauben.

Auch die psychologische Analyse bestätigt einen engen Zusammenhang von Angst und Furcht. So erweist sich die objektlose neurotische Angst, wie sie etwa in der Panikstörung scheinbar ohne Anlass auftritt, bei näherer Analyse doch als Reaktion auf eine verdrängte Bedrohung zentraler seelischer Bedürfnisse oder auf einen unbewussten Triebkonflikt (Freud 1926/2000b). Zudem belegt die klinische Erfahrung, dass die Symptomatik von Angststörungen häufig zwischen ungerichteten, frei flottierenden Ängsten und objektbezogenen Phobien hin- und herwechselt (Lang 1996). Wie beschrieben, versucht die Angst zur Furcht zu werden, also ihren Gegenstand namhaft oder sichtbar zu machen. So lassen sich Phobien als konkretisierte Formen der Angst auffassen; sie vermeiden den eigentlichen Konflikt, indem sie ihn durch das umschriebene Symptom etwa einer Agoraphobie ersetzen. Hinter dem »gehinderten ›Weg!‹« verbirgt sich dann ein tieferer, existenzieller Konflikt zwischen verschiedenen Lebens- und Beziehungsmöglichkeiten (s. u.).

In jedem Fall sind Angst und Furcht wie alle Affekte Formen des menschlichen Selbstverhältnisses. Sie lassen sich als Reaktionen auf die Bedrohung des Selbst in einem als essenziell erlebten Wert auffassen, sei dieser nun vitaler, sozialer oder existenzieller Natur. Mit anderen Worten: Sie gelten dem Einbruch eines Ereignisses, das uns vom Wertvollsten und damit zugleich von uns selbst zu trennen droht. Insofern geht es in der Angst immer um das Subjekt in seiner Totalität, in seiner leiblichen oder psychischen Integrität. Zur Bedrohungsangst vor dem gefährlichen Objekt, dem Feind oder der Natur tritt beim Menschen die Angst vor dem Verlust sozialer Zugehörigkeit, aber auch die Angst um das Gelingen des Lebens und schließlich die Angst, die aus dem Bewusstsein der eigenen Sterblichkeit erwächst. Daher gibt es für den Menschen nicht nur die Tendenz der Angst zur Furcht, sondern auch umgekehrt die Tendenz der Furcht, durch konkrete Objekte hindurch auf eine immer schon gegenwärtige und ausweglose Bedrohung des Selbst zu verweisen und so zur existenziellen Angst zu werden.

Biologische und anthropologische Grundlagen

Gehen wir nun von der Struktur des Phänomens über zu seinen biologischen und anthropologischen Grundlagen. Dem leiblichen Grundkonflikt der Angst entspricht physiologisch eine sympathikotone vegetative Erregung (Herzklopfen, Schweißausbruch, Hyperventilation), verbunden mit muskulärer Anspannung und gesteigerter sensorischer Aufmerksamkeit. Darin manifestiert sich die biologische Funktion der Angst im Sinne eines Warnsystems, das in der Gefahr die Flucht- oder Abwehrbereitschaft des Organismus mobilisiert. Allerdings tritt diese primäre, überlebenssichernde Funktion der Angst im Laufe der Kulturentwicklung eher in den Hintergrund. Stattdessen übernimmt die Angst zunehmend die Rolle einer Reaktion des Individuums auf soziale und existenzielle Gefährdungen, für die jene ursprüngliche sensomotorische Alarmierung nur noch von begrenztem Nutzen ist. Dass die Angst gleichwohl den Menschen nicht verlässt, sondern in vielfältigen Formen und Verwandlungen eher noch gesteigert heimsucht, wirft die Frage nach den anthropologischen Ursachen der besonderen Angstbereitschaft des Menschen auf. Folgende Aspekte sind dabei von Bedeutung:

(1) Zunächst bringt die biologisch bedingte *Ungesichertheit der menschlichen Existenz* bereits in der frühen Kindheit eine erhöhte Disposition zur Angst mit sich. Als »physiologische Frühgeburt« (Portmann 1944) ist der Säugling einer besonderen Gefährdung ausgesetzt; entsprechend sah Freud die primäre Wurzel der Angst in der »lang hingezogenen Hilflosigkeit und Abhängigkeit des kleinen Menschenkindes« (Freud 1926/2000b: 293). Die Angst erfüllt somit eine wichtige Funktion im biologisch angelegten Bindungssystem (Bowlby 1969/1975), indem sie den Verlust der Nähe und Zuwendung der Bezugspersonen und damit der für das Kleinkind vital notwendigen Geborgenheit anzeigt.

(2) Hinzu kommt die Funktion von Ängsten zur internen *Regulation des Verhaltens im sozialen Verband*: Mit Angst reagieren Menschen auf Bedrohungen des Selbstwerts, des eigenen Status in der Rangordnung der Gruppe ebenso wie auf mögliche Bestrafung (Schuld-, Gewissensangst) bis hin zum drohenden Verlust des Schutzes der Gruppe durch die Ausstoßung (»Disgregationsangst«, Bilz 1971). Insoweit die Kulturentwicklung auf einem System von Triebkontrollen und -versagungen beruht, die vom Individuum internalisiert werden, geschieht auch

dies, wie Freud im *Unbehagen in der Kultur* ausführt (Freud 1930/2000c), um den Preis der Angst, die gleichsam als innerer Wächter der Selbstkontrolle installiert wird. Da man sich inneren Triebkonflikten nicht durch Flucht entziehen kann, entsteht neurotische Angst, die ihrerseits eine Verdrängung des Bedrohlichen ins Unbewusste zur Folge hat. Insofern stellen Konflikte zwischen Individuum und Sozialität, seien sie nun äußerlich ausgetragen oder in das Subjekt verlagert, für den zivilisierten Menschen die häufigsten Anlässe für Ängste dar und liegen auch der Mehrzahl von klinischen Angststörungen zugrunde.

(3) Die Angstbereitschaft des Menschen wird weiter gesteigert durch seine *Fähigkeit zur Imagination*, die ihn künftige mögliche Gefahren – Krankheiten, Verluste, Trennungen, Not oder Krieg – in der Vorstellung vorwegnehmen lässt. Damit wird die *Sorge* um das eigene Leben zur grundlegenden Daseinsstruktur. Die Zeitperspektive der Angst erweitert sich über die Gegenwart und nächste Zukunft hinaus bis hin zur letzten Ausweglosigkeit des eigenen Todes, ja nicht selten noch darüber hinaus. Da die Möglichkeiten des Entkommens oder der Vorkehrungen begrenzt bzw. angesichts des Todes ganz aussichtslos sind, bleibt auch in der sichersten Gegenwart immer Anlass zur Angst – und sei es die keineswegs seltene Angst vor der Angst selbst, also vor der Wiederkehr einmal erlebter Angstzustände oder Bedrohungen. Hier zeigt sich die antizipative Struktur der Angst als zusätzlich verflochten mit den traumatischen Erfahrungen des Individuums in der Vergangenheit.

(4) Angst ist schließlich der Preis für die Offenheit des »nicht festgestellten Tiers« (Nietzsche 1886/1965: 623), also für den *Spielraum der Freiheit*, der der Instinktgebundenheit des tierischen Lebens gegenübersteht. Dass das eigene Leben dem Menschen nicht einfach vorgegeben, sondern aufgegeben ist (Blankenburg 1996), bedeutet zugleich eine höhere, nämlich existenzielle Gefährdung. Über die elementare Daseinsvorsorge hinaus wird dem Menschen das Leben zu einem Wagnis: Er kann durch

eigene Entscheidungen seine Ziele oder Werte verfehlen, ein zu hohes oder auch zu geringes Risiko eingehen; nur dem Menschen kann das Leben selbst misslingen. Damit eröffnet sich das Feld existenzieller Ängste, die sich auf das mögliche Verfehlen zentraler Aspekte der Selbstrealisierung richten.

Begünstigen somit die besondere Verletzlichkeit, die Imaginationsfähigkeit und die Instinktentbundenheit des Menschen die Entstehung von Angst auf unterschiedlichen Stufen, so eröffnen sich ihm doch andererseits Möglichkeiten der Angstbewältigung, die dem Tier nicht gegeben sind. Die Kulturentwicklung lässt sich nicht zuletzt als eine kollektive Anstrengung verstehen, die natürlichen Bedrohungen durch Feinde, Krankheit, Hunger und Tod immer weiter zurückzudrängen und damit Angst abzuwehren. Das Gleiche gilt für das Individuum und seine präventiven Möglichkeiten der Angstreduktion. Nicht zuletzt bleibt ihm aber auch in auswegloser Lage die rettende Fähigkeit, sich zu sich selbst und seiner Situation zu verhalten: Die Angst kann zwar in Verzweiflung übergehen, wenn die Situation keine Hoffnung auf Befreiung mehr lässt; sie lässt jedoch nach oder verschwindet gerade dann, wenn es dem Subjekt gelingt, sich ins Unvermeidliche zu schicken, den Fluchtimpuls aufzugeben und so auch den leiblichen Konflikt als Kern der Angst aufzulösen. Eine solche Möglichkeit stellt die Vorgängigkeit der Spirale der Angst nicht in Frage, weist aber auf das menschliche Vermögen hin, selbst auf aussichtslose Situationen noch Antworten zu geben.

Einzelne Formen des Angsterlebens

Wie bereits mehrfach deutlich wurde, treten auf den verschiedenen Stufen des seelischen Lebens, entsprechend den jeweils dominierenden Motivationen und Wertorientierungen, auch unterschiedliche Formen von Angst auf, die im Folgenden exemplarisch beschrieben werden sollen. Sie reichen von der elementaren, vitalen Angst vor tödlicher Bedrohung bis zur existenziellen Angst um das

Gelingen des Lebens. Allerdings sind diese verschiedenen Formen vielfach miteinander verflochten.

(1) Vitale Angst: Die akute Lebensbedrohung führt in der Regel zur *vitalen* oder *Todesangst*, etwa in Form der Erstickungsangst beim schweren Asthmaanfall, der stenokardischen Angst beim Herzinfarkt oder der ansteckenden Todesangst in der Massenpanik. Diese Formen elementarer, instinktiver Angst entsprechen am ehesten dem reinen leiblichen Konflikt des »gehinderten ›Weg!‹« und gehen meist einher mit dem vollständigen Verlust der Selbstdistanzierung und Situationsübersicht (›blinde‹ oder ›kopflose Angst‹). Eine andersartige, aber gleichfalls vitale und primär gegenstandslose Angst kennzeichnet auch die schwere, phasisch wiederkehrende Depression (Schneider 1920): Sie manifestiert sich weniger in Panikanfällen als vielmehr in einer konstanten, massiven Einengung des gespürten Leibes (Druck- oder Panzergefühl vor allem auf der Brust), der damit allen expansiven Richtungen Widerstand entgegensetzt und im äußersten Fall die Patienten in angstvollem Stupor regelrecht erstarren lässt.

(2) Raumängste: Die für die Angst charakteristische Trennung zwischen Leib und Umraum wird besonders an den raumbezogenen Phobien deutlich. So rückt in der *Agoraphobie* oder Platzangst die Umgebung in eine abgründige Ferne: Die Weite des Raumes gibt dem Blick keinen Halt mehr, der Bewegung kein Ziel in erreichbarer Nähe. Mit der Abspaltung des Raums wird der Betroffene auf sich zurückgeworfen und gerät in Angst und Verlorenheit. Umgekehrt dringt in der *Klaustrophobie* der Umraum förmlich auf den Leib ein und treibt ihn in die Enge. Menschenansammlungen, Theatersäle, Aufzüge usw. lösen einen Fluchtimpuls aus, der aber durch räumliche Barrieren unterbunden wird. In der *Höhenangst* schließlich erzeugt die ungewohnte Ferne der Objekte beim Blick nach unten die ›gähnende Leere‹ des Abgrunds: Die Richtung des Blicks in die Tiefe zieht den Leib sogartig nach sich, wogegen sich wiederum ein massiver Fluchtimpuls richtet. Beide Tendenzen halten sich dabei in Schach und erzeugen den leiblichen Konflikt der Angst (vgl. Schmitz 1988: 136 ff.).

In den Raumängsten ›dynamisiert‹ sich somit der umgebende Raum, er rückt in die Weite oder schrumpft zusammen. Das Übermaß des Affekts destabilisiert die vertraute geometrische Struktur des Raumgefüges, in der sich der Leib sonst einrichtet; die Angst schnürt ihn vom Umraum ab. Freilich lässt sich die Genese der Raumängste nicht mehr rein leibräumlich beschreiben. Dass die symbolischen Qualitäten des Raums dabei eine wesentliche Rolle spielen, zeigt sich zunächst am Charakter der *Öffentlichkeit*, den die von Agoraphobikern gefürchteten Räume haben: Die Patienten antizipieren auch die Exposition vor anderen, den eigenen Kontroll- und Gesichtsverlust. Im agoraphoben Gefühl der Verlassenheit in leerer Weite spiegelt sich zudem die häufige Auslösung von Panikanfällen durch Trennungssituationen, Todesfälle oder Orientierungskrisen.

Darüber hinaus ist die Tiefe des Raumes als Möglichkeit von Bewegung zugleich eine Dimension der gelebten *Zukunft*, die bedrohlich oder verlockend erscheinen kann. Die lähmende Angst des Agoraphobikers vor dem Offenen und Freien entspricht insofern einem existenziellen ›Nicht-von-der-Stelle-Kommen‹, einem Zurückweichen vor einer beängstigenden Zukunft in die vertraute Nahwelt (von Gebsattel 1954: 66 f.). Im Hintergrund kann auch die Angst vor insgeheim gehegten Wünschen nach Selbstrealisierung stehen, die aber eigenen Hemmungen oder Moralgeboten widersprechen und daher als gefährdend erlebt werden. Angst erfüllt dann die Funktion, mögliche Freiheit und ihren »offenen Raum« zugunsten von Sicherheit zu vermeiden. Umgekehrt liegt der *Klaustrophobie* oft eine latente Angst vor einem Verlust von Wahl- und Entfaltungsmöglichkeiten in einer einengenden Lebens- oder Beziehungssituation zugrunde (Fuchs 2000: 181 ff.). Die Agoraphobie entspricht also einer Angst vor drohendem Bindungsverlust, die Klaustrophobie hingegen eher einer Angst vor dem Verlust der eigenen Autonomie.

(3) Soziale Ängste: Bleiben die psychosozialen Ursachen von Raumängsten zumeist noch verdeckt, so zeigt sich die Angewiesenheit des Menschen auf den Schutz, die Geborgenheit und Wert-

schätzung der Gruppe in einer Vielzahl manifester sozialer Ängste. In der für die Angst charakteristischen Abspaltung von Leib und Umraum kommt hier nicht mehr eine vitale Bedrohung, sondern eine Gefährdung des Beziehungsraums der Person zum Ausdruck, in erster Linie eine drohende Trennung oder Verlassenheit. Dies beginnt mit der Angst des Kleinkindes vor Alleinsein oder Dunkelheit, lässt sich aber auch phylogenetisch zurückverfolgen: Die bereits erwähnte Disgregationsangst des Frühmenschen galt dem Verlust des Kontakts zur Gruppe, der zum Überleben in einer feindlichen Umwelt erforderlich war. Verlassen, ausgesetzt, verstoßen zu werden, kam einem Todesurteil gleich und löste massive Alarmreaktionen aus (Bilz 1971).

Diese elementaren Ängste transformieren sich allerdings in der weiteren psychischen Entwicklung, nämlich in Angst vor Zurückweisung, Liebesentzug, Entwertung oder Bestrafung, also vor subtileren Bedrohungen der sozialen Zugehörigkeit und Anerkennung. Zu solchen Ängsten gehören insbesondere Scham und Schuldgefühl, die bereits die Einnahme einer Außenperspektive auf das eigene Selbst voraussetzen: In ihnen reagiert das Kleinkind auf Erfahrungen von Bloßstellung, Missbilligung oder Strafe. Solche Erfahrungen sedimentieren sich zu Angstbereitschaften, die auch unabhängig von der konkreten sozialen Situation wirksam werden. So entwickelt sich das Schuldgefühl aus der Angst vor der antizipierten Bestrafung durch eine nunmehr internalisierte Autorität: »Gewissen ist […] in seinem Ursprung *›soziale Angst‹* und nichts anderes« (Freud 1916/2000a: 39). Zu den Ängsten, die die Stellung des Individuums im sozialen Verband regulieren, gehören weiter die Angst vor Versagen, Herabsetzung, Statusverlust, aber auch vor Hingabe, Selbstverlust und Unfreiheit in persönlichen Beziehungen. Sie können sich in dauerhaften Fehl- oder Vermeidungshaltungen wie übermäßiger Schüchternheit, Angepasstheit, Geltungsbedürftigkeit oder Bindungsscheu niederschlagen.

(4) Existenzielle Ängste: Aus dem reflexiven Selbstverhältnis des Menschen resultiert die Freiheit bzw. Notwendigkeit von Entscheidungen über das eigene Leben ebenso wie das Bewusstsein seiner

Begrenztheit durch den Tod. Die damit verbundene Sorge um das eigene Sein ist die Quelle verschiedener Ängste, die sich gleichermaßen als existenzielle bezeichnen lassen: In Frage gestellt ist das ›Woraufhin‹ und ›Worumwillen‹ des Daseins als solchen. Folgende Formen lassen sich unterscheiden:

a) Eine existenzielle Beunruhigung liegt in der Offenheit und Ungewissheit von Lebensentscheidungen, in der Konfrontation mit einem prinzipiell grenzenlosen Möglichkeitsspielraum, der analog zur Höhenangst einen »Schwindel der Freiheit« (Kierkegaard 1844/1981) hervorrufen kann. Es geht um die grundlegende Angst vor dem Wagen oder Verfehlen des eigenen Lebens, die vor allem von hohen Selbstansprüchen und -idealen genährt wird – sie steigern gleichsam die Fallhöhe des Lebensentwurfs und können die freie Lebensbewegung lähmen.
b) Damit eng verknüpft ist die Angst vor der Selbstwerdung (Riemann 1961), also vor dem Ergreifen von eigenen Möglichkeiten, da die Individuation als Vereinzelung, ja als Vereinsamung wahrgenommen und gefürchtet wird. Die Freiheit der Selbstwahl ist darüber hinaus verknüpft mit der Erfahrung der Grundlosigkeit und damit fehlenden »Rechtfertigung« der eigenen Existenz (Holzhey-Kunz 1994: 189), die nicht mehr in einer vorgegebenen Bahn verläuft und, in Analogie zur Weiteangst des Agoraphobikers, zu einem existenziellen *Horror Vacui* führen kann. Hier zeigt sich erneut, wie auf den unterschiedlichen Ebenen der Angst analoge Schematismen wirksam sind.
c) Umgekehrt entspricht der Klaustrophobie, wie bereits angedeutet, auf existenzieller Ebene die wahrgenommene Abschnürung, Unerreichbarkeit oder Verfehlung von Möglichkeiten der Selbstentfaltung. Dies kann sich zunächst in der Angst vor Festlegung und Bindung manifestieren, die den Lebensentwurf so lange wie möglich in der Schwebe zu lassen versucht, da jede Begrenzung bereits als Einschränkung oder gar als Gefängnis erfahren wird (Fuchs 2008: 102 f.). Zum gleichen Typus gehört die Angst angesichts des ungelebten Lebens und der versäum-

ten Möglichkeiten, die vom Bewusstsein einer zu Ende gehenden Lebensphase oder des sich nähernden Todes hervorgerufen wird (›Torschlusspanik‹) (Fuchs 2012).

d) Als *Daseins-* oder *Weltangst* lässt sich die Angst davor bezeichnen, einer unheimlichen, aller vertrauten Bezüge beraubten, letztlich bedeutungslosen Welt ausgesetzt zu sein. Es entsteht ein beklemmendes Gefühl der Leere und Entfremdung, das die Welt in unwirkliche Distanz rücken und zugleich den Sinn des Daseins fragwürdig werden lässt. Eine erste Formulierung für diese metaphysische Verlorenheit fand Pascal im »Schaudern vor dem ewigen Schweigen der unendlichen Räume« (Pascal 1670/1978: 115):

> Wenn [...] ich bedenke, dass das ganze Weltall stumm und der Mensch ohne Einsicht sich selbst überlassen ist wie ein Verirrter in diesem Winkel des Weltalls, [...] dann überkommt mich ein Grauen, wie es einen Menschen überkommen müsste, den man im Schlaf auf einer wüsten und schreckvollen Insel ausgesetzt und der erwachend weder weiß, wo er ist, noch wie er entkommen kann. (Ebd., 318)

Für Heidegger tritt in der Angst die fundamentale Ungeborgenheit des Daseins zutage: »Das Wovor der Angst ist das In-der-Welt-Sein als solches«, insofern diese Welt den »Charakter völliger Unbedeutsamkeit« aufweist (Heidegger 1927/1986: 186). Andererseits wirft gerade diese existenziale Angst den Menschen in der Weise auf sich selbst zurück, dass er sich nicht mehr mit den alltäglichen Selbstverständlichkeiten des gewohnten Lebens beruhigt, sondern in der Vereinzelung auch auf seine eigentlichen Möglichkeiten besinnt. Ähnlich gerät das Dasein nach Jaspers in *Grenzsituationen*, die alle bisherigen Entwürfe und Sinngebungen fragwürdig erscheinen lassen und den Menschen mit den unauflösbaren Antinomien der *Conditio humana* konfrontieren. Das Zerbrechen der »Gehäuse« von Gewohnheit, Vermeidung, Verleugnung und Ideologie löst unweigerlich Angst aus, gibt aber zugleich die Möglichkeit zum »Aufschwung« oder »Sprung zur Existenz« (Jaspers 1932/1973: 207; Fuchs 2008).

5) Die *Todesangst* tritt nicht nur als vitale Angst bei unmittelbarer Lebensgefahr auf, sondern aufgrund des menschlichen Selbstverhältnisses auch in existenzieller Form. Hier zeigt sie sich als Angst vor dem Verlöschen des Selbst, vor dem Verlust aller Beziehungen und Gestalten des Lebens, vor der im Tod antizipierten »Unmöglichkeit aller Möglichkeiten« (Levinas 1961/1987: 73, 402). Für Heidegger erschließt sie als vorauslaufende Angst die grundlegende Struktur des Daseins als »Sein zum Tode« und damit gerade die Möglichkeit des eigenen Selbstseins. Doch wird die Angst vor der letzten Ausweglosigkeit in besonderer Weise verdrängt und verbirgt sich hinter dem zwar offensichtlichen, aber eben nur allgemeinen Wissen: »[M]an stirbt am Ende auch einmal« (Heidegger 1927/1986: 253). Daher taucht sie eher in vielfältigen Verkleidungen auf, nicht zuletzt in den bereits erwähnten umschriebenen Phobien, in hypochondrischen Befürchtungen oder in gegenstandslosen Panikgefühlen.
6) Als spezifisch aus dem menschlichen Selbstverhältnis resultierende Angst ist schließlich auch die *psychotische Angst* vor der Auflösung und dem Untergang des Selbst anzusehen, die in der Überflutung des Bewusstseins mit entfremdeten Fragmenten von Gedanken, Bildern, Impulsen und in der Auflösung der Grenzen zwischen Ich und Welt (Ich-Störungen) erlebt wird. Sie tritt im Drogenrausch (etwa bei LSD), in deliranten Zuständen oder akuten schizophrenen Psychosen auf. Kann man sie aufgrund des drohenden Selbstverlusts zu den existenziellen Ängsten rechnen, so gleicht sie doch der vitalen Angst im meist vollständigen Verlust der Selbstbesinnung und Distanzierungsfähigkeit.

In den vielfältigen existenziellen Ängsten zeigt sich, dass das menschliche Dasein nicht nur im biologischen und sozialen Sinn gefährdet ist, sondern auch durch sein Selbstverhältnis, das heißt durch seine Freiheit, Offenheit und Ungesichertheit. Damit eröffnet sich ein schwindelnder Abgrund von Möglichkeiten, deren Wahl letztlich in grund- und kriterienloser Selbstbestimmung erfolgt, aber auch zum Scheitern führen kann. Die Angst ist der Schwindel angesichts dieser Freiheit, die, gleich dem Abgrund in der Höhenangst, ebenso faszinierend wie erschreckend erscheint: Der leibliche Konflikt der Angst, das »gehinderte ›Weg!‹«, kehrt auf der existenziellen Ebene wieder.

Zusammenfassung

Aus phänomenologischer Sicht zeigt sich die Angst als komplexes Phänomen, das zunächst durch eine leibliche Antwort auf eine bedrohliche Situation charakterisiert ist. Diese Antwort besteht in einem Widerstreit zwischen einer leiblichen Einengung (Konstriktion) und einem gleichzeitigen Fluchtimpuls, der sich nicht realisieren lässt. Daraus lassen sich weitere Merkmale des Angsterlebens ableiten wie die Erfahrung von Ohnmacht, der Verlust der Situationsübersicht und Selbstbesinnung, der Subjektzentrismus und die invasive Atmosphäre der Unheimlichkeit. Immer geht es in der Angst um eine Erschütterung und Bedrohung des Selbst in seiner Totalität. Aus einer anthropologischen Perspektive liegen die Voraussetzungen der besonderen Angstbereitschaft des Menschen in seiner biologischen Gefährdung, seiner Angewiesenheit auf Sozialität, seinem Imaginationsvermögen, aber auch in der grundlegenden Offenheit und dem Möglichkeitsspielraum seiner Existenz.

In der Typologie einzelner Formen des Angsterlebens zeigte sich, dass die Grundstruktur der Angst, die Hemmung eines Fluchtimpulses angesichts einer Bedrohung, auf den verschiedenen Stufen in ähnlicher Weise wiederkehrt. Angst ist eine Grunderfahrung des leiblich verfassten und situierten Subjekts, die sich gleichermaßen im primären Leib- und Bewegungsraum, im sozialen Raum der Beziehungen und schließlich im symbolischen Raum der Existenz manifestiert. In ihr erweist sich das Subjekt als essenziell bedürftig, angewiesen auf die Verbindung zu seinen zentralen Beziehungen und Lebensmöglichkeiten, deren Gefährdung oder Verschließung es als elementare Bedrohung erfährt. In der Angst wird sichtbar, dass die Autonomie des Individuums keine Autarkie impliziert, sondern immer nur als Autonomie in Bezogenheit zu denken ist.

Literatur

Bilz, R. 1965. »Der Subjektzentrismus im Erleben der Angst«. In: *Aspekte der Angst.* Hg. von H. von Ditfurth. Stuttgart: Georg Thieme Verlag, S. 109-123.

Bilz, R. 1971. *Paläoanthropologie.* Bd. 1: *Wie frei ist der Mensch?* Frankfurt/M.: Suhrkamp.

Blankenburg, W. 1996. »Vitale und existenzielle Angst«. In: *Das Phänomen Angst. Pathologie, Genese und Therapie.* Hg. von H. Lang & H. Faller. Frankfurt/M.: Suhrkamp, S. 43-73.

Bowlby, J. 1969/1975. *Bindung. Eine Analyse der Mutter-Kind-Beziehung.* München: Kindler.

Demmerling, C., H. Landweer 2007. *Philosophie der Gefühle. Von Achtung bis Zorn.* Stuttgart: Metzler.

Fink-Eitel, H. 1993. »Angst und Freiheit. Überlegungen zur philosophischen Anthropologie«. In: *Affekte. Zur Philosophie der Gefühle.* Hg. von H. Fink-Eitel, G. Lohmann. Frankfurt/M.: Suhrkamp, S. 57-88.

Freud, S. 1916/2000a. *Zeitgemäßes über Krieg und Tod.* In: ders., *Studienausgabe.* Bd. IX. Frankfurt/M.: Fischer, S. 33-60.

Freud, S. 1926/2000b. *Hemmung, Symptom und Angst.* In: ders., *Studienausgabe.* Bd. VI. Frankfurt/M.: Fischer, S. 227-308.

Freud, S. 1930/2000c. *Das Unbehagen in der Kultur.* In: ders., *Studienausgabe.* Bd. IX. Frankfurt/M.: Fischer, S. 191-270.

Fuchs, T. 2000. *Leib, Raum, Person. Entwurf einer phänomenologischen Anthropologie.* Stuttgart: Klett-Cotta.

Fuchs, T. 2008. »Existenzielle Vulnerabilität. Ansätze zu einer Psychopathologie der Grenzsituationen«. In: *Karl Jaspers' »Allgemeine Psychopathologie« zwischen Wissenschaft, Philosophie und Praxis.* Hg. von S. Rinofner-Kreidl, H. Wiltsche. Würzburg: Königshausen & Neumann, S. 95-104.

Fuchs, T. 2012. »Das ungelebte Leben«. In: *Handbuch Sterben und Menschenwürde.* Hg. von M. Anderheiden, W. U. Eckart. Berlin: De Gruyter, S. 495-510.

Gebsattel, E. von 1954. *Prolegomena einer medizinischen Anthropologie*. Berlin et al.: Springer.

Heidegger, M. 1927/1986. *Sein und Zeit*. 16. Aufl. Tübingen: Niemeyer.

Holzhey-Kunz, A. 1994. *Leiden am Dasein. Die Daseinsanalyse und die Aufgabe einer Hermeneutik psychopathologischer Phänomene*. Wien: Passagen.

Husserl, E. 1980. »Phantasie und Bildbewusstsein (Vorlesung 1904/05)«. In: ders., *Phantasie, Bildbewusstsein, Erinnerung. Zur Phänomenologie der anschaulichen Vergegenwärtigung. Texte aus dem Nachlass (1898-1925)*. Hg. von E. Marbach. Dordrecht et al.: Springer, S. 15-50.

Jaspers, K. 1932/1973. *Philosophie*. Bd. II: *Existenzerhellung*. Berlin et al.: Springer.

Kierkegaard, S. 1844/1981. *Der Begriff Angst*. In: ders., *Gesammelte Werke*. 11./12. Abteilung. Hg. von E. Hirsch. Gütersloh: Gütersloher Verlagshaus.

Kluge, F. 1989. *Etymologisches Wörterbuch der Deutschen Sprache*. 22. Aufl. Berlin: De Gruyter.

Lang, H. 1996. »Zur Pathologie der Angst und Angstverarbeitung«. In: *Das Phänomen Angst. Pathologie, Genese und Therapie*. H. Lang, H. Faller. Frankfurt/M.: Suhrkamp, S. 122-145.

Levinas, E. 1961/1987. *Totalität und Unendlichkeit. Versuch über die Exteriorität*. Freiburg, München: Alber.

Nietzsche, F. 1886/1965. *Jenseits von Gut und Böse*. In: ders., *Werke in drei Bänden*. Bd. II. Hg. von K. Schlechta. Darmstadt: Wissenschaftliche Buchgesellschaft, S. 563-759.

Pascal, B. 1670/1978. *Pensées. Über die Religion und über einige andere Gegenstände*. Heidelberg: Lambert Schneider.

Portmann, A. 1944. *Biologische Fragmente zu einer Lehre vom Menschen*. Basel: Schwabe.

Riemann, F. 1961. *Grundformen der Angst. Eine tiefenpsychologische Studie*. München: Reinhardt.

Schmitz, H. 1981a. *System der Philosophie*. Bd. 1: *Die Gegenwart*. 2. Aufl. Bonn: Bouvier.

Schmitz, H. 1981b. *System der Philosophie*. Bd. 3, Teil 2: *Der Gefühlsraum*. 2. Aufl. Bonn: Bouvier.

Schmitz, H. 1988. *System der Philosophie*. Bd. 3, Teil 1: *Der leibliche Raum*. 2. Aufl. Bonn: Bouvier.

Schneider, K. 1920. »Die Schichtung des emotionalen Lebens und der Aufbau der Depressionszustände«. In: *Zeitschrift für die gesamte Neurologie und Psychiatrie*: 59, S. 281-286.

Waldenfels, B. 1997. *Topographie des Fremden. Studien zur Phänomenologie des Fremden 1*. Frankfurt/M.: Suhrkamp.

II.
Das Unheimliche
Anmutung und Atmosphäre

Einleitung

Worin besteht das Unheimliche? – Zu Beginn des 20. Jahrhunderts haben Ernst Jentsch (1906) und Sigmund Freud (1970) dieses Phänomen aufzuklären versucht. Jentsch sah die Grundlage des Unheimlichen in der Verunsicherung, die uns angesichts des Fremden und Unvertrauten befällt. In besonderem Maße gelte dies für den »Zweifel an der Beseelung eines anscheinend lebendigen Wesens« und umgekehrt dafür, »ob ein lebloser Gegenstand nicht etwa beseelt sei«: so etwa die dunklen Gestalten an einem nächtlichen Waldweg, die Wachsfiguren im gleichnamigen Kabinett, ein Mensch, der sich als Automat entpuppt wie in E.T.A. Hoffmanns Erzählungen, schließlich der Leichnam, der Vampir oder andere Untote. Das Schwanken des Eindrucks zwischen dem Lebendigen und dem Toten erzeugt einen charakteristischen Schauder, ein Grauen: Die verlässlichen Grenzen zwischen den beiden Reichen beginnen zu verschwimmen.

Freud nun zitiert in seiner Studie eine Definition Schellings – »Unheimlich nennt man alles, was im Geheimnis, im Verborgenen [...] bleiben sollte und hervorgetreten ist« (Schelling 1990, 649) – und er sieht selbst im Unheimlichen »[...] jene Art des Schreckhaften, welche auf das Altbekannte, längst Vertraute zurückgeht« (Freud 1970, 244). Dies sind nach Freuds Auffassung häufig verdrängte infantile Komplexe (271) wie der Kastrationskomplex oder die Phantasie vom Leben im Mutterleib, die dem Schaudern vor dem Lebendig-begraben-Werden zugrunde liege (266). In Hoffmanns Erzählung *Der Sandmann* sei es die Vorstellung des Herausreißens der Augen, die im Leser eine verdrängte Kastrationsangst auslöse (255). Diese Deutungen verallgemeinert Freud zu einer Theorie des Unheimlichen als »Wiederkehr des Verdrängten«:

Schaudern erweckt das längst überwunden Geglaubte und unbewusst Gewordene, dem wir unversehens wieder begegnen und das uns »die Idee des Verhängnisvollen, Unentrinnbaren aufdrängt, wo wir sonst nur von ›Zufall‹ gesprochen hätten« (260).

Das Unheimliche hat somit in Freuds Konzeption enge Beziehungen zum *Wiederholungszwang*, der aber hier nicht als innerer Zwang erscheint, sondern dem Subjekt aus der Außenwelt entgegentritt – als das »Andere seiner selbst«. Das Fremde erweist sich als zweideutig und lässt das verborgene Eigene aufscheinen; das scheinbar Zufällige erhält unversehens eine eigenbezügliche Bedeutung – »tua res agitur«. Unheimlich ist daher, so Freud, auch die Begegnung mit sich selbst und der eigenen Vergangenheit in der Außenwelt, nämlich

> [...] das Doppelgängertum in all seinen Abstufungen und Ausbildungen, [...] die Identifizierung mit einer anderen Person, so dass man an seinem eigenen Ich irre wird oder das fremde Ich an die Stelle des eigenen versetzt, also Ich-Verdoppelung, Ich-Teilung, Ich-Vertauschung – und endlich die beständige Wiederkehr des Gleichen, die Wiederholung der nämlichen Gesichtszüge, Charaktere, Schicksale, verbrecherischen Taten, ja der Namen durch mehrere aufeinanderfolgende Generationen. (257)

Jentschs und Freuds Interpretationen schließen einander nicht aus. Fassen wir sie zusammen, so liegt das Unheimliche zum einen in der verborgenen Macht des Todes, die das Leben bedroht; und zum anderen in der schicksalhaften Macht der Vergangenheit, die als Verhängnis, als Wiederkehr oder Wiedergängertum die Offenheit des Lebens negiert. Unheimlich ist somit das Tote und Mechanische ebenso wie das Vergangene und Fatale, das unvermittelt im lebendigen und spontanen Werden auftaucht. In beiden Fällen werden wir mit einer latenten oder verdrängten Seite unserer selbst konfrontiert: der Möglichkeit unseres Todes und der Bestimmung durch unser Schicksal, dem wir nicht zu entrinnen vermögen.

So aufschlussreich diese Analysen für die Situationen und Motive sein mögen, die dem Unheimlichen zugrunde liegen, sie überspringen doch in ihrem konkretisierenden Zugriff die genauere phänomenologische Untersuchung des unheimlichen Erlebens selbst. Das Unheimliche geht zwar oft von bestimmten Objekten, Räumen oder Personen aus, ist aber im Kern durch ein bestimmtes Verhältnis von Vorder- und Hintergrund charakterisiert. Ich werde es im Folgenden als eine *Ambiguität des Wahrnehmungsfeldes* beschreiben, die eine *Anmutung oder Ahnung* des Bedrohlichen auslöst und die schließlich eine umgreifende *Atmosphäre* der Unheimlichkeit bilden kann. Diese ambivalente Struktur finden wir in allen Gegenständen und Situationen des Unheimlichen wieder, wie ich an verschiedenen Beispielen zeigen werde. Im letzten Abschnitt wende ich mich der Psychopathologie des Unheimlichen zu, nämlich der Wahnstimmung in der beginnenden Psychose.

Zur Phänomenologie des Unheimlichen

Das Unheimliche als Zweideutigkeit

Unheimlich wird uns zumute, wenn eine bislang vertraute Umgebung oder ein gewohnter Gegenstand einen fremdartigen, hintergründigen oder uneindeutigen Charakter annimmt. Der bei Tageslicht noch einladend anmutende Wald wird von der hereinbrechenden Dämmerung in ein sinistres Licht getaucht. In der gänzlich leeren, nächtlichen U-Bahn ist einem plötzlich »nicht mehr geheuer«, ohne dass man dafür einen Grund nennen könnte. Eine Wachsfigur im Kabinett wirkt auf einmal beängstigend lebendig; ein humanoider Roboter weckt ein leichtes Gruseln durch den Eindruck, er könne vielleicht doch über Bewusstsein verfügen.

Ausgehend von diesen Beispielen und von der Etymologie können wir sagen, dass hier das jeweils »Heimliche« im ursprünglichen Sinn des »Heimischen«, also des zum eigenen Heim Gehörigen, Gewohnten und Vertrauten, eine »un-heimliche« Verwandlung erfährt und zu einem ominösen, gespenstischen Ort oder zu einem zweideutigen Gegenstand wird.[1] Diese *Verfremdung des Vertrauten*

1 Auch Freud untersucht in seiner Studie ausführlich die interessante Etymologie des »Unheimlichen«. Dabei hat das Wort »heimlich«, ursprünglich ausgehend

ruft ein Schaudern hervor, eine vage Anmutung kommenden Unheils oder einer Bedrohlichkeit, die sich allerdings noch zu keiner umschriebenen, gegenständlichen Gefahr konkretisieren will. Die Situationen oder Gegenstände bleiben in einem ambivalenten Status zwischen Normalität und Verfremdung, und gerade dies erzeugt ihren unheilschwangeren Charakter.

Das Unheimliche liegt damit in einem besonderen, nämlich uneindeutig schwankenden Verhältnis von *Vorder- und Hintergrund*: Das Bedrohliche tritt nicht als solches hervor, sondern lässt sich nur durch eine Doppelbödigkeit, eine *Ambiguität* des Vordergrundes hindurch erahnen oder vorwegnehmen. Das Phänomen des Unheimlichen besteht paradox gesprochen darin, dass es gerade nicht *erscheint*. Daher bevorzugt es unscharfe, verschwimmende Strukturen des Wahrnehmungsfeldes wie etwa Dämmerung, Nebel oder Dunkelheit, in denen sich Uneindeutigkeit und Hintergründigkeit besonders leicht einnisten können. Klaus Conrad hat in einer gestaltpsychologischen Studie über die beginnende Schizophrenie beschrieben, wie das Unheimliche einen nächtlichen Waldspaziergänger erfasst:

Im Dunkel, wo man es nicht sehen kann, und hinter den Bäumen lauert ›es‹ – man fragt nicht, was Es ist, was da lauert. Es ist ein ganz Unbestimmbares, es ist das Lauern selber. Die *Zwischenräume* zwischen dem Sichtbaren und das *Dahinter*, all dieses Ungreifbare ist nicht mehr geheuer, und der Hintergrund selbst, vor dem sich die greifbaren Dinge abheben, hat seine Neutralität verloren. Nicht der Baum oder der Strauch, den man sieht, das Rauschen der Wipfel oder das Schreien des Kauzes, das man hört, ist es, das uns beben macht, sondern alles Hintergründige, der ganze Umraum, aus dem Baum und Strauch, Rauschen und Krächzen sich herauslösen, eben *das Dunkel und der Hintergrund selbst* sind es. (Conrad 1992, 41).

vom Heimisch-Vertrauten, nach und nach die Bedeutung des Privaten, der Öffentlichkeit Verborgenen, also des »Geheimen« erhalten und ist damit paradoxerweise nahe an das »Unheimliche« herangerückt. Diese Doppelsinnigkeit ist allerdings, wie sich noch deutlicher zeigen wird, charakteristisch für die Phänomenologie des Unheimlichen: »Unheimlich ist irgendwie eine Art von heimlich.« (Freud 1970, 250)

Ähnlich dem Gestaltwechsel bei einer Kippfigur oder einem Vexierbild tauschen Vorder- und Hintergrund des Wahrnehmungsfeldes im Unheimlichen ihre Relevanz. Der Hintergrund tritt hervor und erhält eine beunruhigende Bewandtnis, allerdings noch keine deutliche Gestalt. Die Wahrnehmung beginnt zwischen Vorder- und Hintergrund zu schillern, von Angst getrieben versucht sie die hintergründige Bedeutung zu fassen; doch es bleibt bei der zweideutigen Anmutung und Ahnung des Bedrohlichen. Das ist das Unheimliche.

Ausgehend von dieser grundsätzlichen Zweideutigkeit untersuche ich nun zunächst die Unheimlichkeit von *Gegenständen*, deren Anmutung zwischen Belebtheit und Unbelebtheit schwankt, dann die Unheimlichkeit von *Situationen*, also die umgreifende *Atmosphäre* des Unheimlichen.

Das Unheimliche zwischen Lebendigem und Totem

Ernst Jentsch hatte, wie wir sahen, das Unheimliche primär im Grenzbereich zwischen Lebendigem und Unbelebtem verortet. Die Fähigkeit, die beiden Kategorien voneinander zu unterscheiden, erwirbt das Kind im Verlauf der ersten 6 Lebensmonate, nämlich anhand folgender Merkmale (Pauen 2002): Lebewesen haben in der Regel Glieder, mit denen sie sich selbst bewegen, und zwar in spontan-unvorhersehbarer Weise; unbelebte Objekte dagegen werden nur von anderen Dingen oder Wesen in Bewegung gesetzt. Mit Lebewesen kann man in resonante Beziehung treten, sie reagieren auf die eigenen Äußerungen, während unbelebte Dinge starr bleiben. Nun treten aber auch ambivalente Objekte auf, die schon Kleinkinder in irritierenden Zweifel versetzen können, wie der Entwicklungspsychologe René Spitz beobachtete. Ein 11 Monate altes Mädchen

> […] blickt eine Puppe von der Größe eines Babys forschend an, neigt den Kopf, als ob sie die Puppe aus einem anderen Blickwinkel betrachten wollte, sieht sie dann wieder von vorn an und mustert sie. Sie kann zu keiner Entscheidung kommen. Nach einigen Sekunden rückt sie näher an

die Puppe heran, streckt den Kopf vor und berührt sie mit dem Gesicht. Dann richtet sie sich wieder auf und beobachtet die bewegungslose Puppe unentwegt. Einige Augenblicke später beginnt sie, Unlust zu zeigen, wird unruhig und beginnt zu weinen. (Spitz 1963, 20)

Die bereits bei Kleinkindern weit entwickelte Tendenz zur zwischenleiblichen Empathie[2] prallt hier gleichsam am Unbelebten ab: Es sieht zwar dem Belebten ähnlich, bleibt aber starr und reaktionslos, wenn das Kind versucht, mit ihm in Beziehung zu treten. Die enttäuschte Erwartung führt zu einer Irritation, die bereits Züge des Unheimlichen enthält. Eine ähnliche Wirkung zeigt das sogenannte Still-Face-Experiment (Tronick et al. 1978): Dabei werden Mütter von Babys angewiesen, nach einer Spielsituation für zwei Minuten ein vollkommen starres Gesicht zu zeigen. Die Kinder reagieren darauf in der Regel mit zunehmender Irritation, Beunruhigung, Verängstigung oder Weinen: Die erwartete Gefühlsresonanz bleibt aus, die bislang vertraute Mutter ist mit einem Mal »unheimlich« geworden.[3]

Wir sehen, dass die Grenze zwischen dem Lebendigen und dem Unbelebten schon früh mit intensiven Gefühlen erfahren wird, auch wenn hier noch kein Verständnis des Todes selbst besteht. Je mehr ein Objekt vertraut und lebendig erscheint, desto verstörender ist es, wenn sich dieser Anschein unversehens als Täuschung entpuppt. Später wird auch der Leichnam zum Anlass des Unheimlichen, nämlich in seiner bestürzenden Ambiguität zwischen der An- und Abwesenheit der Person. Der starre, tote Körper zeigt keinerlei Resonanz mehr, er weist die gewohnten empathischen Intentionen ab und ist doch zugleich immer noch der vertraute oder geliebte Mensch.

Eine Weise, die beängstigende Verstörung durch den Tod zu bewältigen, ist ihre Thematisierung gleichsam aus sicherer Distanz, nämlich in Kunst, Literatur und Film. Nicht zuletzt aus diesem

2 Vgl. das Kapitel »Stufen der Empathie« in diesem Band.

3 Das Ziel des Experiments besteht freilich nicht in dieser Reaktion, sondern in der Untersuchung der Bindungsmuster zwischen Mutter und Kind, wie sie insbesondere in der anschließenden Wiedervereinigungsphase erkennbar werden.

Grund wird das unheimliche Schwanken zwischen dem Lebendigen und dem Toten zu einem beliebten Motiv des Horrorgenres, sei es in Gestalt der Untoten, Revenants, Vampire oder Zombies – Mischwesen aus Menschlichem und Animalischem, weder wirklich lebendig noch wirklich tot. Ihre Unheimlichkeit wird noch gesteigert durch die häufig erzeugte Unsicherheit, ob es sich bei einer Person noch um einen Mitmenschen oder bereits um einen verwandelten Untoten handelt. Sich der Ambivalenz des Unheimlichen aussetzend, sei es mit Gruseln, Schaudern oder Schrecken, triumphiert der Zuschauer damit doch über seine latente eigene Todesangst, und eben dies macht die ungebrochene Faszination des Genres aus.

Die unheimliche Verfremdung kann in bestimmten Pathologien aber auch am eigenen Leib auftreten, wo sie sich nicht so leicht in Distanz rücken lässt. Das ist etwa der Fall in der Asomatognosie, bei der Patienten, meist in der Folge eines rechtsseitigen Schlaganfalls, ihre gelähmte und empfindungslose Extremität als ein »fremdes Glied«, als einen nicht zu ihnen gehörigen Gegenstand ansehen. Oliver Sacks berichtet von einem Patienten mit dieser Störung:

> Auch beim Aufwachen war noch alles in Ordnung gewesen – bis er sich bewegt hatte. Denn im Bett hatte er, wie er sich ausdrückte, »irgendein Bein« gefunden – ein abgetrenntes menschliches Bein. Ein entsetzlicher Fund! […] »Sehen Sie es sich an!« rief er mit vor Ekel verzerrtem Gesicht. »Haben Sie jemals so ein widerwärtiges Ding gesehen? Ich dachte immer, ein Toter wäre tot, und damit basta. Aber das hier ist unheimlich! Und irgendwie – es ist gespenstisch – kriege ich es nicht ab!« Er packte das Bein mit beiden Händen, versuchte mit ungewöhnlicher Kraft, es sich abzureißen, und schlug, als ihm dies nicht gelang, wütend darauf ein. (Sacks 1989, 74)

Das gelähmte Bein fühlt sich unheimlich, fremd, ja tot an und löst geradezu Ekel und Widerwillen aus – Ekel ist die Reaktion der Abstoßung des Fremden aus dem eigenen Leib.[4] Dies resultiert aus der zweideutigen Situation, die durch das noch erhaltene, vage Bewusstsein der Zugehörigkeit bei gleichzeitiger fehlender Emp-

4 Vgl. das Kapitel »Phänomenologie des Ekels« in diesem Band.

findung des Glieds entsteht. Die Wahrnehmung kippt auch hier zwischen dem lebendigen Leib und dem toten Körper und erzeugt so die Gefühle von Unheimlichkeit und Ekel.

Eine verwandte, gegenwärtig besonders aktuelle Erfahrung des Unheimlichen stammt aus der Robotik. Der japanische Robotiker Masahiro Mori formulierte 1970 die These des *Uncanny Valley*, wonach Puppen, bewegte Figuren, Avatare in Computerspielen oder humanoide Roboter zunächst umso mehr positive und empathische Reaktionen hervorrufen, je menschenähnlicher sie werden (Mori 1970). Ab einem bestimmten Grad der Ähnlichkeit jedoch kippt diese Reaktion, und der Roboter wirkt auf einmal unheimlich und abstoßend – er erinnert an Figuren aus Albträumen oder an Untote und gerät damit in das »unheimliche Tal« *(uncanny valley)*. Erst wenn der Roboter von echten Menschen kaum noch zu unterscheiden ist, nähern sich die Reaktionen der Probanden der Empathie für wirkliche Menschen wieder an.

Auch wenn Moris Annahme noch weiterer empirischer Untersuchungen bedarf, spricht einiges für eine Dissonanz der Wahrnehmung als Ursache der unheimlichen Anmutung: Der Eindruck des Androiden wechselt zwischen dem Menschlichen, Beseelten und dem Nicht-Menschlichen, Mechanischen oder Toten.[5] MacDorman (2005) stellte die Hypothese auf, dass uns der Anblick unbewusst an unsere eigene Sterblichkeit erinnere, und konnte bei Versuchspersonen Abwehrreaktionen nachweisen, die Menschen typischerweise bei der Konfrontation mit dem Tod einsetzen. Nun kann man den Drang des Menschen, ihm immer ähnlichere Maschinen zu erschaffen, selbst als eine Auseinandersetzung mit seiner Sterblichkeit ansehen. Die Aussicht auf gottgleiche Schöpferkraft, die in der Erzeugung bewusster Androiden läge, speist zugleich das Versprechen einer digitalen Unsterblichkeit, die der Transhumanismus für uns bereithält (Fuchs 2023). Auf dem Weg dorthin werden uns unheimliche Doppelgänger heimsuchen, die nicht mehr aus

5 Siehe hierzu die Arbeiten von MacDorman (2005), Seyama & Nagayama (2007), Misselhorn (2009) und im Überblick Kätsyri et al. (2015).

Gräbern auferstehen, sondern in KI-Unternehmen und Robotik-Laboren algorithmisch produziert werden.

Längst hat sich das Unheimliche aus dem Bereich der romantischen Gespenster, Monster, Wiedergänger oder Untoten in die Sphäre der kühlen Technologie verlagert. Romane oder Filme wie *Frankenstein* oder *Dracula* wirken heute naiv gegenüber *Matrix*, *Her* oder *Ex Machina*. Das unheimliche Changieren der Anmutung wird nun durch die immer perfektere digitale Simulation erzeugt. So können Chatbots inzwischen so nuancierte »Dialoge« führen, dass es schwerfällt, den Eindruck eines lebendigen Gegenübers abzuwehren. Doch warum auch abwehren? Die jüngste Entwicklung von interaktiven KI-Systemen erfüllt bereits die Wünsche, einen verständnisvollen Partner oder einfühlsamen Therapeuten zu finden, ja sich in ein digitales Simulat zu verlieben, bis hin zu der Möglichkeit, einen verstorbenen realen Partner durch eine aus seinen Daten erzeugte Simulation virtuell wieder auferstehen zu lassen.[6]

Was sich hier abzeichnet, ist ein »digitaler Animismus« (Moos 2021, Fuchs 2024): die Beseelung toter, algorithmischer Systeme, die unsere Intelligenz, unsere Gefühle, ja unser Selbstsein simulieren und unsere Bedürfnisse in einer Weise erfüllen, als könnten sie sie uns von den Augen ablesen. Das Unheimliche signalisiert, wie sich am *Uncanny Valley* gezeigt hat, immer noch eine Schranke gegenüber der Illusion eines lebendigen Gegenübers; es stützt den Zweifel, ob unsere empathischen Tendenzen gegenüber menschenähnlichen Gebilden auch wirklich angebracht sind. Doch das Unheimliche

6 Vgl. zum einen die Ankündigung der spanischen Künstlerin Alicia Frami, demnächst ein KI-Hologramm zu heiraten, das aus den Persönlichkeitsprofilen ihrer Freunde, Verwandten und Bekannten gespeist wird (*Focus-Online*, 23.02.2024, ⟨https://www.focus.de/panorama/welt/fuer-kunstprojekt-frau-heiratet-ki-hologramm-vorgeschmack-auf-die-zukunft_id_259689892.html⟩); zum anderen die Berichte über Joshua Barbeau, der das KI-System Chat-GPT mit Daten seiner verstorbenen Verlobten fütterte, um dann mit ihrer Simulation »Gespräche« zu führen (»The Jessica Simulation«, *San Francisco Chronicle*, 23.07.2021, ⟨https://www.sfchronicle.com/projects/2021/jessica-simulation-artificial-intelligence/⟩). Zu Therapie-Chatbots und den anthropomorphisierenden Reaktionen ihrer Nutzer vgl. Fuchs (2024).

kann sich durch Gewöhnung auch verlieren. Dann werden die digitalen Simulate tatsächlich zu unseren Partnern, und wir lassen uns die Illusion wohl gefallen: Wo Belebtes und Unbelebtes ununterscheidbar werden, hat auch das Unheimliche seine Macht verloren.

Die unheimliche Atmosphäre

Wenden wir uns nun dem Unheimlichen als einer raumerfüllenden Atmosphäre zu, wie sie in Conrads Schilderung des nächtlichen Waldes bereits vergegenwärtigt wurde. Hermann Schmitz hat zu ihrer Bezeichnung das Wort »Bangnis« eingeführt, um sie von Furcht und Angst zu unterscheiden, die primär im Subjekt zentriert sind. Bangnis ist dann das »atmosphärisch umgreifende, ungeteilte Ganze des Unheimlichen«, das zentripetal auf das Subjekt vorrückt (Schmitz 1981, 283). Dabei stellt sich die Atmosphäre nicht abrupt, sondern zumeist schleichend ein, denn das Unheilvolle schimmert zunächst nur undeutlich durch das Vertraute hindurch. Bangnis wird jedoch zum *Grauen*, wenn sich die unheimliche Atmosphäre um bestimmte Gegenstände verdichtet und zugleich dem Subjekt bedrohlich zu Leibe rückt, sich also mit *Angst* verbindet. Das Grauen ist demnach eine »zwiespältige Erregung, bei der atmosphärisch zerfließende [...] Bangnis mit isolierender, fixierender, ins Enge treibender Angst gleichrangig zusammenwirkt« (ebd., 288).

Die Bangigkeit vor dem Unheimlichen ist mit typischen leiblichen Regungen verbunden, vor allem mit Schaudern, Beben oder Frösteln, bei dem es einem »eiskalt den Rücken hinunterläuft« oder »sich die Haare sträuben«. Die Haut bringt damit gleichsam die oszillierende Zweideutigkeit der Situation zum Ausdruck und wird zum besonderen Resonanzorgan für die unheimliche Atmosphäre. Eng damit verknüpft ist die intermodale sensorische Wahrnehmung, mit der auch die *Witterung* oder das *Klima* empfunden werden, weshalb man auch von einem »Spüren«, »Wittern« oder »Riechen« des Unheimlichen spricht.[7]

7 Im Wahrnehmen einer bestimmten Witterung vereinigen sich visuelle und akustische Eindrücke (z. B. Klarheit oder Dunst, Rauschen des Windes oder Stille),

Das Schwanken der Situation zwischen Vertrautheit und Fremdheit begünstigt eine weitere Reaktion, nämlich die *Faszination*: Das Unheimliche wird häufig mit einer Mischung aus Entsetzen und Neugier erlebt. Der Fluchttendenz der Angst steht eine Komponente erwartungsvoller Spannung gegenüber, die es dem Betroffenen schwer macht, sich von dem unheimlichen Eindruck loszureißen. Es ist nicht erforderlich, diese Faszination psychoanalytisch durch verdrängte infantile Triebwünsche zu erklären, die sich in der Faszination durch das Unheimliche Bahn brechen sollen, so als ob der Sich-Gruselnde das schreckliche Geschehen insgeheim herbeiwünschte. Eher mag der gestaltpsychologische Vergleich mit einem Vexierbild oder einem schwer lösbaren Rätsel weiterhelfen, welches das Kohärenzstreben der Wahrnehmung stimuliert und die Aufmerksamkeit anspannt. So wollen wir auch angesichts des Unheimlichen wissen, was »dahintersteckt«, und dieses Klärungsbedürfnis ist größer als die Angst vor dem konkretisierten Schrecken.[8] Hinzu kommt aber auch eine lustvolle Komponente der Faszination, nämlich die Angstlust, der »Thrill« oder das wohlige Gruseln, das beim Betrachten einschlägiger Filme oder in jugendlichen Mutproben gesucht wird und das wie schon erwähnt gerade durch die Ausgesetztheit den Triumph über das Grauen erlaubt.

Die Intentionalität des Unheimlichen

Was ist es nun aber, was im Unheimlichen geargwöhnt, erahnt oder schon befürchtet wird? – Das Unsichtbare und Verhüllte ist seinem Wesen nach nicht neutral; es trägt letztlich immer den Charak-

olfaktorische und thermisch-taktile Empfindungen (Geruch, Wärme, Feuchtigkeit und Geschmeidigkeit der Luft) sowie gesamtleibliche Regungen (belebende Frische, drückende Schwüle) zu einem atmosphärischen Ganzen. Gleiches gilt für Atmosphären wie die eines heiteren Mittelmeertages, einer romanischen Basilika oder eines tobenden Fußballstadions. Bereits etymologisch kommt die besondere Nähe der Oralsinne (Geruch und Geschmack) zum Erleben von Atmosphären zum Ausdruck (Wetter – wittern); vgl. hierzu die Studie von Tellenbach (1968).

8 Im Englischen lautet das Sprichwort: »Better the devil that you know than the devil that you don't«.

ter einer verborgenen und sich verbergenden Intentionalität, einer bedrohlichen, den Umkreis erfüllenden *Macht*, deren schließliches Erscheinen und Wirken antizipiert wird. Sie kann als übermenschlich-numinose Macht erlebt und so zu einem Kern der Erfahrung des Dämonischen oder Göttlichen werden, wie es Rudolf Otto (1917) als »Mysterium Tremendum« beschrieben hat:

> [...] von diesem irgend wann einmal in erster Regung durchgebrochenen Gefühle eines ›Unheimlichen‹, das fremd und neu in den Gemütern der Urmenschheit auftauchte, ist alle religionsgeschichtliche Entwicklung ausgegangen. (Otto 1997, 16)

Das Unheimliche kann sich aber auch in Gestalt mythischer Figuren konkretisieren: Für den »Knaben im Moor« in Annette von Droste-Hülshoffs Ballade personifizieren sich die nächtlichen Schemen zu Gestalten seiner Sagenwelt, dem »gespenstigen Gräberknecht«, der »Spinnlenor« oder »verdammten Margret«. In Maupassants »Horla« wird der Protagonist zum Opfer einer sich zunehmend verdichtenden Atmosphäre des Grauens, die sich nach und nach zu einem Inkubus personifiziert:

> Plötzlich überkam mich ein Schauer, kein Kälteschauer, sondern ein seltsamer Schauer des Entsetzens. Ich ging schneller, weil ich mich fürchtete, im Walde allein zu sein, ängstlich ohne Grund, in der tiefen Stille. Plötzlich war es mir, als ob mir jemand folgte, als ob jemand hinter mir herginge, ganz nahe, ganz nahe, und mich beinahe berührte.
>
> Ich drehte mich schnell um. Ich war allein. Hinter mir sah ich nichts als die gerade und breite Allee, öde, hoch, grausig leer, und vor mir dehnte sie sich ebenso aus, soweit das Auge reichte, furchtbar. (Maupassant 1952, 10 f.)

Die Leere wirkt hier nicht etwa beruhigend, sondern umso entsetzlicher, als sich der gespürte Verfolger dem Blick entzieht: Das Unheimliche ist in der Lage, sich selbst an den leeren Raum zu heften, und triumphiert so über das Sichtbare. Ja, die Unheimlichkeit steigt mit der unsichtbar-ubiquitären Präsenz, die der anonymen Macht umso mehr zuwächst, als sie sich selbst verbirgt und ihr eigentliches Wesen, ihre tatsächlichen Absichten im Ungewissen lässt.

Insofern trifft Schellings Formulierung – »Unheimlich nennt man alles, was im Geheimnis, im Verborgnen [...] bleiben sollte und hervorgetreten ist« – eigentlich nicht zu: Das einmal *hervorgetretene* Schreckliche mag Furcht, Schrecken oder Entsetzen auslösen, doch hat es im Offenbarwerden den Charakter des Unheimlichen bereits abgestreift. Das Unheimliche ist das Ungreifbare, das *Namenlose*. Dementsprechend wird das Numinose in der Religionsgeschichte auch meist durch Tabus, Namen- oder Bilderverbote geschützt, die seine Aura dem verdinglichenden Zugriff entziehen sollen.

Das Motiv der verborgenen Intentionalität einer überpersönlichen Macht liegt auch der von Freud beschriebenen Form des Unheimlichen zugrunde, die nicht der Atmosphäre einer Umgebung, sondern der schicksalhaften Verkettung von Umständen entspringt. Unheimlich in diesem Sinn ist die Koinzidenz von Ereignissen, die den Anschein der Absichtlichkeit erzeugt – etwa wenn ein mit Verwünschungen bedachter Rivale kurz darauf bei einem Unfall ums Leben kommt (Freud 1970, 262); oder die auffällige Wiederkehr des Gleichen, die uns, wie Freud schreibt, »die Idee des Verhängnisvollen, Unentrinnbaren aufdrängt, wo wir sonst nur von ›Zufall‹ gesprochen hätten« (260). Auch hier beruht die unheimliche Wirkung auf einer Uneindeutigkeit: Das Geschehen oszilliert im Erleben zwischen der vordergründig-kontingenten *Faktizität* und einer latenten *Intentionalität*, die gleichsam »zwischen« den Ereignissen zum Vorschein kommt. Das Verhängnisvolle ist dann nicht mehr blindes Schicksal, sondern es wird zum Intendierten, etwa zur Wirkung einer Verwünschung oder eines Fluchs.

Zur Psychogenese des Unheimlichen

Das letztgenannte Beispiel verweist schließlich noch auf ein weiteres, für das Unheimliche charakteristisches Schwanken, nämlich zwischen verschiedenen Stufen der psychogenetischen Entwicklung, wie sie auch Freud in seiner Analyse hervorhebt (Freud 1970, 263, 271). Das Auftreten von irritierenden Koinzidenzen stellt die errungene rationale Weltsicht in Frage, die den *Zufall* als zentrales Prinzip zur Neutralisierung solcher Bedeutsamkeiten etabliert hat. Mit ihr konkurriert eine doch nicht gänzlich überwundene *animistische Einstellung*, die noch von der Allmacht der Gedanken, der Existenz magischer Zusammenhänge und der Wirksamkeit dämonischer Kräfte bestimmt ist. Die romantische Literatur – etwa E.T.A. Hoffmanns Werk oder die Gothic Novel der englischen Schauerliteratur – ist besonders reich an unheimlichen Motiven, weil sie selbst am Übergang von einem noch mythischen zum rationalen Weltbild des Aufklärungszeitalters angesiedelt ist.[9] Begeben wir uns hingegen zurück in die Welt des Märchens, so entfällt die unheimliche Wirkung der Wunscherfüllungen, geheimen Kräfte und Wiederholungen. Denn das Märchen hat, wie Freud schreibt, »den Boden der Realität von vorneherein verlassen und sich offen zur Annahme der animistischen Überzeugungen bekannt« (ebd., 272). In einer Welt voller Wunder hat das Unheimliche keinen Platz, denn es speist sich aus einer *kognitiven Dissonanz*, einer Ambiguität der Bedeutungen. Darin gleicht es einem zunächst ganz entgegengesetzten Phänomen, nämlich dem Witz, der gleichfalls aus dem plötzlichen Kippen zwischen zwei Bedeutungen seine Wirkung bezieht.

Die Bangnis vor dem Unheimlichen gilt somit auch der Gefährdung eines Weltbildes, in dem die Rationalität verlässliche Ordnungsstrukturen gegen das Dunkle, Chaotische und Zerfließende der mythisch-animistischen Welt errichtet hat. Schauder erweckt die Wiederkehr des bereits überwunden Geglaubten, das sich ebenso bedrohlich wie faszinierend in den Zwischenräumen der Welt konstanter, verlässlicher Gegenstände und berechenbarer Kausalbeziehungen eingenistet hat. Auch das Schwanken des Ein-

9 Hier könnte eine Psychohistorie des Unheimlichen anknüpfen. Einen entsprechenden Hinweis gibt auch das englische Äquivalent des Unheimlichen, nämlich das Wort *uncanny*, das in der Bedeutung von »übernatürlich« erstmals 1773 nachgewiesen ist (vgl. Merriam-Webster Dictionary, ⟨www.merriam-webster.com⟩). Etymologisch stammt es von der angelsächsischen Wurzel *ken* (= Wissen, Erkennen; dazu *canny* = klug, gewitzt). *Uncanny* ist also das, was jenseits des »Erkennens« liegt, also dem rationalen, naturwissenschaftlich fundierten Begreifen widerspricht, sobald sich dieses einmal als dominante Weltsicht etabliert hat.

drucks zwischen dem Lebendigen und dem Toten bezieht seine unheimliche Wirkung aus der drohenden Auflösung der Grenzen, die wir im Verlauf unserer frühkindlichen Entwicklung zwischen der beseelten und der unbeseelten Welt gezogen haben. Unheimlich ist schließlich auch die Begegnung mit einem Wahnkranken, da er nicht mehr Herr seiner selbst ist: Eine fremde, dämonische Macht scheint von ihm Besitz ergriffen zu haben, die ihm seine Rationalität geraubt hat und nun gewissermaßen durch ihn spricht, selbst wenn man Vorstellungen von Besessenheit weit von sich weisen wird.

Das Unheimliche verweist damit immer auf eine Ambivalenz und Labilität in uns selbst. Das Zweideutige und Abgründige, das uns aus der Welt entgegentritt, spiegelt einen inneren Zwiespalt, der aus der latenten Fortdauer animistischen Denkens unter der Oberfläche des rationalen Weltbildes resultiert. Auch die einmal errungene Vernunft, Autonomie und Selbstkontrolle bleiben gefährdet, ja vom Selbstverlust bedroht. In Robert Louis Stevensons *Dr. Jekyll and Mr. Hyde*, einem Nachkömmling der Romantik, sehen wir das Unheimliche als Kippfigur von Licht- und Schattenseite konsequent in den Protagonisten selbst verlegt: Gerade durch den Triumph wissenschaftlicher Rationalität – er erfindet eine Droge, die das Böse vom Guten trennen soll – erzeugt er sein nächtlich-triebhaftes Alter Ego, einen unheimlichen Doppelgänger, dem er schließlich selbst zum Opfer fällt.

Zur Psychopathologie des Unheimlichen: Die Wahnstimmung

Nach diesen phänomenologischen Analysen will ich die atmosphärische Bedrohung des Subjekts in der beginnenden Psychose als eines der prägnantesten Phänomene des Unheimlichen untersuchen. Karl Jaspers hat die charakteristische »Wahnstimmung« zu Beginn der Schizophrenie folgendermaßen beschrieben:

Alles hat eine neue Bedeutsamkeit. Die Umgebung ist anders, nicht etwa grobsinnlich – die Wahrnehmungen sind der sinnlichen Seite nach unverändert –, vielmehr besteht eine feine, alles durchdringende und in eine ungewisse, unheimliche Beleuchtung rückende Veränderung. Ein früher indifferenter und freundlicher Wohnraum wird jetzt von einer undefinierbaren Stimmung beherrscht. Es liegt etwas in der Luft, der Kranke kann sich davon keine Rechenschaft geben, eine mißtrauische, unbehagliche, unheimliche Spannung erfüllt ihn [...]. Diese allgemeine Wahnstimmung ohne bestimmte Inhalte muß ganz unerträglich sein. Die Kranken leiden entsetzlich, und schon der Gewinn einer bestimmten Vorstellung ist wie eine Erleichterung. (Jaspers 1973, 82)

Jaspers beschreibt zwar eindrucksvoll die atmosphärische Veränderung der beginnenden Psychose, ohne sie jedoch phänomenologisch näher zu analysieren. Ich gebe im Folgenden zunächst eine charakteristische Schilderung einer meiner Patientinnen vom Beginn ihrer Psychose wieder, um sie dann genauer zu untersuchen.

Seit einiger Zeit habe sie eine verstörende Veränderung ihrer Umgebung erlebt. Alles sei ihr immer unwirklicher vorgekommen, wie in einem fremden Land. Auf der Straße gingen die Leute so sonderbar, wie in einem Theater. Manche hätten sie auch vielsagend angesehen, als ob sie ihr etwas damit andeuten wollten. Vor einer Woche sei sie dann beim Einkaufen immer mehr in Angst geraten:

›Draußen sah alles sonderbar und irgendwie unheimlich aus – wie wenn bald ein Krieg ausbräche. Ich untersuchte das Innere parkender Autos, es sah aus wie eine Inszenierung mit verschiedenen Requisiten. Ständig fuhren Autos vorbei, als ob sie vor etwas auf der Flucht wären; alles machte mir große Angst. Die KFZ-Schilder waren Signale für etwas, das ich erst noch entschlüsseln musste. Ich suchte nach einer Art Code ... Auf einmal fielen mir die roten Autos mehr auf als die andersfarbigen: Die Reihenfolge rot – blau – rot ist ja mit den Arterien und Venen vergleichbar. Auch die gelben Autos waren wichtig wegen der Farbe der Nerven. Weiße Autos standen für die Zellen im Gehirn. Da fiel es mir wie Schuppen von den Augen: Meinem Freund musste etwas Schreckliches passiert sein. Man wollte mir mitteilen, dass er im Krankenhaus ist, vielleicht hatte er einen Schlaganfall ...‹

In der Folge entwickelte die Patientin Wahnvorstellungen von einer feindlichen Macht, die das Land infiltriere und sie einer Gehirnmanipulation unterzogen hätte, um sie zu ihrem Werkzeug zu machen.

Hier treffen wir wieder auf die typischen Charakteristika der unheimlichen Atmosphäre: Die vordergründig unauffällige Situation hat sich verwandelt und erhält eine unbestimmte, mysteriöse Bedeutsamkeit; etwas Ungeheuerliches scheint bevorzustehen, wie vor einem Kriegsausbruch. Alles erscheint unwirklich und gestellt, als wäre es für die Patientin inszeniert. Die Dinge verweisen auf eine verborgene Absicht, auf Signale, die zu dechiffrieren sind. Da tritt plötzlich die Signalfarbe Rot hervor und verbindet sich schlagartig mit einer Reihe von neuen Bedeutungen – man will ihr ein ihrem Freund geschehenes Unheil signalisieren. Diese neue Kohärenz erlebt die Patientin wie ein Menetekel mit unmittelbarer Evidenz, als »Wahnwahrnehmung«, wie es in der Psychopathologie genannt wird; sie wird zur Basis der weiteren Entwicklung eines Verfolgungswahns.

Auch wenn diese Beschreibung für die Wahnstimmung typisch ist – es fällt schwer, sich das Erleben der Patientin verständlich zu machen. Nehmen wir an, wir würden sie auf ihrem Weg begleiten: Wir gelangen an einen lebhaften, urbanen Platz im hellen Sonnenlicht, der Verkehr strömt vorbei, Leute laufen, winken, unterhalten sich. Währenddessen wird die Patientin immer ängstlicher, und auf unsere Frage meint sie, dass hier etwas nicht stimme, etwas Schreckliches gehe vor sich. Die unheimliche Atmosphäre, in die sie geraten ist, können wir nicht nachvollziehen. Und doch bedeutet sie für die Patientin nicht weniger als die Bedrohung ihrer eigenen Existenz. Offensichtlich hat eine Veränderung ihres Erlebens stattgefunden, die normalpsychologisch nicht mehr nachvollziehbar ist. Die Stimmung und Atmosphäre des Unheimlichen muss auf eine veränderte Struktur des Erlebens selbst zurückgehen – eine Veränderung, die sich als *Subjektivierung der Wahrnehmung* begreifen lässt.

Normalerweise nehmen wir die Dinge zwar aus einer bestimmten Perspektive, aber doch *als solche* wahr. Die Wahrnehmung ist ihrer inneren Beschaffenheit nach die Erfahrung der Wirklichkeit des Gegenstandes, unabhängig von unserem bloßen Anblick oder Eindruck (Fuchs 2020). Keiner käme auf den Gedanken, die Dinge tauchten erst mit seiner Wahrnehmung auf und verschwänden ohne sie wieder ins Nichts. In der beginnenden Psychose jedoch geht diese objektivierende Leistung der Wahrnehmung verloren.[10] Statt realer Dinge sehen die Betroffenen nur noch ihre eigenen »Ansichten von Dingen«, wie in einer Innenwelt. Das kann bis zu dem Eindruck führen, die Umwelt wie aus einer subjektiven Kameraperspektive wahrzunehmen:

> Ich sah alles wie durch eine Filmkamera. (Sass 1996, 296; Übers. T. F.)

> Es war, wie wenn meine Augen Kameras wären ... als wäre mein Kopf riesengroß, so groß wie das Universum, und ich war ganz hinten und die Kameras vorne. (de Haan & Fuchs 2010, 329; Übers. T. F.)

Hier gerät das wahrnehmende Subjekt in eine Position außerhalb der Welt; es wird buchstäblich zum Homunkulus im Kopf, der seine eigenen Wahrnehmungen wie Bilder betrachtet. Nicht selten kulminiert diese Subjektivierung in dem Eindruck, die Existenz der Dinge hinge vom Patienten ab:

> Immer wenn ich meine Augen von ihnen [den Klinikpflegern] abwandte, verschwanden sie. Ja, alles worauf ich nicht meine direkte Aufmerksamkeit richtete, schien nicht zu existieren. (Landis 1964, 90; Übers. T. F.)

> Wenn ich eine Tür erblicke und dann wegsehe, dann ist es, als würde die Tür aufhören zu existieren. (Henriksen 2011, 24; Übers. T. F.)

10 Die Pathogenese dieser Subjektivierung ist letztlich nicht geklärt, aber auch nicht Thema einer phänomenologischen Analyse. Eine der relevanten neurophysiologischen Theorien ist die der Hypersalienz, wonach aufgrund einer gesteigerten Dopaminausschüttung im Gehirn sonst neutrale Umgebungsreize übermäßig auffällig (salient) werden (Kapur 2003). Die Entfremdung der Wahrnehmung könnte sich aber auch von der basalen Selbststörung ableiten, die nach neueren phänomenologischen Konzeptionen die Grundstörung der Schizophrenie darstellt (Sass & Parnas 2003; Fuchs 2012).

In all diesen Fällen wird erkennbar, dass die Wahrnehmung ihre Subjektivität nicht mehr überschreitet und die Objekte als solche nicht erreicht. Statt die Welt wahrzunehmen, erfahren die Patienten gewissermaßen nur noch ihre eigenen Erfahrungen. Sie sind in ihre Wahrnehmungen eingeschlossen wie in eine Innenwelt, die sich nur noch um sie zu drehen scheint.

Das vorrangige Charakteristikum dieser subjektivierten Wahrnehmungen ist nun ihre Scheinhaftigkeit: Die Dinge wirken unecht oder inszeniert; andere Menschen verhalten sich unnatürlich, gestellt, als wären sie nur Schauspieler oder Betrüger. Die Patienten fühlen sich wie im Zentrum einer unheimlichen Inszenierung:

> [W]o man auch hinguckt, sieht alles schon so unwirklich aus. Die ganze Umgebung, alles wird wie fremd, und man bekommt wahnsinnige Angst. [...] irgendwie ist plötzlich alles für mich da, für mich gestellt. Alles um einen bezieht sich plötzlich auf einen selber. Man steht im Mittelpunkt einer Handlung wie unter Kulissen. (Klosterkötter 1988, 69)

Solche *Truman-Show*-Erlebnisse, wie sie von den Patienten oft selbst benannt werden,[11] beruhen auf einer *Umkehrung der intentionalen Richtung des Feldes*: Die Wahrnehmung hat ihre intentionale, auf die Dinge als solche gerichtete Struktur verloren, und daher erlebt sich der Patient plötzlich als »passive Mitte der Welt« (Conrad 1992, 77). Alles gilt ihm, alles erhält eine bedrohliche Bedeutsamkeit, in deren Zentrum er selbst steht.

Die unheimliche Verfremdung der Welt in der Wahnstimmung resultiert somit aus einer Subjektivierung der Wahrnehmung selbst, deren Scheincharakter sich allen wahrgenommenen Situationen mitteilt. Die für das Unheimliche charakteristische Ambiguität besteht hier nicht zwischen Lebendigem und Totem oder Natürlichem und Übernatürlichem, sondern zwischen dem Wirklichen und dem Unwirklichen, zwischen dem Vordergründig-Unauffälligen und dem Inszenierten. Alles verweist auf eine verborgene

11 Nach dem Film *Die Truman Show* (1998) von Peter Weir, in dem der Protagonist ohne sein Wissen der Hauptdarsteller einer inszenierten Fernsehshow ist, in der ihn lauter Schauspieler umgeben (vgl. auch Madeira et al. 2016).

Absicht, eine anonyme Intentionalität, die sich nicht zu erkennen gibt, die aber auf den Patienten gerichtet ist. »*Tua res agitur*« ist die Bedeutung, die alle Situationen angenommen haben.

Betrachten wir abschließend noch den Übergang zum manifesten Wahn, wie er sich auch in der Kasuistik zeigte. – Wie ein Rätselbild, das vom Betrachter seine Auflösung fordert, erzeugt die veränderte Wahrnehmung in der beginnenden Psychose eine massive Irritation, Spannung und Angst. Der Druck zu irgendeiner Form der Konsistenz- und Sinnbildung wird übermächtig.[12] Schließlich stellt sich – oft abrupt – eine neue Konsistenz her, nämlich die Gewissheit einer bestimmten Bedrohung oder Verfolgung, häufig durch eine anonyme Organisation, die den Patienten als Werkzeuge ihrer finsteren Zwecke missbraucht. Das Rätselhafte erhält einen neuen, wahnhaften Sinn, der sich in der bedrohlichen Intentionalität des Unheimlichen schon angekündigt hat. Die Enträtselung hat den Charakter einer Enthüllung oder Offenbarung; die verborgene, auf den Patienten gerichtete Bedeutsamkeit wird mit einem Schlag offengelegt, und das Unheimliche weicht der Gewissheit.

Es ist charakteristisch für die Evidenz des neuen Sinns, dass die erlangte Gewissheit die äußerste Anspannung des Zweifels, der Ratlosigkeit und Angst schlagartig sinken lässt. Nun werden alle folgenden Situationen und Begegnungen im geschlossenen Bezugssystem des Wahns gedeutet und noch die harmloseste Äußerung anderer als besonders raffiniert getarnte Feindseligkeit interpretiert. Die starre Struktur des Wahns ersetzt so den verlorenen Sinn der gemeinsamen Welt.

Resümee

Die Vielfalt der Phänomene des Unheimlichen lässt leicht aus dem Blick geraten, dass wir es dabei nicht nur mit einer vagen Ängst-

12 »Die Kranken leiden entsetzlich, und schon der Gewinn einer bestimmten Vorstellung ist wie eine Erleichterung«, wie Jaspers an der schon zitierten Stelle schreibt (1973, 82).

lichkeit zu tun haben, die sich auf beliebige Anlässe richten kann, sondern mit einer *Zweideutigkeit des Wahrnehmungsfeldes*: Der sonst unauffällige Hintergrund verliert seine Neutralität und tritt beunruhigend hervor, ohne dass sich bereits ein konkreter Gegenstand der Bedrohung abzeichnet. Die Wahrnehmung gerät ins Schwanken und kippt zwischen Vorder- und Hintergrund hin und her. Diese Ambiguität löst Gefühle der Bangigkeit, der Angst, des Grauens, aber auch der Faszination aus, die sich auf das mögliche Hervortreten des Schrecklichen richten. Wird die Ahnung zur Gewissheit oder offenbart sich ein neuer Sinn des vordergründigen Geschehens, so verschwindet auch die Unheimlichkeit und macht anderen Gefühlen Platz.

Ich habe zwei Erscheinungsformen dieser Zweideutigkeit untersucht: zum einen das Schwanken von Gegenständen zwischen Lebendigem und Totem, zum anderen die Atmosphäre des Unheimlichen in ominösen Situationen. Beim ersten Phänomen kann der vordergründige Eindruck sowohl von der Lebendigkeit als auch von der Unbelebtheit des Gegenstands ausgehen – in jedem Fall weckt das Schillern zwischen den beiden Möglichkeiten die Anmutung des Grausigen. Das Phänomen beruht in besonderem Maß auf der spontanen Empathie, die wir von Kindheit an mit lebendigen Wesen empfinden: Sie richtet sich unwillkürlich auch auf lebens- oder menschenähnliche Objekte, wird aber von ihrer Starre und Reaktionslosigkeit auf unheimliche Weise konterkariert. Im Hintergrund steht die latente Angst vor der Macht des Todes, der das Lebendige überwältigen kann, umgekehrt aber auch der Schrecken angesichts des Eindrucks, die verlässliche Trennung des Unbelebten vom Beseelten könnte sich wieder auflösen – die Wiederkehr des Animismus.

Das Unheimliche im zweiten Sinn lässt sich als eine Atmosphäre der Verfremdung beschreiben, die den Betroffenen mit überwältigender, zentripetaler Wirkung erfasst und die ihn gerade durch ihre Ungreifbarkeit und Ambiguität in Bangnis, Angst und Grauen versetzt. Sie erscheint zugleich als Wirkung einer verborgenen Intentionalität, einer anonymen, überpersönlichen oder numinosen Macht, deren schließliches Erscheinen und Wirken antizipiert wird. Ich habe verschiedene Situationen beschrieben, in denen sich diese Atmosphäre bilden und verdichten kann. Uneindeutige, hintergründige und undurchschaubare Situationen oder Gegenstände sind besonders geeignet, den Eindruck des Unheimlichen zu erzeugen und zu nähren. Im äußersten Fall – in der zitierten Passage des »Horla« ebenso wie in der Kasuistik der Wahnstimmung – ist es jedoch gerade die Normalität und Unauffälligkeit der Umgebung, die einen abgründigen, grauenerregenden Charakter annimmt.

In der Wahnstimmung der beginnenden Psychose treffen wir auf eine besondere Atmosphäre des Unheimlichen, die in der Subjektivierung der psychotischen Wahrnehmung selbst begründet ist: Sie erzeugt eine Derealisierung alles Wahrgenommenen, das einen scheinhaften, gestellten, inszenierten Charakter annimmt. Auch hier entsteht eine Ambiguität von Vorder- und Hintergrund; doch geht hier die vertraute Bedeutsamkeit der Umwelt insgesamt verloren, und die Auflösung dieser Sinnkohärenz steigert das Unheimliche ins Unerträgliche. Nur ein neuer Sinn, der sich im Hintergrund, gleichsam hinter den Kulissen, bereits angedeutet hat, vermag die Unheimlichkeit aufzulösen – der Wahnsinn. Diese extreme Konsequenz zeigt, dass die unheimliche Zweideutigkeit des Sinns für den Menschen eine existenzielle Verunsicherung bedeuten kann, die nicht lange erträglich ist.

Literatur

Conrad, K. 1992. *Die beginnende Schizophrenie. Versuch einer Gestaltanalyse des Wahns* (1. Aufl. 1958). 6. Aufl. Stuttgart: Thieme.

de Haan, S., Fuchs, T. 2010. »The ghost in the machine: Disembodiment in schizophrenia«. Two case studies. In: *Psychopathology* 43: S. 327-333.

Freud, S. 1970. *Das Unheimliche* (1919). *Studienausgabe* Bd. IV, S. 241-274. Frankfurt: Fischer.

Fuchs, T. 2005. »Delusional mood and delusional perception. A phenomenological analysis«. In: *Psychopathology* 38: S. 33-139.

Fuchs, T. 2012. »Selbst und Schizophrenie«. In: *Deutsche Zeitschrift für Philosophie* 60: S. 887-901.

Fuchs, T. 2020. »Wahrnehmung und Wirklichkeit. Skizze eines interaktiven Realismus«. In: ders., *Verteidigung des Menschen. Grundfragen einer verkörperten Anthropologie*. Berlin: Suhrkamp, S. 146-176.

Fuchs, T. 2023. »Was wird aus dem Menschen? Plädoyer für einen neuen Humanismus«. In: *Blätter für deutsche und internationale Politik* 5/2023: S. 109-122.

Henriksen, M. G. 2011. *Understanding Schizophrenia. Investigations in Phenomenological Psychopathology.* Dissertation, Faculty of Health Sciences, University of Copenhagen.

Jaspers, K. 1973. *Allgemeine Psychopathologie*. 9. Aufl. Berlin, Heidelberg, New York: Springer.

Jentsch, E. 1906. »Zur Psychologie des Unheimlichen«. In: *Psychiatrisch-Neurologische Wochenschrift* 22: S. 195-198, 203-205.

Kapur, S. 2003. »Psychosis as a state of aberrant salience: A framework linking biology, phenomenology, and pharmacology in schizophrenia«. In: *American Journal of Psychiatry* 160: S. 13-23.

Kätsyri, J., K. Förger, M. Mäkäräinen, T, Takala 2015. »A review of empirical evidence on different uncanny valley hypotheses: support for perceptual mismatch as one road to the valley of eeriness«. In: *Frontiers in Psychology* 6: S. 390.

Klosterkötter, J. 1988. *Basissymptome und Endphänomene der Schizophrenie*. Berlin, Heidelberg, New York: Springer.

Landis, C. 1964. *Varieties of Psychopathological Experience*. New York: Holt, Rinehart & Winston.

MacDorman, K. F. 2005. »Mortality salience and the uncanny valley«. In: *5th IEEE-RAS International Conference on Humanoid Robots*, S. 399-405.

Madeira, L., I. Bonoldi, M. Rocchetti, M. Brandizzi, C. Samson, M. Azis, B. Queen, M. Bossong, P. Allen, J. Perez, O. D, Howes, P. McGuire, P. Fusar-Poli 2016. »Prevalence and implications of Truman symptoms in subjects at ultra high risk for psychosis«. In: *Psychiatry Research* 238: S. 270-276.

Maupassant, G. de 1952. *Der Horla. Novelle* (1887). Übers. von G. von Ompteda. Heidelberg: Hermann Meister.

Misselhorn C. 2009. »Empathy with inanimate objects and the uncanny valley«. In: *Minds and Machines* 19: S. 345-359.

Moos, T. 2021. »Digitaler Animismus: theologische Bemerkungen zu einer

Ethik der Digitalisierung«. In: B. Held, F. van Oorschot (Hrsg.): Digitalisierung: neue Technik, neue Ethik? FEST *Forschung Bd. 1, HeiBOOKs*, S. 235-256, ⟨https//doi.org/10.11588/heibooks.945.c12684⟩.
Mori, M. 1970. »Bukimi no tani«. In: *Energy* 7: S. 33-35. Englische Übersetzung: »The uncanny valley« von K. F. MacDorman und T. Minato (2005). *Proceedings of the Humanoids-2005 workshop: Views of the Uncanny Valley*, Tsukuba, Japan.
Otto, R. 1997. *Das Heilige. Über das Irrationale in der Idee des Göttlichen und sein Verhältnis zum Rationalen* (Original 1917). München: Beck.
Pauen, S. 2002. »Evidence for knowledge-based category discrimination in infancy«. In: *Child Development* 73: S. 1016-1033.
Sacks, O. 1989. *Der Tag, an dem mein Bein fortging*. Reinbek: Rowohlt.
Sass, L. 1996 *Madness and Modernism*. Cambridge/Mass., London: MIT Press.
Sass, L. A., J. Parnas. 2003. »Schizophrenia, consciousness, and the self«. In: *Schizophrenia Bulletin* 29: S. 427-444.
Schelling, F. W. J. 1990. *Philosophie der Mythologie*, Band 2. (Original 1857). WBG, Darmstadt.
Schmitz, H. 1981. *System der Philosophie, 3. Band, 2. Teil: Der Gefühlsraum*. 2. Aufl. Bonn: Bouvier.
Seyama, J. I., R. S. Nagayama. 2007. »The uncanny valley: Effect of realism on the impression of artificial human faces«. In: *Presence* 16: S. 337-351.
Spitz, R. 1976. »Das Leben und der Dialog« (1963). In: ders., *Vom Dialog. Studien über den Ursprung der menschlichen Kommunikation und ihrer Rolle in der Persönlichkeitsbildung*. Stuttgart: Klett, S. 9-26.
Tellenbach, H. 1968. *Geschmack und Atmosphäre*. Salzburg: Müller.
Tronick, E., H. Als, L. Adamson, S. Wise, T. B. Brazelton 1978. »The infant's response to entrapment between contradictory messages in face-to-face interaction«. In: *Journal of the American Academy of Child Psychiatry* 17: S. 1- 13.

12.

Abwesende Gegenwart
Die Ambivalenz der Trauer

Einleitung

Im Alter von 45 Jahren, nicht lange nach seiner Wahl zum Bischof von Hippo, berichtet Augustinus im 4. Buch seiner *Bekenntnisse* von der Trauer über den Tod eines nahen Freundes, den er Jahre früher erlebt hatte:

> Vom Schmerz darüber ward es finster in meinem Herzen, und was ich ansah, war alles nur Tod. Die Heimat war mir Qual, unselig das Vaterhaus, und alles, was ich gemeinsam mit ihm erlebt hatte, war ohne ihn verwandelt zu grenzenloser Pein. Überall suchten ihn meine Augen, und er zeigte sich nicht. Und ich hasste alles, weil es ihn nicht barg und nichts von allem mir noch sagen konnte: »sieh, bald kommt er«, so wie es ehemals gewesen, wenn er eine Weile nicht zugegen war. Ich war mir selbst zur großen Frage geworden, und ich nahm meine Seele ins Verhör, warum sie traurig sei und mich so sehr verstöre, und sie wusste mir nichts zu sagen. (Augustinus 1955, 151)

Hier finden wir zentrale Komponenten der Trauer eindrucksvoll beschrieben. Die Welt des Hinterbliebenen hat sich tiefgreifend verwandelt: Sie erscheint verdüstert, entfremdet, gleichsam vom Tod durchsetzt. Alles, was mit dem geliebten Menschen verknüpft war, ruft nun quälenden Schmerz hervor; was früher die Wiedervereinigung mit ihm ankündigte, verweist nun auf seinen unwiederbringlichen Verlust. Tod und Trauer lassen den vertrauten Zusammenhang des Daseins abreißen. Diese Umwandlung der Welt ist begleitet von einer Veränderung des Subjekts, das sich nicht mehr wiedererkennt und sich selbst zum Rätsel wird.

Angesichts der tiefgreifenden Veränderungen, die der Trauernde erlebt, muss es verwundern, dass die Trauer, von einigen Ausnahmen abgesehen,[1] bislang kaum ein Gegenstand der phäno-

1 Vgl. Dubose (1989), Schmitz (2005: 122 ff.), Klugman (2007) und Ratcliffe (2015).

menologischen Forschung gewesen ist. Im Folgenden werde ich die komplexe Phänomenologie der Trauer in ihren wichtigsten Aspekten untersuchen, wobei ich mich auf Selbstberichte, Beschreibungen in der psychologischen Literatur und die eigene klinische Praxis stütze.

Trauer bezeichnet zunächst ein schmerzliches Gefühl oder eine Stimmung des Grams, die sich als Reaktion auf einen Verlust einstellen, dann aber auch einen länger dauernden Prozess der seelischen Verarbeitung dieses Verlustes. Damit durchläuft die Trauer in der Regel verschiedene Phasen, die von der akuten Belastungsreaktion bis zur gelingenden Bewältigung reichen, aber auch durch depressive Reaktionen kompliziert sein können. Dies hat mit der komplexen, widersprüchlichen Struktur des Gefühls zu tun: Trauernde befinden sich in einem Konflikt zwischen der realen Abwesenheit und der immer noch empfundenen Anwesenheit des Verlorenen, mithin in einer ambivalenten Situation zwischen Gegenwart und Vergangenheit – eine Ambivalenz, die sich häufig auch in einer Zerrissenheit zwischen Anerkennung und Verleugnung des Verlustes manifestiert.

Meine folgende Untersuchung gilt in erster Linie der Trauer beim Verlust eines geliebten Menschen, sei es des Ehepartners, eines Elternteils oder eines Kindes, da hier das Phänomen der Trauer in all seinen Aspekten besonders prägnant erkennbar wird. Beginnend mit einer Darstellung des leiblich-emotionalen Erlebens in der akuten Trauer, wende ich mich anschließend der Dimension der Zeitlichkeit zu, in der die grundlegende Ambivalenz der Trauer besonders zum Ausdruck kommt. Dies führt weiter zu einer Analyse der Welt- und Selbsterfahrung des Trauernden und mündet in eine Darstellung des Bewältigungsprozesses oder der »Trauerarbeit«.

Eine methodische Vorbemerkung sei vorausgeschickt: Trauer ist ein heterogener Prozess, der sich in vielfältiger Weise manifestiert und einer erheblichen individuellen und kulturellen Varianz unterliegt. Unterschiedliche Vorstellungen über die Natur des Todes oder eines Lebens nach dem Tod prägen das Erleben in erheblichem Maße. Gleichwohl geht eine phänomenologische Untersuchung davon aus, dass die Erfahrung der Trauer eine Grundstruktur aufweist, die sich trotz dieser Varianz herausarbeiten lässt. Damit wird freilich eine kulturwissenschaftliche Analyse keineswegs hinfällig (vgl. z. B. Parkes et al. 1997, Robben 2009, Irish et al. 2014).

Trauer und Leiblichkeit

Die unmittelbare Reaktion auf einen schweren Verlust, insbesondere auf den plötzlichen Tod eines geliebten Menschen, ähnelt einer Traumatisierung. Sie gleicht einem Schlag oder Schock, der die leibliche Existenz im Kern erschüttert, so als ob man den Boden unter den Füßen verlöre, und der Fassungslosigkeit oder Betäubtheit hervorruft. »Das ist nicht wahr!« ist oft ein erster Gedanke, der bereits den späteren Konflikt zwischen Wunsch und Realität vorwegnimmt; das Ereignis lässt sich nicht begreifen oder wahrhaben. Dies reicht bis zur Derealisation mit dem Gefühl der Unwirklichkeit und der Verlangsamung des Zeiterlebens. Der Schock versetzt die Betroffenen in eine lähmende Starre, reduziert sie auf ihr bloßes Dasein und lässt ihnen keine Möglichkeit, zu reagieren oder zur Situation Distanz zu gewinnen. Auf der anderen Seite kann diese Betäubung auch als eine Abwehr verstanden werden, die vor den sonst überwältigenden Gefühlen schützt.

Sobald der unmittelbare Schock nachlässt, zeigt sich das eigentliche Phänomen der Trauer. Es schließt zunächst ein typisches Muster von körperlichen Symptomen ein, die bis zu einem gewissen Grad denen einer Depression entsprechen. Der Trauernde spürt eine schwere Last auf seinem Körper, er lässt Kopf und Schultern hängen, und ein konstanter Druck in der Kehle und auf der Brust löst sich nur vorübergehend in Seufzen, Weinen oder Schluchzen auf. Oft schließt der Trauernde die Augen oder wirft vor Verzweiflung die Hände vor das Gesicht, als ob er nichts mehr sehen wolle. Auch eine allgemeine Erschöpfung, Passivität und Antriebslosigkeit, ferner Appetitverlust und Schlafstörungen gleichen der Symptomatik einer Depression.

Die Trauer manifestiert sich also primär in leiblicher Schwere, Enge und Niedergeschlagenheit. Andererseits zeigt sie doch nicht die leibliche Starre und den Verlust der affektiven Schwingungsfähigkeit, wie sie für Depressionen charakteristisch sind (Fuchs 2015). Während die Depression zudem eine konstante und »eingefrorene« Stimmung bleibt, verläuft die Trauer typischerweise wellenförmig, etwa in Form von Attacken, die mit akuten Schmerzempfindungen in Brust oder Kehle einhergehen können (Parkes 1972a: 60 ff.). Die akute Trauer macht damit deutlich, dass es letztlich keine klare Trennung zwischen »körperlichem« und »seelischem« Schmerz gibt – Schmerz wird immer im Leib empfunden, als Teil der leiblichen Resonanz der Trauer.

Insofern lässt sich die Trauer nach einem schweren Verlust bis zu einem gewissen Grad in Analogie zu einer körperlichen Verletzung oder sogar einer Amputation beschreiben. Das kann sich in Äußerungen von Hinterbliebenen ausdrücken wie etwa: »Als wäre mein Innerstes herausgerissen und eine Wunde zurückgeblieben«; der Verstorbene ist »mir weggerissen worden«, »so als ob die Hälfte meiner selbst fehlen würde« (Parkes 1972a: 114). C. S. Lewis hat diese fühlbare Abwesenheit in einem Bericht über die Trauer um seine Frau (»H.« für Helen) beschrieben:

> Ihre Abwesenheit ist wie der Himmel, der sich über alles legt. Aber nein, das ist nicht ganz richtig. Es gibt einen Ort, an dem ihre Abwesenheit für mich ganz nah ist, und das ist ein Ort, dem ich nicht ausweichen kann. Ich meine meinen eigenen Körper. Er hatte eine ganz andere Bedeutung, als er noch der Körper von H.s Geliebtem war. Jetzt ist er wie ein leeres Haus. (Lewis 1961: 11f.; Übers. T. F.)

Daran lässt sich erkennen, dass die Bindung an einen geliebten Menschen nicht nur ein »innerer« oder »mentaler« Zustand ist, sondern dass sie immer auch eine gemeinsame *Zwischenleiblichkeit* impliziert (Fuchs 2018). Sie ist das Ergebnis einer geteilten Geschichte von Erfahrungen und Interaktionen, die ihre Spuren im leiblichen Gedächtnis beider Partner hinterlassen hat (Fuchs 2012, 2017). Man kann auch von einem *dyadischen Leibgedächtnis* sprechen, bestehend aus den Gewohnheiten des gemeinsamen Umgangs, die sich durch wechselseitiges Erblicken, Sprechen, Lächeln, Berühren, Umarmen, erotische und sexuelle Begegnungen gebildet haben.

Der Tod bedeutet eine Trennung dieser Zwischenleiblichkeit. Die Fäden der wechselseitigen Bindung und Zugehörigkeit sind getrennt, und die entstandene Wunde oder der Schmerz gleichen einer Amputation bzw. dem Phantomschmerz, den der Amputierte empfindet (Parkes 1972b). Wie beim Phantomglied bleibt aber die Zwischenleiblichkeit trotz des Verlustes noch wirksam, nämlich als eine empfundene Anziehung, als Tendenz zur Suche oder Annäherung oder auch als Empfindung der fortdauernden atmosphärischen Präsenz des Verstorbenen. Die Umstrukturierung des zwischenleiblichen Gedächtnisses und die Lösung bzw. Umwandlung der darin verankerten Bindungen ist ein langwieriger Prozess.

Entfremdung des Welt- und Selbsterlebens

Die beschriebene Trennung bezieht sich auch auf die gemeinsame Welt. Mit einem geliebten Menschen zusammenzuleben, schafft eine Sphäre miteinander geteilter Praktiken, vertrauter Gegenstände, Plätze und Erinnerungen. Diese gemeinsame Umwelt verwandelt sich nun in einen Raum schmerzlicher Abwesenheit, Leere und Entfremdung. In seinen *Bekenntnissen* schildert Augustinus diese Veränderung nach dem Tod seines Freundes:

> Die Heimat war mir Qual, unselig das Vaterhaus, und alles, was ich gemeinsam mit ihm erlebt hatte, war ohne ihn verwandelt zu grenzenloser Pein. – Alles war mir zum Überdruss, selbst das Licht, und alles, was nicht war, was er gewesen, war mir anstößig und verleidet. (Augustinus 1955: 151)

Zu seinem Kummer erkennt der Hinterbliebene, wie viele seiner Tätigkeiten die Beziehung zum Verstorbenen einschlossen und nun ihren Sinn verloren haben. Alle Absichten und Aktivitäten, die von dem impliziten dyadischen Hintergrund abhingen, werden sinnlos. Auch C. S. Lewis beschreibt dies in seinem Bericht:

> So viele Wege führten zu H. Ich begab mich immer auf einen von ihnen. Aber jetzt steht da ein unüberwindlicher Grenzzaun. Einst so viele Wege, jetzt so viele Sackgassen. (Lewis 1961: 47; Übers. T. F.)

Wenn der Trauernde dennoch am täglichen Leben teilnimmt, empfindet er umso mehr Entfremdung und Einsamkeit. »Ich gehe unter Leute, aber es ist wie in einem Spiel; es betrifft mich nicht wirklich.« (Parkes 1972a: 86) Diese Entfremdung ist zum einen der *Exklusivität* der Trauer selbst geschuldet: Ihr Ernst und ihre Autorität lassen es nicht zu, sich anderen, möglicherweise konkurrierenden Gefühlen und Aktivitäten zu öffnen – so als würden sie bedeuten, den geliebten Menschen zu verraten. Dies betrifft nicht nur Gefühle der Freude oder der Heiterkeit, sondern auch Ärger oder Vorwürfe gegen den Verstorbenen, die oft verdrängt und durch eine Idealisierung ersetzt werden. Zum anderen spielt auch eine kulturelle Tabuisierung eine Rolle: Die Gesellschaft erlegt Trauernden ein bestimmtes Verhalten auf und veranlasst sie dazu, Gefühle und Impulse zu unterdrücken, die als unangemessen empfunden würden. Die Trauer stellt insofern auch eine *Atmosphäre* des Ernstes dar, die in die Umgebung ausstrahlt und es spürbar verbietet, in Gegenwart Trauernder etwa Freude zu zeigen, Scherze zu machen oder aber sich über den Verstorbenen kritisch zu äußern *(de mortuis nihil nisi bene).*

Als Resultat dieser Exklusivität der Trauer schließt sich der Trauernde allerdings immer mehr von der Welt ab, die für ihn die gemeinsamen früheren Bedeutungen verloren hat. Insofern kann die Trauer auch als ein *existenzielles Gefühl* (Ratcliffe 2008) der fehlenden Zugehörigkeit, der Verlassenheit und sogar der Derealisierung beschrieben werden: Das alltägliche Leben erscheint leer, hohl und unwirklich; diese Realität ist nicht mehr die eigene.

Darüber hinaus betrifft der erlittene Verlust aber auch das *eigene Selbst*, die *Identität* des Trauernden, insoweit sie untrennbar mit der Beziehung zum anderen verknüpft war. Auch das bringt Augustinus zum Ausdruck:

Trefflich hat jemand von seinem Freund gesagt: die Hälfte meiner Seele. Wahrhaftig, ich hatte das Gefühl, als wären seine Seele und meine Seele nur eine Seele gewesen in zwei Leibern. Und es war mir das Leben deshalb so gänzlich verleidet, weil ich nicht hälftig leben wollte. (Augustinus 1955: 155)

Der Rückzug des Trauernden aus der Welt führt also nicht zu einer selbstgenügsamen Autarkie, denn sein Selbsterleben implizierte wesentlich ein Gefühl des Mit-Seins, das ihm nun fehlt.

Wie kaum ein anderes psychisches Phänomen manifestiert sich in der Trauer die Tatsache, dass wir als Menschen grundsätzlich auf andere bezogen und auf sie angewiesen sind, ja dass unser Selbst in gewissem Sinn offen und durchlässig für sie ist. So wie sich das Lebewesen durch Abgrenzung von der Umwelt bildet und doch auf den ständigen Austausch mit ihr angewiesen bleibt, entwickelt sich das Selbst von frühester Kindheit an durch Abgrenzung von bedeutsamen anderen ebenso wie in Verbindung mit ihnen. Auch später implizieren enge und intime Beziehungen zwei Momente (Aron et al. 1991): Das eine lässt sich als *Selbsterweiterung* bezeichnen, das heißt, der andere eröffnet mir Möglichkeiten der Selbstrealisierung, die ich ohne ihn nicht hätte (Erweiterung meines Wissens-, Handlungs-, Erfahrungsspielraums usw.). Das andere ist die *Identifikation*, das heißt, Aspekte, Eigenschaften oder Handlungen des anderen werden gleichsam in das eigene Selbst übernommen, so dass z. B. sein Erfolg oder Misserfolg auch zu meinem eigenen wird, ebenso wie seine Freude, Trauer oder andere Gefühle auch mich betreffen. Darüber hinaus zeigen sich Nähe und Intimität darin, dass man sein Innerstes mit dem anderen teilen kann und die eigenen Erfahrungen auch in seiner Abwesenheit »aus seiner Sicht« erlebt.

Diese Erweiterung und wechselseitige Überlagerung des Selbsterlebens ist die zentrale Voraussetzung der Trauer. Denn sie bedeutet, dass der andere für mich sowohl er selbst als auch der »andere meiner selbst«, ein Teil von mir ist. Das macht mich grundlegend verletzlich, denn mit seinem Verlust verliere ich sozusagen »die Hälfte meines Selbst« – die Möglichkeiten der Erfahrung, die an den anderen gebunden waren, und die Teile meiner Identität, die durch ihn repräsentiert wurden. In Umkehrung der Selbsterweiterung des Zusammenseins führt der Verlust zu einer Kontraktion des Selbst, die prägnant in der oben beschriebenen leiblichen Erfahrung von Einschnürung oder Amputation zum Ausdruck kommt. Darüber hinaus ist die sich überlagernde Selbst-Struktur intimer Beziehungen die Grundlage für die tiefe Ambiguität der Trauer, die ich noch näher betrachten werde: Der andere ist als reale Person verloren, während er in meiner innersten Selbsterfahrung noch präsent ist und daher »nicht fort sein kann«.

Hier liegt auch die Wurzel für depressive Reaktionen, in die eine nicht bewältigte Trauer nicht selten übergeht. Falls nämlich der Betroffene sich bislang nur durch die Beziehung und Identifizierung mit dem anderen stabilisieren konnte, dann wird er jetzt nicht nur auf sich selbst zurückgeworfen, sondern auch der zentralen Stütze seines Selbstwerts und seiner Selbstachtung beraubt. Die Wendung der Klage gegen das eigene Selbst, die in Selbstabwertung, Selbstvorwürfen und Insuffizienzgefühlen besteht, ist das Charakteristikum der Depression im Unterschied zur Trauer, wie bereits Freud (1917/1975) bemerkte. Der Weg zwischen Trauer und Depression gabelt sich gewissermaßen an der Frage, die der Verlust dem Betroffenen zumindest implizit stellt, nämlich: »Bin ich in der Lage und bin ich es wert, ohne den anderen als eine integrale Person weiterzuleben?« Lässt sich diese Frage nicht mehr bejahen, dann wird die Trauer zur Depression (Fuchs 2021).

Zeitlichkeit

In der Dimension der Zeitlichkeit tritt die grundlegende Ambivalenz der Trauer in Erscheinung. Zunächst bedeutete die gemeinsame Zwischenleiblichkeit mit einem geliebten Menschen auch eine *gelebte Synchronie* (Minkowski 1970: 72), nämlich eine dyadische, kontinuierlich anwachsende Zeit des gemeinsamen Lebens. Mit dem Verlust jedoch erfährt diese Synchronie einen Bruch: Was bislang ein frageloses Kontinuum des gemeinsamen Lebens war, wird nun plötzlich von der Gegenwart abgetrennt und verwandelt sich in eine verlorene und unwiederbringliche Vergangenheit. »Jetzt« und »Nicht-mehr« scheiden sich voneinander und erzeugen eine grundlegende Spaltung der Zeit. Auf der einen Seite läuft die lineare oder Weltzeit weiter und entfernt den Hinterbliebenen mehr und mehr vom verlorenen Objekt, das in die Vergangenheit zurücksinkt. Auf der anderen Seite ist diese dyadische Vergangenheit für ihn noch immer Gegenwart, die ihn nicht loslässt und an der er selbst mit allen Mitteln festhält. Dies bedeutet, dass die Weltzeit und die dyadische Zeit voneinander entkoppelt sind. In einer Hinsicht ist die geliebte Person tot und die Weltzeit läuft weiter, in anderer Hinsicht ist sie immer noch wie lebendig gegenwärtig. Die Zeitlichkeit der Trauer lässt sich insofern als eine *Desynchronisierung* beschreiben, nämlich eine Dissoziation von zwei Formen der Zeit, die eine fortlaufend, die andere stillgestellt (Fuchs 2001).

In einem eindrucksvollen Bericht ihrer Erfahrungen nach dem plötzlichen Tod ihres Sohnes an einem Herzversagen beschreibt Denise Riley die »Empfindung, von jedem Zeitfluss abgeschnitten zu sein«, dann ein »Einfrieren der Zeit« bzw. einen Zustand, »in dem die Zeit auf Jahre hinaus angehalten ist« (Riley 2012: 7, 9; Übers. T. F.). Diese eigentümliche »zeitlose Zeit« hält zumindest die Verbindung zu ihrem Sohn aufrecht:

> Du lebst in zwei Leben. Denn wenn Zeitlosigkeit die Zeit Deiner Toten ist, dann wirst Du mit ihnen in ihre Zeitlosigkeit gehen. (Ebd.: 39 ff.)

In einem gewissen Sinn kommt damit die Zeit als Medium der Lebensbewegung zum Stillstand:

> Es gibt kein Medium mehr, durch das man sich irgendwo hinbewegt. Wir trieben durch die damalige Zeit wie Unterwassergeschöpfe mit Kiemen, von denen sie gar nicht merkten, dass sie sie hatten, bis sie aus ihrem Element herausgefischt wurden und ihr Atemapparat versagte. (Ebd.: 35) – Deine umgebende Flüssigkeit intuitiver Zeit ist plötzlich weggeflossen. (Ebd.: 47)

Die übliche Zeitlichkeit schließt eine implizite Antizipation der Zukunft ein – entsprechend Husserls »Und so weiter« als der unhinterfragten Annahme, dass die allgemeine Erfahrung der Welt fortdauern wird (Husserl 1974: 258). Doch diese Selbstverständlichkeit gilt nicht mehr.

> Der unvorhergesehene Tod fügt unseren gewöhnlichen Annahmen eine solche Gewalt zu, als wäre die ganze Fähigkeit der Induktion, mit der wir bisher gelebt haben, zusammengebrochen. Ihr Lehrbuchbeispiel war immer: »Wird die Sonne morgen aufgehen?« Aber jetzt, da die Induktion selbst nicht mehr existiert, kann man sich nicht mehr darauf verlassen, dass die Sonne aufgeht. (Riley 212: 27)

Mehr noch, mit dem Stillstand der Zeit wird die Zukunft nicht mehr als offener Horizont von Möglichkeiten und Projekten erlebt:

> Sein plötzlicher Tod fiel wie eine Guillotine herunter und zerschnitt meine alte Erwartung, dass meine Tage in mein künftiges Leben weiterströmen würden (ebd.: 25). – *Es gibt keine Zeit mehr, die sich ergreifen ließe.* (Ebd.: 26)

Feststeckend in einer gefrorenen oder zeitlosen Zeit, gefangen in einer fortdauernden Vergangenheit, machen die Trauernden keine Pläne oder Projekte mehr und nehmen am fortschreitenden Leben der anderen nicht mehr teil. Stattdessen bewahren und hegen sie die Erinnerungen an den geliebten Menschen, seine Räume, Möbel, Kleider oder anderen Besitztümer, und halten ihn auf diese Weise gegenwärtig. Das kann bis zu einer Verleugnung des Todes führen: Dann revoltieren die Trauernden gegen den rücksichtslosen Lauf der Welt und verweigern ihm ihre Anerkennung.

Ambivalente Gegenwart

Diese Überlegungen zur Zeitlichkeit führen zum Kernkonflikt der Trauer, nämlich der Ambivalenz von Anwesenheit und Abwesenheit. Riley beschreibt sie als eine Ambivalenz zwischen Wissen und Fühlen:

Zu wissen und zugleich nicht zu wissen, dass er tot ist. Oder ich ›weiß‹ es, aber ich kann es für mich selbst nicht so empfinden. […] Halb realisierend und halb zweifelnd, zustimmend und doch sich sträubend, es zugeben und doch lächerlich unmöglich finden […]. (Ebd.: 17)

Diese Zweideutigkeit beginnt mit dem unmittelbaren Verlust, den man nicht begreifen und wahrhaben kann. Schon der tote Körper bedeutet eine beunruhigende Ambivalenz zwischen der An- und Abwesenheit der Person. Die Verwandlung des bisher warmen, lebendigen Körpers in den starren, abweisenden Leichnam ruft zunächst Beklemmung und Bestürzung hervor. Die gewohnten zwischenleiblichen und affektiven Intentionen prallen an der puren Materialität des Leichnams ab. Und doch kann der Eindruck auch auf unheimliche Weise schwanken, denn der tote Körper ist noch immer der vertraute Mensch.[2] Unheimlichkeit entsteht besonders angesichts der Unklarheit, ob etwas lebendig oder tot ist, wie etwa ein Roboter, ein Zombie, ein Vampir oder in diesem Fall ein Leichnam (Jentsch 1906).[3] Die Grenze zwischen der Sphäre des Lebens und der Sphäre des Todes verschwimmt.

In der Folge empfinden und verhalten sich Trauernde häufig so, als ob ihre Geliebten noch am Leben seien, obwohl sie intellektuell wissen, dass sie tot sind.[4] Diese *Als-ob-Gegenwart* tritt in vielfältiger

2 Genau genommen ist bereits der Satz »Er *ist* tot« zweideutig – das Präsens impliziert, dass »er« ein noch immer existierendes Subjekt ist.

3 Vgl. das Kapitel »Das Unheimliche« in diesem Band.

4 Zugegebenermaßen besteht an dieser Stelle ein methodisches Dilemma: Die Analyse der zweideutigen Präsenz kann offensichtlich nicht in völliger »ontologischer Neutralität« erfolgen, da bereits die Charakterisierung »als ob« eine Einschätzung impliziert, die von Kulturen mit einer selbstverständlichen Präsenz der Toten als Geister, Dämonen oder anderer Wesen in der Alltagswelt nicht geteilt würde. Der Begriff der »Als-ob-Präsenz« setzt zumindest eine Trennung der Welt der Lebenden von der Welt der Toten voraus (unabhängig davon, ob ein Weiterleben nach dem Tod angenommen wird oder nicht). Hier stoßen wir auf die zu Beginn erwähnten methodischen Grenzen einer phänomenologischen Analyse, die sich primär an westlichen Trauerprozessen orientiert. Dennoch stellt zumindest eine Art von uneindeutiger Anwesenheit der Verstorbenen wohl eine Grunderfahrung in allen Kulturen dar (siehe dazu unten Abschnitt 5).

Weise auf. Zunächst ist die ganze Umgebung von Verweisungen auf die verlorene Person erfüllt:

> Nach dem Tod meines Vaters erschienen mir alle Gegenstände, die er gesammelt und mit denen er gelebt hatte, zunächst völlig nutzlos, weil sie nur durch seine Anwesenheit belebt worden waren. Im Lauf der Zeit verdichtete sich jedoch seine Präsenz in ihnen, und sie erhielten den Charakter seiner Aura. (Bericht einer 32-jährigen Frau aus meiner Praxis)

Ebenso evozieren Kleider, Möbel oder andere vertraute Dinge die Gegenwart des geliebten Menschen, während sie im nächsten Moment schmerzlich an seine Abwesenheit erinnern. Gemeinsam zurückgelegte Wege, geteilte Alltagsroutinen, vertraute Geräusche und antizipierte Begegnungen gehören zum zwischenleiblichen Gedächtnis, das den Verstorbenen noch in sich trägt und seine Anwesenheit in die Umgebung projiziert. So warf eine junge Frau nach dem Tod ihres Mannes »immer wieder einen Blick über ihre rechte Schulter. Sie tat dies, wie sie sagte, ›weil er immer rechts von mir war‹.« (Parkes 1972a: 68)

Die empfundene Fortdauer des geliebten Menschen lässt sich auch als eine Milderung des Trennungsschmerzes durch den aufrechterhaltenen Kontakt verstehen. Die *continuing-bonds*-Theorie der Trauer (Klass et al. 1996) stützt sich auf solche Erfahrungen. Aber auch wenn man diese entlastende Funktion zugesteht, so kann das Nebeneinander zweier Welten doch einen kognitiv-affektiven Konflikt erzeugen, nämlich eine Verwirrung darüber, welche dieser Welten realer ist. Und je stärker die Macht der Bindung und der Sehnsucht ist, desto weniger lässt sich das Bewusstsein des »Als-ob« aufrechterhalten. Dann wird die Gegenwart des Verstorbenen auf überwältigende Weise empfunden und verdrängt die kritische Realitätsprüfung. Er wird an vertrauten Plätzen buchstäblich gesucht (»Ich kann nicht anders, als überall nach ihm zu suchen«; »Es ist, als würde ich zu ihm hingezogen«, Parkes 1972a: 64 f.), und es werden Handlungen unternommen, die seine Teilnahme unterstellen: Man fügt beim Tischdecken einen Teller hinzu, bereitet Dinge vor, um sie ihm bei nächster Gelegenheit zu geben, usw.

Hier können wir noch einmal die Analogie zu dem Phantomglied heranziehen, das in den meisten Fällen nach einer Amputation auftritt (ca. 80 %, vgl. Parkes 1972a: 203). Amputierte vergessen oft, dass das Körperglied fehlt, und versuchen versehentlich, es zu benutzen. So wie nun das Phantom unabweisbar empfunden wird, so ist der Verstorbene gegenwärtig, auch wenn sein Körper nicht länger sichtbar ist. Er wird leiblich und imaginativ antizipiert wie das fehlende Glied, auf das man sich noch zu stützen versucht, und eine ähnliche Überraschung und Enttäuschung tritt ein, wenn dies vergeblich bleibt. In beiden Fällen entsteht eine irritierende *ontologische Ambiguität* von Anwesenheit und Abwesenheit.

In diesem Stadium erleben die Betroffenen oft das, was man »Nachtodes-Kommunikationen« nennt. Die Verstorbenen tauchen in Träumen oder Visionen auf, man spricht zu ihnen oder fragt sie nach ihrer Meinung, ähnlich wie Kinder mit ihren imaginären Spielgefährten sprechen (Parkes 1972b, Brown & Stoudemire 1983). Illusionen des Verstorbenen, d. h. Fehlwahrnehmungen etwa einer anderen Person oder Stimme, sind nach der Verwitwung häufig, aber auch Visionen des Toten können auftreten.[5] Das folgende Beispiel veranschaulicht eine solche fortdauernde Präsenz:

> Eine 62-jährige Frau erlebte den Tod ihres überaus geliebten Vaters auf einer Intensivstation. Wie sie berichtete, empfand sie weder Trauer noch Schmerz, sondern war völlig erstarrt. Bei der Beerdigung konnte sie nicht weinen und war nicht in der Lage, den Tod ihres Vaters zu begreifen; es schien ihr so, als sei er gar nicht im Grab gewesen. Bald darauf spürte sie, dass er noch in ihrer Nähe war und ihr etwas Wichtiges zu sagen hatte. Sie blieb stundenlang in seinem Zimmer, hörte seine Schritte und sprach leise mit ihm, erhielt sogar seine Antworten, die sie nicht als von ihr selbst gegeben empfand. (Fuchs 2000: 275)

Auch wenn solche Erlebnisse den überwältigenden Nähewunsch realisieren, grenzen sie doch auch an das Unheimliche; Freud be-

5 Rees (1971) fand in einer Studie an 300 verwitweten Männern und Frauen bei 39 % ein Gefühl der Gegenwart des Ehepartners, bei 14 % Illusionen oder Halluzinationen von ihm (vgl. auch Kalish & Reynolds 1973). Letztere scheinen aber im Lauf des ersten Jahres nach dem Verlust deutlich zurückzugehen (Grimby 1993).

merkte, dass es »oft und leicht unheimlich wirkt, wenn die Grenze zwischen Phantasie und Wirklichkeit verwischt wird, wenn etwas real vor uns hintritt, was wir bisher für phantastisch gehalten haben« (Freud 1970: 267). Die Gegenwart des Todes, der mitten ins Leben eingebrochen ist, kann dann auch einen Sog auf die Hinterbliebenen ausüben. Nicht selten treten passive Todeswünsche oder suizidale Gedanken bei ihnen auf, und in der Tat sind die Suizidraten in der Zeit nach einer Verwitwung deutlich erhöht.[6]

Trauerarbeit und ihre Voraussetzungen

Wie wir sahen, ist die Trauer durch den Konflikt zwischen zwei gegenläufigen Intentionen charakterisiert: Die eine hält an der Gegenwart des Verstorbenen fest, die andere erkennt seinen unwiderruflichen Verlust an. Es ist gerade dieser Widerspruch, der für den Trauernden schwer erträglich sein kann. Er mag gegen die Tatsache des Todes revoltieren, sich selbst oder den zuletzt behandelnden Arzt wegen Versäumnissen anklagen, gegen das Schicksal oder Gott aufbegehren und dann den Verlust doch wieder in stillem Kummer ertragen. Der Konflikt zwischen Anwesenheit und Abwesenheit lässt sich aber auch als Ausdruck eines länger dauernden Anpassungsprozesses ansehen. Bedenkt man das Gewicht der gemeinsamen Gefühle, Erlebnisse, Erinnerungen und Gewohnheiten, so ist offensichtlich, dass sich dieser Rahmen des eigenen Lebens nicht von einem auf den anderen Tag wechseln lässt. Freud formulierte dies prosaisch in *Trauer und Melancholie*:

> Die Realitätsprüfung hat gezeigt, dass das geliebte Objekt nicht mehr besteht, und erlässt nun die Aufforderung, alle Libido aus ihren Verknüpfungen mit diesem Objekt abzuziehen. Dagegen erhebt sich ein begreifliches

6 Vgl. Clayton et al. 1968, Parkes 1972a: 73. – Seit Emile Durkheims klassischer Monographie über den Selbstmord aus dem Jahr 1897 wurde die erhöhte Suizidhäufigkeit wiederholt nachgewiesen, wobei das Risiko in den ersten Monaten nach dem Verlust am größten ist (Durkheim 1897/1973, Mac-Mahon & Pugh 1965, Kreitman 1988, Agerbo 2005, Ajdacic-Gross et al. 2008).

Sträuben […]. Dies Sträuben kann so intensiv sein, dass eine Abwendung von der Realität und ein Festhalten des Objekts durch eine halluzinatorische Wunschpsychose […] zustande kommt. Das Normale ist, dass der Respekt vor der Realität den Sieg behält. Doch kann ihr Auftrag nicht sofort erfüllt werden. Er wird nun im einzelnen unter großem Aufwand von Zeit und Besetzungsenergie durchgeführt und *unterdes die Existenz des verlorenen Objekts psychisch fortgesetzt.* (Freud 1975: 198 f.; Hvhb. v. Vf.)

Freud beschreibt hier in der nüchternen Sprache der Triebökonomie, was er auch den Prozess der Trauerarbeit nennt:

An jede einzelne der Erinnerungen und Erwartungssituationen, welche die Libido an das verlorene Objekt geknüpft zeigen, bringt die Realität ihr Verdikt heran, daß das Objekt nicht mehr existiere, und das Ich, gleichsam vor die Frage gestellt, ob es dieses Schicksal teilen will, läßt sich durch die Summe der narzisstischen Befriedigungen, am Leben zu sein, bestimmen, seine Bindung an das vernichtete Objekt zu lösen. (Ebd.: 199)

Dies ist eine recht schonungslose Beschreibung, die aber deutlich macht, dass der Prozess der Trauer auch eine Selbsterrettung aus dem unheimlichen Sog des Todes bedeutet. Was Freud nicht berücksichtigt, ist allerdings die Weise, in der sich die Beziehung zur verlorenen Person auf einer neuen Ebene wiederherstellen lässt. Doch hat die postmoderne Kultur seit Freud die Ziele der Loslösung von Bindungen und der raschen Überwindung der Trauer immer stärker betont, was sich z. B. in den psychiatrischen Diagnosemanualen in verkürzten Trauerphasen äußert, die zugestanden werden, bevor die Diagnose einer Depression gestellt wird.[7] Auf diese Weise wird die Trauer tendenziell pathologisiert. Ein möglichst rasches Loslassen sollte jedoch kaum als das bevorzugte Ergebnis der Trauer angesehen werden; ich komme noch darauf zurück.

7 So konnte im amerikanischen Diagnosemanual DSM-4 (APA 2000) eine Trauerreaktion nach dem Verlust eines geliebten Menschen zwei Monate andauern, bevor die Diagnose einer Depression gestellt werden durfte. Im DSM-5 (APA 2013) wurde jedoch sogar dieser kurze Zeitraum für »normale Trauer« gestrichen, und eine Depression kann nun direkt nach dem Verlust diagnostiziert werden, sofern die Symptome schwerwiegend genug sind.

Zunächst ist Freud zuzugestehen, dass der Trauerprozess nicht gelingen kann, ohne letztlich eine grundlegend veränderte Realität anzuerkennen. Die Kultur hat diesen Prozess immer durch *rites de passage* wie etwa Begräbnis-, Verbrennungs-, Kondolenzzeremonien und legitimierte Trauerperioden unterstützt, oft durch ein abschließendes Ritual am Ende der Periode, durch festgesetzte Gedenktage oder Ähnliches (Hertz 1907, van Gennep 1909/2005, Rosenblatt et al. 1976). Ihre Funktion besteht darin, die neue Ordnung schrittweise zu etablieren und zu bestätigen, nicht zuletzt aber auch darin, die Reiche des Lebens und des Todes wieder deutlich voneinander abzugrenzen.

Dies spiegelt sich in den Todes- und Trauermythen, die in fast allen Kulturen zu finden sind. Am bekanntesten in der europäischen Kultur ist der Mythos von Orpheus und seinem vergeblichen Versuch, Eurydike aus dem Hades zurückzuholen; ähnliche Geschichten gibt es jedoch auch in anderen Traditionen.[8] Wie Haas (2006) hervorgehoben hat, ist es kein fataler Irrtum, dass Orpheus auf seine Frau zurückblickt. Sein Kampf um die verlorene Liebe muss letztlich scheitern, damit die Lebenden weiterleben und die Toten tatsächlich sterben können.[9] In den meisten Kulturen ist die Beziehung zu den Toten ambivalent, denn es ist ebenso wichtig, die Verbindung zu ihnen aufrechtzuerhalten wie ihre Rückkehr als Geister und Wiedergänger zu verhindern.[10] Dies spiegelt sich oft in einem Zwischenreich wider, in dem die Toten verweilen, bis sie nach einem Jahr oder mehr endgültig aus der Gemeinschaft der

8 Zum Beispiel Isis und Osiris in Ägypten, das sumerische Gilgamesch-Epos, der Mythos von Izanagi in Japan usw.; vgl. dazu Hultkrantz (1957), Cipolletti (2003) und Haas (2006: 126-129).

9 Im Mythos weigert sich Charon, Orpheus noch einmal über den Styx zu fahren, nachdem dieser Eurydike verloren hat. Darin manifestiert sich die wieder errichtete Grenze zwischen Leben und Tod (vgl. Haas 2002: 147).

10 So gehörten zu den *Lemuren*, den Geistern der Verstorbenen bei den Römern, einerseits die wohlwollenden *lares*, andererseits die bösartigen *larvae*. Die *Lemuria*, ein den Totengeistern gewidmetes Fest, sollten die Bande zu den Verstorbenen bekräftigen, trugen andererseits deutlich apotropäische Züge, d. h., sie dienten auch der Abwehr bedrohlicher Wirkungen der Toten.

Lebenden entlassen und in die Gemeinschaft der Ahnen integriert werden. Indem also »eine Gesellschaft für die Toten errichtet wird, erneuert sich die Gesellschaft der Lebenden regelmäßig« (Hertz 1907: 115; Übers. T. F.). Dies erfordert in der Regel einen rituellen Abschied oder eine zweite Bestattung der Toten, was in der Ethnologie auch als »zweiter Tod« bezeichnet wird.[11] Dabei verwandeln sich die unheimlichen oder gar bedrohlichen Verstorbenen in wohlwollende Ahnenkräfte, die oft in Hausschreinen oder einer ähnlichen Form der verkörperten Präsenz installiert und verehrt werden.

Der Trauerprozess kann also nicht voranschreiten und zur Ruhe kommen, solange der Tod nicht anerkannt ist. Wo er fraglich oder ungeklärt bleibt, wie im Fall vermisster Personen, bleiben die Angehörigen in einem Zustand quälenden Zweifels zurück, hin- und hergerissen zwischen Hoffnung und Resignation. Die Macht des Wunsches antizipiert immer noch ein mögliches Wiedersehen, auch gegen alle Wahrscheinlichkeiten. So wurden in südamerikanischen Militärdiktaturen des letzten Jahrhunderts Tausende von Opfern verhaftet und verschwanden später ohne eine Spur – die sogenannten *desaparecidos*. Sorgfältige Maßnahmen wurden getroffen, um die Leichname zu beseitigen, etwa indem man sie weit vor der Küste im Meer versenkte. Die Ambiguität, hier intendiert als ein Teil des Terrors, ließ die Angehörigen verzweifelt zurück, unfähig, ihre Geliebten zu betrauern und damit wenigstens für sich eine neue Zukunft zu gewinnen. Sie blieben gefangen im Niemandsland zwischen Leben und Tod.

Der Prozess der Trauer kann aber auch ins Stocken kommen, wenn die kulturellen Übergangsriten in weniger dramatischer Weise unterbrochen werden, wie im folgenden Beispiel:

Eine 55-jährige verheiratete Frau wurde mit einer schweren Depression in die psychiatrische Abteilung aufgenommen. Sie hatte mehr als zwei Jahre lang ihre geliebte Mutter gepflegt, die an Krebs erkrankt war. Nachdem die Mutter schließlich gestorben war, stellte sich heraus, dass sie ihren Leichnam der Medizinischen Abteilung für wissenschaftliche Zwecke überlassen

11 Vgl. Hertz (1907), Cipoletti (1983), Haas (2006) und Assmann (2007).

hatte, so dass es in der Folge kein Begräbnis, keine Trauerfeier und kein Grab gab. Ein Jahr später fühlte die Patientin immer noch die leibliche Gegenwart ihrer Mutter, meist in einer beängstigenden Weise. Wenn sie einschlief, hörte sie sie oft fragen, wo sie denn wäre und warum sie die Mutter so lange alleine ließe. Bei einem Urlaub am Meer hörte sie ihre Mutter erneut rufen und versuchte, sich zu ertränken, wurde aber schließlich von ihrem Ehemann gerettet. Von nun an wagte sie nicht länger, den Balkon ihrer Wohnung im sechsten Stock zu betreten, aus Furcht, in einem plötzlichen suizidalen Impuls hinunterzuspringen. Sie konnte nicht länger am sozialen Leben teilnehmen, grübelte fortwährend über die Vergangenheit und begangene Fehler nach und geriet zunehmend in Verzweiflung. (Fallbericht aus meiner eigenen Praxis)

Hier führte das Fehlen eines Leichnams und Grabes erkennbar zu einem pathologischen Trauerprozess, in dessen Verlauf die geliebte Mutter sich in eine ambivalente Wiedergängerin verwandelte und einen unheimlichen Sog auf ihre Tochter ausübte. Die daraus resultierende Depression konnte im weiteren Verlauf therapiert werden, indem sich die Patientin nach und nach allen Möglichkeiten der Anerkennung und des Abschieds aussetzte, die sie bis dahin verweigert oder vermieden hatte.

Reintegration

Die Trauer bedarf des Widerstands und des Gewichts der Realität, um nach und nach auf den Wunsch, die Sehnsucht und die Suche Verzicht zu leisten. Unter dieser Voraussetzung durchlaufen die Trauernden einen komplexen Prozess der Transformation ihrer Lebensorientierung und ihrer Identität. Daher vollzieht sich die Trauer in Phasen und Wellen und dauert, verglichen mit anderen, eher kurzlebigen Gefühlen, ungewöhnlich lang, meist Monate, manchmal auch Jahre. Doch bietet sie die Möglichkeit, schließlich eine neue Beziehung zum Verstorbenen zu gewinnen und die Ambiguität, den Kernkonflikt der Trauer, in zwei komplementären Weisen aufzulösen: Die eine bedeutet, die verlorene Person nach innen zu nehmen, nämlich durch *Identifikation*; die andere verläuft auf dem Weg der *Repräsentation*, sei es durch Erinnerung oder Symbolisierung.

Identifikation. Die fortdauernde Gegenwart der verlorenen Person im Leibgedächtnis des Trauernden projiziert sie nicht nur in die Umgebung. Sie erlaubt auch einen mimetischen Prozess, durch den sie nach und nach *inkorporiert* wird, statt vergeblich außen gesucht zu werden. Oft lässt sich dies am Auftreten von Zügen des Verstorbenen im Verhalten der Hinterbliebenen beobachten: Sie gestikulieren oder gehen in der gleichen Weise, oder sie übernehmen frühere Gewohnheiten, Interessen und Aktivitäten des Verstorbenen in bewusster oder unbewusster Identifikation.[12] Diese Möglichkeit sah auch Freud: »Wenn man ein Objekt verloren hat oder es aufgeben musste, so entschädigt man sich oft genug dadurch, dass man sich mit ihm identifiziert.« (Freud 1933/1969: 502) Doch anstelle der Ablösung und Trennung der Bindung, die Freud als die Funktion der Trauerarbeit ansah, kann die Identifikation auch zu einer neuen Verbundenheit führen, die nicht mehr in Konflikt mit der äußeren Realität gerät. Die geliebte Person ist nun »in mir«, innerhalb meiner leiblich-emotionalen Erfahrung noch immer gegenwärtig, aber als eine innere, tröstliche Gegenwart, so dass sie nicht mehr »außen« gesucht werden muss.

Repräsentation. Anstelle der ambivalenten Gegenwart des Verstorbenen im äußeren Raum kann der Prozess der Trauer zu verschiedenen Formen der Repräsentation des geliebten Menschen führen. Hier wird der Verlust anerkannt, d. h. der intentionale Modus der Repräsentation ist das »Als-ob«, ohne dass eine Ambiguität verbleibt.

12 Im folgenden Fall geschieht die Identifikation ganz bewusst: »Mein Mann ist in mir, ganz und gar. Ich kann ihn in mir spüren, wie er alles macht. [...] Ich genieße die Dinge, die mein Mann zu tun pflegte. Es ist wie ein Gedanke in meinem Kopf – was er sagen oder tun würde.« (Parkes 1972b: 100) Ähnlich schreibt Riley über ihren Sohn: »Inzwischen versuche ich J.'s beste Eigenschaften zu inkorporieren: lockere Freundlichkeit, Wärme und Stoizismus, und so werde ich ihn weitertragen. Was die einzige Art von Auferstehung ist, die ich kenne.« (Riley 2012: 22; Übers. T. F.)

- Repräsentation realisiert sich zunächst in allen Formen bewusster *Erinnerung:* Sie hält den Verstorbenen nicht im Leibgedächtnis und dessen impliziten Erwartungen präsent, sondern sie vergegenwärtigt ihn in der Vorstellung, in klarem Bewusstsein seiner Abwesenheit. Dies kann sogar die Erinnerung selbst klären, ein Phänomen, das sich in C. S. Lewis' Bericht findet: »Und plötzlich, genau in dem Moment, in dem ich H. bisher am wenigsten betrauerte, erinnerte ich mich am besten an sie. [...] Man kann nichts richtig sehen, wenn die Augen von Tränen getrübt sind.« (Lewis 1961: 44f.) Die explizite Erinnerung oder der Blick zurück, der die geliebte Person in klarer Erinnerung darstellt, unterscheidet sich von dem Gefühl ihrer ständigen Gegenwart: Sie repräsentiert die Vergangenheit *als Vergangenheit.* Doch gerade dadurch kann die Vergangenheit auch eine tröstliche Dauer bewahren: Was wir gemeinsam geteilt und erlebt haben, bleibt und kann nicht ausgelöscht werden.
- Die *ikonische und symbolische Repräsentation* ist die besondere Form, durch welche die Kultur es ermöglicht, die Kluft zum verlorenen Objekt zu überbrücken. So repräsentieren Gedächtnisriten, Erinnerungstage, Bilder, Statuen, Grabsteine und andere Gedenkstätten das verlorene Objekt. Die Repräsentation muss nicht mehr mimetisch oder ikonisch sein, sondern kann das Objekt durch das »Als-ob« des Symbols vergegenwärtigen, statt es zu verkörpern oder zu reinszenieren.
- Durch ihre Kombination von Erinnerung und symbolischer Repräsentation stellt schließlich die *Narration* einen zentralen Weg dar, die Kluft zum verlorenen Menschen zu überbrücken. Die mit ihm geteilte Geschichte anderen zu erzählen, erlaubt es, den Verlust zu bewältigen, indem er in eine intersubjektive Sphäre integriert wird – in eine Gemeinschaft der Trauernden. Auf einer kollektiven oder kulturellen Ebene finden wir eine ähnliche Entwicklung: Die gemeinsamen Erzählungen, Geschichten und Mythen über Ahnen oder Urväter, die an die Nachkommen weitergegeben werden, können ebenfalls als Formen der Bewältigung der kollektiven Trauer über den ur-

sprünglichen Verlust angesehen werden. Dies war zum Beispiel eine der Funktionen der Evangelien für die frühchristliche Gemeinschaft, nämlich ihre Trauer über den Tod Jesu zu überwinden.

Gemeinsam ist diesen verschiedenen Formen von Repräsentation die Anerkennung des Verlusts ebenso wie die indirekte Beziehung zur verlorenen Person mittels eines »Als-ob«. Sie bezeichnen auch eine veränderte Zeitlichkeit: Erst jetzt ist die Vergangenheit wirklich vergangen, und die Toten sind wirklich gestorben – was gerade die Bedingung einer neuen, symbolischen Form ihrer Gegenwart darstellt.[13]

Beide Wege der Integration, d.h. die innere Gegenwart der Identifikation und die äußere Repräsentation, stellen zusammengenommen ein neues Gleichgewicht her: Durch die Identifikation hat die Bindung an den geliebten Menschen eine neue Form der Kontinuität erhalten, während durch das »Als-ob« der Repräsentation die Irreversibilität der Zeit gleichwohl anerkannt wird. Somit

13 Dieser Prozess der Symbolisierung des Todes kennzeichnet die Entwicklung der menschlichen Kultur im Allgemeinen; vgl. dazu Balzer (2009: 105) aus psychoanalytischer Sicht: »Die Affirmierung der Absenz eröffnete den symbolischen Übergangsraum der Erinnerung, der Temporalität und der Erzählbarkeit gerade des Nichtsichtbaren.«
In ähnlicher Weise beschreibt der Bildwissenschaftler Belting das Begräbnisritual und andere Zeremonien als symbolischen oder sozialen Tod, mit dem die ursprünglichen Kulturen versuchen, die bedrohliche Präsenz des biologischen Todes zu überwinden: »Zu einem Zeitpunkt, der in einigen Kulturen Monate oder gar Jahre später liegen kann, wird die *Katastrophe* des Todes gegen die *Definition* des Todes ausgetauscht, Definition nicht durch Begriffe, sondern durch eine feierliche Handlung, in der sich eine Gemeinschaft ihre Ordnung wiedergibt [...,] *der Tote findet dabei seinen Ort.*« Damit tritt »das *soziale Ereignis* [des Todes] an die Stelle des *biologischen Ereignisses*« (Belting 1996: 108).
Schließlich hat Jan Assmann (1992, 2000, 2003) am Beispiel des alten Ägypten und anderer Kulturen ausführlich dargelegt, wie sich die Ursprünge des kulturellen Gedächtnisses aus den Ritualen des Todes, der Bestattung, der Trauer und der kollektiven Erinnerung ableiten lassen; der Tod könne geradezu als »Kultur-Generator ersten Ranges« angesehen werden (Assmann 2003, 10).

besteht die Lösung des zentralen Konflikts der Trauer in einer Art »doppelter Buchführung«: Die innere, empfundene Realität und die äußere, objektive Realität können nun koexistieren, ohne miteinander in Konflikt zu geraten. Durch diesen Prozess der Reintegration wird die unscharf gewordene Grenze zwischen Leben und Tod wieder markiert und zugleich überbrückt.

Resümee

Die Dimensionen einer Phänomenologie der Trauer reichen von leiblich-emotionalen über zeitliche bis zu ontologischen Aspekten, die das Verhältnis von Imagination und Realität betreffen. Als Kern der Trauer hat sich die Ambiguität zwischen Anwesenheit und Abwesenheit gezeigt; sie führt zur Dissoziation zwischen einer angehaltenen dyadischen Zeit und einer vorwärtsschreitenden linearen Zeit. Die Auflösung dieses zentralen Konflikts im Verlauf des Trauerprozesses beruht wesentlich auf der Anerkennung des Verlusts der geliebten Person, wodurch die Ordnung der linearen Zeit restituiert wird. Dennoch gewinnt der Trauernde die Beziehung zum geliebten Menschen auch wieder, nämlich in zwei komplementären Formen:

(1) durch *Inkorporation und Identifikation*, die die affektiven Bindungen zum Verlorenen in einer inneren, nicht der linearen Zeit unterworfenen Sphäre bewahrt;
(2) durch *repräsentationale und symbolische* Formen der Beziehung und Erinnerung.

Dies steht in Einklang mit der wachsenden Literatur zu *»continuing bonds«*, die davon ausgeht, dass in typischen Trauerprozessen die Beziehung zu den Verstorbenen nicht verloren geht, sondern erhalten bleibt bzw. umgewandelt wird (Klass et al. 1996). Die vielfältigen kulturellen Formen und Riten der Trauer legen Zeugnis davon ab, wie zentral diese Beziehung für die Ordnung des gemeinsamen

Lebens ist. Vieles spricht dafür, dass die symbolische menschliche Kultur sich wesentlich in der Auseinandersetzung mit Tod und Trauer entwickelt hat (Assmann 2000, 2007), nicht nur in Form der frühesten Begräbnisrituale, sondern auch, indem sie das »Als-ob« des Bildes, des Denkmals, der Erinnerung und der Narration etablierte – sowohl als Mittel, um das Reich des Lebens vom Reich des Todes abzugrenzen, als auch um diese Grenze durch verschiedene Formen der Repräsentation wieder zu überbrücken. In diesem Sinne können wir den ambivalenten Prozess der Trauer als eine der wichtigsten Grundlagen der menschlichen Kultur betrachten.

Literatur

Agerbo, E. 2005. »Midlife Suicide Risk, Partner's Psychiatric Illness, Spouse and Child Bereavement by Suicide or Other Modes of Death. A Gender Specific Study«. In: *Journal of Epidemiology and Community Health* 59(5): S. 407-412.

Ajdacic-Gross, V. et al. 2008. »Suicide After Bereavement. An Overlooked Problem«. In: *Psychological Medicine* 38: S. 673-676.

APA 2000. *Diagnostic and Statistical Manual of Mental Disorders* (DSM-IV, text revision). American Psychiatric Association: Washington, D. C.

APA 2013. *Diagnostic and Statistical Manual of Mental Disorders* (DSM-V). American Psychiatric Association: Washington, D. C.

Archer, J. 1999. *The Nature of Grief. The Evolution and Psychology of Reactions to Loss.* New York: Routledge.

Assmann, J. 1992. *Das kulturelle Gedächtnis. Schrift, Erinnerung und politische Identität in frühen Hochkulturen.* München: Beck.

Assmann, J. 2000. *Religion und kulturelles Gedächtnis. Zehn Studien.* München: Beck.

Assmann, J. 2003. *Tod und Jenseits im alten Ägypten.* München: Beck.

Assmann, J. 2007. »Die Lebenden und die Toten«. In: *Der Abschied von den Toten. Trauerrituale im Kulturvergleich.* J. Assmann et al. Göttingen: Wallstein, S. 16-36.

Augustinus 1955. *Bekenntnisse.* Übers. von J. Bernhart. München: Kösel.

Balzer, W. 2009. »Eyes Mind Shut. Die Krise der Bildlichkeit und die Verkümmerung der symbolischen Repräsentanzen«. In: *Arbeit der Bilder. Die Präsenz des Bildes im Dialog zwischen Psychoanalyse, Philosophie und Kunstwissenschaften.* Hg. von P. Soldt, K. Nitzschmann. Gießen: Psychosozial-Verlag, S. 97-128.

Barr-Zisowitz, C. 2000. »Sadness. Is There Such a Thing?« In: *Handbook of Emotions.* 2. Aufl. Hg. von M. Lewis, J. M. Haviland-Jones. New York, London: Guilford Press, S. 607-622.

Belting, H. 1996. »Aus dem Schatten des Todes. Bild und Körper in den Anfängen«. In: *Der Tod in den Weltkulturen und Weltreligionen.* Hg. von C. von Barloewen. München: Diederichs, S. 92-136.

Brown, J. T., G. A: Stoudemire 1983. »Normal and Pathological Grief«. In: *Journal of the American Medical Association* 250(3): S. 378-382.

Cipoletti, M. S. 1983. *Jenseitsvorstellungen bei den Indianern Südamerikas.* Berlin: Reimer.

Cipolletti, M. S. 2003. »Die Orpheus-Erzählungen in außereuropäischen Gesellschaften«. In: *Der Analytiker im psychoanalytischen Prozess.* Arbeitstagung der Deutschen Psychoanalytischen Vereinigung in Stuttgart. Hg. von J. Gutwinski-Jeggle et al., S. 243-249.

Clayton, P., L. Desmarais, G. Winokur 1968. »A Study of Normal Bereavement«. In: *American Journal of Psychiatry*: 125(2), S. 168-178.

Durkheim, E. 1897/1973. *Der Selbstmord.* Übers. von S. Herkommer, H. Herkommer. Neuwied, Berlin: Luchterhand.

Freud, S. 1969. *Neue Folge der Vorlesungen zur Einführung in die Psychoanalyse (1933).* In: ders., *Studienausgabe.* Bd. I. Frankfurt/M.: Fischer, S. 448-608.

Freud, S. 1970. *Das Unheimliche (1919).* In: ders., *Studienausgabe.* Bd. IV. Frankfurt/M.: Fischer, S. 241-274.

Freud, S. 1975. *Trauer und Melancholie (1917).* In: ders., *Studienausgabe.* Bd. III. Frankfurt/M.: Fischer, S. 193-212.

Fuchs, T. 2001. »Melancholia as A Desynchronization. Towards A Psychopathology of Interpersonal Time«. In: *Psychopathology* 34(4): S. 179-186.

Fuchs, T. 2012. »The Phenomenology of Body Memory«. In: *Body Memory, Metaphor and Movement.* Hg. von S. Koch et al. Amsterdam: John Benjamins, S. 9-22.

Fuchs, T. 2015. »Depression als leibliche und zwischenleibliche Krankheit«. In: *Die vielen Gesichter der Depression.* Hg. von R. Holm-Hadulla, A. Draguh. Heidelberg: Universitätsverlag Winter, S. 153-175.

Fuchs, T. 2017. »Collective Body Memories«. In: *Embodiment, Enaction and Culture. Investigating the Constitution of the Shared World*. Hg. von C. Durt et al. Cambridge/MA: MIT Press, S. 333-352.

Fuchs, T. 2021. »Grief, Melancholy, and Depression. An Existential Phenomenology of Reactions to Transience«. In: *Cultural, Existential and Phenomenological Perspectives of Grief Experience*. Hg. von A. Koester, E. H. Kofod. London, New York: Routledge, S. 11-24.

Gennep, A. van 1909/2005. *Übergangsriten*. Übers. von K. Schomburg, S. M. Schomburg-Scherff. Frankfurt/M.: Campus.

Grimby, A. 1993. »Bereavement Among Elderly People. Grief Reactions, Postbereavement Hallucinations and Quality of Life«. In: *Acta Psychiatrica Scandinavica* 87: S. 72-80.

Haas, E. T. 2002. »Orpheus und Eurydike. Vom Ursprungsmythos des Trauerprozesses«. In: *Und Freud hat doch Recht. Die Entstehung der Kultur durch Transformation der Gewalt*. Hg. von E. T. Haas. Gießen: Psychosozial-Verlag, S. 137-154.

Haas, E. T. 2006. *Transzendenz-Verlust und Melancholie. Depression und Sucht im Schatten der Aufklärung*. Gießen: Psychosozial-Verlag.

Hertz, R. 1907. »Contribution à une étude sur la représentation collective de la mort«. In: *Année sociologiques* 10: S. 48-137.

Hultkrantz, A. 1957. *The North American Indian Orpheus Tradition. A Contribution to Comparative Religion*. Stockholm: The Ethnographical Museum of Sweden.

Husserl, E. 1974. *Formale und Transzendentale Logik*. Husserliana XVII. Den Haag: Nijhoff.

Irish, D. P., K. F. Lundquist, V. J. Nelsen 2014. *Ethnic Variations in Dying, Death and Grief. Diversity in Universality*. London: Taylor & Francis.

Kalish, R. A., D. K. Reynolds 1973. »Phenomenological Reality and Post-Death Contact«. In: *Journal for the Scientific Study of Religion* 12: S. 209-221.

Klass, D., P. R. Silverman, S. Nickman (Hrsg.) 1996. »Continuing Bonds. New Understandings of Grief«. Washington D.C.: Taylor & Francis.

Kreitman, N. 1988. »Suicide, Age and Marital Status«. In: *Psychological Medicine* 18(1): S. 121-128.

MacMahon, B., T. F. Pugh 1965. »Suicide in the Widowed«. In: *American Journal of Epidemiology* 81(1): S. 23-31.

Minkowski, E. 1970. *Lived Time. Phenomenological and Psychopathological Studies*. Evanston, IL: Northwestern University Press.

Parkes, C. M. 1972a. *Bereavement. Studies of Grief in Adult Life*. London: Tavistock.

Parkes, C. M. 1972b. »Components of the Reaction to Loss of a Limb, Spouse or Home«. In: *Journal of Psychosomatic Research* 16: S. 343-349.

Parkes, C. M., P. Laungani, B. Young 1997. *Death and Bereavement Across Cultures*. London: Routledge.

Ratcliffe, M. 2008. *Feelings of Being. Phenomenology, Psychiatry and the Sense of Reality*. Oxford: Oxford University Press.

Ratcliffe, M. 2015. *Experiences of Depression: A Study in Phenomenology*. Oxford: Oxford University Press.

Rees, W. D. 1971. »The Hallucinations of Widowhood«. In: *British Medical Journal* 4(5778): S. 37-41.

Riley, D. 2012. *Time Lived, Without its Flow*. London: Capsule Edition.

Robben, A. C. (Hrsg.) 2009. *Death, Mourning, and Burial. A Cross-Cultural Reader*. Hoboken/New Jersey: John Wiley & Sons.

Rosenblatt, P. C., R. P. Walsh, D. A. Jackson 1976. *Grief and Mourning in Cross-Cultural Perspective*. New York: H.R.A.F Press.

Schmitz, H. 1989. »Die Autorität der Trauer«. In: ders., *Leib und Gefühl. Materialien zu einer philosophischen Therapeutik*. Paderborn: Junfermann, S. 125-134.

13.
Kränkung, Rache, Vernichtung
Phänomenologie des Hasses

> Let's make us medicines of our great revenge,
> To cure this deadly grief.
>
> Shakespeare, *Macbeth*[1]

Einleitung

Hass ist wohl eines der intensivsten und zugleich destruktivsten Gefühle, die Menschen empfinden können. Unter den zahlreichen Emotionen, die sich negativ oder aggressiv gegen andere richten, wie Wut, Neid, Eifersucht, Abscheu oder Verachtung, nimmt der Hass einen besonderen Platz ein. Zum einen, da er sich nicht nur gegen einzelne Handlungen oder Eigenschaften, sondern gegen die gehasste Person als solche richtet; zum anderen, da er auch den Hassenden selbst ergreift, ihn förmlich »verzehrt« und immer mehr zu seinem Lebensinhalt, ja zu seiner Identität wird. Schließlich tendiert der Hass wie kein anderes Gefühl zu Rache und Gewalt, und zwar dergestalt, dass sie nicht spontan »im Affekt« durchbricht, sondern eher langfristig imaginiert und vorbereitet wird. Umso plötzlicher und radikaler tritt sie dann in Erscheinung und zielt auf die Niederlage, Ausstoßung, ja letztlich auf die Vernichtung des Gegners.

Aufgrund dieser besonderen Destruktivität gehört der Hass, ebenso wie übrigens der Neid, in unserer Gesellschaft eigentlich zu den tabuisierten Emotionen. Es gilt als Zeichen von Souveränität und Zivilisiertheit, solche Gefühle nicht zu hegen oder jedenfalls nicht offen zu zeigen. In letzter Zeit verliert dieses Tabu allerdings zunehmend seine Kraft und zumindest die hasserfüllte, verhöhnende und aufhetzende Rede wird wieder gesellschaftsfähig. Dies

1 »Lasst uns Arznei aus mächt'ger Rache mischen / Um dieses Todesweh zu heilen!« (IV. Akt, 3. Szene, Vers 214 f.; Shakespeare 2000: 668).

hat auch mit den sozialen Medien zu tun, in denen sich Hass anonymen Ausdruck verschaffen und Resonanz finden kann; mehr aber noch mit gesellschaftlichen Dynamiken, in denen der Hass als kollektive Emotion eine besondere Rolle spielt, nämlich in den Auseinandersetzungen zwischen sozialen Gruppen um Dominanz und Unterlegenheit, Macht und Ohnmacht. Hass wird damit zu einem Indikator für die tiefgreifenden gesellschaftlichen Transformationen, deren Zeuge wir gegenwärtig sind.

So bedeutsam die soziokulturellen Voraussetzungen von Hassentwicklungen sind – kollektive Gefühle und Gefühlsatmosphären, die eine Gruppe oder eine Kultur prägen, tragen doch meist einen eher diffusen Charakter. Sie werden erst verständlich, wenn wir zunächst ihre individuelle Erscheinungsform und Entstehung sorgfältig analysieren und begreifen. Dazu beizutragen ist das Ziel der folgenden Ausführungen, die die innere Struktur des Hasses, seine Genese und Dynamik phänomenologisch untersuchen und sich dazu auch literarischer und klinischer Beispiele bedienen. Auf dieser Grundlage werde ich anschließend auch kollektive Hassphänomene in die Analyse einbeziehen. Eine Vorbemerkung ist allerdings noch erforderlich:

In der psychoanalytischen Literatur werden vielfach *reaktiv-aggressive* bzw. selbst-protektive von *destruktiv-aggressiven* bzw. sadistischen Affekten unterschieden (vgl. u. a. Fromm 1997, Kohut 1973, Parens 1993, Fonagy et al. 1998). Das Phänomen des Hasses in seinem genuinen Sinn wird im Folgenden aus noch darzustellenden Gründen eher der zweiten, destruktiv-feindseligen Form von Aggression zugeordnet. Dies schließt vorübergehende oder abgeschwächte Varianten von Hass nicht aus, die keine eskalierende destruktive Dynamik entfalten. Für die eigentliche Hassentwicklung ist jedoch, wie ich zeigen möchte, eine Spirale von Kränkung und Destruktivität charakteristisch, die ab einem gewissen Grad keine konstruktive Beziehung zwischen dem Hassenden und dem Hassobjekt mehr zulässt. Dieser sich zunehmend radikalisierenden, destruktiven Verlaufsform des Hasses gelten die folgenden Überlegungen.

Beginnen wir, um uns das Phänomen zu vergegenwärtigen, mit einem Blick auf die Literatur. Die Konstellation, aus der Hass und Gewalt erwachsen, wird bereits in der Genesis gewissermaßen archetypisch erkennbar, nämlich an Kain und Abel. Gott nimmt Abels Opfer an, weist dagegen Kains Opfer ohne Begründung zurück; er verweigert ihm damit die Anerkennung und demütigt ihn. »Da überlief es Kain ganz heiß, und sein Blick senkte sich.« (Gen. 4,5) Der zu Boden geschlagene Blick ist charakteristisch für die Scham; damit wird die Kränkung spürbar, aber auch der Bruderneid und der aufkommende Groll, der auf Rache sinnt. Gott macht Kain zwar auf seine finsteren Absichten aufmerksam: »An der Tür lauert die Sünde als Dämon; auf dich hat er es abgesehen, doch du werde Herr über ihn!« Kain aber lockt Abel aufs Feld, um ihn dort zu erschlagen. Der Hass hat sein erstes Opfer gefunden.

Ein weiteres Beispiel verkörpert Heinrich von Kleists *Michael Kohlhaas* – »einer der rechtschaffensten zugleich und entsetzlichsten Menschen seiner Zeit«, wie es zu Beginn der Novelle heißt; denn sein »Rechtsgefühl [...] machte ihn zum Räuber und Mörder« (von Kleist 1964: 785). Der Rosshändler Kohlhaas wird vom Junker von Tronka willkürlich drangsaliert, seine Pferde ruiniert. Nicht nur wird seine Klage beim Kurfürsten abgewiesen, seine Frau erhält dabei auch noch von der Wache einen Stoß, der zu ihrem Tod führt. Zutiefst empört und verbittert »durch den Schmerz, die Welt in einer so ungeheuren Unordnung zu erblicken« (ebd.: 799), beginnt Kohlhaas nun einen Rachefeldzug gegen den Junker von Tronka; er überfällt seine Burg und tötet alle Bewohner. Den geflüchteten Junker verfolgt er mit einem wachsenden Heerhaufen bis nach Wittenberg, das er in Brand setzt; Luthers Vermittlungsangebot weist er zurück. Im unerbittlichen, monomanischen Kampf um Gerechtigkeit wird er selbst ein Gesetzloser, ein *Outsider*, dessen Mordbrennereien in keinem Verhältnis mehr zu dem erlittenen Unrecht stehen; am Ende stirbt er auf dem Schafott.

Es wird nun bereits deutlicher erkennbar, dass Hass etwas mit

Erfahrungen von Zurücksetzung, Missachtung und Ungerechtigkeit zu tun hat, gegen die er sich empört. Der Hassende sieht wie Kain oder Kohlhaas seine implizite oder explizite Grundannahme verletzt, die Welt müsse doch gerecht eingerichtet sein.[2] Mehr noch leidet er unter der erlittenen Kränkung, Ehrverletzung und Schmach, und sie ist es eigentlich, die die maßlose Begierde nach Vergeltung und Rache hervorruft. Damit zielt der Hass nicht wie die berechtigte Empörung nur auf die Vergeltung von Unrecht, sondern viel tiefer, nämlich auf die verhasste Person selbst, ja letztlich auf deren Vernichtung; denn durch diese soll die unerträgliche eigene Kränkung ungeschehen gemacht, wieder aus der Welt getilgt werden.

Wohl den Höhepunkt seiner literarischen Darstellung erreicht der Hass in der Figur des Kapitän Ahab aus Melvilles *Moby Dick*. Besessen von dem Gedanken, sich an dem weißen Wal zu rächen, der ihm einst ein Bein abriss, verfolgt Ahab seinen Widersacher rund um die Welt und versteigt sich immer mehr in einen metaphysischen Hass gegen die Schöpfung selbst. Moby Dick wird ihm zur Inkarnation aller bösen Kräfte der Welt:

> [...] all das kaum merklich Dämonische am Leben und Denken; alles Böse schien dem irrsinnigen Ahab in Moby Dick sichtbar verkörpert und leibhaftig angreifbar. Er türmte auf des Wales weißen Buckel den angehäuften Zorn und Hass, den sein Geschlecht seit Adam je verspürt. (Melville 2017: 304 f.)

Ahabs monomanischer Hass speist sich aus seiner Traumatisierung und Verkrüppelung, nicht zuletzt aus seinen Phantomschmerzen, in denen sich die fortdauernde körperliche wie seelische Verwundung manifestiert (Drewermann 2004: 86 ff.). Diese beschämende Kränkung kehrt der Hass um in das Versprechen auf künftige Rache und den Triumph über das Böse. Auf diese Weise verleiht er dem Leben wieder Sinn und Ziel und setzt ungeheure Energien

2 Natürlich wäre auch die Darstellung weiblicher Hassender in der Literatur – Medea, Brunhild, Lady Macbeth, Claire Zachanassian, um nur einige zu nennen – eine eigene Untersuchung wert.

frei, so dass Ahab »für diesen einen Zweck nun über tausendmal mehr Kraft verfügte, als er je bei gesundem Verstand [...] hatte verwenden können« (Melville 2017: 306). Diese Wiederaufrichtung kostet freilich den Preis, sich der verzehrenden Wirkung des Hasses zu verschreiben. Der Leser wird Zeuge eines obsessiven, fortschreitenden Selbstzerstörungsprozesses, in dem Gram, Verbitterung und Rachsucht schließlich die letzten menschlichen Regungen Ahabs überwältigen und nur noch die »entleerte Hülle« der Person zurücklassen (ebd.: 333). Wie kaum eine andere literarische Gestalt verkörpert er damit die dämonische Macht des Hasses, der die Person zur Gänze ergreift und sie schließlich in den eigenen Untergang treibt.

Diese Beispiele liefern eine erste Grundlage, um das Phänomen des Hasses systematischer zu untersuchen. – Es ist der dynamischen Energie und Macht dieses Gefühls nicht auf den ersten Blick anzusehen, dass an den Wurzeln des Hasses in der Regel eine Erfahrung von *Schwäche* liegt. Hass ist kein spontanes, momentan aufsteigendes Gefühl wie Ärger oder Wut, sondern er hat meist eine lange Vorgeschichte, die auf erlittene Frustrationen, Kränkungen, Verletzungen oder auf die Verweigerung von Anerkennung zurückgeht. Mag der Hassende auch besonders empfindlich gegenüber solchen Verletzungen sein, etwa aufgrund eines von vornherein labilen Selbstwertgefühls, so gedeiht der Hass doch erst auf dem Boden solcher Erfahrungen. Eine weitere Voraussetzung besteht in der mit ihnen verbundenen *Ohnmacht*: Trotz seiner Empörung sieht sich der Betroffene außerstande, die Kränkung unmittelbar zu erwidern, zu vergelten und so die gerechte Ordnung oder seine Ehre wiederherzustellen. Ebenso wenig aber gelingt es ihm, das erlittene Unrecht zu betrauern oder gar zu vergeben; die Tiefe der Kränkung lässt dies nicht zu. Stattdessen bleibt er mit dem quälenden Gefühl von ohnmächtiger Wut und Bitterkeit zurück.

Nun setzt eine Phase ein, die sich auch als *Latenzphase* bezeichnen lässt. In ihr finden wir die dritte und entscheidende Voraussetzung des Hasses, nämlich die *Affektretention*. Hass resultiert aus der chronisch zurückgestauten Aggression des Ohnmächtigen, die den Hass gleichsam erst heranwachsen lässt. Die Affektretention ist es demnach, welche die kurzfristigen, reaktiven, eher oberflächlichen Wutaffekte in die tiefergreifende und dauerhafte *affektive Gesinnung* des Hasses transformiert. Sie ermöglicht es, die einmal erlittenen Kränkungserfahrungen mit immer neuem Material anzureichern und auf diese Weise zunehmend in der kognitiv-affektiven Struktur der Person zu verankern. Wird der Hass für andere erkennbar, so ist diese Konsolidierung in der Regel bereits erfolgt. Hass ist also eine kumulative, sich gleichsam selbst nährende Gefühlsverfassung, die auf diese Weise immer mehr die Züge einer Obsession, ja einer Sucht annimmt. Der Hassende *pflegt* seinen Hass, er schwelgt in Rachephantasien und sieht sich von neuem Unrecht nur noch bestätigt, ja er nimmt jede neue Nahrung als eine Bestätigung geradezu triumphierend entgegen, auch wenn er sie eigentlich nur wie neues Gift aufsaugt. Hass gleicht einer fortschreitenden Selbstvergiftung, die den Hassenden nach und nach zerfrisst.

Es ist hilfreich, Hass mit zwei anderen Reaktionen auf die Erfahrung von Frustration, Kränkung und Ehrverlust zu vergleichen. Die erste ist die *depressive Reaktion,* die angesichts der Ohnmacht resigniert und anstelle einer Gegenwehr die Aggression gegen die eigene Person wendet, ja sich mit der erlittenen Entwertung identifiziert (»Es geschieht mir recht«). Bei massivem Ehr- und Gesichtsverlust mündet die depressive Reaktion nicht selten in den Suizid; die katastrophale, vernichtende Scham lässt das Überleben nicht mehr zu.[3] – Die zweite Reaktion ist das *Ressentiment,* der latente, feindselige Groll, der auch in chronische Verbitterung übergehen kann. Im Ressentiment entwickelt sich der Ansatz zur Gegenaggression, die aber gleichsam auf halbem Weg zum Hass stehen bleibt. Nietzsche beschreibt das Ressentiment als Selbstvergiftung durch gehemmte Rache: »Einen Rachegedanken [...] haben, ohne Kraft und Mut ihn auszuführen, heißt ein chronisches Leiden, eine Vergiftung an

3 Prominente Beispiele für solche »Schamkatastrophen« sind die Suizide des Politikers Uwe Barschel 1987 oder des Unternehmers Adolf Merckle in der Finanzkrise 2009; vgl. auch Tiedemann (2013: 41 ff.).

Leib und Seele mit sich herumtragen.« (Nietzsche 1954: 491) Ressentiments bleiben unterschwellig oder sie manifestieren sich in der missgünstigen Herabsetzung des Gegners, ohne aber die Rache vorzubereiten bzw. in den offenen Konflikt einzutreten.[4]

Leibphänomenologisch gesehen, macht die Affektretention das »Nagende«, »Bohrende« und »Verzehrende« als interozeptiv-viszerale Empfindung aus, die Ressentiment und Hass gleichermaßen kennzeichnen. Dem entspricht auch die Empfindung der Bitterkeit, die sich psychosomatisch in einer erhöhten Gallensekretion manifestieren kann – »Gift und Galle spucken« ist der sprichwörtliche Ausdruck für die chronische, hasserfüllte Feindseligkeit. Scheler beschreibt die leibliche Wirkung der Affektretention im Ressentiment folgendermaßen:

> Die von ihren ursprünglichen Objekten losgelösten Affekte ballen sich gleichsam wie zu einer giftigen Masse zusammen und bilden einen Giftherd, der bei jeder momentanen Durchlässigkeit des Oberbewußtseins wie von selbst zu fließen beginnt. Die in jeden Affekt durch Hemmung eingewobenen inneren Viszeralempfindungen gewinnen durch Hemmung des peripheren Ausdruckes das Übergewicht über die Empfindung der äußeren Ausdrucksbewegungen; und da sie alle unlustvoll oder geradezu schmerzhaft sind, so wird auch das Ganze des ›Leibgefühls‹ ein ausgeprägt negativ bestimmtes. Der Mensch lebt nicht mehr ›gerne‹ im ›Gehäuse‹ seines Leibes. (Scheler 1978: 28)

Der Übergang vom Ressentiment in Hass liegt dort, wo der Gekränkte tatsächlich auf Genugtuung und Rache aus ist: Irgendwann soll die Kränkung vergolten, die Demütigung in einen Triumph umgewandelt werden. »Der Tag der Rache wird kommen.«[5] In dieser Zukunftsorientierung liegt nun die Erklärung für die ungeheure Energie, die der Hass freizusetzen vermag. Die Aussicht auf die Umkehrung der Demütigung, die imaginierte Rache bis hin zu lustvollen Phantasien von der Vernichtung des Gegners – *all dies*

4 Vgl. zum Ressentiment aus psychoanalytisch-philosophischer Sicht auch die aktuelle Untersuchung von Fleury (2023).

5 Vgl. zum Motiv der Rache aus psychoanalytischer Sicht Kohut (1973) und Rosen (2007); beide Autoren beziehen sich auch auf die Figuren von Kohlhaas und Ahab.

trägt schon jetzt zur Aufwertung und Restitution des gekränkten Selbst bei.[6] Die Schwäche verwandelt sich in Stärke: Hass vitalisiert und treibt voran, er verleiht dem Leben Sinn und Ziel. In ihm gewinnt der Hassende zumindest einen Teil seiner Selbstachtung zurück, ja zu hassen wird immer mehr zu seiner Identität. Selbst aus Niederlagen geht der Hass daher eher noch gestärkt hervor – ein Blick etwa auf die Geschichte des palästinensisch-israelischen Konflikts liefert dazu reichlich Anschauungsmaterial. Die Zeit mag alle Wunden heilen, aber nicht den Hass; er bleibt unversöhnlich, unerbittlich. Das bedeutet freilich auch, dass er irgendwann aus seiner Latenz hervortreten und in die Phase der offenen Auseinandersetzung, der Rache und Gewalt einmünden wird.

Die Radikalität des Hasses

Nach diesen ersten Analysen untersuche ich nun die Grundlagen der besonderen Radikalität des Hasses, die ihn von den meisten anderen Gefühlen unterscheidet.

Hass, so hat sich gezeigt, ist kein kurzfristiger Affekt wie eine Empörung oder ein Wutausbruch, sondern vielmehr eine anhaltende *Passion oder Leidenschaft*, die die Person in ihrem Zentrum erfasst.[7] Darin ähnelt er seinem Gegenpol, nämlich der Liebe, die auch als ein dispositionales, tief verankertes Grundgefühl besteht und wirkt, aber als solches nicht in jedem Moment aktuell empfunden sein muss. Hass und Liebe sind insofern gelebte Einstellungen

6 Darauf hat bereits Günter Anders hingewiesen: »Hass ist nämlich nicht nur die (vortheoretische) Urform der Verneinung, nicht nur die (sadistische) Vorlust auf die Vernichtung des anderen, sondern zugleich auch die Selbstbejahung und Selbstkonstitution durch Verneinung und Vernichtung des anderen.« (Anders 1985)

7 »Hass ist nun vor allen Dingen ein Gefühl, dem notwendigerweise eine [...] *Einsetzung der eigenen Person* eigentümlich ist, in phänomenologischer Sprache, zugleich Tiefe und Zentralität.« (Kolnai 2007: 101) – Kolnais erstmals 1935 erschienener »Versuch über den Hass« ist bis heute eine der tiefschürfendsten Analysen des Phänomens.

oder Gesinnungen, keine passageren Emotionen; sie verbinden sich mit der eigenen Person. Beide Gefühle gelten auch gleichermaßen der anderen Person *in ihrem Kern*, nicht nur einzelnen ihrer Eigenschaften.[8] Im Hass ist das Subjekt daher nicht weniger an sein Objekt gebunden als in der Liebe. Während die Liebe jedoch in sich ruht, sich in ihrem Vollzug erfüllt, bleibt der Hass seinem Wesen nach unbefriedigt, unerfüllt, damit rastlos und getrieben, bis er schließlich in die Rache mündet. Diese Rache besteht in der Demütigung, Misshandlung, letztlich in der Vernichtung des Gegners.[9] Ja, tiefster Hass kann den Feind selbst noch über den Tod hinaus verfolgen. In dieser prinzipiellen Unerfülltheit liegt bereits eine radikalisierende Tendenz – der Hass nimmt nicht ab, sondern eher zu, ähnlich wie Hunger und Durst, wenn sie nicht gestillt werden.

Aus diesem Grund kann der Hass auch gehegt, genährt und gewissermaßen bis zum Tag der Rache »aufgespart« werden, an dem sich seine angesammelte Energie mit einem Mal freisetzt. Er kann zum strategischen Projekt werden, wie etwa bei Amokläufern, die ihre Tat oft über Monate oder sogar Jahre hinweg vorbereiten. Er ist also durchaus vereinbar mit Geduld und Beharrlichkeit, mit Selbstbeherrschung und rationaler Planung, List oder Intrige.[10] In diesem

8 Zwar kann man auch bestimmte Merkmale an jemandem hassen, an denen sich die Hassgesinnung dann gewissermaßen verdichtet; gleichwohl gilt sie der Person selbst. Zu unterscheiden ist davon der alltägliche Sprachgebrauch, in dem man etwas oder jemanden »hasst« im Sinn von »heftig ablehnt« oder »unerträglich findet«; dabei handelt es sich um aversive Reaktionen, jedoch nicht um Hass im eigentlichen Sinn.

9 »[...] hatred binds the patient to the hated object. There is no getting beyond the wish for vengeance, the wish to destroy the object.« (Gabbard 2000: 412) Ähnlich sieht Kernberg im Hass ein »Derivat des Ur-Affektes der grenzenlosen undifferenzierten Wut, das mehrere Wünsche ausdrückt: ein böses Objekt zu zerstören, es zu quälen und zu kontrollieren.« (Kernberg 1996: 290) Quälen und Kontrollieren sind freilich Vorformen, in denen der Hass sich selten erschöpft; dies hat mit dem noch zu erörternden Bestreben des Hassenden zu tun, die vernichtend erlebte eigene Demütigung *ungeschehen zu machen*.

10 »Hate may be associated with planning, calculated effects, and high levels of logical inference« (Blum 2020); vgl. hierzu auch Demmerling u. Landwehr (2007: 295).

Sinn ist Hass keineswegs »blind«, wie es die Wut werden kann. Ja, in seiner Verbindung aus unbedingtem Vernichtungswillen und kühl-disziplinierter Planung kann er zum Inbegriff des »Bösen« werden.

Ist der Hass also nicht schlechthin blind oder irrational, so geht er doch mit einer charakteristischen Einengung einher. Er wird zur obsessiven Idee, die den Hassenden auf seinen Feind fixiert und das ganze Leben dem Streben und Trachten nach Rache unterordnet. Zugleich verzerrt Hass die Realität im Sinne einer Schwarz-Weiß-Sicht oder Spaltung, die von allen Ambivalenzen befreit:[11] Der Hassende ist der Gerechte; er hat alles Recht auf seiner Seite, und sein Zweck der Rache rechtfertigt alle Mittel. Die gehasste Person hingegen ist schlechthin unwert und böse. Sie kann keine guten Eigenschaften behalten, und ihr werden auch keine Entwicklungsmöglichkeit zugestanden. Ebenso wäre jede genauere Kenntnis der verhassten Person dem Hass eher abträglich – am besten gedeiht er auf der Basis von Stereotypen und Vorurteilen. Hass schützt sich selbst vor möglicher Infragestellung, und daher bleiben auch alle wohlmeinenden Versuche des Ausgleichs oder gar der Versöhnung meist vergeblich: Wer hasst, will nicht mehr verstehen oder verstanden werden. Damit zwingt Hass häufig zur Gegengewalt; er dringt gewissermaßen in den anderen ein und formt ihn selbst zu einem Hassenden um.

Diese zunehmende affektive und kognitive Einengung macht den Fanatismus des malignen Hasses aus. Darin gleicht er paranoiden oder querulatorischen Entwicklungen, in denen sich ein Thema immer mehr verselbständigt und schließlich wahnhafte Züge annehmen kann. Die Radikalisierung verläuft häufig im Sinne einer Generalisierung – Kohlhaas erweitert seine Rache am Junker von Tronka zum Kampf gegen das ganze Unrechtssystem; der Amokläufer oder Attentäter sucht sich wahllose und zufällige Opfer; der islamistische Hass gilt »dem Westen« schlechthin, umgekehrt der Hass auf den Islam allen Muslimen. Die Radikalisierung schließt auch paranoide Züge ein, insofern der Hassende seine

11 Der Sonderfall der Hassliebe als »gemischter« Gesinnung muss hier außer Acht bleiben; siehe dazu Freud (1975: 95 f.) sowie Kolnai (2007: 125 ff.).

eigenen Rachewünsche dem Feind projektiv zuschreibt und ihm grundsätzlich böse Absichten oder Heimtücke unterstellt; die daraus resultierende Angst vor ihm steigert wiederum den Hass im Sinne eines Circulus vitiosus.[12] Und schließlich erlangt der Hass, wie bei Ahab, häufig eine metaphysische Überhöhung: Im Gegner wird das Böse schlechthin gehasst, die verkehrte Einrichtung der Welt insgesamt bekämpft, und die Rache wird sakralisiert zu einem Kreuzzug.[13]

Die dem Hass kongeniale Weltanschauung ist daher, wie Kolnai zu Recht feststellt (Kolnai 2007: 133), der *Manichäismus,* die dualistische Aufteilung der Welt in Gut und Böse, und die Dämonisierung des Feindes zum widergöttlichen Prinzip, zum Antichrist oder Diabolos. Im fanatischen Hass, wie er sich gerade in religiös-kulturellen Konflikten entwickeln kann, geht es immer um den Endkampf, um alles oder nichts, um die »Entscheidung über das Schicksal der Welt« (ebd.: 133). Charakteristisch für diese dualistische Radikalisierung ist übrigens nicht zuletzt der Verlust des Humors: Wer wirklich hasst, der versteht keinen Spaß, ihm ist es gnadenlos ernst. Denn Humor bedeutet eine Selbstdistanzierung, die scharfe Unterscheidungen aufhebt und Gegensätze verflüssigt. Er würde auch die Aufteilung der Welt in Gut und Böse in Frage stellen. Hass und Humor schließen einander aus; was bleibt, ist allenfalls der Zynismus.

Die Ursprünge des Hasses

Nach dieser phänomenologischen Analyse wende ich mich nun den Ursprüngen des Hasses näher zu. Wir haben bereits gesehen, dass Hass zumeist auf eine lange Vorgeschichte zurückgeht, die durch

12 Diesen Zirkel aus paranoider Projektion und Gegenaggression beschreibt auch Kernberg (2008). »Paranoide Ängste vor Vergeltung sind ebenso unvermeidbare Begleitumstände intensiven Hasses« (Kernberg 1996: 290).

13 »Die grundsätzliche Unbegrenztheit der Vernichtungsintention trägt eine Spur der Feindseligkeit gegen das Seiende als solches in sich« (Kolnai 2007, 138).

Erfahrungen von Frustration, Kränkung, Demütigung oder andere Formen von Entwertung charakterisiert ist. Es geht also um den für das Selbst lebenswichtigen Status und Selbstwert im sozialen Verband, und zumeist entwickelt sich zwischen der Gruppe und dem Individuum eine zirkuläre Dynamik von Ausgrenzung, Ressentiment, Rückzug und Groll (Staub 2005, Haubl 2007). Wer zu hassen beginnt, der begehrt gegen die erlittene Beschämung und Zurücksetzung auf, er will sich mit seiner Schmach nicht abfinden. »Der Tag der Rache wird kommen«, und an diesem Tag wird der Hass sein Opfer treffen oder vernichten. Die Ohnmacht wird sich in Triumph verwandeln, die Kränkung aus der Welt getilgt sein.[14] Ich gebe dafür nun ein Fallbeispiel, das sich am ehesten den Amoktaten zuordnen lässt.

Ein Fallbericht[15]

An einem Abend im Januar 2007, in einem kleinen mecklenburgischen Dorf, sitzen die beiden 17-jährigen Freunde Felix und Torben mit Felix' Eltern beim Abendessen. Danach ziehen sie sich auf Felix' Zimmer zurück, um ein Computerspiel zu spielen und

14 Den Zusammenhang von Scham, Kränkung und narzisstischer Wut betont aus psychoanalytischer Sicht erneut Kohut: »Das zu Scham neigende Individuum wird Misserfolge und Fehlschläge als persönliche Kränkungen ansehen und mit unersättlicher Wut darauf reagieren« (Kohut 1973, 540 f.). »Das Bedürfnis nach Rache, nach Wiedergutmachung eines Unrechts, nach Wiedergutmachung einer Verletzung mit welchen Mitteln auch immer, und ein tief verankerter, unerbittlicher Zwang bei der Verfolgung all dieser Ziele – dies sind Merkmale, die das Phänomen der narzisstischen Wut (...) von anderen Arten der Aggression unterscheiden« (ebd.). In extremer Ausprägung richtet sich die Wut des Hasses gegen Objekte, die das Selbst vernichtend beschämt haben und die daher zum Verschwinden gebracht werden müssen.

15 Die Darstellung folgt dem sorgfältigen, die Aussagen von Felix' Eltern einbeziehenden Bericht von Sabine Rückert (2007) sowie weiteren Berichterstattungen (u. a. ⟨https://www.welt.de/vermischtes/article964414/Der-Mord-der-Tessin-fuer-immer-veraenderte.html⟩; ⟨https://www.faz.net/aktuell/gesellschaft/kriminalitaet/bluttat-von-tessin-neuneinhalb-jahre-haft-fuer-jugendliche-doppelmoerder-1462538.html⟩.

sich damit auf ihre schon lange geplante Tat vorzubereiten: *Final Fantasy VII*, eine Rollenspiel-Saga vom Kampf übermenschlicher Heroen mit Mächten des Bösen. Anschließend bewaffnen sich die beiden mit sechs Messern aus der Küche und gehen zum Haus eines Ehepaars in der Nachbarschaft.

Der Mann öffnet, er kennt die beiden seit langem, es sind freundliche und höfliche Jungen aus intakten Familien. Doch da ruft Felix »Reno!«, das Codewort aus *Final Fantasy* zum Losschlagen. Die beiden Jungen ziehen ihre Messer und halten sie dem Mann an die Kehle mit den Worten »Auf die Knie!«, auch dies ein Satz aus dem Spiel. Der Mann wehrt sich und erfasst ein Messer, doch da verlieren die Jungen alle Hemmungen und stechen wütend auf ihn ein. Während er im Todeskampf zu Boden geht, laufen sie die Treppe hoch und treffen auf die Ehefrau des Mannes, die sie mit insgesamt 62 Messerstichen töten. Der Sohn des Ehepaares entgeht nur knapp dem Blutrausch, weil es ihm gelingt, in Todesangst in seinem Zimmer eingesperrt die Polizei zu benachrichtigen, die die Jugendlichen schließlich stellt und zur Aufgabe zwingt. Weder Alkohol, Drogen oder eine psychische Krankheit noch Feindschaft gegenüber den Opfern erklären die Tat; es hätte ebenso beliebige andere im Dorf treffen können.

Dieser Bericht macht zunächst deutlich, wie plötzlich und mit welcher Radikalität sich ein bis dahin latenter Hass manifestieren kann. Der Schrecken der Tat wird kaum gemildert, wenn wir ihre Vorgeschichte betrachten (Rückert 2007). Felix, der Anführer der beiden Täter, galt bis dahin als ein freundlicher, wohlerzogener Gymnasiast aus einer vierköpfigen Familie, der Vater ein engagierter Betriebsratsvorsitzender bei einer Wochenzeitung, die Mutter Marionettenspielerin. Von Anfang an, so berichten sie später, sei Felix, ein intelligenter, aber schüchterner Junge, ein Außenseiter in den Mecklenburger Kindergärten gewesen, als Westkind und Weichei verschrien. Auch später in der Schule blieb er für sich, schämte sich oft seiner nicht auf Statussymbole Wert legenden Eltern und litt jahrelang darunter, dass er einmal als »hässlichster Junge der Klasse« tituliert wurde.

Die zirkuläre Dynamik von sozialer Diskriminierung, Affektretention und Introversion, die der Genese des Hasses häufig zugrunde liegt, wird hier bereits erkennbar. Mit 13 Jahren ließ Felix sich seine abstehenden Ohren operieren, empfand sich danach aber erst recht als »verkrüppelt«. Zu den vielfältigen Kränkungen, Scham- und Minderwertigkeitsgefühlen trat allmählich eine zunehmende Hypochondrie, Angst vor Rinderwahn, Alzheimer oder tödlichen Krankheiten, Sorgen um die Zukunft der Erde, Weltschmerz und Verzweiflung am Schicksal der Menschheit. All dies brachte ihm in der Familie den Spitznamen »Katastrophulus« ein. Es entwickelten sich Zwangsgedanken und -handlungen, die die Ängste bannen sollten und Felix schließlich auch in psychologische Behandlung führten, allerdings ohne Erfolg.

Erst die Tagebücher, die die Eltern nach der Tat auffanden, machen Felix' innere Verarbeitung dieser Erfahrungen deutlich: die Umkehrung von Demütigung in Hass. In den zwei Jahren vor der Tat finden sich zunehmend feindselige Einträge, Anspielungen auf geplante Gewalttaten und Amokläufe, ja Todeslisten. Unter dem Titel »Opus Magnum« plant Felix die Hinrichtung seiner ganzen Klasse. Dann wieder verzweifelt er an seiner Einsamkeit, an der Sinnlosigkeit seiner Existenz, er sehnt sich nach Liebe und körperlicher Nähe und bleibt doch gefangen in den eigenen Hemmungen, im Selbsthass. Weiter finden sich Blätter mit Zeichnungen von zerstörerischen Monstern und Drachen. Unter dem Titel »Die Rettung der Welt« spinnt Felix globale Vernichtungsphantasien, verteilt als Weltenherrscher Atombomben über die Erdkugel. Sein Ziel ist die Ausrottung der »Untermenschen«, der Schwachen, der Dummen, der Verlierer. Er entwirft neue Staaten, ganze Kontinente sollen in Schutt und Asche gelegt werden und durch DNA-Manipulation neue Menschen entstehen – gestylte, kraftstrotzende Kämpfer, die niemals krank werden, Helden wie die computeranimierten Muskelmänner aus *Final Fantasy VII*.

Offensichtlich fand Felix ein verhängnisvolles Mittel gegen die ihn überschwemmenden Ohnmachtsgefühle, nämlich die Bewährung in einer Welt der Heldensagas, Horrorfilme und Computerspiele, in der Welt des Bösen. In Egoshooter-Spielen wie *Doom* oder *Prey*, die er sich beschaffte, entfaltet sich das ganze Grauen einer vom Guten verlassenen Welt: Um ihr Leben wimmernde Menschen werden von einer Vernichtungsmaschine aufgespießt und zerquetscht, wahnsinnige kleine Kinder zerfetzen einander. Der Spieler selbst zertrümmert vor Angst panischen Menschen mit einem Schraubenschlüssel den Schädel. »Ist besser für dich«, lässt der Computer ihn sagen; sie sind schwach, menschlicher Müll, den man besser beseitigt.

Der Konsum von Gewaltvideospielen ist freilich nicht selbst die Ursache für ein Gewaltverbrechen. Doch können ich-schwache Jugendliche sich mit ihrer Hilfe als Helden und Kämpfer stilisieren und so eine grandiose Ersatzidentität annehmen. Durch die Spiele stählte Felix seine Härte und Aggressivität, bezwang er seine Furchtsamkeit.[16] In einer Art Verpuppung verwandelte er sich in der Latenzphase von einem ängstlichen Hypochonder zu einem potenziellen Amokläufer. Zur gleichen Zeit verteilte er draußen noch Flugblätter gegen Nazis, verteidigte einen Schüler gegen randalierende Skinheads – es war der gleiche Schüler, dessen Eltern er später erstach – und entwarf mit seinem Vater einen Selbsthilfeleitfaden für Hartz-IV-Empfänger. Doch das Gute, das ihm seine Eltern vorlebten, war zu schwach, es vermochte Felix nicht vor den vernichtenden Gefühlen der Scham, Insuffizienz und Wertlosigkeit zu schützen. Stärke und Überlegenheit fand er beim Bösen.

Aus der Vorgeschichte von fortdauernden Kränkungs- und Versagenserlebnissen entwickelte sich zunächst nur eine diffuse Hassgesinnung. Der »Hass auf Gott und die Welt« muss noch nicht auf ein konkretes Ziel fokussiert sein. Die Wahl der Opfer kann dann durchaus eine gewisse Beliebigkeit behalten; es habe sie getroffen, weil sie »schwach waren«, so begründete Felix später seine Wahl. Er habe mit der Tat ein »Fanal« setzen und seiner Umwelt als grau-

16 Einer sorgfältigen Metaanalyse von 136 Studien zufolge fördert der Konsum von Gewaltvideospielen nachweislich die Aggressivität und Gewaltbereitschaft und verringert Empathie bzw. prosoziales Verhalten; vgl. Anderson et al. (2010), ferner auch Konijn et al. (2007).

samer Mörder in Erinnerung bleiben wollen. Unmittelbar nach der Tat prahlte er vor seinem Freund, wie leicht es doch gewesen sei, einen Menschen zu töten. Der Tötungsrausch, der im Verlauf der Tat zweifellos eine Rolle spielte, ist auch ein Rausch der *Macht*, und jemanden töten zu können, erscheint als die größte vorstellbare, gottgleiche Macht.[17] So galten die unzähligen Messerstiche des jugendlichen Täters im Grunde nicht den Opfern, sondern »der tief im eigenen Herzen wohnenden Überzeugung, ein Nichts zu sein« (Rückert 2007). Die empfundene Dürftigkeit und Nichtigkeit ein für alle Mal zu überwinden, ein grandioses Werk, ein »Opus magnum« zu vollbringen durch die unbegrenzte Macht über andere, das war der Kern seiner Tat. – Noch im gleichen Jahr wurden beide Jugendliche wegen Doppelmordes zu 9,5 Jahren Haft verurteilt. Sie waren vom psychiatrischen Gutachter für uneingeschränkt schuldfähig befunden worden.

Hass als Selbststeigerung und Selbstdestruktion

Betrachten wir, von diesem Beispiel ausgehend, die Vorgeschichte von Amoktaten, so lässt sich bei aller Verschiedenheit doch ein gemeinsames Grundmuster erkennen, das Aufschluss über die in sich widersprüchliche Dynamik des Hasses gibt.[18] In der Anamnese jugendlicher Amoktäter finden sich meist kumulative Erfahrungen von Kränkung, Missachtung und Demütigung, die zu sozialem Rückzug und Versagensängsten, zu Groll und Verbitterung führen. Die Affektretention in der Latenzphase ist die Voraussetzung

17 Die im Vorfeld von Amoktaten schon lange gehegten Gewaltphantasien stellen, besonders wenn sie durch Videofilme oder -spiele unterstützt sind, gewissermaßen schon eine »Einübung« des Tötungsrauschs dar, der sich dann in der Tat Bahn bricht (Konijn et al. 2007; Bannenberg et al. 2014). Diese rauschhaften Aspekte des Amoks führen freilich in der Regel nicht zu einer Schuldminderung oder Schuldunfähigkeit im forensischen Sinn. Zum Gewalt- oder Tötungsrausch in Extrem- und Kriegssituationen aus psychoanalytischer Sicht vgl. Bruns 2002.

18 Vgl. hierzu Adler et al. (2006), Peter & Bogerts (2012), Bannenberg et al. (2014). Amoktaten, die im Rahmen paranoider Psychosen auftreten, bleiben dabei außer Betracht.

für die wachsenden Hassgefühle, aber auch für die Entwicklung einer kompensatorischen narzisstischen Grandiosität. Archaische Mechanismen wie Spaltung und projektive Identifizierung gewinnen die Überhand über die reiferen Ich-Funktionen und Abwehrmechanismen (Kernberg 2008). Das Ausweichen in virtuelle Realitäten begünstigt die Entwicklung von Rachephantasien, in denen Ohnmacht und Demütigung sich in einen imaginierten herostratischen Triumph umkehren. In seinen Videospielen und in seinem Selbstbild ist der Amokläufer der Größte, ein verkanntes Genie, und irgendwann wird er dies der Welt noch zeigen.

Die zunehmende Einengung mündet schließlich in die als »großer Abgang« geplante Amoktat, in eine unter Umständen stundenlang anhaltende Gewaltorgie gegen weitgehend beliebige Opfer. Die Freisetzung der oft jahrelang aufgespeicherten narzisstischen Wut hinterlässt dann einen Zustand der Leere und Apathie, der häufig in den Suizid mündet. Dieser Ausgang ist charakteristisch für die Dynamik des Hasses: Es ist, als ob er über Jahre alle psychische Energie an sich gezogen, das Subjekt damit gleichsam von innen her aufgezehrt und keine freien, positiv gerichteten Lebensenergien mehr übriggelassen hätte. Die der Amoktat folgende Leere und Sinnlosigkeit offenbart die inhärente Negativität des Hasses, der gerade im Moment seines Triumphs eine Implosion des bereits zu einer Hülse entleerten Subjekts herbeiführt.

Der Suizid ist der konsequente Ausdruck dieser Implosion. Denn der Hass erfüllt sich nicht in seinem Triumph, in der Vernichtung des anderen, sondern er *entleert* sich; im Erreichen seines Ziels vernichtet er sich selbst. Wir treffen hier auf eine eigentümliche Dialektik von Selbststeigerung und Selbstdestruktion: Zwar verleiht der Hass dem Subjekt enorme Energien und bündelt sie auf das Ziel der Rache. Doch richtet er sich nicht nur gegen das schädigende Objekt, sondern zugleich gegen das Subjekt selbst, dem er alle nährenden Energien entzieht. In ähnlichem Sinn schreibt Jaspers: Indem das Böse, im »Hass gegen das Gute« sich gegen das Allgemeine auflehnend,

[…] das Eigendasein in seiner Nichtigkeit will, ist es der *Wille zum Nichts*. Es ist nur zu erhellen als der Widerspruch: in voller Klarheit das Nichts zu wollen; in der Leidenschaft des Vernichtens von Anderem sich selbst vernichten zu wollen; ein Ziel zu verfolgen, das erreicht, sogleich verloren ist. (Jaspers 1973: 171, 172)

Es ist diese negative Dialektik des Hasses, die sich auch in den islamistischen Selbstmordattentaten manifestiert. Zwar sind sie sicher vor einem anderen ideologischen und kulturellen Hintergrund zu sehen als die Amoktaten von isolierten Einzelgängern. Aber auch viele Biographien islamistischer Terroristen sind charakterisiert durch verhindertes Aufstiegsstreben und empfundene Demütigung in der westlichen Kultur, so dass es zu einer vergleichbaren »Aufladung« des Ressentiments kommt.[19] Potenziert durch die ideologisch-religiöse Indoktrinierung und durch den extremen Gruppendruck in der terroristischen Zelle, reichert der Hass sich an, und wie beim Amok richtet sich seine destruktive Energie schließlich nach außen und nach innen gleichermaßen. Mord und Selbstmord sind seine Zwillingsgeschöpfe. »Ihr liebt das Leben, wir lieben den Tod.«[20]

An dieser Stelle sei ein möglicher Einwand gegen die bisherige Darstellung thematisiert. Hass wurde auf eine Kränkung und Schädigung des Subjekts zurückgeführt, und es wurde erkennbar, dass er dem Widerstand gegen ein empfundenes Unrecht und der Selbstrestitution dienen kann. Er mobilisiert verständliche Gegenaggression gerade auch in Situationen der Benachteiligung, Unterdrückung oder Gewalt und kann damit helfen, solche Situationen zu überstehen und gegen sie zu kämpfen. Daran ließe sich ein Plädoyer für einen gerechtfertigten, positiv zu bewertenden Hass knüpfen (vgl. z. B. Caysa 2007), wie dies auch Bertolt Brecht in seinem Gedicht »An die Nachgeborenen« zum Ausdruck gebracht hat.[21] Auch bei Kohlhaas ist es schließlich das »Rechtsgefühl« ange-

19 Vgl. hierzu Gottschalk & Gottschalk (2004), Aslan et al. (2017: 241 ff., 260 ff.).

20 So ein al-Qaida-Sprecher nach dem Attentat von Madrid 2004 (*Spiegel-Online*, 13. 03. 2004).

21 »Auch der Hass gegen die Niedrigkeit / Verzerrt die Züge. / Auch der Zorn über

sichts einer offensichtlichen Willkürherrschaft, das seinen Rachefeldzug motiviert.

Allerdings zeigt bereits das Beispiel von Kohlhaas die Tendenz zur Verselbständigung und Verabsolutierung, die auch dem »gerechten Hass« innewohnt. Die verständliche Empörung gegen das Unrecht verliert im Übergang in den Hass immer mehr ihr Maß; denn dieser richtet sich eben nicht mehr gegen verwerfliche Handlungen oder Umstände, sondern gegen deren Urheber selbst, die als schlechthin niederträchtig und böse erscheinen und gegen die sich der Vernichtungswille der Rache richtet. Ähnlich ließe sich an der Entwicklung etwa der IRA in Nordirland oder der RAF in Deutschland zeigen, wie das ursprüngliche Motiv der Herstellung gerechter Verhältnisse mit zunehmender Radikalisierung gegenüber einer verselbständigten und nihilistischen Destruktivität in den Hintergrund trat. Diese ist immer zugleich Selbstdestruktivität, so dass auch der Untergang im Suizid als letzte Konsequenz der Hassentwicklung erscheint.[22] Diese nihilistische Dimension des Hasses sei noch an einem weiteren, historischen Fall untersucht.

Der Hass Adolf Hitlers

Der Nihilismus des malignen Hasses kulminiert in dem, wenn man so will, weltgeschichtlichen Amok Adolf Hitlers. Auch Hitler war von einem zunächst ziellosen Hass auf eine Welt getrieben, in der er seinen Platz nicht fand. Seine außergewöhnliche Destruktivität entwickelte sich aus dem Ressentiment des bürgerlich Gescheiterten und Obdachlosen, der angesichts seines eigenen Versagens

das Unrecht / Macht die Stimme heiser. Ach, wir / Die wir den Boden bereiten wollten für Freundlichkeit / Konnten selber nicht freundlich sein.«

22 So der kollektive Suizid der führenden RAF-Mitglieder 1977. – Dass diese Radikalisierung auch unter Bedingungen politischer Ohnmacht keine unausweichliche Entwicklung ist, belegt der Widerstand etwa Georg Elsers, Sophie Scholls oder Graf von Stauffenbergs gegen das NS-Regime, der nicht von Hass, sondern vor allem von moralischer Empörung motiviert war und bezeichnenderweise niemals die (Selbst-)Destruktivität terroristischen Widerstandes annahm.

ebenso wie der nationalen Niederlage der Deutschen sein narzisstisches Gleichgewicht nur aufrechterhalten konnte durch die Projektion der Schuld auf einen Universalfeind, das Judentum.[23] Auch die Ideen der Beseitigung alles Schwachen, Krankhaften und Minderwertigen, denen wir bereits in Felix' Phantasien begegnet sind, und die Vorstellung des Endsiegs der arischen Herrenrasse über den Untermenschen entsprechen der manichäischen Struktur des Hasses: Triumph über das Böse, Umwandlung der beschämenden Ohnmacht in grandiose Allmacht, Umkehrung von Nichtigkeit in Vernichtung.

Allerdings gelang es Hitler, anders als den Amokläufern, seinem paranoiden System unter den besonderen Bedingungen der Weimarer Republik auch politische Macht zu verschaffen. Einen geeigneten Nährboden dafür bildete besonders das kollektive Ressentiment der Deutschen, ihr Aufbegehren gegen die Schmach von Versailles, die als erniedrigender Ehr- und Gesichtsverlust empfunden wurde und die Hitler wieder in nationale Größe umzukehren versprach. Dass zu diesem Nährboden auch frühe familiäre Erfahrungen von Unterdrückung, Demütigung und Gewalt gehörten, wie sie im Vor- und Nachweltkriegsdeutschland endemisch waren, darf frei-

23 Vgl. Haffner (2001: 21 ff.). Das zunächst diffuse Ressentiment des in Schule und Beruf Gescheiterten richtete sich erst unter dem Einfluss des Wiener Antisemitismus nach und nach auf das Judentum. Eine besondere Rolle spielte dabei die von Hitler als äußerste Demütigung und Schmach empfundene deutsche Niederlage, wie Kershaw ausführlich nachzeichnet (1998: 143 f.)
Die Charakterentwicklung Hitlers kann in dieser kurzen Skizze nicht ausführlicher nachgezeichnet werden. Zur hier interessierenden Dynamik verweise ich insbesondere auf Fromms Analyse (1997: 415-486), mit dem Resultat: »Hitlers Versagen hat sich stufenweise verschärft: als [gescheiterter] Realschüler, als Außenseiter des Wiener Bürgertums, als Künstler, dem die Akademie die Aufnahme verweigerte. Mit jedem Scheitern wurde seinem Narzißmus eine noch tiefere Wunde, eine noch tiefere Demütigung zugefügt, und in gleichem Maß wie sein Versagen sich verschlimmerte, intensivierten sich seine Rachephantasien, sein Ressentiment und seine Nekrophilie.« (Ebd.: 444) – Zum Hintergrund einer offenbar inzestuösen, dennoch aber kalten Mutterbeziehung und eines von Auflehnung charakterisierten Verhältnisses zum autoritären Vater vgl. ebenfalls Fromm (ebd.: 417 ff.) sowie Waite (1977).

lich nicht vergessen werden; Michael Haneke hat sie in seinem Film *Das weiße Band* eindrucksvoll dargestellt. Auch Hitler selbst war als Junge von seinem Vater regelmäßig verprügelt worden, zumindest einmal in nahezu lebensgefährlichem Ausmaß.[24] Hier traten also individuelle mit kollektiven Erfahrungen der Deutschen in eine verhängnisvolle Resonanz (vgl. Ciompi & Endert 2011: 67f.). Für die gesellschaftliche Dynamik des Hasses sind solche Resonanzen entscheidend, und ich werde sie im folgenden Abschnitt noch näher untersuchen.

Wie bei Amoktätern waren auch bei Hitler Mord und Selbstmord näher benachbart, als es zunächst den Anschein hat. Seine politische Laufbahn war begleitet von wiederkehrenden narzisstischen Krisen und einer latenten Suizidbereitschaft. Offen zutage trat sie etwa nach dem missglückten Putsch 1923 oder bei der drohenden Spaltung seiner Partei 1932 (Haffner 2001: 28f.). In dieser Bereitschaft, von einem zum anderen Moment »Schluss zu machen«, spiegelt sich die innere Leere eines Lebens wider, dem im Grunde jede persönliche Substanz abging und das von Liebe, Freundschaft, Mitgefühl und Bildung unberührt blieb. Sein einziger Inhalt war der von Ressentiment, Hass und narzisstischer Grandiosität getriebene unbedingte Wille zur Macht und zur Vernichtung des Todfeindes. Er kulminierte dementsprechend im Massenmord an den Juden – in Idee und Befehl wesentlich das Werk Hitlers selbst – und mündete am Ende in den nihilistischen Willen zur Zerstörung Deutschlands, die Hitler in seinem »Nero-Befehl« vom März 1945 anordnete. »Wir können untergehen, aber wir werden eine Welt mitnehmen«, hatte er bereits 1944 seinem Adjutanten von Below angekündigt (Below 1980: 398). Sein extremer narzisstischer Neid gönnte der Welt keine Zukunft; sie sollte mit dem eigenen Tod untergehen. In seinem schließlichen Suizid manifestiert sich erneut

24 Vgl. hierzu Kershaw (1998: 43) sowie Steffahn (1983: 22). – Hier ist auch auf Kernberg zu verweisen, der die Entwicklung von destruktivem Hass in »traumatischen Erfahrungen, wie intensiver oder chronischer Schmerz, physischer und sexueller Missbrauch und schwere Pathologien in den frühen Objektbeziehungen« begründet sieht (Kernberg 1996: 286).

die Implosion einer im Grunde längst zur Hülse des narzisstischen Hasses entleerten Persönlichkeit.

Kollektiver Hass

Es ist offensichtlich, dass die weltgeschichtlichen Auswirkungen von Hitlers individuellem Hass nur durch seine Erweiterung zu einer kollektiven Dynamik zu erklären sind. Diesem Phänomen des kollektiven Hasses wende ich mich nun abschließend zu, wobei freilich nur einige Aspekte beleuchtet werden können.

Hass ist potenziell ansteckend. Die Eindeutigkeit und Entschlossenheit, die er Personen und Gruppen verleiht, kann eine besondere Attraktion auf Menschen ausüben, die auf der Suche nach Orientierung sind. Die Identifikation mit der Gruppe schließt dann die Übernahme ihrer Feindbilder ein. Auf diese Weise kann Hass sich epidemisch in Gruppen ausbreiten und ihnen eine gemeinsame, gegen eine Fremdgruppe gerichtete Orientierung und Identität verleihen. So entsteht der kollektive Hass gegen Minderheiten oder Eliten, Völker oder Rassen, Ideologien oder Religionen. Eine besondere Rolle spielen dabei die Führer der jeweiligen Hassgruppe, die wie Hitler bereits bestehende diffuse Ressentiments aufgreifen, sie artikulieren und schüren, um die Gruppenmitglieder im Hass gegen den Feind zu vereinen.[25] Wir haben gesehen, dass der geeignete Nährboden auch hier in kollektiven Erfahrungen von Unrecht, Demütigung, Niederlage und Deklassierung besteht. Und so wie der Hass dem gedemütigten Einzelnen wieder Selbstwert und Stärke

25 »Hate can be taught, mobilized, directed, restrained, or released in group, social, and educational processes. It can be justified and fortified by indoctrination and identification, as in mobs and in the military.« (Blum 1997: 366) – »Shared fantasies and feelings of narcissistic insult and injury may be exploited by a charismatic leader who can transform act a group's controlled hatred into overt aggression.« (Blum 2020: 92) Die entsprechende Indoktrinierung geschieht in der Regel in repetitiver oder institutionalisierter Form – man denke an antisemitische Wochenschauen in den 1930er Jahren oder an die »2-Minuten-Hass-Sendung« in Orwells *1984*.

verleiht, so kann er auch der »Gemeinschaft der Hassenden« ihre Selbstachtung und Identität zurückgeben. Denn schuld am eigenen Versagen oder Scheitern sind nun die Feinde, und die empfundene Minderwertigkeit wird auf sie projiziert, so dass die eigene Gruppe als überlegen, höherwertig oder einzigartig erscheinen kann.

Soziologisch gesehen sind es eher deklassierte oder vom Abstieg bedrohte Gruppen und Schichten, die für Ressentiment und Hass empfänglich sind, weniger die Eliten.[26] Das entspricht der Entstehung des Gefühls aus der Frustration und gestauten Aggression der Ohnmächtigen. Das destruktive Gefühl der Mächtigen ist weder das Ressentiment noch der Hass – es sei denn, sie bringen ihn wie etwa Hitler aus der Vorgeschichte des gedemütigten Aufsteigers bereits mit; es ist eher die *Verachtung*. Hass braucht den gefährlichen, den ebenbürtigen oder überlegenen Gegner; die Verachtung hingegen gilt den Unterlegenen, dem »Pöbel« oder anderen entwerteten Gruppen. Sie ist eher ein »kaltes«, kein »heißes«, rachsüchtiges Gefühl wie der Hass (Demmerling & Landwehr 2007: 296). Zwar können sich das Ressentiment und der Hass der Benachteiligten und Frustrierten auch gegen sozial noch unter ihnen stehende Gruppen richten, etwa gegen Migranten, Obdachlose oder andere Minderheiten.[27] Doch auch dieser Hass »nach unten« resultiert primär aus einer Frustration und drohenden Deklassierung, weshalb er auch zumeist mit einem Hass »nach oben«, nämlich gegen die sozialen Eliten einhergeht.

Im Unterschied zum individuellen Hass wird beim kollektiven Hass nicht die gegnerische Person als solche gehasst, sondern nur als Vertreter eines Kollektivs (der Antisemit hasst nicht einen be-

26 Bereits Scheler wies darauf hin, dass unterprivilegierte oder abstiegsbedrohte kleinbürgerliche Schichten besonders zum Ressentiment tendierten (Scheler 1928/1978: 22f.).

27 Die gilt zum Beispiel für viele gewaltbereite Jugendgangs. Oft waren die Jugendlichen selbst Opfer von familiärer oder anderer Gewalt; ihre Erfahrungen von Demütigung und Angst wandeln sie nun um in den gemeinsamen Hass gegen andere Gruppen wie Migranten oder Obdachlose. Anders formuliert: Um nicht mehr selbst Angst zu haben, sorgen die Jugendlichen dafür, dass sich ihre Hassobjekte vor ihnen ängstigen, und fügen ihre eigenen Demütigungen anderen zu.

stimmten Juden, sondern »die Juden« insgesamt). Ein solcher Hass kann dabei ganz abgelöst sein von eigenen Erfahrungen. Es gibt leidenschaftliche Ausländerfeinde, in deren Umgebung sich gar keine Fremden befinden, und fanatische Antisemiten, die nie einen Juden gesehen haben. Der Begriff der »Erbfeindschaft« weist darauf hin, dass Hass sich auch durch Sozialisation und gemeinsame Narrative von einer Generation zur nächsten tradieren lässt. Er wird zu einem rigiden affektiv-kognitiven Schema, einem Leitaffekt, der zur Identität eines Kollektivs gehört, ja der zwei Volksgruppen in unversöhnlicher Feindschaft aneinanderbinden kann, wie etwa im israelisch-palästinensischen oder im Nordirland-Konflikt (Ciompi & Endert 2011). Beide Gruppen brauchen einander zur Stabilisierung des jeweiligen Selbst- und Weltbildes, und sobald Versöhnungsversuche einsetzen, werden sie von radikalen Kräften konterkariert, denen selbst Niederlagen willkommener sind als Friedensbemühungen. Der Hass findet immer Möglichkeiten, sich selbst zu schützen und zu perpetuieren.

Wohl nirgendwo wird die destruktive Dynamik kollektiven Hasses so erkennbar wie in den Genoziden des 20. Jahrhunderts – in den Massenmorden an den Armeniern, Juden, Tutsi, Bosniern und anderen. Zu ihren zentralen Voraussetzungen gehört die Definition einer ethnischen oder religiösen Gruppe innerhalb der Gesellschaft als »anders«, fremd, minderwertig, abstoßend und feindselig (Welzer 2005). Damit zieht sie die zunächst nur diffus bereitliegenden Ressentiments der Mehrheit auf sich und wird zum Sündenbock für empfundene Kränkungen oder eigenes Versagen. Charakteristisch ist dabei die Verknüpfung von Hass mit Ekel: Die diskriminierte Gruppe wird zum widerwärtigen Fremdkörper, und bereits die Sprache dehumanisiert sie zum Ungeziefer, zu Schädlingen oder Parasiten, die die Reinheit der eigenen Gruppe von innen her bedrohen (Munch-Jurisic 2018).

Mit zunehmender Radikalisierung, nicht zuletzt unter dem Einfluss entsprechender Hetzpropaganda,[28] wird die gehasste Gruppe

28 Bekannt geworden ist der Radiosender RTLM in Ruanda, der 1994 die Hutu-Mehrheit über Monate zur Gewalt gegen die als Kakerlaken, Affen, Würmer etc.

immer mehr zum Inbegriff des Abstoßenden und Bösen. Hass als Vernichtungsaffekt und Ekel als Ausstoßungsaffekt verbinden sich zu einem fatalen Amalgam. Die bereits dargestellte paranoide Struktur des Hasses erlaubt es den Führern der Hassgruppe, dem Feindkollektiv aggressive Absichten zu unterstellen und so den Genozid als präventive Selbstverteidigung zu legitimieren.[29] Die vitiös-zirkuläre Dynamik des Hasses kehrt damit auf kollektiver Ebene wieder. Stimuliert durch meist geplante Gewaltexzesse und Dammbrüche, bricht sich die zurückgestaute und kumulierte kollektive Aggression schließlich in mörderischer Gewalt Bahn. Die bereits vorausgehende Dehumanisierung des Feindes erzeugt in der Hassgruppe die Dissoziation von Empathie, die die organisierten Massaker ermöglicht.

Im Genozid potenzieren sich somit die Energien, die bereits dem individuellen Hass innewohnen, zu einer sich selbst aufschaukelnden, entfesselten Dynamik. Am Ende steht die bedrückende Einsicht, dass wir es beim kollektiv gebündelten und organisierten Hass mit der wohl wirkmächtigsten Emotion zu tun haben, die die Geschichte der Menschheit kennt.

titulierten Tutsi aufforderte und so maßgeblich zum Genozid beitrug (Des Forges 2002: 104 ff.). Vgl. auch das Kapitel »Grenzen der Empathie« in diesem Band.

29 So beschuldigte die Hutu-Propaganda die Tutsi der geplanten Vernichtung der Hutu und berichtete von bereits begangenen bestialischen Gewalttaten, so dass ein Präventivschlag der angeblich Bedrohten unumgänglich sei (Brandstetter 2001: 159 ff.). Eine ähnliche Verdrehung findet sich in Hitlers drohender Reichstagsrede vom 30.01.1939: »Wenn es dem internationalen Finanzjudentum [...] gelingen sollte, die Völker noch einmal in einen Weltkrieg zu stürzen, dann würde das Ergebnis nicht die Bolschewisierung der Erde und damit der Sieg des Judentums sein, sondern die Vernichtung der jüdischen Rasse in Europa« (Domarus 1963: 1056 ff.).

Fragen wir abschließend noch einmal, woher diese ungeheure Macht des Hasses rührt, so können wir sie aus einer *Umkehrung* verstehen, die zugleich seine prekäre Dialektik ausmacht. An der Wurzel des Hasses liegen, so sahen wir, Erfahrungen von Niederlage und Demütigung, des Verlusts von Ehre, Achtung und Anerkennung. Nun gehören Ehr- und Gesichtsverlust und die damit verbundene Scham für den Menschen zu den schmerzvollsten, ja vernichtenden Erfahrungen; sie bedeuten einen Zusammenbruch des Selbst und können einem psychosozialen Tod gleichkommen (Seidler 1995, Tiedemann 2013: 41 ff.). Daher führen sie nicht selten zum tatsächlichen Suizid, etwa nach einer verlorenen Schlacht, einer öffentlichen Bloßstellung oder einem finanziellen Ruin.[30] Gegenüber der katastrophalen Scham hat der Hass insofern eine das Selbst restituierende, ja rettende Funktion: Anstelle der Selbstvernichtung mobilisiert er archaische, aggressive Gegenenergien mit dem Ziel, die erlittene Schmach durch Rache wieder aus der Welt zu tilgen, ja sie buchstäblich *ungeschehen zu machen* durch die Auslöschung des Feindes. Hass kehrt also die drohende Selbstvernichtung um in das Versprechen auf die künftige Vernichtung des anderen.

Die Affektretention der Latenzphase des Hasses bündelt die seelischen Energien auf das eine Ziel der Rache hin. Sie sind aber letztlich immer gespeist aus der erlittenen narzisstischen Wunde, die sich nicht mehr schließt – ja, die durch den Hass vielmehr offengehalten wird. Im Extrem des Amoks zeigt sich in besonderer Weise, dass die erstrebte Rache und Vernichtung des Gegners latent immer mit der ursprünglich drohenden Selbstvernichtung verknüpft bleiben. Der Hassende schließt gleichsam einen Teufelspakt: Er behält zwar sein Leben und gewinnt ein prekäres inneres Gleichgewicht zurück, doch nur um den Preis, sich der Rache, der Gewalt, man kommt schwer umhin zu sagen: sich dem Bösen zu verschreiben. Sein Leben ist ihm fortan nur noch dafür geborgt.

30 Vgl. oben Anm. 3.

Daher verbrennt es nun alle Energien im Hass, wird dabei aber immer leerer von allen nährenden menschlichen Erfahrungen.

Diese fatale Dialektik des malignen Hasses offenbart sich in der Leere, die selbst die gelingende Rache hinterlässt, in der psychischen Implosion, die nicht selten auch in den Suizid mündet – die Selbstvernichtung, die gewissermaßen nur aufgeschoben war. Denn die Wiederherstellung der Ehre und Selbstachtung gelingt nicht; die Schmach lässt sich nicht ungeschehen machen, nicht mehr aus der Welt tilgen – so wie sich eben nichts in der Welt ungeschehen machen, sondern letztlich nur anerkennen und bewältigen lässt. Doch für diese Anerkennung und Integration ist der Hassende zu schwach; ihm fehlen die vertrauensvollen Beziehungen und Bindungen, auf die er sich in der narzisstischen Krise stützen könnte. Das Gute selbst ist in seiner Welt zu schwach.

So bleibt ihm nur die Wahl, sich der Rache und dem Bösen zu verschreiben, das ihm eine freilich nur trügerische Rettung verheißt. Sie liegt in der Umkehrung der fatalen Schwäche in die narzisstische Grandiosität der Rache, im Versprechen des ultimativen Triumphs: *Eritis sicut deus, scientes bonum et malum.*[31] Für diese gottgleiche Macht mordete nicht nur Hitler, sondern selbst noch der 17-jährige Felix, denn seine Macht über Leben und Tod sollte zugleich die Macht sein, die alles Niedrige und Böse tilgt, und die nur noch das starke, gute Selbst zurücklässt. Aber dieses Selbst hat sich um seiner Rettung willen bereits dem Bösen verschrieben, also der Leere, dem Nichts; es gewinnt sich nicht mehr zurück. Die grandiose Selbststeigerung ist erkauft mit der fortschreitenden Selbstdestruktion.

Darin liegt die tragische, und wenn man so will, die metaphysische Dimension des Hasses, die Melvilles Ahab wie wohl keine andere literarische Figur verkörpert. Gedemütigt und vernichtet als Mensch, beschließt er, sich wie Luzifer oder Prometheus gegen Gott zu erheben. Es ist die Verzweiflung am Guten, das zum Aufbegehren gegen die Schöpfung führt und damit in den Nihi-

31 »Ihr werdet sein wie Gott und das Gute und das Böse erkennen« (1. Mose 3, 5).

lismus des Hasses. Besessen von einem Geist, der nicht mehr sein eigener ist, einem »selbsterschaffenen, unabhängigen Eigenwesen«, verbrennt Ahab im Feuer des Hasses, der nur noch die »entleerte Hülle« der früheren Person zurücklässt (Melville 2017: 332 f.), und noch mit den letzten Worten ruft er seinem Todfeind zu: »Bis zum Letzten ring ich mit dir, aus dem Herzen der Hölle stech ich nach dir, dem Hass zuliebe spei ich meinen letzten Hauch nach dir« (ebd.: 863).

Der maligne Hass verschreibt sich dem Bösen, das ihm trügerisch die Umkehr von Ohnmacht in Allmacht verspricht. Darin bestätigt sich zuletzt ein tiefer Satz des jüdischen Religionsphilosophen Hermann Cohen: »Der Glaube an die Macht des Bösen ist selbst die Wurzel des Bösen im Menschen« (Cohen 1981: 627).

Literatur

Adler, L. et al. 2006. »Zur Stabilität des ›Amokläufer‹-Syndroms«. In: *Fortschritte der Neurologie und Psychiatrie* 74: S. 582-590.

Anders, G. 1985. »Die Antiquiertheit des Hassens. Erstes Stück, IV«. In: *Hass. Die Macht eines unerwünschten Gefühls.* Hg. von R. Kahle et al. Reinbek: Rowohlt, S. 11-32.

Anderson, C. A. et al. 2010. »Violent Video Game Effects on Aggression, Empathy, and Prosocial Behavior in Eastern and Western Countries. A Meta-Analytic Review«. In: *Psychological Bulletin* 136: S. 151-173.

Aslan, E., E. Ersan-Akkilic, M. Hämmerle 2017. *Islamistische Radikalisierung. Biografische Verläufe im Kontext der religiösen Sozialisation und des radikalen Milieus.* Wiesbaden: Springer VS.

Bannenberg, B., P. Bauer, A. Kirste 2014. »Erscheinungsformen und Ursachen von Amoktaten aus kriminologischer, forensisch-psychiatrischer und forensisch-psychologischer Sicht«. In: *Forensische Psychiatrie, Psychologie, Kriminologie* 8: S. 229-236.

Blum, H. P. 1997. »Clinical and Developmental Dimensions of Hate«. In: *Journal of the American Psychoanalytic Association* 45: S. 359-375.

Blum, H. P. 2020. »Developmental and Dynamic Dimensions of Hate, Rage, and Violence«. In: *International Forum of Psychoanalysis* 29: S. 87-95.

Below, N. von 1980. *Als Hitlers Adjutant 1937-45*. Mainz: Hase & Koehler Verlag.

Bowlby, J. 1982. *Attachment and Loss*. Bd. 1: *Attachment*. New York: Basic Books.

Brandstetter, A. M. 2001. »Die Rhetorik von Reinheit, Gewalt und Gemeinschaft. Bürgerkrieg und Genozid in Rwanda«. In: *Sociologus* 51: S. 148-184.

Bruns, G. 2002. »Sehnsucht nach dem leichten Sein – Rausch als Transzendenzerlebnis«. In: *Rausch – Sucht – Lust. Kulturwissenschaftliche Studien an den Grenzen von Kunst und Wissenschaft*. Hg. von S. Uhlig, M. Thiele. Gießen: Psychosozial-Verlag, S. 73-98.

Caysa, V. 2007. »Der Hass – eine große Stimmung«. In: *Hass und Gewaltbereitschaft*. Hg. von R. Haubl, V. Caysa. Göttingen: Vandenhoeck & Ruprecht, S. 69-108.

Ciompi, L., E. Endert 2011. *Gefühle machen Geschichte. Die Wirkung kollektiver Emotionen – von Hitler bis Obama*. Göttingen: Vandenhoeck & Ruprecht.

Cohen, H. 1981. *Ethik des reinen Willens. System der Philosophie* Bd. 7. 5. Aufl. Hildesheim: Olms.

Demmerling, C., H. Landwehr 2007. *Philosophie der Gefühle. Von Achtung bis Zorn*. Stuttgart, Weimar: Metzler.

Des Forges, A. 2002. *Kein Zeuge darf überleben. Der Genozid in Ruanda*. Hamburg: Hamburger Edition.

Domarus, M. 1963. *Hitler. Reden und Proklamationen 1932-1945*. Bd. 2. Würzburg, Neustadt: Schmidt.

Drewermann, E. 2004. *Moby Dick oder Vom Ungeheuren, ein Mensch zu sein. Melvilles Roman tiefenpsychologisch gedeutet*. Düsseldorf, Zürich: Walter.

Fleury, C. 2023. *Hier liegt Bitterkeit begraben. Über Ressentiments und ihre Heilung*. Berlin: Suhrkamp.

Fonagy, P., G. S. Moran, M. Target 1993. »Aggression and the Psychological Self«. In: *International Journal of Psycho-Analysis* 74: S. 471-485.

Freud, S. 1915a. *Zeitgemäßes über Krieg und Tod*. In: ders., *Studienausgabe*. Bd. IX. Frankfurt/M.: Fischer, S. 33-60.

Freud, S. 1915b. *Triebe und Triebschicksale*. In: ders., *Studienausgabe*. Bd. III. Frankfurt/M.: Fischer, S. 75-102.

Freud, S. 1930. *Das Unbehagen in der Kultur*. In: ders., *Studienausgabe*. Bd. IX. Frankfurt/M.: Fischer, S. 191-270.

Fromm, E. 1997. *Anatomie der menschlichen Destruktivität.* Reinbek: Rowohlt.

Gabbard, G. O. 1989. »Patients Who Hate«. In: *Psychiatry* 52: S. 96-106.

Gabbard, G. O. 2000. »Hatred and Its Rewards. A Discussion«. In: *Psychoanalytic Inquiry* 20: S. 409-420.

Gottschalk, M., S. Gottschalk 2004. »Authoritarianism and Pathological Hatred. A Social Psychological Profile of the Middle Eastern Terrorist«. In: *The American Sociologist* 35: 38-59.

Haffner, S. 2001. *Anmerkungen zu Hitler.* Frankfurt/M.: Fischer.

Haubl, R. 2007. »Gattungsschicksal Hass«. In: *Hass und Gewaltbereitschaft*. Hg. von R. Haubl, V. Caysa. Göttingen: Vandenhoeck & Ruprecht, S. 7-68.

Jaspers, K. 1973. *Philosophie.* Bd. II: *Existenzerhellung.* Berlin et al.: Springer.

Kernberg, O. F. 1976. *Object-Relations Theory and Clinical Psychoanalysis.* New York: Jason Aronson.

Kernberg, O. F. 1996. »Hass als zentraler Affekt der Aggression«. In: *Zeitschrift für psychosomatische Medizin* 42: S. 281-305.

Kernberg, O. F. 2008. »Hass«. In: *Handbuch psychoanalytischer Grundbegriffe.* 3. Aufl. Hg. von W. Mertens, B. Waldvogel. Stuttgart: Kohlhammer, S. 283-286.

Kershaw, I. 1998. *Hitler. 1889-1936.* München: DVA.

Klein, M. 1957. »Neid und Dankbarkeit«. In: *Psyche – Zeitschrift für Psychoanalyse* 11: S. 241-255.

Kleist, H. von 1964. »Michael Kohlhaas«. In: *Sämtliche Werke*. Hg. von P. Stapf. Berlin: Deutsche Buch-Gemeinschaft, S. 785-871.

Kohut, H. 1973. »Überlegungen zum Narzissmus und zur narzisstischen Wut«. In: *Psyche – Zeitschrift für Psychoanalyse* 27: S. 513-554.

Kolnai, A. 2007. *Ekel, Hochmut, Hass. Zur Phänomenologie feindlicher Gefühle.* Frankfurt/M.: Suhrkamp.

Konijn, E. A., M. Nije Bijvank, B. J. Bushman 2007. »I Wish I Were A Warrior. The Role of Wishful Identification in the Effects of Violent Video Games on Aggression in Adolescent Boys«. In: *Developmental Psychology* 43: S. 1038-1044.

Legrand, D., D. Trigg (Hrsg.) 2017. *Unconsciousness Between Phenomenology and Psychoanalysis.* Berlin et al.: Springer.

Lohmar, C., J. Brudzinska (Hrsg.) 2011. *Founding Psychoanalysis Phenome-*

nologically. Phenomenological Theory of Subjectivity and the Psychoanalytical Experience. Dordrecht: Kluwer.

Nietzsche, F. 1954. *Menschliches, Allzumenschliches.* In: ders., *Werke in drei Bänden.* Bd. 1. Hg. von K. Schlechta. München: Hanser, S. 435-1008.

Melville, H. 2017. *Moby-Dick oder Der Wal.* Übers. M. Jendis. München: dtv.

Munch-Jurisic, D. M. 2018. »Perpetrator Disgust. A Morally Destructive Emotion«. In: *Emotions and Mass Atrocity. Philosophical and Theoretical Explanations.* Hg. von T. Brutholm, J. Lang. Cambridge: Cambridge University Press, S. 142-161.

Parens, H. 1993. »Neuformulierungen der psychoanalytischen Aggressionstheorie und Folgerungen für die klinische Situation«. In: *Forum der Psychoanalyse* 9: S. 107-121.

Peter, E., Bogerts, B. 2012. »Epidemiologie und Psychopathologie des Amoklaufes«. In: *Der Nervenarzt* 83: S. 57-63.

Rosen, I. C. 2007. »Revenge – The Hate That Dare Not Speak Its Name. A Psychoanalytic Perspective«. In: *Journal of the American Psychoanalytic Association* 55: S. 595-619.

Rückert, S. 2007. »Wie das Böse nach Tessin kam«. In: ZEIT-*Magazin* 26: S. 14-30.

Scheler, M. 1978. *Das Ressentiment im Aufbau der Moralen (1912).* Frankfurt/M.: Klostermann.

Seidler, G. H. 1995. *Der Blick des Anderen. Eine Analyse der Scham.* Stuttgart: Verlag Internationale Psychoanalyse.

Shakespeare, W. 2000. *Macbeth.* In: ders., *Sämtliche Werke.* Bd. 4. Berlin: Aufbau-Verlag, S. 605-683.

Staub, E. 2005. »The Origins and Evolution of Hate«. In: *The Psychology of Hate.* Hg. von R. J. Sternberg. Washington, D. C.: American Psychological Association, S. 51-66.

Steffahn, H. 1983. *Adolf Hitler.* Reinbek: Rowohlt.

Sternberg, R. J. 2005. *The Psychology of Hate.* Washington, D. C.: American Psychological Association.

Tiedemann, J. 2013. *Scham. Analyse der Psyche und Psychotherapie.* Gießen: Psychosozial-Verlag.

Waite, R. G. L. 1977. *The Psychopathic God. Adolf Hitler.* New York: Basic Books.

Waldenfels, B. 2019. *Erfahrung, die zur Sprache drängt. Studien zur Psychoanalyse und Psychotherapie aus phänomenologischer Sicht.* Frankfurt/M.: Suhrkamp.

Welzer, H. 2005. *Täter. Wie aus ganz normalen Menschen Massenmörder werden.* Frankfurt/M.: Fischer.

Winnicott, D.W. 1949. »Hate in the Countertransference«. In: *International Journal of Psycho-Analysis* 30: S. 69-75.

14.
Phänomenologie der Verzweiflung

Einleitung

Die Verzweiflung ist für die Philosophie ebenso wie für die Psychiatrie ein zentrales Thema. Denn zum einen stellt sie im Sinn von Karl Jaspers (1925/2019) eine Grenzsituation dar, in der alle vertrauten Annahmen und Erwartungen an das Leben zerbrechen und die Beheimatung in der Welt verloren geht; solche extremen Situationen aber rufen in besonderer Weise nach philosophischer Besinnung und Deutung. Zum anderen bildet die Verzweiflung in den meisten Fällen die Ausgangssituation für den Suizid und damit eine zentrale Herausforderung für das psychiatrische Erkennen und Behandeln. Mit den folgenden Überlegungen will ich aus der Sicht beider Disziplinen einen Beitrag zum Verständnis der Verzweiflung leisten, der zugleich ihrer leibräumlichen Erfahrung besondere Aufmerksamkeit zuwendet. Ich gehe von zwei grundsätzlichen Annahmen aus:

1) Dem alltäglichen Sprachgebrauch zufolge kann man an einem bestimmten Vorhaben oder einer Zielsetzung »verzweifeln«, die sich als nicht mehr erfüllbar darstellt.[1] Die existenzielle Tiefe der eigentlichen Verzweiflung wird dabei allerdings nicht erreicht. Ich verstehe unter Verzweiflung im Folgenden eine gefühlsmäßige Reaktion auf eine als hoffnungs- und ausweglos erlebte Lebenssituation von höchster persönlicher Bedeutung. Unter dieser Voraussetzung wird erkennbar, dass es dem wirklich Verzweifelten nicht nur um bestimmte Umstände seines Lebens, sondern um sein Leben als Ganzes geht, oder mit Kierkegaard gesprochen, um *sein Selbst*, das in seinen zentralen Bezügen, Wünschen und Projekten gescheitert erscheint. »Verzweifeln

1 Garrett (1994) bezeichnet dies als »project-specific despair« und unterscheidet diese Verzweiflung von »personal despair« (an seinem Leben als ganzem verzweifeln).

über etwas ist mithin noch nicht eigentlich Verzweiflung«, so Kierkegaard (1992: 15); eigentliches Verzweifeln heißt an sich selbst verzweifeln.

2) Die deutsche Sprache gibt mit dem Begriff des »Ver-zweifelns« einen ersten Hinweis auf die Eigentümlichkeit des *Prozesses*, der von einem anfänglichen Stadium des Zweifelns bis zur eigentlichen Verzweiflung führt; ein Prozess, der, wie wir noch sehen werden, eine zunehmende Einengung, immer weiter gesteigerte Intensität und schließlich einen dialektischen Umschlag impliziert. Die lateinischen Sprachen und das Englische kennen diesen Begriff nicht; das Äquivalent zur Verzweiflung ist die *desperatio* (franz. *désespoir*, span. *desesperación*, engl. *despair*), abgeleitet von lat. *spes*, die Hoffnung – also die Hoffnungslosigkeit, die aber eher das Resultat als den Prozess bezeichnet, und daher seine Dialektik nicht in gleicher Weise erfasst.

Im Folgenden will ich die Stadien dieses Prozesses in Grundzügen nachzeichnen. Er führt vom *Zweifeln* über das *Verzweifeln* bis hin zur vollständigen *Verzweiflung*, die die Person in radikaler Weise mit sich selbst konfrontiert und in einem paradoxen Umschlag einen neuen, ganz eigenen Möglichkeitsraum eröffnet. Die Einbeziehung der Psychopathologie der Verzweiflung und ihrer Konsequenzen kann diesen Möglichkeitsraum zusätzlich erhellen. Die Stadien lassen sich folgendermaßen einteilen:

(1) Einengung der Lebensmöglichkeiten
(2) Zweifeln und Verzweifeln
(3) Verzweiflung und Hoffnungslosigkeit
(4) Umschlag in Möglichkeit und Handeln aus Verzweiflung

Gehen wir diesen Stadien nun im Einzelnen nach.

Stadien der Verzweiflung

1) Einengung der Lebensmöglichkeiten

Die Ausgangssituation der Verzweiflung lässt sich zunächst metaphorisch mit Kafkas »Kleiner Fabel« illustrieren:

> ›Ach‹, sagte die Maus, ›die Welt wird enger mit jedem Tag. Zuerst war sie so breit, dass ich Angst hatte, ich lief weiter und war glücklich, dass ich endlich rechts und links in der Ferne Mauern sah, aber diese langen Mauern eilen so schnell aufeinander zu, dass ich schon im letzten Zimmer bin, und dort im Winkel steht die Falle, in die ich laufe.‹– ›Du musst nur die Laufrichtung ändern‹, sagte die Katze und fraß sie. (Kafka 1997)

Dies ist die Ausgangslage des Prozesses: Der Verzweifelnde sieht sich in einer Sackgasse seines Lebens. Er findet sich, sei es durch die Umstände oder durch eigene Schuld, in eine Situation hineingezwungen, in der die Alternativen schwinden und die finale Ausweglosigkeit sich bereits erahnen lässt. Er erkennt, dass eine von außen oder durch eigene Entscheidungen herbeigeführte Lage nicht die ist, mit der er weiterleben könnte. Dabei kann es sich um eine unmittelbare Todesbedrohung handeln, etwa durch eine tödliche Erkrankung oder ein Todesurteil. Oder es geht um eine für den eigenen Lebensentwurf wesentliche Orientierung, eine Erwartung oder ein Streben, dessen sich abzeichnendes Scheitern unerträglich erscheint, weil sich zentrale mit dem eigenen Selbstideal verbundene Werte nicht mehr realisieren lassen.

Nun entwickelt sich eine Einengung, die mit zunehmender Beklemmung, Angst oder gar Panik erlebt wird, man könnte auch sagen, eine existenzielle Klaustrophobie: Der Verzweifelnde sieht sich in eine bedrohliche Lage eingeschlossen, deren Konsequenzen unaufhaltsam auf ihn vorrücken, so »wie ein Schiff im Packeis eingeschlossen ist und von ihm zerquetscht zu werden droht«, wie Decher (2002: 122) in seiner Analyse der Verzweiflung treffend schreibt. Diese Einengung vollzieht sich in der Regel freilich nicht physisch oder räumlich, sondern durch die Verschließung von »Auswegen«, also von Möglichkeiten des Handelns; gleichwohl ist die Wirkung eine leibliche, nämlich die des »gehinderten ›Weg!‹«, des gehemmten Fluchtimpulses und damit der leiblich empfundenen Konstriktion, wie wir sie auch bei Angst oder Panik finden.[2]

Die Verzweiflung gilt somit in den meisten Fällen nicht der physischen Einengung oder Vernichtung, sondern dem Verlust zentraler Lebensmöglichkeiten. Jaspers hat der vitalen Daseins- oder Todesangst daher die »existenzielle Angst vor der Möglichkeit des Nichts« an die Seite gestellt, die »vernichtende Angst, schuldig mich selbst zu verlieren« (Jaspers 1973, 266). Es ist die Angst davor und schließlich die Verzweiflung darüber, das höchste Ziel des eigenen Lebens und Strebens zu verfehlen. Auch ohne eine physische Todesgefahr kann doch der drohende Verlust des möglichen Selbstseins in seinen zentralen Wertorientierungen als nicht minder schrecklich erlebt werden, als die vernichtende »Unmöglichkeit aller Möglichkeiten«[3] mitten im Leben.

2) Zweifeln und Verzweifeln

Die zunehmende existenzielle Einengung führt nun in die eigentliche Dynamik der Verzweiflung, nämlich zu einem Sich-Aufbäumen gegen den drohenden Selbstverlust. Der Verzweifelnde sucht innerlich oder äußerlich nach einem Ausweg. Drangvoll, ruhelos und getrieben versucht er der Einengung zu entkommen, er will es nicht wahrhaben, dass es zu Ende sein soll. Noch besteht Zweifel, noch scheint anderes möglich, und das Tor ist noch nicht zugefallen. Der sprichwörtliche »Mut der Verzweiflung« kann den Betroffenen zu sonst ungeahnten Handlungen motivieren. Er greift nach dem buchstäblichen Strohhalm, nach jedem Mittel, von dem er glaubt, es könne noch eine rettende Wendung herbeiführen.

»Zweifeln« bedeutet an sich zunächst zweifachen Sinnes sein, also sich zwischen zwei Möglichkeiten in der Schwebe halten. Wer zweifelt, wägt die sich darbietenden Möglichkeiten ab, prüft die Alternativen und gewichtet ihr Für und Wider, oder er enthält

2 Vgl. das Kapitel »Phänomenologie der Angst« in diesem Band.

3 So Levinas' Charakterisierung des Todes (Levinas 1961/1987: 73, 402).

sich überhaupt skeptisch der Entscheidung. Zum Prozess des Verzweifelns jedoch gehört die intensive Spannung eines Zweifels, der kein skeptisches Bezweifeln mehr bedeutet, sondern eine leidenschaftliche Ambivalenz oder Zerrissenheit, nämlich ein Alternieren zwischen Hoffnung und Angst, Widerstand und Sich-Ergeben, Kampf und Resignation. Verzweiflung ist in diesem Stadium also eine innere Aufwallung, die man leiblich – in der Terminologie von Hermann Schmitz (2011: 15 f.) – als Konflikt zwischen zentripetaler Spannung und zentrifugaler Schwellung erfährt, d. h. als ein krampfhaftes Sich-Aufbäumen, das sich häufig in ziel- und ruheloser körperlicher Aktivität manifestiert.

Reißt der Zwiespalt im Menschen weiter auf und wird das Erreichen des zentralen Lebensziels immer unwahrscheinlicher, dann verschärft sich das Schwanken zwischen den Extremen von Hoffnung und Furcht, von Selbsterhaltung und Selbstvernichtung; es geht nun buchstäblich um alles oder nichts. Immer mehr wird dem Verzweifelnden bewusst, dass die scheinbar verbliebenen Auswege letztlich nur Wunschvorstellungen und Trugbilder sind. Er wird in seinen rastlosen Gedanken weiterhin unmögliche Möglichkeiten durchspielen oder die Vorgeschichte der Situation rekapitulieren, um wenigstens in der Vergangenheit nach der rettenden Abzweigung zu suchen, die alles geändert hätte – vergeblich. Die innere und äußere Suche bringt keine neue Hoffnung hervor, sie verstärkt nur das Gefühl der Ausweglosigkeit. Nirgendwo zeigt sich noch ein Lichtstreif, der neue Zuversicht aufkommen lassen könnte. Und so tritt dem Verzweifelnden immer deutlicher vor Augen, dass er nun keine Wahl mehr hat, dass ihm jegliche Freiheit zum rettenden Handeln genommen ist. Mit der Realisierung dieses Verlusts der Wahl- und Handlungsfreiheit aber tritt die eigentliche *Verzweiflung* ein.

3) Verzweiflung und Hoffnungslosigkeit

Der Umschlag vom Stadium des Schwankens und Zweifelns zur Verzweiflung kommt sprachlich im Präfix »ver-« zum Ausdruck. Es bezeichnet allgemein eine negierende Umwandlung oder Aufhebung, durch die ein Gegenstand sich »ver-ändert«, umgewandelt wird oder sich auflöst, wie in »verkennen«, »verbrauchen«, »verderben« oder »verschwinden«. Verzweifeln bedeutet also, dass der sich immer mehr zuspitzende Zweifel an einen Punkt gelangt, wo er sich selbst aufhebt und in einen neuen Zustand übergeht, nämlich den der Gewissheit. Alle Möglichkeiten sind zunichte, es bleibt kein Ausweg, oder das Unerwünschte ist schon unwiderrufliche Realität geworden. Die Tür ist ins Schloss gefallen.

Erst diese Gewissheit, die Erkenntnis der endgültigen Ausweglosigkeit mündet in die eigentliche Verzweiflung. »Verzweifeln kann man erst dann, wenn der letzte Zweifel ausgeräumt ist und sich die Gewissheit des Unabänderlichen eingestellt hat« (Decher 2002: 63), wenn also das letzte Fünkchen Hoffnung erloschen ist. Charakteristisch für den Übergang vom agitierten Zweifel in die realisierte Verzweiflung ist ein Nachlassen der inneren Zerrissenheit, ein oft schlagartiges Absinken der inneren Ambivalenzspannung, verbunden mit einem Gefühl der katastrophalen Eindeutigkeit, der Resignation und Fatalität: Es ist aus, es bleibt nichts mehr zu hoffen.

In Vladimir Nabokovs Roman »Verzweiflung« gelangt der Protagonist nach und nach zu der Einsicht, dass er mit seinem vermeintlich perfekten Mord keine Chance mehr hat und es kein Entrinnen gibt (Nabokov 1997). Damit schlägt der wachsende Zweifel an seiner Tat in blanke Verzweiflung um; ohne jegliche Hoffnung sitzt er in seinem Zimmer und wartet dumpf auf seine Festnahme. In der realisierten Verzweiflung ist das erwünschte Ziel nicht mehr erreichbar, oder der Untergang kommt unaufhaltsam; in jedem Fall ist das Leben verwirkt. Der Verzweifelte hat sich aufgegeben. Anstelle der dramatischen Zerrissenheit des vorangehenden Stadiums breitet sich nun eine innere Leere, eine stumpfe Ergebenheit, ja Apathie aus – die *existenzielle Stimmung* der Vergeblichkeit und Nichtigkeit.

Hieran knüpft sich eine Beziehung der Verzweiflung zu Zuständen der Leere, die in der Existenzphilosophie wiederholt zum Gegenstand wurden: zum *Ennui* oder Lebensüberdruss, zur *Acedia*, der depressiv gefärbten Trägheit in mittelalterlichen Mönchsorden, oder zur tiefen, *existenziellen Langeweile*, wie sie Heidegger (2018: 199 ff.) thematisiert hat.[4] In solchen Zuständen der inneren Leere und Apathie, zugleich der äußeren Ödnis, erscheint nichts mehr bedeutsam, wird man schließlich des Lebens selbst überdrüssig. Auf diesem Weg kann sich die Stimmung der Verzweiflung auch ohne den leidenschaftlichen Kampf, das Sich-Aufbäumen gegen die Existenzbeengung einstellen. Namentlich Schopenhauer hat gezeigt, wie die existenzielle Langeweile der leeren, monotonen Wiederholung des Daseins in zunehmende Verzweiflung übergehen kann: »Die Langeweile aber ist nichts weniger, als ein gering zu achtendes Uebel: sie malt zuletzt wahre Verzweiflung auf das Gesicht« (Schopenhauer 1998: § 57, 408).

Auch wenn Schopenhauer hier von einer verzweifelten Mimik spricht, so ist doch festzustellen, dass die Stimmung der Verzweiflung keine spezifische leibliche Ausdrucksgestalt hat, da es sich eher um eine gelähmte, dumpfe oder apathische Verfassung handelt. Es gibt jedoch eine zunächst paradox erscheinende Ausdrucksform, die einen Verzweifelten überkommen kann, nämlich das *Gelächter*. Plessner hat das Lachen als die leibliche Antwort des Menschen interpretiert, der sich einer nicht mehr beherrschbaren, rational zu bewältigenden Situation gegenübersieht und die Fassung verliert; ein solcher Anlass zum Lachen ist auch die Verzweiflung (Plessner 1970: 118 ff.). Gemeint ist nicht etwa der Galgenhumor, der eine selbstironische Distanz zur Situation anzeigt, sondern das hohle, harte, gequälte und höhnische Lachen, das der Absurdität und Aussichtslosigkeit der Lage gilt, ohne sie im Lachen zu transzendieren. Eindringlich hat Cioran diese Reaktion in seinem Band »Auf den Gipfeln der Verzweiflung« beschrieben:

> Wenn du die Welt verlierst, so bist auch du verloren. Und dann begleitet ein finsteres, giftiges und grausiges Lachen all deine Gebärden wie eine schreckliche Maske. (Cioran 1989: 127)

4 Auch Hermann Schmitz bestimmt die Verzweiflung als »reines Gefühl der Leere« und stellt sie der *Acedia* und dem *Ennui* zur Seite (Schmitz 1981: 231 f., mit zahlreichen Beispielen).

Kehren wir zu den Stadien der Verzweiflung zurück. Die Gewissheit der Ausweglosigkeit bedeutet, wie wir sahen, den Verlust jeder Hoffnung, also die eigentliche »desperatio«. Keine Hoffnung mehr haben heißt keine Möglichkeit mehr haben. Doch »ohne Möglichkeit kann ein Mensch gleichsam keine Luft bekommen«, wie Kierkegaard schreibt (1992, 36). Lebens- und Zukunftsmöglichkeit braucht der Mensch wie die Atemluft, weshalb es bekanntlich heißt: *Die Hoffnung stirbt zuletzt.* Und doch kann die Hoffnung noch vor dem Tod sterben. Dann ist das Leben im existenziellen Sinn zu Ende, denn »Ek-sistenz« bedeutet das »Ausstehen von Möglichkeiten«. Doch aus dem existenziellen Ende folgt kein Sterben im physischen Sinne. Das ist der eigentümliche Grenzzustand der realisierten Verzweiflung, eine Art *Limbus zwischen Leben und Tod.* Der Verzweifelte kann nicht mehr leben, aber auch nicht sterben.

Dieser Zwischenzustand impliziert eine besondere Zeitlichkeit. Zunächst ist die Offenheit der Zukunft aufgehoben, sie erscheint nur noch unter dem Aspekt des sicheren Scheiterns oder Untergangs. Als Verlust jeder Zukunftshoffnung hat auch Ernst Bloch die Verzweiflung charakterisiert. Dehnt sich die negative Erwartung auf alle mögliche Zukunft aus,

> […] dann tritt der äußerste, härteste Grenzmodus der Furcht, der absolut negative Erwartungsaffekt auf: die Verzweiflung. Und sie erst, nicht die Angst, ist wirklich bezogen auf das Nichts; die Angst ist noch fragendschwebend, noch von Stimmung und vom Unbestimmten, Unausgemachten ihres Gegenstands bestimmt, wogegen die Verzweiflung in ihrem Gemütszustand ein Definitives, in ihrem Gegenstand […] ein schlechthin Definiertes an sich hat. Sie ist Erwartung als aufgehobene, also Erwartung eines Negativen, an dem keinerlei Zweifel mehr statthat. (Bloch 1959: 125 f.)

Aufgehobene Erwartung aber bedeutet nicht nur den Verlust jeder Zukunft. Es gibt auch kein Zurück in die Vergangenheit, in die verlorene Zeitlichkeit des mit anderen geteilten Lebens und der offenen Möglichkeiten. Das Subjekt kann sich weder sinnvoll in die Zukunft entwerfen noch in die Vergangenheit entfliehen. Es ist damit zur radikalen *Immanenz* in einer Gegenwart verurteilt, die es vollständig determiniert und isoliert. Verzweiflung schließt das Subjekt in eine von allen Möglichkeiten, aber auch allen sinnvollen Bezügen abgekoppelte Gegenwart ein wie in ein Gefängnis. Sie verurteilt es zu radikaler Einsamkeit, denn ohne jegliche Sinnbezüge gibt es auch niemanden mehr, mit dem es die Situation teilen könnte.

Verzweiflung bedeutet damit auch mehr als das bloße Fehlen von Hoffnung. Vielmehr erfährt das Subjekt in der Verzweiflung, wie Steinbock (2007) hervorhebt, den Verlust des *Grundes der Hoffnung* als solchen. Während die Hoffnungslosigkeit auf eine konkrete Erwartung bzw. Ausweglosigkeit ausgerichtet ist, vernichtet die Verzweiflung die Möglichkeit von Hoffnung überhaupt. Der Ausruf Jesu auf Golgotha: »Mein Gott, mein Gott, warum hast du mich verlassen!« gilt zu Recht als Ausdruck der äußersten Verzweiflung, denn er bezeichnet den Verlust der Beziehung zum eigenen Seinsgrund, aus dem die Hoffnung immer wieder erwachsen könnte. Verzweiflung ist Ausweglosigkeit *schlechthin*, Verlust von Möglichkeit *schlechthin*, und wenn man diese Verfassung mit einem traditionellen Bild beschreiben möchte, dann bedeutet sie tatsächlich »die Hölle auf Erden«. Verzweifeln, so haben es bereits Isidor von Sevilla und Thomas von Aquin formuliert, heißt »in die Hölle hinabsteigen«.[5]

4) Exkurs: Die Verzweiflung der melancholischen Depression

Die zeitliche Struktur der Verzweiflung lässt sich in einem psychopathologischen Exkurs auch anhand der schweren Depression bzw. Melancholie erläutern.[6] Die melancholische Depression ist durch

5 »Und Isidor […] schreibt: ›Eine schwere Sünde begehen, ist der Tod der Seele; Verzweifeln aber ist dasselbe wie in die Hölle hinabsteigen.‹« Thomas von Aquin, Summa Theologica, 2–2, q. 20, a. 3 ⟨https://bkv.unifr.ch/de/works/sth⟩. Dies ist bei Isidor und Thomas freilich in der Überzeugung begründet, Verzweiflung sei die größte denkbare Sünde, da sie die endgültige Abkehr von der Hoffnung auf Gott bedeute.

6 Als Melancholie wird in der klassischen Psychopathologie die schwere, phasenhafte Depression bezeichnet; sie ist vom alltäglichen Verständnis der Melancholie

einen fortschreitenden Verlust des Antriebs, einen Verlust jeglicher positiver Gefühlsregung und eine einschnürende Beklemmung oder vitale Angst charakterisiert (Fuchs 2019). Quälende Gefühle von unwiderruflicher Schuld und unausweichlichem Verhängnis steigern sich immer weiter zur Hoffnungslosigkeit und Verzweiflung, die hier freilich nicht aus eigenen Entscheidungen oder äußeren Umständen, sondern letztlich aus der vitalen Verstimmung selbst resultiert. Gerade dies belegt, dass es sich bei der Verzweiflung um eine *existenzielle Stimmung* handelt, die als solche auch aus der Leiblichkeit aufsteigen kann, ohne dass die Lebensmöglichkeiten des Betroffenen tatsächlich verschlossen wären.

Die Störung des Zeiterlebens in der Erkrankung ist in der anthropologischen Psychiatrie vielfach analysiert worden, nämlich als »Hemmung des vitalen Werdens« (v. Gebsattel 1954). Die innere, gelebte Zeit gerät ins Stocken oder kommt regelrecht zum Stillstand, während die äußere, soziale Zeit der Anderen weiterläuft und unaufhaltsam vergeht. Je mehr sich die Hemmung verstärkt, das Tempo der inneren Zeit verlangsamt, umso mehr verschließen sich die Möglichkeiten der Zukunft, denn diese hängen entscheidend von Antrieb, Interesse und Zuwendung ab. Ohne Zukunft jedoch *liegt auch die Vergangenheit ein für alle Mal fest;* sie lässt sich nicht mehr durch zukünftiges Leben verwandeln oder ausgleichen. Nun wird alle Schuld, alles Versäumnis mit einem Mal aktualisiert und scheint irreparabel. »Man hat Sachen gesagt, die kann man nicht aus der Welt schaffen … man kommt nicht mehr raus aus dem, was man gemacht hat«, formulierte es einer meiner Patienten. Der Psychiater Kuiper (1991, 162) schreibt in der autobiographischen Schilderung seiner eigenen Depression: »Der tiefste Abgrund, in den ich stürze, ist der Gedanke, dass selbst Gott mir nicht helfen kann, denn er kann nichts ungeschehen machen.«

Das ist die Situation der depressiven Aussichtslosigkeit und Verzweiflung. Sie findet ihre äußerste Steigerung im so genannten ni-

als Stimmung oder melancholischer Lebenshaltung zu unterscheiden (vgl. auch Tellenbach 1983).

hilistischen Wahn, in dem die Patienten die sichere Überzeugung haben, bereits tot zu sein und nun für immer in diesem Zustand existieren zu müssen:

> Ich spüre mich selbst nicht mehr. Ich existiere nicht mehr. Wenn jemand zu mir spricht, habe ich das Gefühl, als spräche er zu einem Toten. [...] Ich habe das Gefühl, eine abwesende Person zu sein. Kurz gesagt, ich bin ein wandelnder Schatten. (Minkowski 1970: 328; Übers. T. F.)

Der völlige Stillstand der gelebten Zeit bedeutet, unentrinnbar in den Zwischenzustand des Lebendig-gestorben-Seins eingeschlossen zu sein. Für Kuiper wird dieser Zustand zu einer Hölle ewiger Bestrafung:

> Jemand, der meiner Frau glich, ging neben mir, und meine Freunde besuchten mich. Das normale Leben wird dir vorgehalten, um dir zu zeigen, wie du in jeder Hinsicht versagt hast [...]. Alles ist genauso, wie es sein würde, wenn es normal wäre. [...] Was wie das normale Leben aussieht, das ist es nicht. Ich befand mich auf der anderen Seite. Und nun wurde mir auch klar, wie das mit der Todesursache gewesen war [...]. Ich war gestorben, aber Gott hatte dieses Geschehen meinem Bewusstsein entzogen [...]. Eine härtere Strafe kann man sich kaum vorstellen. Ohne zu wissen, dass man gestorben ist, befindet man sich in einer Hölle, die bis in alle Einzelheiten der Welt gleicht, in der man gelebt hat, und so lässt Gott einen sehen und fühlen, dass man nichts aus seinem Leben gemacht hat. (Kuiper 1991: 136)

Die Verzweiflung in der melancholischen Depression ist so vollständig, dass sie nicht selten in den Suizid mündet. In ihm kann man einerseits den Vollzug des irreparablen Schuldigseins durch das eigene Todesurteil sehen, zum anderen aber auch die Möglichkeit, dem quälenden Zwischenzustand der Erstarrung durch einen letzten Willensakt zu entkommen – paradoxerweise die Zukunft noch einmal wiederherzustellen mit der Absicht, sie ein für alle Mal zu vernichten. Dies führt uns zum nächsten Abschnitt, dem eigentümlichen Umschlag von Verzweiflung in Möglichkeit.

5) Umschlag in Möglichkeit – Handeln aus Verzweiflung

Ich habe die realisierte Verzweiflung als einen *Limbus zwischen Leben und Tod* charakterisiert, der den Verzweifelten in die Immanenz aussichtsloser Gegenwart einschließt. Damit kehrt gewissermaßen die Ruhe der Verzweiflung ein. Denn mit dem Verlust des Grundes jeglicher Hoffnung ist auch der Kampf, das Aufbäumen gegen die Einengung sinnlos geworden. Keine denkbare Rettungsmöglichkeit liegt mehr zwischen dem Verzweifelten und seiner physischen oder psychischen Vernichtung. Er mag weiterleben, doch sein Leben ist gleichwohl verwirkt. Es ist fortan dem Tod nur noch gestundet, unwiderruflich »Sein-zum-Tod« geworden. In diesem Limbus hat der Verzweifelte auch die Zugehörigkeit zur gemeinsamen menschlichen Welt eingebüßt, und die letzten sozialen Bindungen verlieren ihre Kraft. Jaspers sieht in der Verzweiflung den »Abgrund der Einsamkeit des Nichtseins« (Jaspers 1973: 80), den Zusammenbruch aller freundschaftlichen und gesellschaftlichen Beziehungen.

Dadurch aber entsteht, in einem erneuten Umschlag, eine eigentümliche Freiheit. Mit dem Verlust jeglicher Sinn- und Gemeinschaftsorientierung sind nämlich auch alle bisherigen Maßstäbe und Gültigkeiten außer Kraft gesetzt – was sich in Gedanken ausdrückt wie »Jetzt ist alles egal« oder »Ich habe nichts mehr zu verlieren«. Damit wird nun aber gerade das möglich, was gänzlich außerhalb der immer weiter gesteigerten Einengung und schließlich der radikalen Unmöglichkeit der Verzweiflung lag. Es treten ganz neue Möglichkeiten in den Blick. Was also ermöglicht, paradox gesprochen, der Zustand der Unmöglichkeit? – Ich will nur einige solcher Möglichkeiten nennen, die, um es vorwegzunehmen, mit der Kierkegaard'schen Dialektik der Verzweiflung zu tun haben, mit dem Sprung, den nur der wirklich Verzweifelte zu tun vermag.

a) Der Suizid als Akt der Verzweiflung

Gewissermaßen in der Richtung der Verzweiflung liegt zunächst die Möglichkeit des Suizids; ja man kann sagen, dass der ernsthafte Suizid überhaupt nur auf dem Boden der Verzweiflung erwogen und vollzogen werden kann. In seiner wegweisenden Untersuchung des Selbstmords hat Erwin Ringel das »präsuizidale Syndrom« als eine zunehmende Einengung der Möglichkeiten, aber auch des Denkens beschrieben, gewissermaßen als einen Tunnelblick, in den der Verzweifelte gerät (Ringel 1953: 118). Er zitiert dazu ein Gedicht aus dem Abschiedsbrief eines Suizidenten:

> Immer enger wird mein Denken
> immer blinder wird mein Blick,
> mehr und mehr erfüllt sich täglich
> mein entsetzliches Geschick. (Ringel 2001: 83)

Die zunehmende Einengung führt in die realisierte Verzweiflung, die schließlich den Suizid in den Blick treten lässt. Aber der Suizid ist nicht einfach der konsequente Vollzug der Verzweiflung, sondern auch ihre Umwendung in eine neue, von allen bisherigen Rücksichten befreite Möglichkeit. Das Gefühl der Fatalität und Ohnmacht schlägt um in das Bewusstsein der Freiheit, die aussichtslose Situation jederzeit verlassen zu können. Daher die vielfach zu beobachtende, scheinbar unmotivierte Stimmungsaufhellung der Betroffenen, die auf dem gefassten Suizidentschluss beruht und mit dem Rückgewinn von Handlungsfreiheit zu erklären ist.

Die damit in einem paradoxen Sinn neu gewonnene Zukunft wird häufig auch über den eigenen Tod hinaus projiziert; sei es in Phantasien der Ruhe, Erlösung, Geborgenheit, ja Seligkeit (Henseler 2000: 90), sei es im Ausmalen des eigenen Begräbnisses, womöglich der heftigen Reue der Angehörigen oder aller, die dem Suizidenten Unrecht taten und nun Abbitte werden leisten müssen (Ringel 1953: 151). Freilich, die Angst vor dem Vollzug des Suizids muss erst noch überwunden werden, aber es geht nun nicht mehr um den aussichtslosen Kampf um das zentrale Lebensziel wie zuvor, sondern um die Auseinandersetzung mit der neuen Möglichkeit, die die aktive Beendigung des Lebens eröffnet.

Jaspers sieht die Verzweiflung als das Versinken der Existenz in der nihilistischen Grenzsituation: In diesem Dasein gibt es definitiv keinen Sinn mehr. Der Selbstmord wird dann zu der paradoxen

Aussage, dass man sich mit dem Verlust allen Sinns nicht abfindet; in einem Akt der »entschiedensten Eigenständigkeit« (Jaspers 1973: 314) ergreift man die eigene Existenz, um sie zugleich zu verwerfen. Der Suizid wird »als aktive Handlung der Sinn, mit dem negativ das Dasein erfüllt wird; er ist eine Entscheidung, in der ein eigentliches, wenn auch negatives Selbstsein liegt, das nun erst beginnen könnte und den Selbstmord transzendierend wieder aufhöbe in der Ewigkeit« (ebd.: 36). Es gibt für Jaspers sogar Fälle, in denen der, der Hand an sich legt, damit geradezu leidenschaftlich seine letzte Freiheit behauptet und sein Leben fortwirft: »Er will nicht im Elend, sondern im Jubel verzichten« (ebd.: 306).

Um ein Beispiel für diese Form des Suizids zu geben: In dem Film *Runaway Train* (1985) von Andrej Konchalovsky flüchtet ein in Alaska aus dem Hochsicherheitsgefängnis ausgebrochener Häftling auf einer Lok. Um seinen Verfolgern und dem sicheren Ende in lebenslänglicher Haft zu entgehen, lässt er die Lok schließlich in den Abgrund fahren, gegen den Schneesturm auf ihr balancierend, die Arme ausgebreitet und dem sicheren Tod triumphierend ins Auge blickend. Durch die äußeren Umstände in seinen zentralen Lebenswünschen gescheitert, sucht der Verzweifelte im Suizid »sich gegen den Sieger als unbesiegt zu behaupten«, wie Jaspers schreibt (1973: 314). Die Aussichtslosigkeit des eigenen Lebens kehrt sich um in die Erfahrung äußerster, radikaler, ja womöglich triumphaler Freiheit.

b) Die radikale Selbstermächtigung

Als zweite der Möglichkeiten, die die Unmöglichkeit der Verzweiflung eröffnet, nenne ich die *radikale Selbstermächtigung*. Dostojewski wird der Satz zugeschrieben: »Wenn es keinen Gott gibt, ist alles erlaubt.«[7] Diese notwendig religiöse Letztbegründung von Moral

7 Der Satz findet sich nicht exakt, aber sinngemäß in den *Brüdern Karamasow*, etwa wenn Mitja Karamasow formuliert: »Was ist denn der Mensch nach alledem? Ohne Gott und ohne zukünftiges Leben? Das heißt dann doch, dass alles erlaubt ist, dann kann man ja alles machen?« (Dostojewski 1952: 956), eine Formulierung, der Iwan Karamasow zustimmt (ebd.: 963).

mag man bezweifeln; doch der Gedanke wirft zumindest ein Licht auf die Situation des Verzweifelten, der sich analog sagen mag: Wenn es keine Hoffnung mehr gibt, ist alles erlaubt. Ich bin nichts und niemandem mehr etwas schuldig. Herausgefallen aus allen tragenden Bezügen zu seinen Mitmenschen, zurückgeworfen auf seine nackte Existenz, kann der Verzweifelte sich auch aller moralischen Rücksichten und Hemmungen entledigt fühlen. Verzweiflung befreit, unter Umständen auch zum Bösen. Nicht zufällig bezeichnet das spanische Wort *Desperado,* wörtlich der Verzweifelte, einen Menschen, der nichts mehr zu verlieren hat und entsprechend rücksichtslos handelt, einen unberechenbaren Gewalttäter.

Ich nenne zunächst ein weniger dramatisches Beispiel, nämlich das eines gutmütigen, bislang nie auffällig gewordenen Familienvaters, der sich nach einem unverschuldeten Konkurs und daraufhin drohender Scheidung in einer als zunehmend aussichtslos erlebten Lage befand.[8] Den sicheren Ruin und Verlust seiner Familie vor Augen, geriet er in Verzweiflung und quälte sich mit Suizidgedanken, bis er eines Tages in einem plötzlichen Umschlag den Entschluss fasste, seine Rettung in einem Banküberfall zu suchen. Mit dem buchstäblichen Mut der Verzweiflung gelang es ihm, seine Ängste und Hemmungen zu überwinden und mit Hilfe einer Spielzeugpistole den Überfall erfolgreich auszuführen. Durch den überraschenden Erfolg gewissermaßen »auf den Geschmack gekommen«, wiederholte er noch einige ähnliche Überfälle, bis er schließlich gestellt und verhaftet wurde.[9]

Weitaus gravierender verläuft die entmoralisierende Dynamik der Verzweiflung bei den meist jugendlichen Schul-Amoktätern, die durch Erfahrung von Kränkungen, Insuffizienz und zunehmender Isolation in eine immer ausweglosere Lage geraten. Ihre Verzweiflung resultiert aus der Selbstwahrnehmung, ohne eigene Schuld aus der Gemeinschaft der anderen ausgeschlossen zu sein und jede Achtung verloren zu haben. Der Abbruch aller Bindungen geht

8 Der Fall unterlag vor Gericht meiner eigenen psychiatrischen Begutachtung.

9 Eine ähnliche Verzweiflungsdynamik liegt der bekannt gewordenen Fernsehserie *Breaking Bad* (etwa: »vom rechten Weg abkommen«; 2008-2013) zugrunde; sie zeigt die Wandlung eines an Lungenkrebs erkrankten biederen Chemielehrers zu einem rücksichtslosen, in Drogenhandel verstrickten Kriminellen.

hier allerdings mit Gefühlen der Kränkung, der Verbitterung und des Hasses einher.[10] Die enthemmende Wirkung der Verzweiflung kann sich nun mit der Idee einer finalen Rache verknüpfen. Entsprechende Vorbildtaten in den Medien begünstigen den Vorsatz zur Amoktat, der durch Phantasien künftiger medialer Berühmtheit noch befördert wird. Der Amoklauf bedeutet dann den ultimativen Triumph über die Feinde ebenso wie den Vollzug der Verzweiflung durch den sich meist anschließenden Suizid.

Die gleichermaßen suizidale wie homizidale Dynamik der Verzweiflung wird in extremer Weise am Beispiel des Todespiloten Andreas Lubitz erkennbar, der 2015 ein Flugzeug der Gesellschaft Germanwings in den französischen Alpen gegen einen Berg lenkte und zerschellen ließ; alle 150 Insassen kamen ums Leben.[11] Lubitz hatte schon als Kind den Lebenstraum entwickelt, Pilot zu werden, als 16-Jähriger den Segelflugschein gemacht und nach dem Abitur eine Pilotenausbildung absolviert. Bereits während der Ausbildung geriet er jedoch in eine schwere Depression, die später erneut auftrat, als er schon Kopilot geworden war. Aufgrund von depressionsbedingten Sehstörungen und der hypochondrischen Furcht zu erblinden suchte Lubitz in zunehmender Verzweiflung insgesamt 41 Ärzte auf, ließ sich jedoch nicht beruhigen. Schließlich gewann er die wahnhafte Gewissheit, dass er seinen Beruf nicht mehr weiter werde ausüben können, und suchte verzweifelt nach Möglichkeiten eines sicheren Suizids. Die schließlich begangene Tat war von ihm detailliert vorgeplant.

Der Verlust seines Lebensziels war für Lubitz unerträglich und stürzte ihn in den Abgrund der Verzweiflung. Es wird sich wohl nie ganz aufklären lassen, warum er sich schließlich zu dieser Tat entschloss, unter bewusster Inkaufnahme des Todes von 150 Frauen, Männern und Kindern, denn seinem Charakter nach war er übereinstimmenden Aussagen zufolge ein freundlicher, gutmütiger,

10 Vgl. das Kapitel zur Phänomenologie des Hasses in diesem Band.

11 Die Darstellung folgt dem abschließenden Bericht der Französischen Luftsicherheitsbehörde (BEA): Final Report (2016). Accident on 24 March 2015 at Prads-Haute-Bléone (Alpes-de-Haute-Provence, France) to the Airbus A320-211 registered D-AIPX operated by Germanwings. Online verfügbar unter: ⟨https://www.bea.aero/uploads/tx_elydbrapports/BEA2015-0125.en-LR.pdf⟩.

eher konformistischer, hinsichtlich seines Berufs freilich auch überaus ehrgeiziger junger Mann. Umso mehr macht seine extreme Tat deutlich, wie die Verzweiflung das persönliche Wertgefüge so umstürzen kann, dass Verzweiflungsakte von ungeahnter Heftigkeit, Entschlossenheit und Brutalität möglich werden; Akte, die auch Motive des metaphysischen Trotzes, des Aufbegehrens gegen das eigene Schicksal, der Rache an der Welt einschließen können, und zu denen die Betreffenden in ihrem gewöhnlichen Lebensverlauf niemals fähig gewesen wären.

c) Der Sprung in den Glauben

Gehen wir nun über zu anderen Möglichkeiten, die die Verzweiflung eröffnen kann und die besonders in der existenzialistischen Philosophie thematisiert wurden. Für Kierkegaard ist dies bekanntlich der Sprung in den Glauben, letztlich ermöglicht durch die Gnade Gottes, der sich gerade der wahrhaft Verzweifelte überlassen kann; denn »alles ist möglich bei Gott« (Kierkegaard 1992: 35). Der Gläubige oder zum Glauben Entschlossene kann Gott anheimstellen, wie ihm geholfen werden soll; er kann auf eine Rettung in aussichtsloser Situation setzen.

Doch dieser Sprung ist nur als ein dialektischer denkbar, wenn nämlich der Verzweifelte, wie Kierkegaard es fordert, den Mut findet, »sich selbst zu verlieren, um sich selbst zu gewinnen« (ebd.: 67). Im Trotz der sich aufbäumenden Verzweiflung will das Selbst noch »verzweifelt es selbst sein«, d. h. über sich verfügen oder gar sich selbst nach eigenem Willen neu erschaffen. Diesen Trotz gilt es abzulegen und sich Gott zu überantworten. »Das Selbst muss gebrochen werden, um Selbst zu werden« (ebd.: 65); es muss den Anspruch aufgeben, sein eigener Herr zu sein.[12] Im Gegensatz zum triumphierenden Suizid, der als letzter Akt der Eigenmächtigkeit erlebt werden kann, geht es hier also gerade um einen Verzicht auf die Autonomie des endlichen Subjekts gegenüber dem Unendlichen. Im Durchgang durch die Verzweiflung, aber nun in Form der

12 Vgl. zur näheren Analyse aus theologischer Sicht auch Welz (2010).

radikalen Selbstaufgabe, kann sich das Selbst neu gewinnen oder vielmehr sich selbst neu geschenkt werden.

d) Das Absurde

Für Camus ist das Analogon zur Verzweiflung die Erfahrung des Absurden: der unauflösliche Widerspruch zwischen der Sinnwidrigkeit der Welt einerseits und der Sehnsucht des Menschen nach Sinn andererseits. Die »offensichtlichste Absurdität« ist der Tod (Camus 1959: 53). Das Bewusstsein des Absurden stellt dem Menschen die einzig philosophisch ernste Frage, nämlich die nach dem Selbstmord: Lohnt es sich, weiterzuleben? Doch der Selbstmord wäre nur die Flucht vor dem Absurden, eine Niederlage. Aber auch die Denker der Existenz, mit denen sich Camus auseinandersetzt, Kierkegaard, Heidegger, Jaspers, Dostojewski und andere, hätten aus der grundlegenden Antinomie des Daseins die falschen Konsequenzen gezogen, nämlich: Der Mensch solle der Absurdität – unter Aufopferung des Verstandes – durch einen »Sprung« in die Transzendenz entfliehen. Diese metaphysische Ausflucht lehnt Camus ab:

> Wenn es das Absurde gibt, dann nur im Universum des Menschen. Sobald dieser Begriff sich in ein Sprungbrett zur Ewigkeit verwandelt, ist er nicht mehr mit der menschlichen Klarsichtigkeit verbunden. Dann ist das Absurde nicht mehr die Evidenz, die der Mensch feststellt, ohne in sie einzuwilligen. Der Kampf ist dann vermieden. Der Mensch integriert das Absurde und löscht damit sein eigentliches Wesen aus: Auflehnung, Zerrissenheit und Zwiespalt. Dieser Sprung ist ein Ausweichen. (Camus 1959: 35)

Die einzige Haltung, die der Absurdität des Daseins gerecht wird, ist für Camus der Kampf, die Auflehnung. Aber diese *Revolte* gegen das Absurde bedeutet zugleich die *Annahme* der Absurdität; in ihr kann der »absurde Mensch« zur Freiheit finden. Der »Verlust der Hoffnung und der Zukunft bedeutet für den Menschen einen Zuwachs an Verfügungsrecht« (ebd.: 51); gerade die Verzweiflung an der Absurdität des Daseins befreit ihn zum eigenen Leben, wie Camus es in der Figur des Mersault in *Der Fremde* literarisch dargestellt hat.

Das Leben in der Absurdität schließt »die Gleichgültigkeit der Zukunft gegenüber« ein, und »das leidenschaftliche Verlangen, alles Gegebene auszuschöpfen« (ebd.: 54). Es bedeutet, auf die Ausflüchte der Hoffnung zu verzichten, d. h. auf die Versprechen der Religion, der Metaphysik und der Ideologie. Ein glücklicher Mensch lebt ohne Hoffnung auf eine »bessere Zukunft«. Die Revolte ist also der nicht resignierte, sondern leidenschaftliche Kampf dessen, der am Sinn der Welt verzweifelt, ohne selbst zu verzweifeln; ein Aufbäumen, das aber als solches bejaht, auf Dauer gestellt und zu einer neuen Form des Lebens wird:

> Darin besteht die verborgene Freude des Sisyphos. Sein Schicksal gehört ihm. Sein Fels ist seine Sache. [...] Der absurde Mensch sagt ja, und seine Anstrengung hört nicht mehr auf. [...] Der Kampf gegen Gipfel vermag ein Menschenherz auszufüllen. Wir müssen uns Sisyphos als einen glücklichen Menschen vorstellen. (Camus 1959: 101)

Schluss

Verzweiflung, so haben wir gesehen, ist die affektive Erschütterung, die die wahrgenommene Unmöglichkeit zentraler Lebenswünsche und Lebensziele hervorruft. Sie bezeichnet einerseits einen Prozess zunehmender Einengung, verbunden mit existenzieller oder Todesangst, die zu einem verzweifelten Sich-Aufbäumen gegen die drohende Unmöglichkeit führt. Dieser leidenschaftliche Kampf um das eigene Selbstsein und Selbstsein-Können mit seinem dramatischen Schwanken zwischen Angst und Hoffnung mündet schließlich in die Resignation der realisierten Verzweiflung: in die Einsicht der Ausweglosigkeit und in die absolute Hoffnungslosigkeit, nämlich den Verlust des Grundes jeglicher Hoffnung. Damit ist der Verzweifelte in eine radikale *Immanenz* aussichtsloser Gegenwart eingeschlossen.

In diesem Limbus zwischen Leben und Tod entsteht nun, in einem erneuten Umschlag, eine eigentümliche Freiheit. In der Grenzsituation der Verzweiflung sind die bisherigen Sinnbezüge,

Maßstäbe und Gültigkeiten außer Kraft gesetzt, und auf paradoxe Weise wird möglich, was jenseits der radikalen Unmöglichkeit der Verzweiflung liegt. Diese Möglichkeiten eröffnen sich durch den Sprung in ein neues Bezugssystem, in dem alle bisherigen Rücksichten aufgehoben sind. Ich habe dafür einige Beispiele benannt: die Bejahung des Suizids als Umkehr der Ohnmacht in eine letzte, paradoxe Aktivität; die radikale Selbstermächtigung, die alle moralischen Hemmungen suspendiert und damit auch zum Bösen befreien kann; den Kierkegaard'schen Sprung in den Glauben durch eine radikale Selbstaufgabe; oder Camus' Annahme des Absurden in einer Haltung der Revolte, die die Verzweiflung am Sinn in eine Form des leidenschaftlichen Lebens umwandelt.

Von der Grenzsituation der Verzweiflung her kann damit ein Licht auf das Leben fallen, das ja immer in die letzte Grenze des Todes eingeschlossen ist und sich doch mit dieser Aussicht nicht abfinden will. So soll am Schluss dieser Überlegungen noch einmal eine Parabel stehen, das Gegenstück zu Kafkas aussichtsloser »Kleiner Fabel«; es ist die Parabel von der Beere aus den überlieferten Lehren Buddhas (zit. n. Reps 2008: 40):

> Ein Mann, der über eine Ebene reiste, stieß auf einen Tiger. Er floh, den Tiger auf seinen Fersen. Da tat sich vor ihm ein Abgrund auf. In seiner Not suchte er Halt an der Wurzel eines wilden Weinstocks und schwang sich über die Kante. Der Tiger beschnupperte ihn von oben. Zitternd schaute der Mann hinab, wo weit unten ein anderer Tiger darauf wartete, ihn zu fressen. Nur der Wein hielt ihn noch. Doch nun sah er zu seinem Schrecken zwei Mäuse, eine weiße und eine schwarze, die sich daranmachten, nach und nach die Weinwurzel durchzunagen. In diesem Augenblick erblickte der Mann eine saftige Erdbeere neben sich. Während er sich mit der einen Hand am Wein festhielt, pflückte er mit der anderen die Erdbeere. Wie süß sie schmeckte!

Kafkas Maus wird von der Katze gefressen, und das wird auch das Schicksal des Mannes am Abgrund sein. Doch Buddha zeigt noch einmal eine andere Weise des Umgangs mit der Verzweiflung auf, die das Bewusstsein der Absurdität der Existenz hervorruft. Es ist nicht Camus' heroische Auflehnung im Angesicht des Todes, sondern die Befreiung zur Gegenwart des Augenblicks und zum Erleben seines unauslöschlichen Sinns. Die Verzweiflung muss nicht das letzte Wort haben.

Literatur

Bloch, E. 1959. *Das Prinzip Hoffnung*. Frankfurt/M.: Suhrkamp.

Camus, A. 1959. *Der Mythos von Sisyphos*. Reinbek: Rowohlt.

Cioran, E. 1989. *Auf den Gipfeln der Verzweiflung*. Frankfurt/M.: Suhrkamp.

Decher, F. 2002. *Verzweiflung. Anatomie eines Affekts*. Lüneburg: zu Klampen.

Dostojewski, F. M. 1952. *Die Brüder Karamasoff*. München, Zürich: Piper.

Fuchs, T. 2019. »The Life-World of Persons with Mood Disorders«. In: *The Oxford Handbook of Phenomenological Psychopathology*. Hg. von G. Stanghellini et al. Oxford: Oxford University Press, S. 617-633.

Fuchs, T. 2021. »Kränkung, Rache, Vernichtung. Zur Phänomenologie des Hasses«. In: *Psyche 75*: S. 318-350.

Garrett, R. 1994. »The Problem of Despair«. In: *Philosophical Psychopathology*. Hg. von G. Graham, G. L. Stephens. Cambridge: MIT Press, S. 73-89.

Gebsattel, E. von 1954. »Zeitbezogenes Zwangsdenken in der Melancholie«. In: ders., *Prolegomena einer medizinischen Anthropologie*. Berlin et al.: Springer, S. 1-18.

Heidegger, M. 2018. *Die Grundbegriffe der Metaphysik. Freiburger Vorlesung Wintersemester 1929/30*. Frankfurt/M.: Klostermann.

Henseler, H. 2000. *Narzisstische Krisen – zur Psychodynamik des Selbstmords*. Wiesbaden: Westdeutscher.

Jaspers, K. 1973. *Philosophie* II: *Existenzerhellung*. 4. Aufl. Berlin et al.: Springer.

Jaspers, K. 2019. *Psychologie der Weltanschauungen [1925]. Karl Jaspers Gesamtausgabe*. Bd. I/6. Hg. von O. Immel. Bern: Schwabe.

Kafka, F. 1997. *Die Erzählungen*. Hg. von R. Hermes. Frankfurt/M.: Fischer.

Kierkegaard, S. 1992. *Die Krankheit zum Tode*. In: ders., *Gesammelte Werke*. Bd. 24/25. 4. Aufl. Hg. von E. Hirsch, H. Gerdes. Gütersloh: Gütersloher Verlagshaus Hans Mohn.

Kuiper, P. C. 1991. *Seelenfinsternis. Die Depression eines Psychiaters*. Frankfurt/M.: Fischer.

Levinas, E. 1961/1987. *Totalität und Unendlichkeit. Versuch über die Exteriorität.* Freiburg, München: Alber.

Minkowski, E. 1970. *Lived Time. Phenomenological and Psychopathological Studies*. Evanston, IL: Northwestern University Press.

Nabokov, V. 1997. *Verzweiflung*. In: ders., *Gesammelte Werke*. Bd. 3: *Frühe Romane*. Reinbek: Rowohlt.

Plessner H. 1970. »Lachen und Weinen«. In: ders., *Philosophische Anthropologie*. Frankfurt/M.: Fischer, S. 11-171.

Reps, P. 2008. *Ohne Worte – ohne Schweigen*. Bern et al.: Scherz.

Ringel E 1953. *Der Selbstmord. Abschluß einer krankhaften psychischen Entwicklung*. Wien: Maudrich.

Ringel, E. 2001. *Die österreichische Seele*. 13. Aufl. Hamburg, Wien: Europa Verlag.

Schmitz, H. 1981. *Der Gefühlsraum*. Bonn: Bouvier Verlag.

Schmitz, H. 2011. *Der Leib*. Berlin: De Gruyter.

Schopenhauer, A. 1998. *Die Welt als Wille und Vorstellung*. München: dtv.

Steinbock, A. J. 2007. »The Phenomenology of Despair«. In: *International Journal of Philosophical Studies* 15: S. 435-451.

Tellenbach, H. 1983. *Melancholie. Problemgeschichte, Endogenität, Typologie, Pathogenese, Klinik*. 4. Aufl. Berlin et al.: Springer.

Welz, C. 2010. *Selbstbejahung und Selbstverneinung. Der Mut des Vertrauens und der Mut der Verzweiflung*. Universität Zürich: Hermeneutische Blätter (⟨https://doi.org/10.51686/HBl.2010.1.7⟩).

15.
Glück und Zeit

> Faust: Nun schaut der Geist nicht vorwärts, nicht zurück;
> Die Gegenwart allein –
> Helena: Ist unser Glück.
>
> Goethe, *Faust II,* 3. Akt

Einleitung

Was ist Glück? – Offenbar können wir zwei Bedeutungen dieses Begriffs unterscheiden: Zum einen geht es um ein unverhofftes und günstiges Zusammentreffen von Ereignissen, also um das Glück, das sich einstellt, wenn etwas gelingt, zum guten Schluss kommt, sich fügt oder eben *»glückt«*. Glück in diesem Sinn ist die spontan oder zufällig sich ergebende Vollendungsgestalt einer Folge von Ereignissen, und zwar aus der Sicht dessen, der von diesem Glück betroffen oder beschenkt ist. Glück haben heißt dann vom Zufall begünstigt zu sein. Davon zu unterscheiden ist das Glück in seiner zweiten Bedeutung – nicht als ein Ereignis, sondern als Zustand, also nicht *Glück haben*, sondern *glücklich sein*.[1] Glück in diesem Sinn meint eine Stimmung der tiefen, erfüllten Zufriedenheit und ist als solches nicht notwendig abhängig von der glücklichen Fügung – im Gegenteil, seit dem Stoizismus der Antike zielen die abendländischen Weisheitslehren auf ein Glück, das gerade nicht an äußere Umstände gebunden ist, sondern sich auf innere Unabhängigkeit und Genügsamkeit stützt. Gemeinsam ist beiden Formen des Glücks allerdings die Unverfügbarkeit: Glück stellt sich ein, es lässt sich nicht planen oder herstellen.

In der gegenwärtigen Konjunktur der Glücksforschung sind viele Faktoren benannt worden, die zu mehr oder minder anhaltendem Glücksempfinden beitragen sollen, seien es stabile Beziehun-

1 Andere Sprachen haben dafür häufig zwei verschiedene Worte: *luck – happiness; chance – bonheur; fortuna – felicitá* u.a.

gen und Bindungen, eine gute Ausbildung, als sinnvoll erlebte Tätigkeiten, Wohlstand, Gesundheit, körperliche Fitness, Altruismus, Humor und dergleichen mehr. Die Neurobiologie verweist auf die körpereigenen Endorphine, auf die Neurotransmitter Dopamin, Serotonin und andere Stoffe, die zum Glücksempfinden beitragen. Unzählige Ratgeber machen sich diese Erkenntnisse für praktische Empfehlungen zunutze. Doch ich will mich im Folgenden einem anderen Zusammenhang zuwenden, nämlich dem von Glücks- und Zeiterleben. »Dem Glücklichen schlägt keine Stunde«, lautet die bekannte Redewendung nach Schillers *Wallenstein*; Glück ist offenbar ein Zustand der Zeitvergessenheit, des Verweilens in der Gegenwart. Wenn wir es besser verstehen wollen, müssen wir uns also dem Verständnis der Zeit zuwenden. Ich unterscheide im Folgenden zunächst zwei Grundformen des Zeiterlebens, um dann den Zusammenhang von Glück und Zeit näher zu untersuchen. Den Abschluss bilden einige Überlegungen zum Erleben von Zeit und Glück in der gegenwärtigen Gesellschaft.

Grundformen der Zeiterfahrung

1) Implizite oder gelebte Zeit

Was ist die Zeit? – Bekanntlich meinte Augustinus, er wisse es wohl, solange man ihn nicht nach ihr frage, er könne es aber nicht erklären. Er kam zu dem Schluss, die Zeit müsse in der Seele sein.[2] Wir sind nicht *in* der Zeit, sondern wir sind gewissermaßen *selbst* die Zeit. Wie können wir das verstehen?

Wenn wir etwa ein Kind beim selbstvergessenen, an seine Welt hingegebenen Spielen beobachten, dann merken wir, dass es von der Zeit gar nichts weiß, sie nicht erlebt, sondern gewissermaßen nur »lebt«. Diese gelebte Zeit ist nichts anderes als die Bewegung des Lebens selbst, sie wohnt dem Lebensvollzug inne, und solange wir einfach in unseren Tätigkeiten engagiert sind, heben sich weder

2 Augustinus, *Bekenntnisse*, 11. Buch (Augustinus 1955).

Zukunft noch Vergangenheit von der stets fortlaufenden Gegenwart ab. Dieser unbewusste Modus der Zeitlichkeit ist in der frühen Kindheit noch ganz vorherrschend. Doch auch später bleibt er immer der Grundstrom unseres Erlebens, in den wir jedes Mal wieder eintauchen, wenn wir von einem Zustand, einer Wahrnehmung oder einem Tun ganz absorbiert sind. Das gilt schon für das behagliche Dösen in der warmen Sonne, aber auch für die von der Psychologie hervorgehobenen »Flow«-Erlebnisse (Csíkszentmihályi 2005), also den Schaffens- oder Tätigkeitsrausch: Man geht vollständig auf in einer gut beherrschten Aktivität, und das Zeiterleben verliert sich im ungehinderten, flüssigen Vollzug, wie das etwa beim Spielen, Tanzen, Klettern, Skifahren oder Segeln der Fall sein kann. Es sind zugleich Situationen meist intensiven Glückserlebens.

2) Explizite oder erlebte Zeit

Dieser unbewusste oder, wie man auch sagen kann, *implizite* Modus der Zeitlichkeit steht am Anfang der kindlichen Entwicklung: Der Säugling weiß noch nichts von der Zeit. Zu diesem impliziten Modus tritt jedoch zunehmend ein expliziten Zeiterleben, und zwar immer dann, wenn die stetige Dauer des bloßen Daseins oder des selbstvergessenen Tuns unterbrochen wird durch das *Plötzliche*: etwa im heftigen Schreck bei einem Knall, im überraschten Erstaunen, in jäher Enttäuschung, peinlicher Beschämung oder bei einem schmerzlichen Verlust. In solchen Momenten erfährt die reine gelebte Zeit einen Bruch: Das »*Jetzt*« und das »*Nicht-mehr*« scheiden sich voneinander und schaffen eine elementare Zeitgliederung. Das bis dahin noch zeitlos Fortwährende löst sich von der Gegenwart ab und entgleitet in die *Vergangenheit*. Mit der Trennung von Gegenwärtigem und Vergangenem wird aber auch die Zeit bewusst oder explizit, denn nun »läuft sie weiter« und entfernt uns vom eben noch Erlebten, vom verlorenen Objekt. Diese Erfahrungen des »Vorbei« oder »Nicht-mehr« sind grundsätzlich eher leidvoll; das Bewusstsein von der Vergangenheit schärft sich seit der frühen Kindheit vor allem in Verlusten oder Enttäuschungen (Fuchs 2002a).

Erlebte Zeit entsteht demnach primär aus einer Unterbrechung oder *Störung*, sei es in Schreck, Überraschung, Schmerz, Scham oder Verlust – gewissermaßen aus einem »Riss im Sein«, der die gleichförmige Dauer sprengt und das Gewohnte durchbricht. Eine ähnliche Lücke tut sich aber auch in der Richtung der *Zukunft* auf, nämlich durch die Trennung zwischen Trieb und Befriedigung, Wunsch und Erfüllung, die in der Phantasie vorweggenommen wird, als *»Noch-nicht«*. Damit tritt die Zukunft als solche hervor, und wieder wird die Zeit explizit, nämlich als eine Zeitspanne des Erwartens oder Erstrebens, die mit Gefühlen der Spannung, Ungeduld, Unrast oder auch der Sehnsucht und Hoffnung erlebt wird.

Wie sich zeigt, entsteht die bewusst erlebte, explizite Zeit in beiden Fällen aus der Aufhebung der impliziten Zeit des reinen Werdens und Tuns – sei es als verlorene, vergangene oder aber als unerfüllte, unbefriedigte, ausstehende Zeit. Diese explizite Zeit wird in enger Verbindung mit bestimmten, zeitspezifischen Gefühlen erfahren: das »Nicht-mehr« mit Bedauern, Trauer oder Reue; das »Noch-nicht« mit Begehren, Ungeduld, Sehnsucht oder Hoffnung. Man könnte sagen, Zeit wird besonders in der *Ungleichzeitigkeit* erfahrbar: einerseits wenn wir unter »Zeitdruck« geraten oder es schon »zu spät« für etwas ist; andererseits wenn wir »zu früh« dran sind und uns gedulden müssen. Dann entsteht im Erleben die Zeit, die »vorübereilt« und zu rasch »vergeht«, oder aber die Zeit, die »kriecht« und sich endlos dehnt; die Zeit, die unwiderruflich vorüber ist, oder die Zeit, die nicht vergehen will.

Damit ist aus der impliziten Zeit des selbstvergessenen Lebens eine Zeit geworden, die nahezu wie ein eigenes Wesen oder Ding erscheint – eine verdinglichte Zeit, die man haben oder verlieren, die man scheinbar wie eine Ware »verbrauchen« oder »vergeuden«, ja »totschlagen« kann. Es ist auch die Zeit, die sich mit physikalischen Mitteln einteilen und als Uhrzeit messen lässt. Und es ist schließlich auch die *sozial konstituierte Zeit* der gemeinsamen Planungen, Absprachen, Projekte und Termine. Wir können dies auch so ausdrücken: *Die implizite Zeit ist die Zeit, die wir selbst sind; die explizite Zeit hingegen ist die Zeit, die wir haben* (oder nicht haben).

Dabei enthält die explizite Zeiterfahrung häufig eine Komponente von Unlust oder Leiden. Verknüpft sie sich noch mit dem Bewusstsein der Vergänglichkeit, ja der Endlichkeit des Lebens, so verbündet sich die Zeit gleichsam mit der Macht des Todes: Unerbittlich trägt sie uns dem Ende entgegen. Dann kann die Vorstellung der Zeit als einer eigenständigen, ja despotischen Macht entstehen, die über uns und alles Leben herrscht.[3]

Die explizite Zeit, die sich in die drei Dimensionen der Vergangenheit, Gegenwart und Zukunft auseinanderlegt, ist freilich auch die Zeit unseres bewusst erfassten und erinnerten Lebens, also die *lebensgeschichtliche oder biographische Zeit*. Sie setzt zum einen ein autobiographisches Gedächtnis voraus, wie es sich beim Kind etwa ab dem 3. Lebensjahr entwickelt, zum anderen die Fähigkeit, die Zukunft als solche zu erfassen und vorauszuplanen. Als personale Wesen sind wir in der Lage, uns zu unserem Leben und seinem Ablauf in ein Verhältnis zu setzen, das heißt in Form von Erinnerungen und Erzählungen unsere Lebensgeschichte zu vergegenwärtigen und in Gestalt von Plänen oder Projekten unsere Zukunft zu entwerfen. Wir leben nicht mehr einfach dahin, sondern wir können, ja wir müssen unser Leben *führen*, also auch mit unserer Lebenszeit bewusst umgehen. Der angemessene Umgang mit der Zeit ist ein wichtiger Teil dessen, was man als Lebenskunst bezeichnet. Indem wir Zeit aktiv gestalten und unser Leben selbstbestimmt führen, verwirklichen wir uns selbst und verhindern zugleich, dass die explizite Zeit immer mehr über uns herrscht.

3) Zeit und Depression

Wo dieses Leben mit der Zeit nicht gelingt und ihre Herrschaft übermächtig wird, drohen psychische Störungen – Erschöpfung, Burn-out oder Depression. In wohl keiner anderen Erkrankung wird die Last der expliziten Zeit so erdrückend erfahren wie in der

3 Unter diesem Aspekt hat vor allem Theunissen (1991) die Zeit untersucht, insbesondere im Rückgriff auf psychopathologische Analysen der Melancholie.

Depression. Depressive Menschen erleben, dass sie immer mehr hinter ihren Aufgaben und Verpflichtungen zurückbleiben, dass sie mit dem Voranschreiten der Zeit nicht mehr Schritt halten können. Der holländische Psychiater Piet Kuiper, der mit 60 Jahren selbst an einer schweren Depression erkrankte, schreibt in seiner Selbstschilderung:

> Was geschehen ist, kann man nicht ungeschehen machen. Nicht nur die Dinge vergehen, sondern auch die Möglichkeiten verstreichen ungenutzt. Wenn man etwas nicht zur rechten Zeit tut, tut man es niemals mehr. … Das eigentliche Wesen der Zeit ist untilgbare Schuld. (Kuiper 1991: 58)

Ohnmächtig sieht sich der Depressive dem leeren Vergehen der Zeit ausgesetzt, und dies bedeutet zugleich eine soziale Desynchronisierung (Fuchs 2002b), eine Abkoppelung von den anderen, wie es einer meiner Patienten schilderte:

> Meine innere Uhr scheint stillzustehen, während die Uhren der anderen weiterlaufen. In allem, was ich tue, komme ich nicht voran, dabei habe ich so viel zu tun. Aber ich bin wie gelähmt. Ich bleibe hinter meinen Pflichten zurück. Ich stehle Zeit.

In dem Maß, wie die eigene Lebensbewegung sich verlangsamt und zum Stillstand kommt, tritt die Zeit als unerbittliche Macht ins Bewusstsein. Dies beschreibt eine Patientin des Psychiaters von Gebsattel:

> Ich habe den ganzen Tag ein Gefühl, das mit Angst durchsetzt ist und das sich auf die Zeit bezieht. Ich muss unaufhörlich denken, dass die Zeit vergeht. Während ich jetzt mit Ihnen spreche, denke ich bei jedem Wort: ›vorbei‹, ›vorbei‹, ›vorbei‹. Dieser Zustand ist unerträglich und erzeugt ein Gefühl von Gehetztheit. […] Wassertropfen sind unerträglich und machen mich rasend, weil ich immer denken muß: Jetzt ist wieder eine Sekunde vergangen, jetzt wieder eine Sekunde. Ebenso wenn ich die Uhr ticken höre. […] der Gedanke, daß alles vergeht und daß das Leben immer kürzer wird, macht mir Angst. (von Gebsattel 1954: 2 f.)

Das Grunderleben dieser Patientin ist gleichsam von Vergänglichkeit durchsetzt; da sie die Zeit nicht im Fluss des spontanen Werdens mitleben kann, muss sie zwanghaft jeden ihrer vergehenden Augenblicke registrieren.

Wir sehen an diesen Beispielen: In der Depression kommt die implizite Zeit der eigenen Lebensbewegung ins Stocken; gleichzeitig läuft aber die explizite, die Uhrzeit oder die Weltzeit weiter und vergeht gleichsam vor den Augen der Patienten, ohne dass sie noch in sie eingreifen könnten. Sie bleiben wie erstarrt, treten auf der Stelle, und die äußere Zeit läuft über sie hinweg. Die Patienten können nicht mehr in die Zukunft voranschreiten, damit aber auch negative Erlebnisse nicht mehr abschließen und hinter sich lassen. Mit dem Stillstehen der inneren Zeit gewinnt die Vergangenheit eine immer größere Macht. Das Geschehene bleibt im Bewusstsein als Verfehlung oder Versäumnis, als ständig wachsende Schuld. Ja man kann sagen: In der Depression verwandelt sich Zeit fortwährend in Schuld, die nicht mehr abgetragen werden kann.

Dieser kurze Blick auf den extremen Gegenpol des Zeiterlebens kann uns auch Aufschluss über den Zusammenhang von Glück und Zeit geben, dem ich mich nun zuwende.

Glück und Zeitlosigkeit

In glücklichen Stimmungen ist die Herrschaft der äußeren Zeit aufgehoben. Wir vergessen die Zukunft, das Noch-nicht, und werden frei von Sorgen und Befürchtungen, von unerfüllten Plänen oder Sehnsüchten. Ebenso verliert sich die Last der Vergangenheit, sei es der Schmerz des verlorenen Nicht-mehr oder der Zwang des Nicht-mehr-zu-Ändernden. Stattdessen nimmt die Gegenwart Dauer an, und je tiefer das Glück, desto mehr scheint der gegenwärtige Augenblick zu verweilen, ja in reine Zeitlosigkeit und Ewigkeit überzugehen. Wir tauchen wieder ein in den primären Zeitstrom, in dem wir selbst die Zeit sind, statt sie zu haben.

Das geschieht zunächst in den bereits erwähnten »flow«-Erlebnissen, wenn wir ganz aufgehen in einer mühelos beherrschten Tätigkeit, die sich dann wie von selbst vollzieht, aber auch in

Situationen, in denen wir einer Wahrnehmung ganz hingegeben sind, wie etwa beim Hören von Musik. Es entsteht ein Zustand der Selbst- und Zeitvergessenheit, und hinterher lässt sich oft nicht mehr sagen, wie lange das Erlebnis eigentlich gedauert hat. Das Empfinden, von der Bürde der Zeit frei zu sein, geht mit intensiven Glücksgefühlen einher, ja es kann in eine Art Rauschzustand übergehen. Nicht selten führt dies übrigens dazu, dass der Zustand auch eine psychische Abhängigkeit erzeugt und immer wieder aufgesucht werden muss – man denke etwa an das suchtartige Klettern von Extrembergsteigern, die dabei sogar ihr Leben aufs Spiel setzen, oder auch an die Glücksspiel- oder Internetsucht.

Noch weiter auf der Skala zunehmender Intensität liegen euphorische und ekstatische Zustände, in denen sich leibliche Gefühle der Weitung, Hebung oder Entgrenzung einstellen, also das »Außer-sich-Geraten« etwa im Orgasmus, bei tranceartigen Tänzen, in bestimmten religiösen Kulten oder auch unter Einwirkung von Drogen wie Amphetaminen, Ecstasy, Heroin oder LSD. Bekannt geworden sind besonders die Veränderungen des Zeiterlebens im Mescalinrausch, die der Heidelberger Psychiater Kurt Beringer 1927 eingehend untersucht hat. Die Versuchspersonen berichteten meist von einer Zeitdehnung oder einer gänzlichen Aufhebung des Zeiterlebens:

> Das Zeitbewußtsein war gestört; alle Vorgänge schienen mir gleichsam in die Länge gezogen. (Beringer 1927: 223)
>
> Ich vergesse mich und alles sonst um mich. Für die Dauer dieses Zustandes ist mir aller Zeitsinn verloren. Ich fühle ihn weder kurz, noch lang, noch endlos, sondern einfach zeitlos. (Ebd.: 288)
>
> In den Zeiten ungestörter Hingabe an den Rausch lebte ich nur im Augenblick, losgelöst von Vergangenheit und Zukunft. Das Gefühl von Fortschritt und Ablauf fehlte. [...] jede Zielvorstellung fehlte. (Ebd.: 293)
>
> Die Zeit war nicht mehr ein Strom, der vorbeifloß, und dessen Fließen man messen konnte, sondern sie war gleichsam ein Meer, das als Ganzes stillstand. (Ebd.: 311)

Eben diese Aufhebung des Zeitbewusstseins wird nun zugleich als tiefe Erfülltheit und Glückseligkeit empfunden:

Über mich kam dabei ein außerordentlich starkes und schönes Gefühl der Freude am Grenzenlosen und Unendlichen. (Ebd.: 127)

Und wieder war die Atmosphäre voll Heiterkeit, Dankbarkeit und Gegenwartsfreude [...]. (Ebd.: 212)

Ohne daß mir an meiner Umwelt irgend etwas besondere Freude machte, oder ich innerlich etwas Faßbares erlebte, fühlte ich mich grenzenlos glücklich. (Ebd.: 247)

Eine zunehmende Gelöstheit kam über mich. Alle Dinge, die mich sonst beschäftigten, schienen mir vollkommen unwichtig; alle Komplexe wurden zunichte vor dieser Frühlingsstimmung, von der ich mich befreit treiben ließ. (Ebd.: 309)

Die Zeitlosigkeit des Glückserlebens, so können wir diesen Schilderungen entnehmen, hat offenbar mit einer Selbstvergessenheit zu tun, einem Eintauchen in das gegenwärtige Wahrnehmen oder Tun, so dass die Sorge um sich selbst, um die Vergangenheit und die Zukunft in den Hintergrund tritt. Für Heidegger ist der »Lastcharakter des Daseins« (Heidegger 1927: 134) an seine existenzielle Zeitlichkeit gebunden, die unter dem Signum des Todes steht und die Heidegger als Sorge bestimmt. Die glückliche Stimmung enthebt den Menschen dieser Zeitlichkeit und damit der Last der Sorge. Diese Zeitvergessenheit als Voraussetzung des Glücks hat auch Nietzsche betont:

Bei dem kleinsten aber und bei dem größten Glücke ist es immer eins, wodurch Glück zum Glücke wird: das Vergessen-können oder, gelehrter ausgedrückt, das Vermögen, während seiner Dauer *unhistorisch* zu empfinden. Wer sich nicht auf der Schwelle des Augenblicks, alle Vergangenheiten vergessend, niederlassen kann, wer nicht auf einem Punkte wie eine Siegesgöttin ohne Schwindel und Furcht zu stehen vermag, der wird nie wissen, was Glück ist, und noch schlimmer: er wird nie etwas tun, was andre glücklich macht. (Nietzsche 1980: 212)

Dennoch bleibt die Frage, ob Glückserleben wirklich nur in den Momenten einer gleichsam geschichtslosen Gegenwart möglich ist. Eine andere Form des Glücks liegt nämlich in der Erfüllung, die sich gerade dann einstellt, wenn ein lange verfolgter Weg sein Ziel gefunden hat, wenn eine Aufgabe erfolgreich zum Abschluss kommt, also eine gute »Schlussgestalt« findet. Dann versammelt sich die gelebte Zeit der Annäherung an das Ziel noch einmal als ganze im gegenwärtigen Augenblick, der nun als »Fülle der Zeit«, eben als Erfüllung erfahren wird. Die überwundenen Widerstände, die Mühen und Leiden des Wegs sind aufgehoben im Erreichen des Ziels, ja sie sind sogar die Voraussetzung des Glückserlebens. Das sprichwörtliche Gipfelglück des Bergsteigers ist nun einmal nicht erreichbar, wenn man mit der Seilbahn hinaufgefahren ist, denn es schließt das Bewusstsein der geleisteten Anstrengung mit ein.

In tieferer Weise enthält auch die christliche Lehre von der Überwindung des Leidens diesen Zusammenhang. Die Freude der Auferstehung ist nicht ohne das Durchleiden der Passion zu denken, denn sie enthält das Bewusstsein des erlittenen Leides und Todes immer noch in sich. Hier liegt ein wichtiger Unterschied zwischen der christlichen und der buddhistischen Lehre der Leidüberwindung: Während der Buddhismus die Einübung der vollständigen Selbstentleerung, ja Selbstauflösung in der reinen Gegenwart lehrt, geht es im Christentum um eine erlöste und erfüllte Gegenwart, die die Lebens- und Leidenszeit gerade in sich aufgenommen hat. Aber auch in einem säkularen Verständnis lässt sich das tiefe Glück als ein Gelingen des Lebens insgesamt begreifen, das in besonderen, bedeutsamen Ereignissen und Situationen gleichsam verdichtet erfahren wird.

Noch eine andere, subtile Form des Glücksempfindens beruht auf der Integration der vergangenen Zeit in den Gegenwartsmoment; auf sie hat vor allem Proust aufmerksam gemacht. In der »Suche nach der verlorenen Zeit« beschreibt er das berühmt gewordene Madeleine-Erlebnis des Erzählers, das Wiedererkennen des Geschmacks eines aus der Kindheit vertrauten Teegebäcks, als ein Erlebnis überwältigender Beglückung:

Gleich darauf führte ich, ohne mir etwas dabei zu denken, doch bedrückt über den trüben Tag und die Aussicht auf ein trauriges Morgen, einen Löffel Tee mit einem aufgeweichten kleinen Stück Madeleine darin an meine Lippen. In der Sekunde nun, da dieser mit den Gebäckkrümeln gemischte Schluck Tee meinen Gaumen berührte, zuckte ich zusammen und war wie gebannt durch etwas Ungewöhnliches, das sich in mir vollzog. Ein unerhörtes Glücksgefühl, das ganz für sich allein bestand und dessen Grund mir unbekannt blieb, hatte mich durchströmt. [...] Woher strömte diese mächtige Freude mir zu? Ich fühlte, daß sie mit dem Geschmack des Tees und des Kuchens in Verbindung stand, daß sie aber weit darüber hinausging und von ganz anderer Wesensart sein mußte. Woher kam sie mir? Was bedeutete sie? Wo konnte ich sie fassen? (Proust 1994: 67)

Die Empfindung bleibt zunächst bei aller Intensität diffus. Was es ist, das diese besondere Bedeutsamkeit und Vertrautheit in ihm auslöst, vermag der Erzähler nicht zu sagen. Die Erinnerung verbirgt sich in einem Komplex von sinnlicher Empfindung und vagen, noch gegenstandslosen Gefühlen. Eine ganze Weile muss der Erzähler vergeblich warten, dem Teegeschmack nachspüren, bis sich schließlich spontan die eigentliche Erinnerung einstellt, nämlich an das Gebäck, das in seiner Kindheit immer nach dem Kirchgang bei seiner Tante gereicht wurde. Nun setzt die wiederentdeckte Empfindung mit einem Mal eine Kaskade von Kindheitserinnerungen in Gang, und eine ganze Welt erwacht aus ihrem Schlaf. Im letzten Band der *Recherche* blickt der Erzähler auf dieses »Wunder einer Analogie« zurück (Proust 2002: 265):

Als einziges hatte es die Macht, mich die früheren Tage, die verlorene Zeit, wiederfinden zu lassen, während die Bemühungen meines Gedächtnisses und Verstandes dabei scheiterten. (Ebd.)

Hier geht es offenbar um eine andere Zeit als die des gewöhnlichen Lebens, um eine Zeit, die sich nur in besonderen Augenblicken eröffnet. Der gegenwärtige Moment beglückt auf unnennbare Weise, weil zugleich ein vergangener in ihm wieder lebendig wird, so dass man sich, ähnlich einem Déjà-vu-Erlebnis, leibhaftig in die Vergangenheit versetzt fühlt. Wie in einer Unterströmung zu den Ereignissen an der Oberfläche des Lebens sind die vergangenen Erlebnisse latent gegenwärtig geblieben; und nun, da der Erzähler in sie eintaucht, werden sie wieder lebendig, so als ob die ferne Vergangenheit mit der Gegenwart zu einer einzigen, neuen Zeit verschmölze.[4] Es ist eine Zeit, die gleichsam vertikal zu der vergehenden Lebenszeit steht und die Schichten des Lebens durchdringt, wie eine Sonde, die in die Tiefen der Erdschichten eingeführt wird und die Sedimente der Vergangenheit wieder ans Licht bringt. Diese besondere Zeitlichkeit lässt sich dem *Gedächtnis des Leibes* zuordnen, das die Ereignisse nicht wie das autobiographische Gedächtnis im Zeitgitter der datierbaren Erinnerungen anordnet, sondern sie als verkörperte Erfahrungen in sich enthält, so das es das ähnlich Erlebte über die Zeit hinweg zu reaktivieren und zu verknüpfen vermag (Fuchs 2008, 2012).

Im Rückblick auf vergleichbare Erfahrungen solchen Wiedererlebens wird dem Erzähler der »Grund jenes Glücks« der Madeleine-Episode deutlich (Proust 2002: 264):

> Dieser Grund begann sich mir zu offenbaren, wenn ich jene beseligenden Eindrücke untereinander verglich, denn sie hatten untereinander gemeinsam, daß ich [...] [sie] zugleich im gegenwärtigen und in einem entfernten Augenblick wahrnahm, und zwar in einem Maße, daß die Vergangenheit auf die Gegenwart übergriff und ich nicht mehr mit Bestimmtheit wußte, in welcher von beiden Zeiten ich mich befand. (Proust 2002: 265)

Indem der Mensch aus der Ebene der vergehenden, geschichtlichen Zeit heraustritt, erreicht er eine andere, außerzeitliche Schicht des Nicht-Vergänglichen, in der die gleichartigen Augenblicke zusammenfallen können, da sie alle an dieser Form von Zeitlosigkeit teilhaben. Dies bedeutet für Proust nichts anderes als die Aufhebung der Vergänglichkeit oder der Sterblichkeit in der Gegenwart.

4 Vgl. hierzu auch Otto Bollnow, »Die verlorene und wiedergefundene Zeit bei Proust« (Bollnow 1995: 200-218).

Dadurch erklärte sich, daß meine Sorgen um meinen Tod in dem Augenblick ein Ende gefunden hatten, in dem ich unbewußt den Geschmack der kleinen Madeleine wiedererkannte; denn in diesem Augenblick war das Wesen, das ich gewesen war, ein außerzeitliches Wesen [...]. (Ebd.)

Eine aus der Ordnung der Zeit herausgehobene Minute hat in uns, damit er sie erlebe, den von der Ordnung der Zeit befreiten Menschen erschaffen. [...] Wie gut kann man verstehen, daß [...] das Wort Tod keinen Sinn für ihn hat, was könnte er, der Zeit enthoben, von der Zukunft fürchten? (Ebd.: 267 f.)

Damit haben wir also eine besondere Form der Zeitlichkeit kennengelernt, nämlich das *Wiedererleben*, das eine unmittelbare Vergangenheitstönung trägt und den Betreffenden in einen eigentümlichen, zwischen jetzt und damals schillernden Zustand versetzt. Geruchs- oder Geschmacksempfindungen, bekannte Melodien oder auch die Atmosphären vertrauter Plätze besitzen in besonderer Weise das Vermögen, die Vergangenheit in uns wiederzuerwecken; sie sind gleichsam aufgeladen mit den intensivsten Erinnerungen, die wir kennen. Kehre ich nach Jahren an einen Ort meiner Kindheit zurück, so wiederholt sich plötzlich mein Sehen von damals, und meine Gefühle von damals steigen in mir auf. Zugleich erfasst mich eine eigenartige Befremdung und Verwirrung, weil die lebendig gewordene Vergangenheit unvermittelt auf die Gegenwart meines jetzigen Lebens trifft. Der französische Literaturwissenschaftler Gaston Bachelard hat dies anhand der Raumerinnerung beschrieben:

[...] über die Erinnerungen hinaus ist das Elternhaus physisch in uns eingezeichnet. Es besteht aus einer Gruppe von organischen Gewohnheiten. Aus einem Abstand von zwanzig Jahren, allen anonymen späteren Treppen zum Trotz, würden wir noch die Reflexe jener ›frühesten Treppe‹ wiedererkennen, über eine bestimmte, etwas zu hohe Stufe würden wir nicht stolpern. Das ganze Sein des Hauses würde sich entfalten, unserem eigenen Sein treu geblieben. Wir würden die Tür aufstoßen, die noch das gleiche Knarren hat, ohne Licht würden wir in den entlegenen Speicher gehen. Das Gefühl der kleinsten Klinke ist noch in unserer Hand. (Bachelard 1960: 47)

Dieses unmittelbare sinnliche Wiedererleben ist also etwas anderes als die Erinnerung im üblichen Sinn, bei der wir an ein Ereignis der Vergangenheit *als vergangenes* denken. Es bedeutet vielmehr das Zusammenfallen von Vergangenheit und Gegenwart zu einer einzigen Zeit, ein Erlebnis, das einen geradezu mystischen Charakter annehmen kann. Proust kann lehren, für solche Momente der Außerzeitlichkeit achtsam zu werden, die potenziell häufiger sind, als wir denken; denn im Grunde ist die erlebte Wirklichkeit immer gesättigt von latenter, sinnlich-leiblicher Erinnerung.

Wir sehen, dass eine von der Vergangenheit abgeschnittene, geschichtslose Gegenwart keineswegs die einzige Zeit des Glücks ist. Ja, wenn wir an die passagere Euphorie des Rauschs oder der Manie denken, könnte man sagen, dass es einem solchen geschichtslosen Glücksgefühl oft an Tiefe und Nachhaltigkeit mangelt. Die eigentlich erfüllte Gegenwart ist die, welche die Vergangenheit in sich aufnimmt, das Gelebte, Erlittene und Erreichte in sich enthält, und so eine tiefere Erfahrung des Glücks ermöglicht, eine Bejahung des eigenen Lebens insgesamt.

Die Jagd nach dem Glück in der Gegenwart

Das Erleben von Glück ist offenbar gebunden an ein Heraustreten aus dem Getriebe der expliziten, äußerlichen Zeit, also der Zeit der Zwecke und Ziele, der Planungen, Projekte und Termine. Es bedeutet das Eintauchen in eine tiefere Schicht der Zeit, die sich in der Gegenwart eröffnet und die als umso erfüllender erfahren wird, je mehr an gelebter Zeit diese Gegenwart in sich versammelt und integriert.

Werfen wir nun von da her noch einen Blick auf die gegenwärtigen westlichen Gesellschaften, so sind sie einem Glückserleben im tieferen Sinne offenbar nicht gerade förderlich. Der französische Philosoph Paul Virilio hat sie als »Dromokratien« beschrieben, als »Herrschaften des Wettlaufs« (Virilio 1980). Diese Gesellschaften kennen keinen Stillstand, kein Verweilen; unentwegte Aktivität, technischer Fortschritt und wirtschaftliches Wachstum sind die obersten Gebote. Die Zeitabläufe, die früher noch dem menschlichen Leib und den Lebensprozessen angemessen waren, haben sich verselbständigt. Die Zeit des Lebendigen wird abgelöst von der Geschwindigkeit des Unbelebten, nämlich der Daten, der Bilder und Finanzströme, die sich beliebig beschleunigen lassen. Kampf mit der Zeit, rastlose Ungeduld und Getriebenheit sind typische Merkmale des Menschen in der postindustriellen Gesellschaft. Die Gegenwart genügt nicht, sie zeigt nur, was noch fehlt und was noch möglich wäre (Fuchs 2002c, Rosa 2005).

Der Zwang zur Beschleunigung, der Wettlauf mit der Zeit, unter dem wir heute leiden, resultiert letztlich aus dem Kampf gegen die Endlichkeit; er ist gewissermaßen eine »Flucht nach vorn«. Um die Lebensausbeute in der Frist bis zum Tod zu erhöhen, müssen wir das Rad von Innovation, Produktion, Konsum und Verbrauch immer rascher vorantreiben. Die bedächtige, zyklisch wiederkehrende Zeit der Natur und des Lebens wird ersetzt durch linear beschleunigte Zeit (Fuchs 2020). Es geht gleichsam darum, in einem Leben möglichst zwei, drei oder mehr Leben unterzubringen. Das ist letztlich auch das Motiv des faustischen Teufelspakts: durch Beschleunigung, durch Kunstgriffe der Magie oder der Technik »Zeit zu gewinnen«, um mehr Wünsche und Möglichkeiten realisieren zu können. »Der Teufel weiß, dass er wenig Zeit hat«, heißt es in der Offenbarung (Offb. 12,12), und wie Faust gelangen wir nicht mehr im Augenblick an, um in ihm zu verweilen.

Die Konsequenz der Beschleunigung besteht darin, dass die erfüllte Gegenwart durch die fortwährende Suche, die Jagd nach dem Glück ersetzt wird. Seit Beginn der Moderne hat sich das Glück aus einem Zustand in etwas verwandelt, was man aktiv suchen und anstreben muss – »*the pursuit of happiness*« wurde als Grundrecht in die amerikanische Verfassung aufgenommen. Das aber bedeutet, wie Zygmunt Bauman schreibt, dass das Glück immer mehr in die Hoffnung verlagert wird, eines Tages glücklich zu sein (Bauman 2010: 30). Im Zustand des Auf-der-Suche-Seins, von Sehnsüchten getrieben, sind die Individuen zu endloser Bemühung und Hoffnung auf Erfüllung verurteilt, und diese faustische Unrast lässt sie nicht zur Ruhe kommen. Denn Ruhe verbinden sie nicht mit Glück, sondern mit Langeweile; Glück ist dann kein Ruhe-, sondern ein Erregungszustand.

Die Hoffnung auf Glück lässt sich aber nur aufrechterhalten, solange sich fortwährend neue Möglichkeiten in hinreichend rascher Folge eröffnen, solange sich also eine endlose Kette von möglichen Neuanfängen vor uns erstreckt. »Dafür sorgen wir«, so Bauman, »indem wir unser Leben in Episoden aufteilen: also in möglichst vollständig in sich abgeschlossene Zeitspannen, die je über eine eigene Handlung, eigene Figuren und ein eigenes Ende verfügen. Das wird gewährleistet, indem die in einer Episode auftretenden Figuren ausschließlich für deren Dauer engagiert und nicht verpflichtet sind, auch in der nächsten Episode aufzutreten« (Bauman 2010: 30 f.). Solche an Konsumverhältnissen orientierten Beziehungen gelten von vornherein nur »bis auf weiteres«. Die verbreitete Scheu vor langfristigen Bindungen und Verpflichtungen soll die Möglichkeiten des Glücks offenhalten, freilich nicht für die Gegenwart, sondern für die Zukunft – in der sich das Glück aber immer entzieht.

Die Beschleunigung passagerer Ereignisse, die Mobilität des Arbeitslebens, die Flüchtigkeit virtueller Kommunikation, die Fragilität der Beziehungen und der Rückgang von Loyalität und Verpflichtung – darin kann man die Symptome einer zunehmenden Fragmentierung der Gesellschaft sehen. Sie spiegelt sich wieder in den Individuen, die mehr und mehr dazu tendieren, ihr Leben, ihre Beziehungen, ihre Tätigkeiten, ja ihre Einstellungen zu kompartimentieren und in umgrenzte Kontexte aufzuteilen, ohne nach einem übergreifenden Zusammenhang ihrer Geschichte zu streben. Damit schwinden die Formen des Glückserlebens, die an die Integration der gemeinsam mit anderen gelebten Zeit gebunden sind.

Das ganze Unglück der Menschen, so schrieb bereits Pascal im 17. Jahrhundert, rühre aus dem Umstand her, nämlich dass sie nicht ruhig in einem Zimmer bleiben könnten. Und er schreibt weiter:

Jeder prüfe seine Gedanken: Er wird sie alle mit Vergangenem und Zukünftigem beschäftigt finden. Kaum halten wir uns je beim Gegenwärtigen auf ... So leben wir nie, sondern hoffen nur zu leben. (Pascal 1978: 94; Fragm. 172)

Diese Worte lesen sich wie Vorhersagen für die gegenwärtige westliche Kultur. Gesellschaften, die von einer ständigen Beschleunigung von Produktion, Konsumtion und Mobilität geprägt sind, sind den Erfahrungen von Sinnerfüllung nicht förderlich – im Gegenteil. Eine Gesellschaft, die eine immer größere Vielzahl von Wünschen weckt und suggeriert, sie alle erfüllen zu können, muss auch zu mehr zu Enttäuschung und Frustration führen. Denn Glück liegt nicht in der manischen Getriebenheit in die Zukunft; Glück versammelt vielmehr die Lebenszeit mit ihren Freuden und Leiden in einer Gegenwart, die als »Fülle der Zeit« erfahren wird.

Solche Erfahrungen müssen wir gegen die Herrschaft der beschleunigten äußeren Zeit wieder suchen und ermöglichen. Wie Proust sind auch wir auf der Suche nach der verlorenen Zeit, die im Zeitgetriebe so weit entfernt erscheint und die doch im Grunde wie in einer Unterströmung stets latent gegenwärtig und lebendig bleibt. In sie einzutauchen bedeutet die Entdeckung einer Wirklichkeit, die im Grunde vor unseren Augen und doch wie unter einem Schleier verborgen liegt – jener Wirklichkeit,

[...] von der wir uns immer mehr entfernen, [...] deren wahre Kenntnis wir vielleicht bis zu unserem Tod versäumen und die doch ganz einfach unser Leben ist. Das wahre Leben, das endlich entdeckte und erhellte, das einzige infolgedesssen von uns wahrhaft gelebte Leben [...]: jenes Leben, das in gewissem Sinn jederzeit allen Menschen so gut wie dem Künstler innewohnt. (Proust 2002: 301)

Augustinus 1955. *Bekenntnisse.* Übers. von J. Bernhart. München: Kösel.

Bachelard, G. 1960. *Poetik des Raumes.* München: Hanser.

Bauman, Z. 2010. *Wir Lebenskünstler.* Frankfurt/M.: Suhrkamp.

Beringer, K. 1927. *Der Meskalinrausch.* Berlin et al.: Springer.

Bollnow, O. F. 1995. *Das Wesen der Stimmungen.* 8. Aufl. Frankfurt/M.: Klostermann.

Csíkszentmihályi, M. 2005. *Flow. Das Geheimnis des Glücks.* Stuttgart: Klett-Cotta.

Fuchs, T. 2002a. »Die Zeitlichkeit des Leidens«. In: ders., *Zeit-Diagnosen. Philosophisch-psychiatrische Essays.* Kusterdingen: Die Graue Edition, S. 35-60.

Fuchs, T. 2002b. »Melancholie als Desynchronisierung«. In: ders., *Zeit-Diagnosen. Philosophisch-psychiatrische Essays.* Kusterdingen: Die Graue Edition, S. 111-134.

Fuchs, T. 2002c. »Der manische Mensch«. In: ders., *Zeit-Diagnosen. Philosophisch-psychiatrische Essays.* Kusterdingen: Die Graue Edition, Kusterdingen, S. 211-236.

Fuchs, T. 2008. »Das Gedächtnis des Leibes«. In: ders., *Leib und Lebenswelt. Neue philosophisch-psychiatrische Essays.* Kusterdingen: Die Graue Edition, Kusterdingen, S. 37-64.

Fuchs, T. 2012. »The Phenomenology of Body Memory«. In: *Body Memory, Metaphor and Movement.* Hg. von S. Koch et al. Amsterdam: John Benjamins, S. 9-22.

Fuchs, T. 2020. »Die zyklische Zeit des Leibes und die lineare Zeit der Moderne«. In: ders., *Verteidigung des Menschen. Grundfragen einer verkörperten Anthropologie.* Frankfurt/M.: Suhrkamp, S. 296-319.

Gebsattel, E. von 1954. »Zeitbezogenes Zwangsdenken in der Melancholie«. In: ders., *Prolegomena einer medizinischen Anthropologie.* Berlin et al.: Springer, S. 1-18.

Heidegger, M. 1927. *Sein und Zeit.* Tübingen: Niemeyer.

Kuiper, P. C. 1991. *Seelenfinsternis. Die Depression eines Psychiaters.* Frankfurt/M.: Fischer.

Nietzsche, F. 1980. »Unzeitgemässe Betrachtungen. 2. Vom Nutzen und Nachtheil der Historie für das Leben«. In: *Werke.* Bd. 1. Hg. von K. Schlechta. München: Hanser, S. 209-286.

Pascal, B. 1978. *Pensées.* Heidelberg: Lambert Schneider.

Proust, M. 1994. *Auf der Suche nach der verlorenen Zeit.* Bd. 1: *In Swanns Welt.* Frankfurt/M.: Suhrkamp.

Proust, M. 2002. *Auf der Suche nach der verlorenen Zeit.* Bd. 7: *Die wiedergefundene Zeit.* Frankfurt/M.: Suhrkamp.

Rosa, H. 2005. *Beschleunigung. Die Veränderung der Zeitstrukturen in der Moderne.* Frankfurt/M.: Suhrkamp.

Theunissen, M. 1991. *Negative Theologie der Zeit.* Frankfurt/M.: Suhrkamp.

Virilio, P. 1980. *Geschwindigkeit und Politik. Ein Essay zur Dromologie.* Berlin: Merve.

Textnachweise

(1) Das Gefühl des Lebendigseins
»The Feeling of Being Alive. Organic Foundations of Self-Awareness« (2012). In: *Feelings of Being Alive*. Hg. von J. Fingerhut, S. Marienberg. Berlin, New York: De Gruyter, S. 149-166.

(2) Phänomenologie der Stimmungen
»Zur Phänomenologie der Stimmungen« (2013). In: *Stimmung und Methode*. Hg. von F. Reents, B. Meyer-Sickendiek. Tübingen: Mohr Siebeck, S. 17-31.

(3) Verkörperte Emotionen
»Verkörperte Emotionen – Wie Gefühl und Leib zusammenhängen« (2014). In: *Psychologische Medizin* 25: S. 13-20.

(4) Wert und Wertfühlen. Skizze einer verkörperten Werttheorie.
»Values as Relational Phenomena – A Sketch of an Enactive Theory of Value« (2019). In: *Perceiving Truth and Value. Interdisciplinary Discussions on Perception as the Foundation of Ethics*. Hg. von M. Mühling et al. Göttingen: Vandenhoeck & Ruprecht, S. 23-42.

(5) Vertrautheit und Vertrauen. Zur affektiven Grundlage gemeinsamer Realität
»Vertrautheit und Vertrauen als Grundlagen der Lebenswelt« (2016). In: *Phänomenologische Forschungen* 21: S. 101-118.

(6) Stufen der Empathie
»Levels of Empathy« (2017). In: *Empathy. Epistemic Problems and Cultural-Historical Perspectives of a Cross-Disciplinary Concept*. Hg. von V. Lux, S. Weigel. Basingstoke: Palgrave Macmillan, S. 27-48.

(7) Grenzen der Empathie. Gruppenidentität und die Mechanismen der Ausgrenzung
»Empathy, Group Identity, and the Mechanisms of Exclusion. An Investigation Into the Limits of Empathy« (2019). In: *Topoi* 38: S. 239-250.

(8) Phänomenologie des Ekels
Unveröffentlicht

(9) Scham, Schuld und Leiblichkeit
»The Phenomenology of Shame, Guilt and the Body in Body Dysmorphic Disorder and Depression« (2002). In: *Journal of Phenomenological Psychology* 33: S. 223-243.

(10) Die Enge des Lebens. Phänomenologie der Angst
»Die Enge des Lebens. Phänomenologie der Angst« (2013). In: *Angst. Ein interdisziplinäres Handbuch*. Hg. von S. Koch. Stuttgart, Weimar: Metzler, S. 61-71.

(11) Das Unheimliche. Anmutung und Atmosphäre
»Das Unheimliche als Atmosphäre« (2010). In: *Gefühle als Atmosphären. Neue Phänomenologie und philosophische Emotionstheorie.* Hg. von K. Andermann, U. Eberlein. Berlin: Akademie Verlag, S. 167-182.

(12) Abwesende Gegenwart. Die Ambivalenz der Trauer
»Abwesende Gegenwart. Die ambivalente Phänomenologie der Trauer« (2018). In: *Geschichten vom Leben. Zugänge zur Theologie der Seelsorge*. Hg. von D. Kreitzscheck, H. Springhart. Leipzig: Evangelische Verlagsanstalt, S. 247-271.

(13) Kränkung, Rache, Vernichtung. Phänomenologie des Hasses
»Kränkung, Rache, Vernichtung. Zur Phänomenologie des Hasses« (2021). In: *Psyche – Zeitschrift für Psychoanalyse* 75: S. 318-350.

(14) Phänomenologie der Verzweiflung
»Zur Phänomenologie der Verzweiflung« (2023). In: *Am Abgrund des Geistes. Philosophie und Verzweiflung*. Hg. von H. Holm, C. Kast. Freiburg: Alber, S. 17-34.

(15) Glück und Zeit
»Glück und Zeit« (2012). In: *Vom Glück*. Hg. von D. Döring, E. Kroker. Frankfurt/M.: Societäts-Verlag, S. 43-60.

Namenregister

(kursiv: Name in Fußnote)

Bernhard Waldenfels im Suhrkamp Verlag

Antwortregister. 651 Seiten. stw 1838

Bruchlinien der Erfahrung. Phänomenologie – Psychoanalyse – Phänomenotechnik. stw 1590. 480 Seiten

Deutsch-französische Gedankengänge. 457 Seiten. Gebunden

Erfahrung, die zur Sprache drängt. Studien zur Psychoanalyse und Psychotherapie aus phänomenologischer Sicht. stw 2283. 333 Seiten

Grenzen der Normalisierung. Studien zur Phänomenologie des Fremden 2. stw 1351. 331 Seiten

Grundmotive einer Phänomenologie des Fremden. 134 Seiten. Broschur

Idiome des Denkens. Deutsch-Französische Gedankengänge II. stw 1777. 359 Seiten

In den Netzen der Lebenswelt. stw 545. 248 Seiten

Das leibliche Selbst. Vorlesungen zur Phänomenologie des Leibes. Herausgegeben von Regula Giuliani. stw 1472. 418 Seiten

Ortsverschiebungen, Zeitverschiebungen. Modi leibhaftiger Erfahrung. stw 1952. 275 Seiten

Phänomenologie der Aufmerksamkeit. stw 1734. 304 Seiten

NF 105/1/10.22

Phänomenologie in Frankreich. stw 644. 588 Seiten

Platon. Zwischen Logos und Pathos. stw 2218. 329 Seiten

Schattenrisse der Moral. stw 1813. 354 Seiten

Sinnesschwellen. Studien zur Phänomenologie des Fremden 3. stw 1397. 243 Seiten

Sinne und Künste im Wechselspiel. Modi ästhetischer Erfahrung. stw 1973. 409 Seiten

Der Spielraum des Verhaltens. stw 311. 337 Seiten

Der Stachel des Fremden. stw 868. 278 Seiten

Topographie des Fremden. Studien zur Phänomenologie des Fremden 1. stw 1320. 240 Seiten

Vielstimmigkeit der Rede. Studien zur Phänomenologie des Fremden 4. stw 1442. 224 Seiten

Zu Bernhard Waldenfels

Vernunft im Zeichen des Fremden. Zur Philosophie von Bernhard Waldenfels. Herausgegeben von Matthias Fischer, Burkhard Liebsch und Hans-Dieter Gondek. stw 1492. 464 Seiten

NF 105/2/10.22